대한민국, 어떻게 선진국이 되었나

박찬수 朴贊洙

慶北 聞慶 出生(1939~　)
高麗大學校 文科大學 史學科 졸업.
　동 大學院에서 碩·博士 과정 마침(文學博士).
民族文化推進會(古典飜譯院 前身) 附設 국역연수원 졸업.
民族文化推進會 國譯·企劃室長, 事務局長 역임, 2000年 12月 停年退任.
　退職 後 建國大 忠州 分校에 5년간 出講.

著書: 高麗時代敎育制度史 硏究(학술원추천도서, 서울, 경인문화사)
　　＊한국에서 쓴 일본역사이야기(서울, 솔출판사)
　　＊平度公 朴訔 硏究(서울, 경인문화사)
編著: 부수따라 漢字여행(대구 동화사 서울지사)
　　＊故事成語(서울, 코이나북스)
　　＊嘯皐 朴承任先生의 生涯와 學問(記念事業會)
編譯: 十八史略選(서울, 探求堂)
　　＊千字文·故事成語(서울, 코이나북스)
譯書: 朝鮮王朝實錄·東史綱目·山林經濟·五洲衍文(이상 共譯)
　　＊審理錄1·2
論文: 高麗時代敎育史 및 韓日關係史 관련 논문 多數

대한민국, 어떻게 선진국이 되었나

초판 인쇄 2024년 9월　3일
초판 발행 2024년 9월 10일

지은이 박찬수 | **펴낸이** 박찬익 | **책임편집** 권효진 | **편집** 이수빈
펴낸곳 (주)박이정출판사 | **주소** 경기도 하남시 조정대로45 미사센텀비즈 8층 F827호
전화 031)792-1195 | **팩스** 02)928-4683 | **이메일** pijbook@naver.com
홈페이지 www.pijbook.com | **등록** 2014년 8월 22일 제305-2014-000029호
ISBN 979-11-5848-963-2(03300) | **가격** 22,000원

대한민국, 어떻게 선진국이 되었나

박찬수 지음

박이정

머리말

　대한민국은 건국 73년만인 2021년에 유엔무역개발회의가 인정하는 선진국으로 도약했다. 2차 대전 후, 원조를 받던 나라에서 원조를 하는 나라로, 최빈국에서 선직국이 된 나라는 한국이 유일하다. 경제뿐 아니라 세계 유수의 방위산업, 아카데미상과 에미상을 휩쓴 한국 영화, 세계인들을 열광케 한 BTS를 비롯한 k-pop과 드라마 등의 문화 콘텐츠, 그 위에 성숙한 시민의식, 이렇게 한국이 세계인들의 찬탄을 받고 있으니 우리는 자부심을 가질 만도 하다. 그렇다면 그 바탕은 무엇이며 선진국으로 도약한 원동력은 어디에서 비롯한 것일까? 이 물음에 대해 많은 한국인들은, 배움을 중시하는 한국 사회 분위기, 지능이 우수한데다 근면 성실한 국민성, 가장 과학적인 문자인 한글을 가진 점 등등의 요인을 열거한다. 이상의 조건들은 일단 수긍이 가는 해답이기는 하나 이것만으로는 설명이 되지 않는다. 같은 민족으로 해방 될 때 남한보다 1.5배 우세한 경제력을 가졌던 북한은 어찌하여 나라 경제를 거덜 내고 주민 3백만을 굶겨 죽인 기괴한 독재국가로 전락했을까. 이를 보면 정치 체제인 듯도 한데 그것만도 아니다.

　그렇다면 대한민국이 선진국이 된 근본 요인을 다른 데서 찾아야 하는

데 그게 무엇이냐이다. 모든 국민이 공감하는 한국현대사가 있다면 해답이 될 것이다. 그런데 한국인들의 현대사 인식은 보수와 진보에 따라 다르다. 한국현대사라는 역사는 분명 하나일 뿐인데, 보수는 산업화 성공 때문이라 하고 진보좌파 측에서는 민주화를 금과옥조로 내세운다. 역사 인식은 사람에 따라 시각이 다를 수 있으나 문제는, 정파에 따라 상대편의 역사 인식을 전면 부정한다는 점이다. 따라서 한국 현대사는 국민이 공유하는 정사(正史)가 없어 국가 정체성이 실종되고, 수학 도중의 학생들에게는 혼란을 주어 그 폐해는 심각하다.

자유민주주의 체제를 바탕으로 산업화를 성공시켰고, 그 토대 위에서 민주화를 성취할 수 있었으며, 이러한 역사의 연속선상에서 선진국으로의 도약이 가능하게 되었다. 역사란 어느 한 시대를 부정하면 다음 시대의 설명이 불가능해진다. 대한민국이 선진국으로 도약하게 된 배경은, 자유민주주의 이념을 토대로 건국하여 투철한 반공정신으로 나라의 안보를 튼튼히 하고, 이 체제 위에서 수출 주도 정책으로 빈곤에서 탈출한 뒤, 중화학공업으로 경제 자립에 성공함으로써 민주화의 토대가 구축되었다. 즉, 굳건하게 뿌리를 내린 자유민주주의 체제의 건국 토대 위에서 세계 경제의 흐름을 잘 이용하여 산업화란 줄기가 무성하게 자랐고, 그 바탕 위에서 6.29 선언으로 민주화란 아름다운 꽃을 피웠으며, 그 결과 명실상부한 선진국으로 도약한 것이다. 뿌리와 줄기가 병들었는데 어떻게 아름다운 꽃을 피우고 튼실한 열매를 맺을 수 있겠는가? 그래서 〈용비어천가〉에도 "뿌리 깊은 나무는 바람에 흔들리지 않아 꽃이 좋고 열매가 많다."라고 읊었다.

그런데 이른바 우리의 진보좌파 쪽 사람들은 건국과 산업화의 공적을 인정하려들지 않는다. 인정하려하지 않을 뿐만 아니라 심지어 대통령이란 사람이 국경일 기념사에서, "지난 대한민국 역사는 정의가 패배하고 기회주의가 득세한 부끄러운 역사였다."고 단정했다. 또 어떤 대통령은, "한국은 경제 발전을 이룩하기는 했으나 경제협력개발기구[OECD] 회원국 중 빈부 격차가 가장 심한 국가가 되었다."고 하는데, 이런 왜곡된 발언들을 일부 국민들은 사실인양 믿는다. 이는 사실이 아닐뿐더러 매우 잘못된 정파적인 역사 인식이다.

이렇게 그릇된 한국 현대사 인식이 형성된 배경은, 해방 전후 시기의 역사가, 사료의 실증적 연구를 통해서가 아니라, 민족 지상주의와 민중혁명 필연론에 근거한 좌파적 현대사 인식에 오염된 결과이다. 즉, 유신체제 말기에서 80년대 전반의 암울했던 군부독재 체제 하에서 한길사가 간행한 《해방 전후사의 인식》 시리즈와 강만길의 《한국현대사》, 리영희의 《전환시대의 논리》 등 해방 전후의 역사를 민족주의와 좌편향적 시각에서 저술한 이들 서적들은 일제의 식민지배에 대한 반일 민족감정을 더욱 부추기고, 대한민국의 정통성을 부정한 반면, 북한 김일성에 대해서는 우호적으로 기술하였다. 운동권 젊은이들이 민주화 투쟁과정에서 이 저술들을 교본으로 삼아 탐독하면서 여기에 세뇌되었다.

특히 금단의 구역으로 남아 있던 북한의 참상을 전혀 모르고 있던 당시 상황에서, 이들 이념서들은 반공 이데올로기에 식상했던 젊은이들에게 신선한 충격을 주었던 것이다. 결국, 이들 저술로 오도된 현대사 인식은 민주화 투쟁을 한, 이른바 386세대들에게 현대사 교본으로 자리 잡아 이후 수십 년 간 한국 사회를 지배하고 있다.

그런데 역사 기록이 후대에 교훈을 주려면 사실에 입각한 기록이어야 한다. 앞에서 본 바와 같이 우리가 살아온 당대의 역사까지도 일부 학자들의 편향된 해석으로 쓰여진 현대사의 곡학아세로 인해, 해방된 지 70년이 지난 지금까지 가능하지도 않고 전혀 실익이 없는, 이른바 '일제 잔재 청산'이란 구두선을 일삼고 있다. "역사를 모르면 오늘의 나를 모르고 역사에 묶이면 미래가 없다."는 경구가 있듯이, 자신의 정체성을 알기 위해서는 역사를 알아야 하지만, 과거에만 얽매이면 미래가 없다는 진실도 깨달아야 한다. 미래가 과거보다 중요한 이유는 과거는 지나갔지만 미래는 살아가야 할 시대이기 때문이다.

내 나이 80대 중반을 넘어 90이 멀지 않았으니 옛날 사람들에 비하면 참 오래 살았다. 80여 년을 사는 동안 시대의 격변도 많이 체험했다. 일곱 살에 해방을 맞았으니 일제시대 상황도 어렴풋이 기억이 나고, 광복과 6.25·4.19·5.16·유신체제·민주화운동 등 수많은 격변을 경험했으니, 평화시대에 산 사람이라면 한 번도 겪어보지 못할 사건, 책을 통해서만 읽어야 할 역사적 사실들을 직접 목격하고 체험하였다. 국민소득 82달러의 최빈국이 건국 73년 만에 3만 달러가 넘는 경제대국·문화선진국으로 성장하는 상전벽해와 같은 변화 과정도 이 눈으로 직접 보았다. 역사학도로서 여간한 행운이 아니다.

필자는 학생 시절 한·일 협정 반대가 애국인 줄 알고 시위에 참가도 했고, 유신체제에 대해서는 친구들 모임에서 정권에 대한 극도의 증오심을 표출하여 과격하다는 평도 들었다. 그러나 나이가 들어 한국의 발전상을 보면서 반성도 했는데, 급기야 한국이 선진국으로 도약하는 현실을 맞게 되자 과거의 내 생각이 매우 잘못되었음을 깨닫게 되었다. 퇴직을 한 뒤 남아도는 시간에 도서관에 출입하며 한국현대사 관련 서적을 섭렵하노라니 어떤 책들 중에는 내가 체험한 현대사와 동떨어진 내용들이 너무 많았다. 대한민국의 지난 70년 역사는, "정의가 패배하고 기회주의가 득세한 역사"가 아니라 어디에 내어 놓아도 자랑스러운 역사였다. 그런데 절대 빈곤 탈출의 산업혁명을 선도한 보수는, 눈부신 성공에서 온 자만의 질주로 갑자기 스러졌다. 물이 고이면 썩듯이 장기간의 기득권 유지에서 문제가 쌓인 것이다. 이 기회를 틈타 진보좌파들이 찬란한 대한민국사를 폄훼하자 일부 정치인들은 이를 정파의 이익에 따라 정치적으로 이용하고 있다.

물론 한국 현대사에는 지도자들에 따라 공과가 공존한다. 헤겔의 변증법 이론대로 모순은 극복되면서 역사는 진보하는 것이다. 건국·산업화·민주화는 마치 계단을 올라가듯, 건국 후 한 단계, 한 단계를 거쳐 현재의 선진국으로 도약한 것이지 어느 날 갑자기 하늘에서 떨어진 것이 아니다. 한국현대사에 다소 미흡했던 구석이 있었다손 치더라도 전체적으로 긍정적인 방향으로 전진했기 때문에 오늘의 선진국이 된 것이다. 이렇게 결판이 난 문제에 대해 이러쿵저러쿵 이설을 제기하여 현대사를 왜곡함으로써 사회와 국론을 분열시켜 국가 에너지를 소모하는 것은 결코 국가 미래에 도움이 되지 않는 부질없는 짓이다.

이 책을 저술한 계기는, 2019년도에 필자 증조부님[朴佑陽]과 조부님[朴勝夏]의 문집[青華山房遺稿]을 합본으로 출간했는데, 분량이 너무 적어 부록으로 내가 경험한 현대사를 〈대한민국의 회고와 전망〉이란 소고로 첨부한 데서 비롯되었다. 소고를 읽은 친지들 중에 제대로 된 책을 만들어 보라는 권유가 있었으나 전공도 아닌 필자로서는 한국현대사를 저술할 용기가 나지 않았다. 그러다 2021년 한국이 선진국이 된 현실을 보고, 진보좌파들의 주장대로 한국현대사가, "정의가 패배하고 기회주의가 득세한 역사요, 대한민국 건국은 흠결 있는 상처투성이며, 산업화 과정은 자유 억압과 노동 탄압이었다.”는 설명이 횡행하도록 해서는 안 되겠다는 생각이 들었다.

한국이 비록 선진국이 되었지만, 국민 계몽과 사회 통합을 선도해야 할 정치권이 도리어 불신과 분열을 증폭시키고 있는 현상을 볼 때 한국의 미래를 낙관할 수만은 없다. 2차 대전이 끝난 20세기 중반까지만 해도 민주국가의 모범으로 세계인들의 로망이었던 미국이, 지금은 공공장소에서 시도 때도 없이 총격전이 벌어지고 있다. 전형적인 장사꾼 같은 트럼프가 대통령에 당선되어 세계 자유민주주의 국가의 수호자격이었던 외교노선을 포기하고 미국 우선주의만 고집하다가 재선에서 낙선했다. 그러나 그 후 형사 피의자의 신분으로 공화당 대통령 후보가 되어 재선까지 노리고 있는데, 미국 시민들이 이런 트럼프에 환호하고 있으니 이는 미국의 건국이념인 청교도주의 가치관이 쇠락한 때문이다.

예의의 나라라고 일컫던 우리나라 역시 범죄인·사기꾼 정치인들의 거짓과 뻔뻔함이 횡행하고, 대법원의 확정 판결을 기다리는 범죄자가 국회의원에 당선되는데도 펜덤화 된 지지층은 이들에게 환호하니 남의 나라 일 같지 않다. 그렇다면 대안은 무엇일까? 대안은 국민 모두가 한국현대사를 올바르게 인식하고, 상식과 양심을 회복하여 우리의 좋은 전통이며 인간 사회의 기본 질서인 예의염치를 되살리는 것이다.

본서는 당세를 체험한 한 사람의 역사학도가 대한민국이 선진국이 된 배경을 살피고 한반도 미래를 전망해 보자는 것이다. 본서의 집필 과정에서 여러 분의 도움이 컸다. 그 중에서 《해방 전후사의 재인식》을 비롯하여 이영훈·오원철·양우진·오인환 제씨의 저술이 많은 도움을 주었다. 특히 4.19민주혁명 이전은 전적으로 이영훈 교수의 《대한민국 역사》에 의존한 바가 크다. 이 자리를 빌려 여러 저자 분들께 감사의 말씀을 표한다. 다만 본서의 내용에 대한 책임은 전적으로 필자에게 있다.

전공자도 아닌 망구(望九)의 늙은이가 주제넘게 현대사를 저술한 이유는 우리 사회의 잘못된 현대사 인식을 이대로 두고 죽는다는 것은 평생 역사 공부를 한 역사학도로서 직무유기라는 생각까지 들어 내가 직접 체험한 대한민국 현대사를 후세에 올바로 알려 주자는 것이다. 상대 정파의 잘못을 헤집어 반목과 갈등을 부추기기보다는, 서로 상대방의 잘못을 포용하고 선배들의 치적을 선양함으로써 국민 화합을 이룩하고 이를 바탕으로 한반도 통일을 성취하여 대한민국이 초일류 국가로 한 단계 더 도약하는 것이 우리의 과제이다.

본서의 원고는 2023년 후반기에 완성되었으나 여러가지 사정으로 출간이 미루어졌는데, 박이정출판사 박찬익 사장님의 호의로 늦게나마 상재하게 되어 기쁘다.

2024년 8월 상한에
박찬수

차 례

제6장. 민주화운동

제7장. 민주화 이후의 대통령들

제 **1** 장

해방의 여명과
혼돈의 한반도

1. 일제(日帝) 말기의 독립 운동

일제 식민지로부터 해방되기 위한 한국인들의 독립운동은 주로 해외에서 활발하게 전개되었다. 초기에는 국내에서의 저항도 치열했으나 시간이 갈수록 총독부의 탄압이 극심해짐에 따라 국내에서는 큰 세력을 이루어 지속적인 저항을 할 수가 없었던 때문이다. 해외에서의 독립운동은 임시정부가 있는 중국 중부 지역을 비롯하여 만주와 소련령 연해주, 미국 본토와 하와이 등 한민족이 많이 사는 지역을 중심으로 전개되었다. 해외 독립운동의 총본산격인 상해 임시정부는 3.1운동 직후, 중국 상해의 프랑스 조계(租界)에서 건국했으나 일본의 중국 침략과 재정의 어려움으로 내륙 지역 여기저기를 전전했는데, 명맥을 유지할 수 있었던 것은 김구 주석의 헌신적인 노력 덕택이었다. 그러다 1932년 일본군이 상해 홍코우 공원에서 천장절(天長節)을 겸한 상해사변 전승 기념식장에서 김구의 지시를 받은 윤봉길 의사가 폭탄을 투척하여 일본군 사령관 시라가와 대장 이하 많은 장성과 요인들을 살상함으로써 온 세계를 놀라게 하였고, 특히 중국 국민당 정부의 총통 장제스는 "수억 중국인의 가슴에 맺힌 한을 조선의 한 청년이 풀어주었다."고 탄상하여 자괴감을 드러내고 고마움을 표시하였다. 이를 계기로 이후 국민당 정부는 한국 임시정부 활동을 적극 지원했다.

해외에 있는 각 독립운동 단체들은 일제의 압박으로부터 독립하겠다는 목표는 가지고 있었지만 각 단체가 단합하여 일사분란하게 통일된 힘으로 항일 투쟁을 할 수는 없었다. 이유는 1945년 8월 일제가 패망하기 전까지, 해외 각지에서 독립운동 단체들은 이념과 투쟁 방식, 그리고 후원 세력에 따라 여러 분파로 나뉘어져 있었기 때문이다. 즉 앞서 말한 임시정부는 중국 국민당 정부의 지원을 받았고, 중국 북부 지역의 독립운동 단체는 중국 공산당, 소련 연해주 지역은 소련 영향 하에 있었다. 또 미국 본토와 하와이에는 이승만 계열과 그에 대립하는 독립운동 단체들이 서로 각축했다. 특히 임시정부 내에서도 민족주의자와 공산주의자와의 갈등이 심각했고, 독립운동 방법도 외교냐 무력 투쟁이냐로 대립하였다. 이렇게 지역과 이념에 따라 뒤엉켜 있었으므로 각 독립단체들은 일체감이 없었다.

김구와 이승만은 2차 대전 중 수차에 걸쳐 미국·중국 등 연합군 측 열강에 임시정부의 승인을 요청했으나 번번이 거절당했는데, 그 이유는 독립운동 단체들이 통일되지 않고 분열되어 있다는 것이었다. 당시 유럽만 해도 국권을 상실한 약소민족 국가들의 임시정부가 여럿 있었으나 강대국들은 전후 처리 문제에 걸림돌이 될까봐 일절 승인하지 않고 있었다.

당시 독립운동 단체들이 격심한 분열을 보인 가장 근본 이유는 공산주의 이념의 확산 때문이었다. 18세기 중엽, 영국에서 일어난 산업혁명이 유럽과 미국으로 확산되어 자본주의 체제가 성숙하자 소수의 산업 자본가가 다수의 노동자 대중을 착취하는 사태가 벌어져 빈익빈·부익부의 모순이 노정(露呈)되었다. 이에 착안하여 칼 마르크스(K. H. Marx)는, "이대로 가면 자본주의는 곧 종말에 이를 것이다."라고 예언하면서 "자본주의 사회의 모순이 극대화하면 사회주의 사회로 변하고, 사회주의는 다시 만민이 평등한 공산주의 사회로 진보한다."는 이론을 성립시키니, 이것이 이른바, 인류 역사 발전의 원동력이 경제적·물질적 생활 관계에 기반 한다는 유물사관의 역사발전 순환론이다.

공산주의 이론은, "각자가 자신이 일하는 분야에서 원하는 바를 성취할 수 있으며, 능력에 따라 일하고 필요한 만큼 분배 받는다."고 하는 것이니,

이론상으로는 이보다 더 좋은 이념은 없다. 1917년, 유럽에서 자본주의가 아직 형성되지 않았던 러시아에서 공산혁명이 일어나 소비에트 정권이 들어섰다. 그러나 이는 자본주의 → 사회주의 → 공산주의 순서로 진보한다는 마르크스 이론과 상치되는 것이었다. 이에 공산주의자들은, "혁명을 통해 공산주의 사회를 앞당길 수 있다."는 이른바 '혁명이론'으로 소비에트 혁명을 합리화하였다.

당시 소비에트 정권의 탄생은 공산주의 이상향이 도래한 것처럼 보였고, 불과 12년 후인 1929년에 미국에서 발생한 경제공황이 자본주의 세계를 휩쓸자 공산주의는 세상을 구원할 대안 이데올로기로 부상했다. 그래서 2차 대전 시기까지 공산주의는 노동자·농민뿐 아니라 많은 지식인과 대중들의 로망이었다. 이런 분위기 하에서, 4선까지 하여 유능하다는 평을 듣던 미국 대통령 루스벨트까지도 공산국 소련과의 계속적인 협력이 가능하다고 믿었고, 우리 독립운동가들 중에도 공산주의에 경도된 사람들이 많았다. 그러나 공산주의는 인간의 본능인 자유의지와 이기심을 너무 가볍게 생각한 데서 결정적인 모순을 내포하고 있었다. 인간은 본능적으로 자유를 지향하고, 인간의 능력은 사람에 따라 차등이 있게 마련인데, 자유를 억압하고 결과적 평등을 목표로 한 사회는 독재가 아니면 유지될 수가 없다.

이러한 공산주의의 본질을 일찌감치 꿰뚫어 본 사람은 이승만이었다. 이승만이 하와이 호놀룰루에서 자주독립과 민중계몽을 위해 발행하던《태평양잡지》1923년 3월호에 〈공산당의 당부당(當不當)〉이란 논문을 발표하여 공산주의의 모순을 지적했다. 즉, 공산주의의 타당성은, "인민의 평등주의는 조선의 신분제도인 반상(班常)의 철폐와 반상제도의 연장선상에서 인간이 같은 인간을 노예로 부리는 노예제도를 철폐하는 것" 등이고, 부당성은, "재산을 나누어 가지자, 자본가를 없애자, 지식 계급을 없애자, 종교를 없애고, 정부나 군사도 없고, 국가사상도 다 없이 한다."라는 것들은 현실에 맞지 않는 주장이라 하여 그 허구성을 비판했다.

이승만은 또, "불평등이 있으면 그것을 개선할 방법을 강구해야지 이를 금지하는 극단적인 방법은 지양해야 한다. 사유재산이 불평등을 야기한다고 해서 이를 인정하지 않으면 노동의 의지나 동력이 줄어들 것이고, 결국 많은 사람들이 노동에 참여하지 않거나 참여하더라도 비생산적인 결과로 인해 결국 많은 사람들이 피해를 볼 것이다."라고 하며 구체적인 예를 들어 설명했다. 당시 온 세계가 공산주의에 휩쓸리고 있을 때, 공산주의 허구성을 간파한 예지와 그 본질에 대한 깊은 통찰력은 여느 지식인이나 정치인들에게서 찾아볼 수 없는 면이었다. 이러한 이승만의 확고한 반공에 대한 신념은 오늘의 대한민국을 존재하게 한 바탕이 되었다.

공산주의자들의 구호는 평등이기 때문에 언필칭 '만민의 평등'을 내세운다. 그래서 제 아버지뻘 나이의 어른에게도 '아바이동무'요, 최고 통치자에 대한 호칭은 '인민의 심부름꾼'이라는 의미에서 서기장 혹은 총서기였다. 현실적으로 평등이란 '기회의 균등'이고 '인격의 평등'이지 '결과적 평등'을 고집한다면, 아무리 재능이 뛰어난 사람도 자신의 능력을 충분히 발휘하지 않으려 하므로 모두 거지가 되는 결과 밖에 기대할 게 없다. 따라서 인위적으로 평등을 구현하는 길은 강제성, 즉 독재밖에 없기 때문에 공산주의 체제를 유지하려면 공산당의 특권화와 독재가 아니고는 불가능하다. 이러한 이유로 공산주의는 일찍부터 통찰력 있는 지식인들의 비판을 받았고, 1990년을 전후하여 소련과 동구의 공산 정권이 몰락함으로써 실패한 이데올로기임이 증명되었다.

그러나 공산주의가 인류 사회에 해독만 끼친 것은 아니다. 평등사상을 통해 자본주의를 수정하게 함으로써 대중이 희구하는 사회적 평등을 가져오는 데 일정한 기여도 했다. 그래서 얼마 전까지만 해도 "20대에 사회주의에 무관심하면 감성이 없는 사람이고, 40대가 되어도 사회주의와 결별하지 않으면 이성이 없는 사람"이라는 말까지 유행하게 되었다. 그러나 공산주의의 평등 이념의 영향만으로는 미국을 비롯한 선진 제국의 사회복지 제도를 설명할 수는 없다. 선진국의 복지 제도는 좁은 의미의 경제 이론이나 정책보다는 인간이 가지고 있는 선심(善心)에 입각한 인도주의적 경제 휴머니즘 덕택이다. 즉, 축적한 부를 나 혼자만 누릴 것이 아니라, 더 많은 사람이 경제적 가치와 혜택을 향유할 수 있도록 기여·봉사하려는 정신이 지속해 온 결과이다. 이것은 독일의 사회학자 막스 베버(Max Weber)가 말한 〈프로테스탄티즘의 윤리와 자본주의 정신〉과도 일맥상통하는 것이다.

2. 열강의 한반도 정책

2차 대전의 승기가 보이자 1943년 11월 미국의 루스벨트, 영국의 처칠, 중국의 장제스 세 정상이 이집트의 카이로에 모여 전쟁의 원활한 수행과 전쟁 이후의 처리 문제에 관해 논의하고 합의문을 발표했는데, 이것이 우리 귀에도 익숙한 이른바 '카이로 선언'이다. 거기에, "세 강대국은 한국 인민의 노예상태에 유념하여 한국이 '적절한 과정을 거쳐[in due course]' 자유롭고 독립적인 국가가 될 것임을 결정하였다."라는 구절이 들어 있다.

"적절한 과정을 거친다."는 말은 바로 독립시키지 않고 일정 기간 강대국들의 신탁통치를 거친다는 것으로 이는 미국 대통령 루스벨트가 제안한 것이었다.

미 국무부는 일본과의 전쟁 중에 일본이 패망한 뒤 동아시아의 국제질서를 어떻게 정리할 것인가에 대해 위원회와 자문기관을 두어 연구했는데, 한반도 문제에 대해서는 한국을 일본에서 분리하여 독립시키되, 한국이 오랫동안 일본의 지배를 받아 독립할 능력이 없으니, 일정기간 강대국들에 의한 신탁통치가 필요하다고 결론을 내렸다. 이에 앞서 국무부에서 논의된 신탁통치안이 미국 언론에 보도되자 임시정부는 비난 성명을 발표했고, 이승만도 항의했다. 그 후 카이로 선언으로 공표되자 임시정부의 지도자들은 '적절한 과정'이 무엇을 뜻하는지 미국과 중국 정부에 해명을 요구했으나 미·중 두 정부는 요구를 묵살했다.

한국 문제가 카이로 선언에 반영된 것은 고마운 일이었지만, 신탁통치안은 한국의 유구한 역사를 무시한, 한국인들에게는 치욕적인 제안이었고, 루스벨트가 의도한 것은 아니었다고 하더라도 이것이 결국 남북 분단의 한 원인이 되었다. 한국은 미국보다 수십 배나 긴 역사를 가졌고, 1천 4백여 년 전에 이미 중앙집권적 통일국가를 건설했던 유구한 전통을 가진 단일민족 국가였다. 당시 한국인들의 지적 수준이나 정치의식, 문자 해독 수준이 중국인들의 평균 수준보다 훨씬 높다는 사실을 잘 알고 있던 장제스도 이 신탁통치 안에 이의를 제기하지 않았다. 이는 국제사회에서 약소국의 어떤 절박한 문제도 강대국에게는 큰 고려의 대상이 되지 않는다는 사실을 보여주는 좋은 사례이다. 같은 해에 연합군의 상륙 작전 등을 논의하기 위해 이란의 테헤란에서 미·영·소 3국 수뇌가 모였을 때, 루스벨트는 스탈린에게 이 신탁통치 안에 대한 동의를 구하였으니 스탈린으로서는 불감청이언정 고소원[不敢請固所願]이었다.

노르망디 상륙작전 성공으로 독일의 항복만이 남아 있던 1945년 2월, 미·영·소 3국 수뇌가 소련 영토인 흑해 연안의 크림 반도 얄타에 다시 모여 전후의 유럽 문제와 소련의 대일 참전 등을 논의했다. 이 회담에서 미 대통령 루스벨트는 소련이 독일과의 전쟁에서 많은 희생을 치렀으며, 또 당시 미국 홀로 담당하고 있던 일본과의 전쟁과 그 전후 문제를 처리함에 있어 소련의 협조가 필요하다고 생각하여 소련에 대해 매우 우호적이었다. 소련도 이에 화답하여 독일 항복 후 3개월 이내에 대일 전쟁에 참여하기로 약속했는데, 루스벨트의 이러한 대 소련 유화정책의 원인에는 공산주의에 대한 이해 부족과 극도로 쇠약해진 루스벨트 자신의 건강문제도 관련이 있었다. 이 때문에 소련이 일본 식민지였던 한반도 통치에 참여하는 것은 매우 자연스러운 수순이었다. 당시 공산주의의 본질을 꿰뚫고 있던 노련한 정치가였던 영국 수상 처칠은, 스탈린이 당시 독일과의 전쟁 과정에서 동유럽 일대에, 일본과의 전쟁 과정에서는 극동에, 공산 세력을 확대하려는 점을 예측하고 있었으므로 시종일관 이를 저지하려 했지만 미·소 두 강대국의 우호적인 분위기에 역부족이었다.

이때 한반도 문제도 논의되어 루스벨트는 신탁통치 기간을 20~30년으로 제안한 반면, 소련은 그 기간이 짧을수록 좋다고 했는데, 소련이 단기간을 주장한 이유는, 장기간의 신탁통치로 자기네와 접경하고 있는 한반도에서 미국의 영향력이 고착되는 것을 원치 않았기 때문이었다. 루스벨트는 전후에 확고한 평화가 유지되려면 반드시 소련의 협조가 있어야 한다는 판단에서 소련의 요구를 대부분 수용하였으므로 결국 얄타 회담은 제

2차 세계대전에서 소련을 실질적인 승리자로 인정하는 회담이 되었다. 루스벨트는 이러한 대 소련 유화 정책으로 후세의 비판도 많았다.

1945년 5월, 독일이 무조건 항복했다. 뒤이어 미국 포츠담에서 열린 미·영·소 3국 정상회담에서 미·소 양국만이 한반도의 일본군에 대한 공격을 맡기로 함으로써 한반도가 분할 점령될 운명이 한 걸음 다가서게 되었다. 한 달 전인 이해 4월, 소련에 우호적이던 루스벨트가 사망하고 부통령 트루먼이 대통령 직을 승계하자 미국의 외교 정책도 소련을 견제하는 쪽으로 전환하기 시작했다. 트루먼은 소련의 협력 없이 태평양 전쟁을 조기에 종결시키기 위해 대량 살상 무기인 원자탄을 8월 6일에 히로시마, 9일에는 나가사키에 잇따라 투하하니 전의를 상실한 일본의 항복은 시간 문제였다. 이렇게 되자 소련은 자칫하다가는 태평양 전쟁에서 승전국의 기회를 놓칠까 하는 우려에서, 그 동안 견지하던 대일본 중립 노선을 파기하고, 8월 8일 대일 선전포고를 한 뒤 만주와 한반도로 진주하였다.

이때 미군은 한반도에서 가장 가까이 있는 부대가 1,000km나 떨어진 오끼나와에 있었으므로 소련의 한반도 진입을 그대로 방치한다면 미군이 도착하기 전에 한반도 전체는 소련군이 점령하게 될 판이었다. 이에 미국은 한반도에 대한 소련의 단독 점령을 막기 위해, 일본이 공식적으로 항복 선언을 한 날인 8월 15일, 급급히 미·소 양국 군대의 군사 분계선을 북위 38도선으로 설정할 것을 제안했고 소련은 이튿날 즉시 응낙하였다. 소련이 순순히 미국의 요구에 응한 이유는 첫째, 한반도 내에서 발생할지도 모를 양군 군대 간의 군사 충돌을 방지하고, 둘째, 일본과 만주에서 더 많은 권리를 양보받기 위한 책략 때문이었다.

결국 소련은 일본 공동 통치와 홋가이도 분할 지배 목적은 달성하지 못했지만, 7일 간의 참전으로 극동에서 만주에서의 권익과 한반도 절반이라는 막대한 전리품을 챙기게 되었다. 이해 12월 16~25일 간 모스크바에서 미·영·소 3개국 외무 장관이 모여 제2차 세계대전의 전후 처리 문제를 논의하게 되었는데, 한국의 신탁통치 문제도 중요 의제로 채택되었다. 즉 미국이 제의한 신탁통치 안과 임시정부 수립을 기본 취지로 하는 소련 안을 놓고 토의했는데, 영국의 동의로 다음과 같이 결론이 났다. 즉, 한국을 독립국가로 재건설하기 위해, 한국의 각 계층이 참여하는 민주주의 임시정부를 설치하고, 이 임시정부와 협의하여 미·영·소·중 4대 강국이 5년 기간의 신탁통치를 하며, 이를 추진하기 위한 구체적인 방안은 미·소공동위원회가 한국의 민주주의적 정당·사회단체와 협의한다는 것이었다. 미·소 양국의 공동위원회에서 처리하게 함으로써 소련은 영·중을 배제하고 미국과 함께 한반도 문제에 대한 50%의 권한을 확보하게 되어 한반도 분단의 역사가 시작되었다.

3. 해방의 여명과 혼돈의 한반도

"1억 신민의 옥쇄(玉碎)"라는 구호를 내걸고 결사항전을 부르짖던 일제가 두 발의 원폭을 맞고 1945년 8월 15일, 무조건 항복하자, 함석헌은 "해방이 도둑처럼 왔다." 하였고, 태평양 전쟁에서 대일 선전 포고를 준비 중이던 임정의 김구 주석은 허탈감에 빠졌다. 임정이 국제적 승인은 얻지 못했더라도 한국 청년을 미군에 편입시켜 참전케 함으로써 실질적인 참전국이 된다면 전후 처리에서 한국의 발언권이 생겨 강대국들의 의도대로 요리되는 것을 막을 수도 있겠다고 생각하여 참전을 준비하던 중에 갑자기 일본이 항복한 것이다.

모스크바 외상 회담에서 5년간의 신탁통치 결정 안이 미국 신문에 보도되어 국내에 알려지자 진작부터 신탁통치 가능성을 우려하고 있던 한반도는 반탁운동으로 들끓었다. 신탁통치란 자치능력이 없는 미개한 민족에게나 실시하는 것으로 반만년의 유구한 역사를 가진 한민족의 자존심으로는 도저히 용납할 수 없는 것이었다. 이 반탁 운동은 모스크바 협정이 발표된 다음 날부터 전국적으로 전개되었는데 그 중심에는 김구와 이승만이 있었다. 특히 김구는 12월 31일 신탁통치반대 국민총동원위원회를 결성하고 전국적인 반탁 시위·철시·파업을 촉구하는 포고문을 발표하였다. 김구는 한걸음 더 나아가 미군정의 통치권을 부인하고 임정의 유일정통론을 주장하여 행정기관과 경찰에 임정의 지시를 받으라고까지 하였다. 이러한 김구의 쿠데타적 시도는 군정사령관 하지의 강력한 경고로 저지되었지만 독자적 과도정부를 구성하려는 임정의 노력은 계속되었다. 처음에는 좌우 모두가 한목소리로 반탁이었다가 좌익 진영은 소련의 지령을 받고 1946년 2월부터 우익의 반탁운동을 비난하면서 군중 시위를 하게 되니, 반탁운동은 우익 세력을 결집시켜 세를 불림으로써 그간 좌익에 비해 열세였던 분위기를 역전시킬 수 있었다.

3.1. 소련군 점령 하의 북한

소련군 점령 하의 북한은 소련군 진주와 더불어 공산정권 수립에 박차를 가하고 있었던 실정을 알아야 해방 공간의 한반도 정세를 이해하기에 도움이 되겠으므로 먼저 북한의 상황을 살펴보기로 하자.

소련군은 북한 지역 진주에 즈음하여 소련군 사령관 치스차코프는, "조선 인민의 해방을 축하하고 독립을 약속한다."는 우호적인 성명을 발표했다. 이 성명을 근거로 미군의 '점령군'이었음에 비해 소련군을 '해방군'으로 미화하는 사람도 있다. 소련의 이 같은 전략은 공산주의 국가를 세울 의도에 따라 미리 준비한 정치공작의 일환이었다. 먼저 선전·선동을 통해 주민의 환심을 사는 것은 공산당 특유의 전술이다. 마오쩌둥의 중국 공산당이 절대적 열세에도 불구하고 단기간에 중국 대륙을 차지할 수 있었던 것도 국공합작 기간에 대일 투쟁보다는 중국 주민의 환심을 사기 위한 선전·선동 전술에 치중한 덕택이었다. 소련은 겉으로는 모스크바 협정 준수를 공언했지만, 무엇보다 우선하여 북한에 공산 정권을 수립하는 것이 목표였으므로 진주와 동시에 그 계획을 하나하나 실천해 나갔다. 이러한 소련의 정책에 따라 9월 14일 소련군 사령부는 '인민정부 수립요강'을 발표했고, 9월 20일에는 스탈린이, "38도선 이북에 부르조아 사회주의 정권을 수립하라."는 지령을 내렸다.

공산주의 정치체제 구축

소련은 표면적으로는 미국과 협조하면서 미·소공동위원회를 통해 한국에 통일정부를 세우려 한다고 공언했지만, 내면적으로는 먼저 북한지역에 독자적인 공산 정권을 세우는 작업이었다. 소련군은 남한을 점령한 미군처럼 직접 군정을 실시하지 않고, 좌우 성향의 인사들을 총 망라한 인민위원회를 조직하여 이들로 하여금 해방 전 총독부 산하에 있던 행정권과 치안권을 담당하도록 하되, 공산주의자나 그 동조자가 주도권을 잡게 하고 소련군은 뒤에서 이를 조종하는 통치 방식을 취함으로써 북한 주민에게 거부감을 주지 않으면서 북한 지역의 공산화에 박차를 가했다. 소련은 이렇게 북한 진주와 더불어 공산주의 체제를 건설하겠다는 목표가 분명했기 때문에 그 계획을 수행함에 있어 시종일관 빈틈이 없었다. 북한 진주 한 달이 되기 전인 8월 24일과 25일에 남북을 연결하는 경의선과 경원선을 차단하였고, 38도선 지역에 경비부대를 배치하여 남북 간 통행을 통제하기 시작했으며, 9월 6일에는 38도선이남 지역과의 전화·전보 통신을 차단하고 우편물의 교환을 금지했는데, 이는 북한의 공산화 추진 정보가 남쪽으로 유출되는 것을 막으려는 목적에서였다.

공산정권을 세우기 위해서는 우선 북한에 공산당을 조직하는 일이었는데, 소련은 북한의 지도자로 34세의 청년 장교 김일성을 등장시켰다. 김일성은 평안도 출신의 중학교 중퇴자로 한만 국경에서 소규모 부대를 이끌고 항일 투쟁을 하다가 일본 관동군의 대대적인 토벌에 밀려 하바로프스크로 피해 소련의 보호를 받고 있던 인물이었다. 해방이 되자 소련군은 비밀리에 김일성과 그 동료들을 입국시켜 10월 10~13일 평양에서 김일성을 앞세워 북한 지역 5개 도의 당 책임자 대회를 개최하고 조선공산당 북조선분국을 창설했다. 분국이라고 한 것은 공산당은 1국 1당제가 원칙인데 한반도에는 이미 박헌영의 조선공산당이 존재했기 때문이었다. 결성 대회가 끝난 이튿날[10월 14일] 소련군은 평양에서 김일성을 환영하는 군중대회를 열고 평양 시민들에게 "탁월한 독립운동 지도자 김일성장군"으로 소개했다. 12월에는 조선공산당 북조선분국을 북조선공산당으로 바꾸고 김일성은 그 책임비서가 되었다. 이는 사실상 한반도의 북쪽을 별개의 독립국가로 분리시킨 것이다.

김일성이 책임비서가 된 뒤, 장차 북한 지역에 들어설 공산주의 독자적 정부의 모체로 삼기 위해서는 소련군이 북한 진주 직후 좌우 인사들을 망라하여 구성한 각급 인민위원회를 소련군과 공산당에 절대 복종하는 순종적인 기구로 개편할 필요가 있었다. 즉, 친일 인사를 배격한다는 명분하에 공산주의에 반대하는 민족주의 인사들을 축출함으로써 공산당의 지배를 확고히 하였다. 북한 지역 5개 도의 행정을 담당할 북조선5도 행정 10국을 설립함에 있어서는 공산당이 주도권을 확실히 잡되 대외적인 명분을 고려하여 국장에는 여러 당파를 안배하고 이를 총괄하는 임시민정자치위원회 위원장에는 북한에서 신망이 높은 민족주의자 조만식을 선임하려 했으나 조만식은 조국 분단을 우려하여 취임을 거부하였다.

1946년 2월 8일에는 북조선을 통치할 정부 기구인 북조선임시인민위원회를 설립하고 김일성이 그 위원장에 선임되었다. 임시인민위원회 규정에 "임시인민위원회는 조선에 있어서의 중앙행정 주권기관으로 북조선의 인민·사회단체·국가기관이 실행할 임시법령을 제정·발포할 권한을 갖는다."라고 했는데, 법령을 제정·반포할 권한을 가졌다면 사실상의 정부로서 북한에는 이미 해방된 지 6개월 만에 실질적인 정부가 들어선 것이다. 모스크바 3상회의에서 "미·소공동위원회를 설치하여 한반도 정세를 논의한다."고 결정했으니 곧 통일 정부가 수립될 터인데, 김일성이 서둘러 북조선 임시위원회를 설치한 이유는 무엇일까? 그에 대해 김일성은 "앞으로 설치될 통일 임시정부가 혹시라도 민주개혁 방향을 이탈할까 보아 우선 북쪽에서 중앙집권적 정권기관을 만들어 개혁의 목표를 달성해야 한다."고 변명했으나 사실은 북한의 독자 정부를 설립한 것이다.

7월에는 북한의 공산화에 동조하는 모든 정당과 사회단체를 합쳐 북조선민주주의민족통일전선을 결성하고, 8월에는 북조선공산당과 중국에서 활동하던 공산주의자들의 정당인 신민당이 북조선노동당으로 통합되어 북한 공산당의 세를 불렸다. 이어 10월에는 기존의 북조선임시인민위원회라는 임시정부를 정식정부로 교체하기 위한 준비로서 도·시·군 인민위원회 위원을 선출하는 선거가 실시되었는데, 선거 방식은 북조선민주주의민족통일전선이 제시한 후보자 명단을 대상으로, 찬성 아니면 반대 표시만 할 수 있고, 그것도 선거 감시인들이 지켜보는 가운데 찬성표는 백색 함에, 반대표는 흑색 함에 넣는 공산당 식 공개투표였다. 이렇게 선출된 위원들이 1947년 2월 평양에 모여 인민위원 대회를 열고 대의원을 선출하여 국회 격인 북조선인민회의를 구성하고, 북조선인민회의에서 북한을 통치할 정식 정부인 북조선인민위원회를 발족시켜 위원장에 김일성을 선임하였다.

이 일련의 과정은, 1945년 9월 20일에 스탈린이 북한에 지령한, "부르주아 민주정권을 수립하라."고 한 지시를 충실히 따른 것이다. 이렇게 소련과 김일성은 한반도에 1947년 2월까지 북한에 공산정권 수립을 완료하고 이후부터 밤낮없이 군사력을 키워 1950년 6월 25일 남침을 감행하였다. 이것이 바로 북한을 한반도 통일 기지로 만든다는, 이른바 김일성이 주장한 북한의 '민주화 기지론'이다.

농지개혁과 전체주의 경제 체제

북한은, 1946년 2월 8일 북조선임시인민위원회 설립으로 북조선을 통치할 정부 기구가 구성되자 다음 달인 3월 5일 토지개혁법령을 발표하고, 3월 10일부터 농촌 현지에서 시행에 들어갔다. 농지개혁의 골자는 기존의 토지소유관계를 일절 부정하고, 5정보(町步; 1만 5천 평) 이상의 소유지와 모든 소작지를 무상으로 몰수하여 무상으로 분배하니 이것은 곧 공산주의 방식이었다. 2차 대전 후에 각국에서 토지 개혁이 실시되었지만 자유민주주의 체제에서는 개인 재산권을 존중하여 유상 몰수와 유상 분배가 일반적인 관행이었다. 북한에서 농지개혁을 시행한 절차와 방식은, 공산당의 지도 아래 동리별로 5~9명의 빈농과 고농(雇農) 중심의 농촌위원회를 구성하고 농촌위원회가 토지대장을 작성, 몰수·분배할 농지를 선정한 뒤, 각 가호의 노동력을 고려하여 농지를 농민들에게 분배하였다. 이 농지개혁은 20일 만에 그야말로 전광석화처럼 완료되었다.

북한 농민들은 임시인민위원회로부터 무상으로 농지를 분배 받고 자기 농토가 생겼다고 환호했으나 소유권까지 양도받은 것은 아니고 분배 받은 것은 단순한 경작권에 불과했다. 따라서 농지를 분배 받은 북한의 농민들은 분배된 토지를 남에게 양도하거나 임대할 수도 없는, 국가가 지주가 된 소작인이 되었다. 그러나 분배 당시에는 소유권 문제가 정확히 알려지지 않았으므로 농민들은 환호하여 9만여 명의 농촌위원회 위원들은 북조선공산당에 대거 입당, 공산정권의 확고한 지지기반이 되었다. 북한 공산당은 이렇게 분배한 토지에 생산량의 25% 이상을 성출제(誠出制)라는 이름으로 현물세를 징수하니 일제시대의 공출(供出)을 이름만 바꾼 것이었다. 반면, 토지를 빼앗긴 지주를 다른 군으로 추방하자 이들 대부분은 공산 체제를 반대, 남한으로 이주하여 반공 투사가 되었다.

북한 공산당은 농지개혁과 아울러 중요 공업시설의 국유화에도 박차를 가하여 소규모 개인영업 외에는 모두 1946년 말까지 국유화하였다. 북한에는 일제의 대륙진출 병참기지화 정책에 따라 풍부한 수력발전 덕택에 홍남질소비료공장·평양시멘트공장·진남포제련소 등 중화학공업이 즐비했는데 이것들이 우선적으로 국유화되었다. 공산정권은 친일파 척결을 부르짖으며 일제하 행정 기관에 종사하던 사람들까지 모조리 축출했으나 공장 운영에 필수적인 인력들에게는 친일 여부를 불문에 붙였고, 전문 고급 기술자는 일본인까지 강제 억류하여 봉사하게 하니, 공산정권이 강제 억류한 일본인만도 2천여 명이었다고 한다.

북한 사회의 개조

조선시대 서북지방 즉 평안도 지역은 심한 신분적 차별을 받았는데, 1812년(純祖 12) 홍경래가 반기를 든 이후에는 그 정도가 더욱 심하여 중앙정부에 대한 지역민들의 불만이 컸다. 이런 역사적 배경 때문에 이 지역에는 일찍부터 중국으로부터 전래된 기독교가 널리 전파되어 일제시대에는 한반도에서 가장 개명한 지역 중 하나가 되었다. 이러한 사회 분위기 하에서 일찍부터 신학문과 근대화에 대한 열망으로 교육열이 어느 지역보다 높아 기독교도들이 주도하는 신식 교육기관이 속속 설립되었으니, 평양의 숭실학교와 정주의 오산학교는 그 대표적인 것들이다. 여기에서 배출된 인재들이 일본·미국 등 외국 유학을 마치고 귀국하여 각지에서 교육·문화 사업에 종사하였으므로 이 지역 출신 중에는 한국을 대표하는 문화·예술인과 독립운동가들이 많이 배출되었다. 김일성의 아버지 김형직과 어머니 강반석도 기독교도였다.

이처럼 평안도 일대는 기독교 강세 지역이었으므로 공산주의가 뿌리내리기에는 좋지 않은 환경이었다. 따라서 초기에는 기독교 등 종교나 각종 사회단체에 대한 포용 정책을 쓰지 않을 수 없었다. 그러나 공산주의와 기독교 사상은 양립할 수 없는 상극 관계였으므로 공산주의 체제가 정착되면서 공산당 본색을 드러내자 지역 분위기를 배경으로 신의주 학생의거와 같은 대대적인 반공의거도 발생했다. 신의주·함흥 등지의 학생의거, 농지개혁으로 토지를 빼앗긴 지주, 기독교 신자, 지식인 등 북한 공산당의 실체를 체험한 사람들이 모두 남하하자 북한 공산 정권은 반대 세력 청소 차원에서 이들의 남행을 방조하기도 했으므로 북한에는 척결할 친일파가 자연스레 없어져 공산주의에 저항할 세력이 없게 되니 공산정권의 기반은 더욱 공고해졌다.

북한은 1945년 미·영·소 3강 외상들이 모스크바에 모여 한반도 신탁통치안인 이른바 모스크바협정을 발표하자 앞에서 언급한 바와 같이 처음에는 찬반 입장을 분명하게 정하지 못하다가 소련 군정 책임자가 모스크바로부터 귀환하여 모스크바협정을 지지하라는 지시를 내리자 지지 입장으로 돌아섰다. 1946년 3월 농지개혁을 완료하고 기업을 국유화함으로써 공산주의 경제 체제를 구축하면서 공산주의에 동조하지 않는 모든 정치세력과 사회계층을 축출하자 공산 정권 수립에 방해될 요소는 아무것도 없었다. 이 문제에 대해 대한민국의 정통성을 부정하는 일부 인사들 중에는 북한에서는 친일파 척결을 철저히 한 반면 남한은 실패했다고 비난하는 사람들이 있는데, 위에서 살펴본 대로 이는 사실이 아니다.

3.2. 미군정 하의 남한

건준(建準)과 한민당(韓民黨)의 결성

미군이 남한에 진주하기로 했으나 언제 진주할지 기약이 없는 가운데, 일본이 항복을 선언하기 며칠 전, 패망 후 일본인들에게 가해질 위해를 줄이기 위해 유력 인사에게 접근하였다. 조선총독부는 먼저 송진우와 접촉하여 정권을 위임하려 했지만 송진우는 거절하였고, 다시 여운형에게 제안하자 여운형은 수락하였다. 8월 15일, 일본이 공식적으로 항복을 선언한 뒤 남한에는 좌우 진영의 수십 개에 이르는 수많은 정치단체가 우후죽순처럼 생겨났는데, 그 중 대표적인 것이 박헌영의 공산당과 중도좌파의 여운형이 주도한 건국준비위원회[建準] 및 우익의 한국민주당[韓民黨]이었다. 건준은 8월 말까지 전국적인 조직으로 확대하고 건준 산하의 치안대는 총독부의 경찰 조직을 접수하여 치안을 유지하는 데 공을 세웠다.

건준의 중앙 조직은 중도좌파와 조선공산당 출신이 주도했는데 박헌영의 조선공산당 세력이 신속히 침투하여 실권을 장악했다. 건준은 9월 6일 조선인민공화국[人共]을 선포하고, 다음 날에는 주석 이하 내각 명단을 발표했는데, 주석에는 미국에 있는 이승만, 부주석에 여운형, 내무와 외무 장관에 임정의 김구와 김규식, 재정부장에 북한의 조만식, 문교장관에 한민당의 김성수 등을 추대했으나 대부분 본인 의사와는 관계없이 인공의 자의에 의한 인선이었다. 공산당이 주도하는 인공이 건준의 중앙과 지방 조직을 접수하자 처음 건준에 참여하였던 우익 인사들은 자진 탈퇴하거나 축출되고, 미군이 진주할 때까지 인민위원회를 통해 자치행정을 실시하니 이는 당시 소련군 점령 하의 북한이 임시인민위원회를 통해 북한을 통치한 방식과 같은 것이었다.

한편, 좌익의 건준과 조선공산당에 대항하여 우익 세력도 9월 4일 한민당을 결성했는데, 한민당 지도부는 일본과 미국에 유학한 교수·변호사·의사·언론인·작가 등 전문 직종에 종사하는 지식인이 주류를 이루었다. 당시 해외 유학생들은 보다 나은 내일을 위해 가정 형편이 여의치 못한 이들도 일본에 건너가 고학을 하며 주경야독으로 학업을 마치거나, 서양 선교사들의 알선으로 장학금을 받아 미국에 유학하여 학위를 딴 사람들도 있기는 했으나 대부분의 유학생들은 지주와 자본가 가정 출신으로 집안의 재력에 의해 유학을 한 사람들이었다. 따라서 유력한 지주와 자본가가 한민당 지도부의 주류 세력이었다. 해외 유학생들은 귀국하여 실업·교육·언론·학술·문화 등 각 방면에서 한반도에 근대문명을 이식하고 전파하며 전통문화를 창달하는 데 크게 기여했으나 일제 식민지배 체제라는 환경의 제한 때문에 일제의 정책에 협조하지 않을 수 없었다. 따라서 이들은 기득권자들이요 친일파라는 눈총도 받았다.

미군의 남한 진주와 군정

미군은 소련군보다 거의 한 달이 늦은 1945년 9월 9일에야 서울에 들어왔다. 앞서 언급한대로 공산주의의 본질을 꿰뚫어 보지 못한 미국 대통령 루스벨트의 친소 성향의 영향으로 대소 강경론자인 트루먼이 대통령 직을 승계한 뒤에도 미 국무부의 한반도 정책에는 큰 변화가 없었다. 당시 미 국무부는 전쟁 시기 이승만이 임시정부의 승인을 계속 요구하고, 자기들이 우방이라고 생각하는 소련에 대한 지속적인 비난을 했기 때문에 이승만과는 불편한 관계에 있어 그의 귀국에도 비협조적이었다. 이러한 미 국무부가 성안한, "한반도를 상당 기간 미·소·영·중 4개국의 신탁통치를 거친 뒤 독립시켜 미국의 이해관계에 부합하는 지역으로 만든다."는 초안은, 소련이 북한에 실시한 것과 같은 확고한 정책이 아니라 뚜렷한 목표도, 구체적인 계획도 없는 막연하고도 추상적인 것이었다.

상황이 이러했으므로 남한 진주 미군이 국무부로부터 부여 받은 역할은 일본군의 무장 해제와 신탁통치를 위한 국제기구가 들어설 때까지 남한의 치안 유지가 기본 과제인 과도적인 조치였다. 따라서 미군정은 일제하의 법령과 행정기구를 그대로 존속시켰다. 그러나 남한 주민의 결사·언론·출판 등 시민의 기본적 자유와 정당 결성 등의 정치적 자유는 인정했는데, 이것들은 자유민주주의 이념의 기본 가치였기 때문이다. 이에 따라 공산당의 활동은 허용되었으나 정부를 칭하는 정치단체나 남한에 단독 정부를 조직하는 등의 정치 활동은 일절 인정하지 않아 여운형과 박헌영이 주도하는 인민공화국의 정부적 활동도 불법으로 규정하고 경찰을 동원하여 금지하였다.

이러한 미 국무부의 한반도 정책은, 급속도로 진행되고 있는 북한의 공산체제 성립 과정을 알고 있는 남한의 미군정이나 도쿄의 연합군 사령부의 관점과도 괴리가 있었다. 미군정은 공산주의 세력을 제어하기 위해서는 이승만과 같은 영향력 있는 독립운동가가 필요하다고 생각하여 그의 귀국을 적극 주선하였고, 임시정부의 귀국에도 우호적이었다. 이승만은 10월 16일 많은 한국인의 환영 속에 귀국하여 한민당·공산당을 포함한 200여 개나 되는 좌우 진영의 정당과 사회단체를 망라한 독립촉성중앙협의회[獨促]를 결성했다. 11월에 임정이 국민의 열렬한 환영을 받으며 귀국하여 대한민국임시정부라는 호칭을 주장했으나 미군정이나 다른 정치 세력으로부터 인정을 받지는 못했다.

신탁통치 찬·반의 소용돌이

앞에서 이미 언급한 바와 같이 1945년 12월 28일, 미·소·영 3국 외상들이 모스크바에 모여 전후 처리 문제를 논의하면서 일찍이 미국이 제의한 한반도의 신탁통치 문제를 협의한, 이른바 '모스크바 협정'의 내용은 다음과 같은 것이었다.

첫째, 한반도에 민주적 임시정부를 세운다.

둘째, 남북에 주둔하고 있는 미·소 양군의 대표로 구성되는 공동위원회를 설치하고, 이 위원회는 임시정부의 수립을 위해 한반도의 민주적 정당 및 사회단체들과 협의한다.

셋째, 공동위원회는 민주적 임시정부와 협의하여 5년 간 미·소·영·중 4국의 신탁통치에 관한 안을 만들어 4국의 공동 심의에 붙인다.

한반도의 신탁통치안을 처음 발의한 미국은, 모스크바 3상회의에서, "미·소·영·중 4국에 의한 5년 내지 10년 이내의 신탁통치를 시행하되, 이를 위해 유엔 헌장에 따라 신탁통치를 위한 행정기구를 결성할 것을 제안했다. 당시 미국의 영향력 아래에 있는 유엔의 틀 안에서 신탁통치를 행하게 된다면, 앞서 즉, 1945년 9월 20일, "북한에 부르주아 민주주의 정권을 수립하라."고 한 스탈린의 지시에 따라 진행하고 있는 북한의 공산정권 수립에 차질을 가져 올 수도 있었다. 이에 소련은 한반도의 신탁통치 문제는 일차적으로 미·소 공동위원회를 거치게 하자는 대안을 내어 놓았는데, 이는 소련이 미국과 동등한 입장에서 자신들의 이익에 반할 경우 거부권을 행사할 수 있도록 한 것이다. 소련의 야심을 간파하지 못한 미국 대표는 소련의 제안에 이의 없이 동의하였다.

소련의 주장으로 한반도에 5년간의 신탁통치를 시행하게 되었다는 내용이 언론에 보도되고 외신을 통해 이 사실이 국내에 알려지자 진작부터 신탁통치의 가능성을 경계하고 있던 남한의 정치·사회단체들은 반탁 운동으로 총궐기하였다. 신탁통치란 자치능력이 결여된 미개 민족에게나 실시하는 수치스러운 것으로 유구한 역사를 가진 한민족의 자존심으로 도저히 용납할 수 없는 폭거였다. 모스크바협정이 발표된 다음날부터 반탁운동이 전국적으로 일어났는데, 반탁운동을 선도한 이는 임시정부의 김구였다. 김구는 12월 31일 신탁통치반대국민총동원회를 결성하고 전국적인 시위·철시·파업을 촉구하는 포고문을 발표하였다. 앞서 설명한 대로 김구는 한 걸음 더 나아가 반탁운동의 기세를 몰아 임시정부의 정부 지위를 부정하는 미군정에 정면 도전하여, '임정이 유일 정부'라 천명하고, 전국 행정기관의 관리와 경찰에게 모두 임정의 지휘를 받으라고 지시하였다.

이러한 김구의 반발은 미군정의 강력한 경고에 의해 좌절되었지만 무의미한 것은 아니었다. 이후 반탁 세력의 각계 지도자들이 결속하여 비상국민회의를 결성한 뒤, 비상국민회의에서 과도정부 수립을 목표로 정부격인 최고정무위원을 선임했는데, 이들이 군정의 자문기구인 남조선대한국민대표민주의원으로 위촉되어 이승만이 민주의원 의장직에 선임된 것이다. 이로써 우익진영은 과도정부의 수립에는 실패했지만 민주의원을 통해 미군정과의 연대를 확보하게 되었다. 또 반탁운동은 분열되었던 우익 세력을 결집시키는 계기도 되었으니, 김구의 신탁통치반대국민총동원회와 이승만의 독립촉성중앙협의회가 대한독립촉성국민회로 통합된 것이다. 미군정은 모스크바 외상회담 이전부터 북한공산당이 소련군의 지도하에 독자적인 정부수립을 진행하고 있는 현실을 직시하고 있었으므로 소련과 협상을 통해 신탁통치를 실시하려는 계획은 한반도 공산화의 지름길임을 알고, 반대 입장을 국무성에 전달하였으나 묵살되었다.

양차 미·소공동위원회의 결렬

미·소공동위원회는 한반도 신탁통치 안에 대한 실무기구로서, 소련이 미국과 대등한 입장에서 한반도 문제를 처리할 수 있게 하기 위해 소련의 제안으로 설치된 것이기 때문에 당초부터 소련의 이익에 부합하는 문제가 아니면 의제로 성립할 수도 없고, 어떠한 결론에 도달할 수도 없는 위험부담을 안고 있었다.

이러한 분위기 아래서 1946년 3월 20일 첫 미·소공동위원회가 서울에서 개최되었다. 미·소공동위원회의 실패 원인을 흔히들, 반탁 정당과 사회단체를 포함 시키느냐 않느냐가 기본 쟁점이었고 이 때문에 통일 정부 수립이 무산되었다고들 하는데, 이는 본질이 아니다. 한반도의 분단은 소련군이 북한에 진주한 순간부터 이미 예정되어 있었다. 소련이 미·소공동위원회에 나온 것은 자기들이 제안한 회담의 명분을 지키기 위함이었고, 북쪽은 이미 확보했으니 잘하면 한반도 전체를 공산 위성국으로 만들 수 있을 것이라는 기대 때문이었다. 미·소공동위원회 개최를 앞두고 소련 외상 몰로토프는 소련군 대표단에게 지령을 내려 그 원칙에 따르도록 지시했다.

1946년 3월, 제1차 미·소공동위원회는 개회와 더불어 평행선을 달리기 시작했다. 즉, 미국은 "남북을 경제적으로 통합하자."는 미국의 제안에 대해, 소련은 이를 거부하면서 "남북의 교류를 물물교환 형식으로 하며 이를 위해 양국 사령관이 협정을 맺자."는 대안을 제시하여 합의점을 찾을 수 없었다. 소련은 이미 남과 북이 별개의 독립된 국가임을 인정한 것이다. 가장 심각한 대립은, 임시정부의 수립을 위한 미·소공동위원회가 협의할 대상에서 모스크바 협정에 반대하는 정당과 사회단체는 배제해야 된다고 한 소련의 주장에 대해, 미국은 언론·집회·신앙·출판 등의 자유는 절대적인 기본권이므로 모든 정당과 사회단체는 언론의 자유가 있기 때문에 신탁통치에 대해 찬반의 의견을 자유롭게 표현할 수 있다. 따라서 반대한 정당과 사회단체를 배제하는 것은 기본권인 언론의 자유를 부정하는 것이라며 반대하였다.

이에 대한 타협안으로 소련은, "과거에 반대한 정당과 사회단체였다 하더라도 향후로는 모스크바협정을 지지하고 또 공동위원회가 앞으로 내릴 결정에 협력할 것을 서약한다면 협의 대상에 참여하게 한다."는 수정안을 내놓았다. 이 수정안에 미국은 동의했으나 우익단체들은 그것은 결과적으로 신탁통치를 수용하는 것이라 하여 서약서 작성을 거부하였다. 이렇게 되자 하지 미군정 장관은 "비록 서약했더라도 그 서약은 향후 신탁통치에 대한 찬반 의견을 발표할 자유를 구속하지 않는다."면서 우익들을 회유한 반면, 소련은 "서약서에 서명한 남한의 반탁진영은 반동분자들"이라며 비난함으로써 더 이상 타협할 여지가 없어져 제1차 공동위원회는 결론 없이 결렬되었다.

1947년 5월 제2차 미·소공동위원회가 서울에서 다시 열렸다. 미국 대표는 회담을 성사시키기 위해, 1차 회담 때 고집했던 반탁 세력의 언론 자유에 대한 보장을 철회하는 중대한 양보를 하고, 반탁 세력들에게 모스크바협정에 찬성한다는 서약서를 제출하도록 했다. 이에 대해 이승만·김구 중심의 우익 진영은 서류 제출을 거부하고 모스크바협정 폐기와 한반도 문제의 유엔 상정을 주장하였다. 나머지 대부분의 우익 정당과 사회단체들은 서약서와 신청서를 공동위원회에 제출했는데, 이들은 일단 들어가서 신탁통치를 무산시킬 계획이어서 반탁운동 단체에서 탈퇴하지 않았다. 이렇게 되자 소련은 "서약서를 제출했다 하더라도 반탁투쟁위원회 및 그와 유사한 단체는 협의 대상에서 제외시켜야 한다."는 1차 회담 때의 조건을 다시 제기하였다. 그렇게 되면 반탁 단체는 물론 중도 정당과 단체까지도 협의대상에서 배제될 판이었다. 2차 회담도 1차처럼 결렬되자 미국은 한반도 문제를 미·소·영·중 4국 회담에서 협의하자고 제안했지만, 소련에 4자 구도를 받아들일 리 없었다. 미국은 드디어 한국 문제를 유엔에 이관할 수밖에 없다고 소련에 통고하였다.

미 국무부의 미망(迷妄)과 이승만의 혜안(慧眼)

당시는 아직 공산주의의 모순이나 소련의 정치 현실에 대해 알려진 것이 없었으므로 공산주의는 일부 인사들에게 일종의 로망이었고, 소련에 우호적이었던 루스벨트의 영향으로 미 국무성 또한 소련과 협상할 여지가 있다고 생각했다. 따라서 계속 소련을 비판해 온 이승만과 불편한 관계였고, 김구 또한 신탁통치에 대한 반대가 극렬했기 때문에 미 국무부는 이들을 소련과의 협상에서 장애로 간주하여, 반동분자·반민주주의 세력이라며 공격했다. 1차 미·소공동위원회가 개최되기 직전 미군정에 압력을 가하여 이승만을 민주의원 의장직에서 사퇴시켰다. 이 조치는 소련의 야망을 꿰뚫어 보지 못한 미망에서 온 결과였다.

미·소공동위원회 개최를 앞두고 소련 외상 몰로토프는 소련군 대표단에게, "임시정부의 형태는 내각책임제가 되도록 하고, 내각의 구성에 있어서는 남과 북이 균등한 몫으로 분배하며, 남쪽 대표의 절반은 좌익이 차지하도록 하라."는 지령을 내렸다. 민주주의는 선거에 의해 결정되고, 선거의 기준은 인구수임에도 불구하고 당시 인구는 남과 북이 2:1이었는데, 이를 무시하고 1:1의 등가(等價)로 하라는 것이나, 남한 대표 중 반을 좌익이 차지하도록 하라고 지시한 것은, 북한은 이미 공산 체제가 구축되고 있으니 남한에서 좌익이 절반을 차지한다면 결국 한반도에 3:1의 우세로 친소 좌익정권을 수립할 수 있다는 속셈이었다. 한 걸음 더 나아가 소련군은 김일성 등과 협의하여 통일정부 내각 명단까지 작성하여 소련공산당에 보고했는데, 총리 여운형, 부총리 박헌영과 김규식, 내무장관 김일성 등으로 중도파는 김규식 한 사람뿐 나머지는 전부 좌파였다.

　소련의 이러한 속셈을 모르는 미 국무성은 1차 미·소공동위원회가 결렬된 후에도 소련과 협상할 여지가 있다고 생각했다. 국무성의 지시를 받은 미군정은 한국인의 신망을 받고 있는 이승만과 김구를 배제하고, 좌우 두 진영 사이에서 중도적 입장을 취하고 있던 김규식과 여운형으로 하여금 좌우합작위원회를 구성하게 하고 여기에서 남조선과도입법위원을 선출하게 했는데, 민선 위원 45명이 대부분 우익 인사로 선임되었다. 이에 미군정은 관선 위원 45명을 좌파와 온건 우파로 채우니 이를 관망하고 있던 이승만과 김구는 강력히 반발하였다. 좌우합작위원회는 결국 한반도 문제 해결에 전혀 기여하지 못하고 1947년 12월 해산하였다.

　이승만은 1차 미·소공동위원회가 결렬된 후, 자신이 총재로 있는 독립촉성국민회의 활동을 독려하고자 지방 순회에 나섰는데, 1946년 6월 3일, 전북 정읍에서 다음과 같은 요지의 연설을 했다. 즉, "이제 우리는 무기 휴회된 공위(共委)가 재개될 기미도 보이지 않으며 통일정부를 고대하나 여

의케 되지 않으니 남쪽만이라도 임시정부 혹은 위원회 같은 것을 조직하여……"라는 내용이다. 이것이 유명한 이승만의 '정읍 발언'인데, 이 발언으로 인해 이승만은 한동안 남북 분단을 촉발시킨 인물로 매도되었다. 이 연설에 대해 외국 주요 언론들도 남한 단독 정부론으로 보고, "북쪽에서 전기 안 보내 주면 남쪽은 등불도 못 켤 판인데 단독 정부 수립이라니 무슨 잠꼬대 같은 소리냐?" 하면서 남쪽은 정부를 유지할 능력도 없다고 비아냥 그렸다.

그러나 연설의 근본 취지는 남한만의 단독정부를 수립하자는 취지가 아니었다. 앞서 말했듯이 북한에는 이미 그해 2월에 북조선임시인민위원회라는 임시정부가 수립되어 농지개혁을 하는 등 인민민주주의[공산주의] 사회체제 개조에 박차를 가하고 있었다. 이승만이 남한만의 '임시정부' 또는 '위원회'를 언급한 것은, 찬탁 반탁으로 세월만 보낼 것이 아니라 북한의 임시위원회처럼 남한에도 이러한 조직을 만들어 그에 대응해야 한다는 취지였다. 앞서 말했듯이 이승만은 이미 20여 년 전[1923년]에, 공산주의의 모순을 갈파한 사람으로서 그 눈에는 소련이 북한을 친소 공산국가로 만들 것임이 불을 보듯 명확했다.

이승만은 우익진영 지도자들 중, 당시 북한을 점령한 소련의 의도와 이후 북한에서 벌어질 변화의 추이를 종합적으로 파악하고 있는 유일한 인물이었다. 북한이 이렇게 공산화로 박차를 가하는 상황에서, 남쪽의 우익과 중도 세력은 하루빨리 단합하여 자유민주적 통일 전선으로서 북쪽에 대응할 필요가 있다는 것이었다. 그러나 당시 남한의 여러 정치 세력과 언론은 이승만의 발언을 민족 분단을 초래할 단정론(單政論)으로 규정하고 격렬하게 비판했다. 좌익만이 아니라 중도파, 심지어 정치 노선을 같이 했던 김구의 임정까지 가세했으며, 미군정도 모스크바협정의 실행을 추구하는 미국의 정책과 어긋난다고 비판했다.

미 국무부와 군정의 처사에 불만을 느낀 이승만은 1946년 12월, 미국 정부와 언론에 한반도의 현실과 자신의 견해를 호소하기 위해 도미하였다. 이승만은 미국에서, 남북한이 통일될 때까지 남한에 우선 임시정부를 세워 유엔에 가입시키고, 그 임시정부로 하여금 직접 미국과 소련 정부를 상대로 협상하게 하자는 자신의 구상을 널리 홍보하였다. 이에 대해 미국 정부 요인과 유력한 민간단체는 적지 않게 호응했지만, 미국 국무성의 책임 있는 고위 관리들은 자기들의 기존 방침을 고수했기 때문에 이승만을 만나주지도 않았다. 그러나 그 뒤의 상황은 이승만의 주장대로 전개되었다. 이승만이 일찍이 공산주의의 모순을 갈파한 것이나 한반도의 미래를 예측한 것은 당시 한반도 정치인들 중 아무도 깨닫지 못한 탁월한 혜안이었다.

해방 공간의 혼돈(混沌)

해방 직후 남한 사회는 극도로 혼란스러웠다. 해방과 더불어 일본·중국·만주 등지에 살던 한국인들이 속속 귀국하고, 공산주의를 피해 북한 주민들까지 대거 남하하자 좁은 땅에 사람은 복작거리고 식량과 생필품 부족에 인플레까지 겹치니 해방의 기쁨도 잠시 민심이 흉흉해질 수밖에 없었다. 미군이 진주하여 일제시대의 치안·행정 체제를 그대로 유지하며 통치한다고 했으나 언어와 생활 방식, 외모가 다른 '코쟁이 미국인'의 등장에 우리 국민들은 적잖이 당혹했다. 생활이 어려워지면 인심이 각박해져 이익을 위해서라면 양심도 헌신짝처럼 저버리게 되는 것이 인지상정이라, 춘궁에 식량이 부족하여 초근목피로 연명하는 상황에서도 일부 모리배들은 쌀을 일본에 밀수출하여 폭리를 취했다. 무엇보다 민심이 흉흉한 이유는 이념적으로 다양한 사람들이 남한에 몰려들었다는 점이다. 공산주의의 평등사상에 솔깃한 사람이 있는가 하면, 공산주의를 체험하고 월남한 사람들은 공산당이라면 이를 갈게 되니 민족 간의 갈등이 도처에 잠복하고 있었다.

미군정은 언론·출판·집회·결사가 자유민주주의의 기본 가치임을 앞세워 박헌영이 주도하는 조선공산당의 활동도 합법적으로 인정했다. 그러나 언필칭 인민민주주의를 앞세우며 그 목적이 인민혁명을 위해서라면 어떤 수단방법도 정당화 될 수 있다는 이론으로 무장한 공산당은 부족한 활동자금을 확보하고 남한의 금융질서를 교란시키기 위해 1차 미·소공동위원회가 결렬된 직후 정판사라는 인쇄소에서 조선은행권을 위조하여 유통시켰다. 1946년 5월 미군정은 이를 적발하고 조선공산당에 대한 대대적인 수사에 나섰다. 경찰의 수사망을 피해 지하로 잠적한 박헌영은 이제까지의 미군정에 대한 협조에서 강경한 폭력 투쟁으로 전환할 것을 공산당원들에게 지령하였다. 9월에 미군정이 박헌영 등 공산당 간부에 대한 체포령을 내리고 좌익계 신문들을 폐간시키자 박헌영은 비밀리에 월북하였다.

박헌영의 지령에 따라 9월 하순에서 10월 하순에 걸쳐 노동자 총파업과 농민 폭동이 일어났다. 즉 철도국 노동자들이 쌀 배급, 임금 인상, 해고 반대 등을 구호로 내걸고 파업에 들어가자 전국 노동자 단체인 전국노동조합평의회는 산하 노조들에게 동조 파업을 지시하였다. 파업이 확산되자 미군정은 경찰과 우익 노동단체 및 청년단체를 투입하여 해산시키고 대한노총이 주도권을 잡았다. 노동자 폭동은 10월에 전국적 농민폭동으로 이어졌는데 그 발화점은 대구였다. 즉 10월 1일 노동자 파업을 지지하는 시위대에 경찰이 발포하여 노동자 1명이 사망하는 사건이 일어났는데 이것이 도화선이 되어 분노한 시위 군중이 경찰서를 습격하여 경찰관을 살해하고 행정관서도 습격을 받았다. 이 폭동은 대구 인근 지역인 영천·의성·군위·선산 등지로 퍼져 10월 하순까지 전국의 농촌으로 확산되니 그 피해는 엄청났다. 경찰관 피살자도 200여 명 이상이었고, 관리·시위자·민간인 사망자 숫자는 그보다 훨씬 더 많았으며, 폭동 가담자로 체포된 사람은 수만 명에 달하였다.

조선공산당은 민중봉기를 통해 미군정에 타격을 주려 했지만 이는 자승자박이 되어 결과적으로 가장 큰 피해자는 그들 자신이었다. 이후 일반 대중에 대한 좌익의 영향력은 현저히 감소하였다. 해방공간의 혼란과 대한민국의 건국 와중에 유력 정치인들의 희생 또한 빈번했으니, 1945년 12월 30일에는 동아일보 사장을 역임한 한민당의 중진 송진우의 암살을 시작으로, 1947년 7월 19일에는 건준 위원장을 역임하고 좌우합작을 추진하던 여운형이 암살되었고, 그해 12월 2일에는 역시 한민당의 중진 장덕수가 암살되었으며, 대한민국 정부수립 후인 1949년 6월 26일에는 상해임시정부 주석 김구가 피살되었다. 범인들은 모두 체포되어 신분이 밝혀졌는데 반대당이 살해한 경우도 있으나 우익이 우익을 살해하기도 하고, 김구를 살해한 안두희가 같은 한독당 당원이었다는 사실은 당시 남한 사회가 얼마만큼 혼란스러웠는가를 말해 준다. 몇몇 사건의 배후는 지금까지도 제대로 밝혀지지 않고 있다.

제2장

대한민국 건국과
이승만 대통령

1. 대한민국 건국 과정의 진통

1.1. 유엔의 결의와 5.10선거

유엔 결의

앞에서 언급한 바와 같이 미국은 소련과의 협상을 통해 최소한 미국에 적대적이지 않는 통일국가를 한반도에 건설하겠다는 기대를 가지고 좌우합작 정책 등을 시도해 보았다. 그러나 이런 기대는 미 국무부의 순진한 이상에 불과했다. 소련은 이미 동구권 여러 나라를 공산주의 국가로 만들어가는 막바지 단계였으며, 북한에도 2년에 걸쳐 거의 완벽하게 공산주의 체제를 구축하고 남한까지 넘보는 상황이었다. 미국이 소련과의 협의를 통해 한반도 전체에 친미 통일정부를 세운다는 것은 불가능하다는 사실을 깨달은 것은 1947년 후반이었다. 그해 9월, 미국은 한반도 문제를 국제연합에 이관할 수밖에 없다고 소련에 통고했고, 11월 14일 유엔총회는 한국 문제에 대한 결의를 채택하였다. 결의안의 주요 내용은, "유엔한국위원단을 구성하여 한반도에 파견, 이 위원단의 감시 하에 인구 비례에 따라 남북한 전 지역에서 자유선거를 실시하여 국회의원을 선출한다. 이렇게 선출된 국회가 남북에 걸친 통일정부를 구성하고 통일정부가 구성되면 90일 이내에 한반도에서 주둔한 미·소 양국 군대는 철수한다."는 것이 요지였다.

이 유엔총회 결의에 대해 남한의 우익진영은 일제히 환영하였다. 좌우합작운동을 주도하던 김규식도 환영하였고, 김구는 이승만이 선도하는 정부 수립운동을 지지한다는 성명을 발표했으며, 심지어 그는 소련의 방해로 북한에서 선거가 불가능할 경우, 남한만이라도 선거를 실시하여 정부를 수립해야 한다고까지 하였다. 유엔총회의 결의에 따라 1848년 1월 유엔위원단이 서울에 도착했고, 남한에서의 위원단 활동은 미군정의 협조를 받아 순조롭게 이루어졌으나 북한지역에는 소련의 거부로 들어갈 수가 없었다. 북한 공산정권 건설의 완성 단계에 있던 소련이 유엔위원단의 입북을 거부한 것은 예정된 일이었다. 이렇게 되자 유엔위원단은 북한에서의 활동이 불가능한 상황에서 향후 그들이 어떻게 행동해야 할지 지시해 줄 것을 유엔에 요청했고, 2월 말 유엔 소총회는 "위원단이 접근 가능한 지역, 즉 남한 지역만이라도 총선거를 실시하라."고 결의하고 이를 유엔위원단에 지시하였다.

남북 협상

유엔총회의 한반도 결의가 발표되었을 당시에는 찬성한 김규식과 김구는 불과 한 달이 지난 12월 하순에, 돌연 김규식은 반대로 돌아섰고, 앞서 이승만과 면담한 직후 남한만의 선거를 지지했던 김구 또한 돌변하여, "이승만이 추진하는 남한만의 선거에는 절대 반대한다."는 성명을 발표하고 우익진영에서 이탈하였다. 이러한 우익 진영의 이탈은 북한이 공작원 성시백을 이용하여 우익 인사들에 대한 은밀하고도 치밀한 공작을 폈던 때문이었다. 이러한 우익의 분열은 차후 대한민국 건국에 적잖은 장애요인이 되었고, 이는 민족감정과 결부되어 현재까지도 대한민국의 국론분열에 일조를 하고 있다.

소련의 한반도 정책은, 한민족의 염원인 통일 국가 건설이 아니라 북쪽은 이미 수중에 들어왔으니 어떻게 하면 남한마저 공산주의 체제로 만들어 한반도 전체를 공산위성국가로 만드느냐는 것이었다. 때문에 소련과 북한의 좌익세력은 한반도 문제의 유엔 이관 논의가 시작될 때부터 이를 저지하기 위한 군중대회를 북한 전 지역에서 개최하였고, 남한의 좌익진영도 한국 문제의 유엔 상정 및 결의를 격렬히 비난하였다. 소련과 좌익들의 주장은 미·소 양국 군대가 조기에 철수하고 한국문제는 한국인들이 알아서 처리하도록 하자는 것이었다. 외국 군대가 철수하게 되면 좌우 대립이 극심한 한반도는 내란에 휩쓸릴 것은 불을 보듯 뻔한 일이었고, 내란이 일어날 경우, 당시 사회분위기나 북한의 우세한 군사력으로 보아 그들이 추구하는 공산화에 절대적으로 유리하였다.

좌익들이 주장한, "한국문제는 한국인들이 알아서 처리하도록 하자."는 방안을 추진하기 위해서는 우선 남북 대표자들이 만나야 했는데 이것이 이른바 '남북협상'이고, 우익 인사들을 남북협상 테이블에 앉도록 하기 위해서는 그들의 신념을 바꾸게 하는 일이 우선이었다. 북한의 김일성은 남한의 정당·사회단체 인사들을 포섭하는 공작을 벌였는데 서울에서 암약하고 있는 북로당 공작원 성시백에게 이 업무를 맡겼다. 성시백은 원래 중국 공산당 출신으로 중국의 국공합작에도 중요한 역할을 하여 국민당 정부의 장제스와도 면식이 있던 인물로 해방 후 귀국하여 김일성의 참모로 있었다. 김일성의 지령에 따라 성시백은 김규식을 비롯하여 한독당의 김구·조소앙·엄항섭 등의 측근에 자신의 심복을 심어 우익진영 지도자 중 한 사람인 김구와 중도 우파인 김규식을 남북협상의 동조자로 만들었다. 이외에도 남한의 여러 정당과 사회단체에는 공산당의 첩자들이 깊숙이 침투하여 당론을 좌우했다.

이러한 북한 공산당의 공작 결과 1947년 12월 20일 김규식의 중도파 연합은 남북정치단체대표들의 회의를 제안했고, 22일 김구도, "이승만이 추진하는 남한만의 선거에는 절대 반대한다."는 성명을 발표하여 이제까지의 협조 관계를 파기하였다. 이들은 1948년 1월 말, 유엔위원단과의 면담에서 미·소 양국 군대의 조기 철수와 남북협상의 필요성에 한 목소리로, "소련이 반대하는 총선을 추진하지 말 것"을 요청하였다. 그리고 2월 중순, 두 김 씨는 통일문제를 논의하기 위한 남북정치지도자회담을 제안하는 편지를 북한에 보냈다. 북한은 아무런 응답이 없다가 한 달도 더 지난 3월 25일 방송에서 전 조선 제정당·사회단체 대표자 연석회의 개최를 제의하고 김구와 김규식에게 이 회의에 참석할 것을 요청하는 편지를 보냈는데, 전일 양 김 씨가 보낸 편지에 대해서는 일절 언급하지 않은 것은 북한이 먼저 남북협상을 제의하여 추진한다는 명분을 얻기 위함이었다. 어떻든 양 김 씨는 김일성의 요청에 따라 북행을 결심하고 방북하였다. 이승만은 김구·김규식 일행의 북행을 지켜보면서, "남조선에서 북행한 정치가들이 북조선의 김일성 씨와 자기 마음대로 협상할 수 있다고 생각하였다면 너무나 어리석은 일이다."라고 하여 딱하게 여겼다.

4월 하순, 남북한 56개 정당·사회단체 대표 696명이 모여 전 조선 제정당·사회단체 대표자 연석회의를 개최했는데 이때 남한 대표는 151명이 참석하였다. 회의는 북한 정권이 소련의 지시대로 만든 각본에 따라 진행되니, 토론은 미리 선정된 사람이 원고를 읽는 방식이어서 남측 대표에게는 자유롭게 의견을 발표할 기회도 주어지지 않았다. 마지막에 북쪽 대표 8인과 남쪽 대표 7인이 참여한 남북지도자협의회가 열려, 남북조선 제정당·사회단체 공동성명서가 채택되었다. 주요 내용은, 종전의 소련 주장인 외국군이 철수한 뒤, 남북협상에 참여했던 56개 정당·사회단체들에 의해 전조선 정치회의가 소집되어 민주적 임시정부를 구성하며, 동 정부가 입법의원을 선출, 여기에서 헌법을 제정하고 정부를 수립한다는 것과. 남한에 단독 정부가 수립되더라도 결코 이를 인정하지 않는다는 것이었다.

이는 모두가 소련의 의도대로 된 것이었는데, 남북 협상은 한국민의 민족감정에 호소하여 최대 걸림돌인 미군을 철수시킨 다음 남한의 우익 세력을 실력으로 배제함으로써 한반도 전체를 공산국가로 만든다는 전략이었다. 이는 소련이 동구 여러 나라를 위성국으로 만들던 방식이다. 동구권에 공산화 도미노 현상이 일어나는 것을 보고 영국의 전 총리 처칠은, "공산권에 철의 장막이 쳐졌다."라는 명언을 남겨 공산권을 지칭하는 '철의 장막'이란 말이 이때에 비롯되었다. 남북협상에 참여한 김구·김규식 등은 소련과 북한이 한국인의 민족감정을 이용하여 펼친 고차원의 선전선동 전술에 충실하게 이용되었을 뿐이다. 당시 한반도에 밀어닥친 공산주의 격랑은 한반도 전체가 공산화되지 않는 한 통일정부 수립이라는 민족의 여망을 불가능하게 만들었다. 두 김 씨도 남북협상이 무망한 일이라는 것을 모르지는 않았을 것이지만, 민족분단을 막아 보겠다는 애족심의 발로로 북행한 것이니 민족의 통일을 위한 그들의 개인적 충정은 평가 받을 가치가 있다.

앞에서 살펴본 바와 같이 당시 미국은 소련이 남한까지 공산화 시키려는 위험에 대해 둔감하여 앞으로 들어설 정체에 대해 큰 관심을 두지 않았다. 그래서 한때 좌우합작 정부를 세우려고까지 하였으니, 남한이 미국이 주도하는 남북협상에 호응했더라면 미국은 환영했을 것이고, 유엔위원단도 비록 유엔소총회가 남한 단독선거를 지시했다고 하더라도 김구·김규식 등 남북 협상파가 격렬하게 반대하는 상황에서 남한만의 선거에 회의를 품었을 것이다. 이렇게 동요하는 미국과 위원단을 설득하여 남한 단독

선거가 실시되게 한 데에는 이승만의 역할이 지대하였다.

미국은 5.10 총선이 끝난 뒤에도 대한민국이 어떠한 헌법 하에서 어떤 정부가 세워질 것인지에 대해 전혀 개입하지 않았다. 미군은 대한민국 정부가 들어 선 2개월 뒤에 철군했고, 그 2년 후 중국이 공산화 된 뒤 미 국무장관 애치슨이, "극동의 미국 방위선은 일본·오끼나와·필리핀으로 연결된다."라고 선언함으로써 남한은 미국의 태평양 방위선에서 제외되었다. 이 애치슨 선언은 남침 기회를 노리고 있던 김일성의 욕망에 기름을 붓는 격이었다. 역사에 가정은 부질없는 일이지만 그렇게 되었다면 현재의 대한민국은 지도상에서 없어졌을 것이다. 여기에서 우리는, 나라의 명운이 걸린 중대한 시기 지도적 위치에 있는 정치가는 국가를 통치할 경륜과 식견은 물론 국가 장래를 국제 정세 속에서 헤아려 보는 혜안이 있어야 한다는 교훈을 배울 수 있다.

1.2. 5.10 총선과 좌익의 방해 공작

5.10 총선

유엔한국위원단은 비록 '남한 단독 선거'라는 유엔의 지시를 받아 놓은 상태였지만, 김구·김규식과 같은 유력 정치인의 반대에 부딪히자 남한만의 총선거를 실시할지 여부를 놓고 한동안 망설였다. 이때가 대한민국 건국을 앞에 놓고 닥친 마지막 위기였다. 이승만을 중심으로 한 우익진영은 선거를 실시해야 할 당위성을 유엔위원단에 필사적으로 설득하였다. 이승만은 성명을 발표하기도 하고, 자신이 직접 나서서 위원들을 설득하기도 했으며, 심복을 시켜 위원 개개인을 접촉하게도 했는데, 여류 시인 모윤숙을 앞세워 위원단장인 인도 출신 메논을 설득했다는 이야기는 유명하다. 드디어 유엔위원단은 1948년 5월 10일 이전에 남한에서 총선거를 실시하기로 결정하였다. 앞서 미군정이 마련한 국회의원 선거법은 23세 이상의 한국국민이면 성별·재산·종교·교육의 차별 없이 선거권이 있는, 이른바 선거의 4대 원칙[보통·평등·비밀·직접]이 보장되는 민주선거제도였다. 이로써 한반도 유사 이래 최초로 국민이 자신들의 대표를 선택하는 권리를 행사하게 되었다.

총선거 실시가 공포된 후 남한은 내란에 가까운 혼란에 빠졌다. 좌익 세력이 선거를 저지하기 위해 무장폭동을 포함하여 다양한 방법으로 저항했고, 우익 진영 중 남북 협상에 참여한 김구·김규식 등은 5.10선거 불참을 선언하고 대중들에게 선거에 참여하지 말 것을 호소했기 때문이었다. 한편, 우익 진영은 국민들에게 선거참여를 독려하고 지원하였다. 이승만은 거듭 담화를 발표하여, "사상 최초로 실시되는 선거가 모범적인 민주선거가 되도록 하자."고 호소했다. 독촉국민회·한민당·대동청년단·향보단 등 우익진영의 정당·사회단체들은 주민을 상대로 선거인 등록과 투표 참여를 독려하는 한편, 좌익의 무장폭동을 제압하고 투표소를 보호하고 치안을 유지하는 데 힘을 보탰다. 그 결과 5.10 선거 준비는 성공적으로 진행되어 4월 9일에 마감된 유권자의 선거인 등록률은 96.4%[중앙선관위 집계]에 이르렀고, 5.10 총선은 총 유권자 대비 투표율은 71.6%에 이르러 좌익 세력의 방해에도 불구하고 국민들의 선거 참여 열기는 매우 높아 한반도에서 처음으로 실시한 민주선거는 매우 성공적으로 실시되었다.

선거를 감시했던 유엔위원단의 보고서는, "언론·출판·집회·결사의 민주적 권리가 보장된 합당한 수준의 자유로운 분위기에서 실시된 이번 선거는 전체 인구의 2/3가 거주하며, 유엔위원단의 접근이 허용된 지역에서 유권자의 자유의사가 정확히 표현된 것이다."라고 하여, 매우 긍정적으로 평가하였다. 5.10총선은 인구 비례에 따라 북한에 배정한 100석을 남겨두고, 남한 200석 중, 4.3사건으로 선거가 불가능했던 제주도 두 곳을 제외한 198개 선거구에서 4.7:1의 경쟁률로 국회의원을 선출했는데, 이를 정당·사회단체 별로 분류하면 무소속 85명, 독립촉성국민회 54명, 한민당 29명, 대동청년단 12명, 기타 정당·사회단체 18명이었다. 무소속이 다수를 차지한 것은 한국의 정당정치가 초창기였기 때문인데, 한민당은 풍부한 자금력으로 무소속 인사를 포섭하여 다수당이 되었다.

좌익의 선거 방해와 제주 4.3사건

좌익진영의 5.10총선 방해 공작은 극렬했다. 선거 준비 과정에서부터 유권자의 선거인 등록을 방해하고, 등록 업무를 보는 공무원을 살해하였으며, 등록 업무와 관련된 시설들을 파괴하였다. 또 좌익들은 총선거를 5일 앞두고 선거 파탄을 위한 총동원령을 내렸다. 5월 7일부터 11일까지 전국에서 좌익 세력의 공격을 받아 사망한 경찰·후보·선거위원·우익인사는 40명이나 되었고, 습격당한 경찰지서가 25개소, 투표소는 36개소였다. 저항이 가장 심했던 곳은 선거 한 달여 전, 좌익 폭동이 일어나 2개 선거구에서 주민의 과반이 투표에 불참함으로써 선거가 무산된 제주도였다. 제주도는 식민지 시기 이래 열악한 경제사정으로 좌익 세력이 기생하기에 좋은 여건이 일찍부터 성숙되어 있었는데, 훗날 미 방첩대의 조사는 주민의 70%가 좌익 단체 연관자이거나 동조자라고 파악했다. 해방 후 미군 진주 또한 늦어지자 공산당이 주도하는 인민위원회가 제주도를 통제하고 있었으므로 미군정이나 치안을 담당한 경찰과는 항상 긴장 관계에 있었다.

이러한 분위기 하에서 1947년 3.1절 기념행사를 마친 시위대와 경찰이 충돌하여 도민 6명이 사망하고 8명이 부상하는 사건이 발생하여 제주도 사회가 들끓기 시작했다. 이를 틈탄 남로당 제주도당의 총파업 주도로 3월 10일부터 관공서·은행·학교·교통 기관·통신 기관 등 도합 156개 단체의 4만여 명이 파업에 동조하였다. 미군정은 이를 그대로 두면 위험하겠다고 생각해서 제주도에 경찰을 증파하고 우익 단체인 서북청년단 회원을 투입하여 강경 진압에 나섰다. 이에 민심이 더욱 흉흉해져 제주도의 좌익 세력들은 도민을 앞세우고, "조국의 통일독립과 완전한 민족해방을 위해서!"라는 구호를 외치며 저항했다. 즉, 1948년 4월 3일 새벽, 수백 명의 남로당 제주도당 무장대가 도내 11개 경찰지서와 독촉국민회·서북청년회 등 우익 단체를 습격하여 많은 사상자를 내니 이것이 이른바 '제주 4.3사건'이다.

이에 미군정 당국은 이번 사태가 소수 공산분자들의 무장폭동과 선동에 의해 일어난 것으로 보고 강경 진압 방침으로 대응하자 남로당 제주도당은 인민유격대를 500여명으로 증강하고 김달삼을 사령관으로 지명하여 격렬하게 저항하였다. 5.10총선이 임박하자 도민들을 한라산 중록(中麓)으로 이주시키고 북제주 일원이 인민유격대의 통제 하에 있게 되어 5.10선거를 치를 수 없게 되었다. 미군정은 선거를 6월 3일로 연기했으나 그 마저 무산되었다가 1년 뒤에야 선거를 치를 수 있었다. 미군정은 11월 제주 일원에 계엄령을 선포하고 한라산 중록으로 피신한 도민들을 본거지로 강제 소개시키는 과정에서 소개에 불응하는 부녀자와 노약자 등 2만여 명이 희생되었다. 이러한 다수 인명의 희생은 제주 도민에게 한으로 남은 데다 그 후 계속된 유격대 토벌작전으로 제주도민들이 많은 피해를 입었는데, 유격대의 완전 소탕은 6.25가 끝난 1954년이 되어서야 이루어졌다. 이 후 유증으로 제주도민들의 대한민국 정부에 대한 감정은 항상 비우호적이었다가 5.16 이후 제주도에 남북을 관통하는 도로를 개통하고[5.16도로] 감귤 등 특수작물 재배 장려정책으로 제주도가 본격적으로 개발되어 도민들의 소득이 올라가자 민심이 돌아섰다.

제주 4.3사건은 제주도의 공산주의 세력이 대한민국 건국에 저항하여 일으킨 무장 반란으로 자유민주주의 국가를 건설해야 하는 입장에서는 극복하지 않으면 안 될 과제였고, 신생 대한민국에게는 그 존립을 묻는 위기로 다가왔으므로 반공의식이 골수에 맺힌 서북청년단이나 국군을 토벌 작전에 투입하지 않을 수 없었다. 이런 상황이라 반란군에 대한 적개심이 지나친 나머지 유격대를 토벌하는 과정에서 불법적인 잔혹한 측면이 있었고 무고한 양민의 희생도 많았다. 유사 이래 역사의 수레바퀴 아래서 영문도 모르고 무수한 사람들이 죽어갔다. 4.3사건의 실상은 역사학자들에 의해 밝혀져야 하겠지만, 억강부약으로 흐르는 것이 인정인지라 당시의 가해자는 악으로, 피해자는 선으로 그려지게 마련인데, 정치인들은 지금까지 이를 정략에 이용하고 있다. 현재 우리가 누리고 있는 번영은 거저 주어진 것이 아니라 자유민주주의를 지키기 위해 혼신의 힘을 기울인 우익 세력의 노력 덕택이다. 그런데 후대 대통령 중에는 4.3사건을 추모하면서, "좋은 세상을 만들려다 희생된 사람들"이라며 대한민국 건국이념에 반하는 발언을 한 사람도 있다.

2. 대한민국 건국의 역사적 의의

2.1. 대한민국 건국과 국제적 승인

5.10선거로 당선된 198명의 국회의원들은 제헌국회를 개원하여 헌법 제정, 대통령 선출 등 나라의 기초를 닦는 일을 추진하였다. 제헌국회는 헌법을 제정하여 정부를 세우는 일이 기본 업무였기 때문에 임기가 2년이었고, 국회의장에는 이승만이 선출되었다. 제헌국회는 6월 3일부터 헌법 제정 작업에 착수하여 7월 17일에 공포하였다.

헌법 제정 과정에서 먼저 제기된 것은 국호를 무엇으로 할 것이냐, 정부의 형태를 어떻게 할 것이냐는 등의 문제를 둘러싸고 뜨거운 논쟁이 벌어졌다. 국호는 대한민국·고려공화국·조선공화국·한국 등 여러 안이 나왔는데 대한민국이 다수결로 채택되었다. 정부 형태는 내각책임제냐, 대통령중심제냐였는데, 국회 다수 의석을 차지한 한민당은 내각책임제를 선호했는데, 헌법기초위원회를 한민당 인사가 주도하고 있었으므로 당초의 헌법 초안은 내각책임제 정부 형태였다.

이에 대해 미국 대통령제에 익숙해 있던 이승만은 강력히 반대하였다. 이승만은 헌법기초위원회에 출석하여 내각책임제를 거부하는 자신의 입장을 밝혔는데, 할 일이 산적한 신생 한국에서는 정치적 지도력이 강력한 대통령 중심제라야 한다는 것이 반대 이유였다. 심지어 내각책임제가 되면 자신은 정부에 참여하지 않겠다고까지 하자 헌법기초위원회는 이승만의 요구를 받아들여 정부형태를 대통령중심제로 바꾸었다. 이승만이 내각제를 반대한 데는, 내면적으로는 자신의 권력욕도 개입되었겠지만 가장 큰 이유는 국정의 비효율 등이었다. 내각제란 정강·정책을 중심으로 결성된 근대적 정당의 존재를 전제로 해야 하는데, 당시 남한에는 수십 개의 정당이 난립하고 있었지만 공산당을 제외하면 대부분 개인적인 친소와 지인관계에 의해 결집한 정당이기 때문에 확고한 정강·정책을 가진 현대적 정당이라는 것이 존재하지 않았다. 따라서 당시 정당이란 것은 조선시대 붕당의 한계를 넘어서지 못했는데, 이승만은 조선시대 붕당을 지극히 혐오했다.

이미 내각책임제를 기준으로 만들어진 헌법을 갑자기 대통령중심제로 바꾸게 되니 상호 모순점이 생기지 않을 수밖에 없었는데, 그 대표적인 것이 대통령 중심제이면서 간접선거로 대통령을 국회에서 선출하는 제도였다. 이 외에도 건국헌법은 짧은 기간 내에 좋은 헌법을 만들겠다는 의욕만 앞서 각국 헌법의 좋은 점을 취합하여 만들다보니 상호 상충되는 면도 있고, 한국 실정에 맞지 않는 점도 있었다.

특히 경제체제를 보면, 자유민주주의와 시장경제로서 건국헌법은 재산권을 보장한다고 하면서도, "경제 질서는 사회정의와 국민경제의 발전을 기본으로 하며 각 개인의 경제상의 자유는 이 한계 내에서 보장된다."라든가, "지하자원을 국유로 하고, 대외무역을 국가가 통제하며, 주요 산업을 국영 또는 공영으로 하고, 공공의 필요에 따라 사기업을 국유 또는 공유로 전환할 수 있다."고 했는데, 이것은 바로 전체주의 경제체제이다. 더구나 당시 한국의 국가 형편은, 일제가 남기고 간 수많은 기업들을 정부가 경영할 능력도 없었을 뿐 아니라, 국가 재정이 너무 빈약하여 이것들을 민간에 불하하여 재원을 마련하지 않으면 당장 나라 살림을 꾸려 갈 수도 없는 형편이었다. 또 건국헌법에, "사기업의 근로자는 기업 이익을 균점할 권리가 있다."고 한 주장은 바로 사회민주주의 경제 논리이다. 이상과 같이 건국 헌법에는 상호 모순된 부분이 없지 않았다. 그러나 이러한 모순들은 시간이 흐르면서 하나하나 개선되어 현재의 모범적인 자유민주국가의 헌법이 되었다.

건국헌법은 이상에서 거론한 몇 가지 문제점이 있었다고 하더라도 개인의 자유와 재산권을 인간생활의 가장 기본 가치로 존중하는 자유민주주의와 시장경제 국가체제가 성립됨으로써 새로운 나라가 번영을 이어갈 제도적 토대를 마련했다는 점에서 큰 의의가 있다. 즉, 건국헌법은, "대한민국은 민주공화국으로 주권은 국민에게 있고, 모든 권력은 국민으로 나온다."라 선언하고, "모든 국민은 법률 앞에 평등하며 성별·신앙·신분 등에 의해 정치적·사회적 생활의 모든 영역에서 차별을 받지 아니한다."고 했으며, "모든 국민에게는 신체의 자유, 거주·이전의 자유, 신앙과 양심의 자유, 언론·출판·집회·결사의 자유, 학문·예술의 자유가 보장된다."고 선언함으로써 주권재민과 평등·자유 등 인간의 기본권을 명시하였다. 그리고 "대한민국의 영토는 한반도와 그 부속도서로 한다."고 하여 지금은 비록 분단되었지만 장차 한반도 통일을 이룩하겠다는 강력한 통일 의지도 천명하였다.

제헌국회의 정·부통령 선출에서 대통령에는 이승만이 압도적 지지로 당선되고, 부통령에는 임정 국무위원 출신 이시영이 선출되었다. 이승만은 7월 24일 대통령에 취임하여 8월 4일까지 내각 구성을 완료하였는데, 국무총리에는 광복군 참모장 출신 이범석이 임명되어 1948년 8월 15일 대한민국이 건국되었다, 각료 선임 과정에서 이승만과 한민당 간에는 많은 갈등이 있었다. 즉, 한민당 인사들은 이승만이 미국에서 귀국하기 전부터 자기들의 영수로 삼을 계획이었으나 이승만은 한민당이 전통적으로 백성들 위에 군림하던 기득권 지주 세력 계통이라고 생각하여 조각에서도 한민당 계열을 철저하게 배제하였으므로 건국 초기부터 이승만과 한민당은 대립하였다.

이 대한민국 건국에 대해 진보좌파 측 인사들은 군이 '대한민국 정부 수립'으로 고집하는데, 이유는 대한민국은 이미 1920년에 상해 임시정부 수립으로 대한민국이 건국했으니 1948년 8월 15일의 대한민국 건국을 '정부수립'으로 해야 한다는 것이다. 당시에는 정부까지도 '건국'과 '정부수립'을 동의어로 생각하는 경향이 있기는 했으나 우리가 기념하는 8.15광복절은 건국기념일이 맞다. 임시정부에도 형식적인 정부기구가 있기는 했지만, 이를 대한민국 건국이라고 하는 것은 어불성설이다. 좀 진부한 말이기는 하지만, 국가의 3대 요소는 '국토·국민·주권'인데, 상해 임시정부에 이 3대 요소가 구비되어 있었던가? 앞에서 살펴본 대로 국호도 이때에 확정되었다. 헌법 전문에 "상해임시정부의 법통을 계승한다."고 했으면 충분하지, 1948년 8월 15일의 역사적인 대한민국 탄생을 군이 '대한민국 정부수립'으로 깎아내릴 이유가 어디에 있는가? 그런데 지금 이 날을 광복절로 명기하기 때문에 많은 사람들이 일제로부터 해방된 날로 기억하고 있으나 우리가 매년 기념식을 거행하는 것은 대한민국의 건국을 기념하기 위한 것이다.

한편, 대한민국이 수립되자 북한은 9월 9일, 기다렸다는 듯이 그 동안 북조선인민위원회 위원장을 맡아온 김일성을 내각 수상에 만장일치로 추대하고 조선민주주의인민공화국 수립을 선포하였다. 남한에 대한민국이 진통을 겪으며 탄생한 것과는 달리, 북한에서는 해방 이듬해인 1946년 2월에 사실상의 정부 조직인 북조선임시인민위원회를 설립하고 다음 달에는 농지개혁을 완료하여 공산주의 체제가 일사불란하게 추진되었다. 북한이 공산정권을 구축해 놓고서도 남북협상을 내세운 것은 남한마저 공산화할 야욕에서였고, 그렇게 되지 못하더라도 명분을 챙기자는 목적이었다.

2.2. 건국의 역사적 의의와 분단의 책임

1948년 8월 15일, 천신만고 끝에 대한민국이 건국했으나 마냥 기뻐할 수만 없었던 것은 통일 대한민국이 아니라 남한만의 단독 정부 수립이었다는 점이다. 그러나 한편으로 생각하면 한반도 전체가 공산화될 일촉즉발의 위기에서 남한만이라도 구제된 점은 가슴을 쓸어내릴 일이다. 공산체제를 일찌감치 구축한 북한이 남한까지 공산화할 목적으로 통일정부 수립이라는 명분하에 남북협상을 내걸자 중도파는 물론 미군정마저 이에 놀아나 좌우합작을 주장하는 형편이었으니 남한의 운명은 백척간두에 놓여 있었다. 이런 위급한 상황에서 이승만이 미국을 방문하여 언론과 지인들을 설득하여 미국 여론을 돌려놓고, 한민당 등 우익세력들과 일치단결하여 인간 개인의 능력이 최대로 발휘될 수 있는 자유민주주의와 시장경제체제의 대한민국이 탄생하도록 한 것은 민족사로 볼 때 여간 다행이 아니다.

그 후 70여 년을 지나오면서 한때는 북한의 남침으로 나라 운명이 풍전등화일 때도 있었고, 군사혁명과 정변, 민주화운동 등등 수많은 정치적 격변을 겪는 동안 국가적 혼란도 있었으나 그 과정을 슬기롭게 극복한 결과 건국 당시 최빈국이던 나라가 73년 만인 2021년에는 유엔무역개발회의가 인정하는 선진국으로 도약하게 되었다. 이러한 결과를 얻게 된 바탕은 국가가 자유민주주의와 시장경제체제라는 토대 위에서 출발했기 때문이다. 즉, 한국이 선진국 대열에 오른 것은 건국 당시의 이념과 지향이 세계 사적 발전과정으로 보아 보편타당했기 때문에 가능한 일이었다. 이는 다 같은 민족이 동시에 건국했으나 남한보다 월등히 우세한 경제력을 가졌던 북한이 철저하게 실패한 국가로 전락한 것은 체제의 결과이다. 여기에 비 록 분단은 되었지만 대한민국 건국의 역사적 의의가 있는 것이다.

그렇다면, 지난 날 끔직한 동족상잔의 비극을 안겨주었고 현재까지 그 연장선상에 있게 된 원인인 한반도 분단의 책임은 누구에게 있는 것일까. 분단의 책임이 어디에, 누구에게 있느냐는 문제는 해방 후 한반도 역사를 서술함에 있어 피해갈 수 없는 문제이다. 1945년 9월 20일 북한에 공산 정권을 수립하라는 스탈린의 지령이 비밀문서에서 해제되기 전까지, 이승 만은 1946년 6월 3일의 정읍 발언으로 남북 분단의 단서를 제공한 장본 인으로 비난 받기도 했다. 제2차 대전 말기, 일제가 '1억 신민(臣民)의 옥쇄 (玉碎)'라는 구호를 내걸고 결사항전 태세로 나오자 미국은 위험부담을 나 누고 전쟁을 빨리 끝내기 위해 소련을 태평양 전쟁에 끌어들여 한반도를 미·소가 분할 점령하게 함으로써 분단은 이미 예정되어 있었다. 미·소 두 강대국이 한반도를 각각 자기네 영향력 하에 두기 위해 힘겨루기를 하며 대립하는 상황에서 이를 극복할 한민족의 힘은 어디에도 없었으니 결국 남북분단은 피할 수 없는 예정된 일이었다.

그렇다면 당사자인 한민족에게는 책임이 전혀 없다는 말인가? 그것은 그렇지 않다. 강대국의 영향력이 아무리 막강했다 하더라도 한민족이 일 치단결했더라면 분단을 막을 수도 있었을 것이니, 원론적인 책임은 우리 한민족에게 있고, 근본 원인은 이념 대립으로 인한 독립운동 단체들의 반 목과 분열이었다. 앞에서 잠시 언급했지만 2차 대전 시기까지 전 세계는 평등을 앞세운 공산주의 이념에 대한 환상으로 몸살을 앓고 있었다. 피압박 민족일수록, 또 지식인일수록 공산주의에 대한 열망이 강렬했다. 게다가 소련은 공산주의를 확산시키기 위해 피압박 민족의 독립을 돕는다는 명분하에 은밀히 물심양면의 지원까지 하니, 공산주의의 본질을 모르는 대다수의 사람들은 여기에 현혹될 수밖에 없었다. 때문에 해외의 독립운동 단체는 크게 민족주의자와 공산주의자들로 양분되어 있어 한 목소리를 낼 수 없었는데, 독립운동 세력은 이념을 떠나 하나의 정치 세력으로 단합할 필요가 있었다. 그랬더라면 임정이 국제적 승인을 받았을 가능성도 높았고, 전쟁이 끝난 뒤의 정부 수립에서 발언권을 가질 수 있었을 것이지만 이것은 하나의 민족주의 이상이었다. 공산주의자들에게는 민족이란 감성보다 공산주의 이념이 우위에 있어 소련의 지시에 따르는 것이 곧 독립을 앞당기는 길이라 생각했다. 결국 상해임시정부로 독립운동이 단일화되지 못하여 열강의 인정을 받을 수 없었기 때문에 한반도의 정책 결정에 대한 임정의 지분은 하나도 없었다.

미·소 양국 군대가 한반도에 진주한 뒤에 자유민주주의와 시장경제를 신봉하는 사람들은 미군정에 협조하여 대한민국 건국에 참여하였고, 계급 독재와 공산주의가 옳다고 믿는 사람들은 소련에 의지하여 북한 건국에 참여하였다. 당시 사람들로서 어느 방향이 옳은지 알 수 있는 사람은 극소수에 불과했다. 그 사이에 미국은 자기들이 제안한 신탁통치 안과 미·소공동위원회의 명분을 살리기 위해 남한 내에서의 좌우합작도 시도해 보았고, 중도파는 남북협상을 통해 통일국가 건설의 합의점을 찾아보겠다는 충정도 있었다. 이러한 여러 시도에도 남북분단을 막지 못한 가장 결정적인 조치는 소련군이 북한에 진주한 지 6개월만인 1946년 2월, 북조선임시인민위원회를 조직하고 3월에 북한 지역에 일방적으로 실시한 무상몰수와 무상분배의 농지개혁을 통해 공산주의 경제체제를 구축한 때문이었다. 이는 누가 무슨 소리를 해도 북한은 공산국가로 가겠다는 소련의 강력한 메시지였다. 이후 자유민주 세력은 북한에서 추방되었으며, 남북이 타협하여 통일 국가를 건설한다는 희망은 사라졌다.

결론적으로 말하면 분단을 향해 먼저 달려간 것은 남북한의 좌익 세력이었다. 북한에 이미 공산정권 수립을 완성했으면서도 남북협상의 슬로건을 내건 것은 명분을 앞세워 남한까지 공산화시키겠다는 야심이었으므로 중도파의 희망대로 남북협상이 성공했더라면 분단은 면했을지 모르지만, 한반도 전체에 공산주의 정권이 들어섰을 것임은 분명한 일이었다.

2.3. 신생국의 갈등과 시련

여수·순천 반란과 숙군(肅軍)

5.10 총선거를 빌미로 일어난 제주의 무장 반란[4.3사건]은 대한민국 정부수립 후에도 진압되지 않자 정부는 공산당 유격대의 토벌을 위해 전남 여수에 주둔하고 있는 제14연대의 제주도 출동을 명하였다. 그러자 남로당 소속 김지회 등을 중심으로 한 하사관들이, "동족상잔의 제주도 출동을 반대한다."는 구호를 내걸고 10월 19일 반란을 일으켰다. 반란군은 연대장 등 지도부를 사살하고 경찰서와 파출소, 시청 등을 점령한 후 경찰서장, 한민당 여수지부장, 독촉국민회원을 비롯한 우익 인사와 그 가족들을 살해하였다. 다음 날에는 순천을 점령하고, 며칠 사이에 보성·고흥·광양·구례·곡성 등 전라남도 동부 지역 여러 고을을 석권하였다. 반란군들은 의

용군과 인민위원회를 조직한 후 이승만 정권 타도, 민족반역자 처벌, 무상 몰수·무상분배의 토지개혁 실시 등을 주장하였다. 정부는 미군의 지원을 받아 광주에 토벌사령부를 설치하고 7일 만에 반란군을 진압했으나 여수는 초토화되고 7천 여 명의 사망자와 행방불명자가 발생하였다. 반란군의 포로가 3천여 명이나 되었는데, 1개 연대 병력이 1천 5백여 명 정도이니 민간인 동조자가 그와 동수임을 고려할 때, 당시 남로당의 민간 침투와 민중들의 공산주의에 대한 환상이 어떠했는지 짐작된다.

정부는 여수·순천 반란 사건을 계기로 군 내부에 침투한 남로당 세력을 제거하는 숙군 작업을 대대적으로 벌였다. 미군정 하에서 국방경비대를 창설할 때 미처 신원조회를 할 겨를도 없이 입대시켰는데, 경비대 입대자들은 글자라도 읽을 줄 아는 젊은이들이었고 당시로서는 이른바 식자층으로서 평등사상인 공산주의 이념에 물든 사람들이 많았다. 게다가 신분을 감추기 위해 입대한 남로당원도 많았으므로 숙군 시 밝혀진 바로는 초급 장교와 하사관의 경우 1/3이 좌익이었다. 숙군 결과 일반 병사까지 포함하여 총살·징역·파면 등으로 숙청된 자가 4,749명으로 전 병력의 10%나 되었으며 숙군을 피해 탈주한 숫자도 이와 비슷하였다. 또 숙군에 반발하여 경북 대구의 6연대가 반란을 일으켰고, 춘천의 2개 대대는 집단으로 월북했으며, 해상에서는 배를 탈취하여 월북하기도 하였다. 이로써 군 내부의 좌익 세력은 대부분 제거되어 6.25사변이 발발했을 때, 북한이 기대했던 군부의 반란이나 집단 투항이 일어나지 않았다. 만약 숙군 작업이 적시에 이루어지지 않았더라면 대한민국은 6.25사변을 당하여 해체되었을 것이다. 어떻게 보면, 여순 반란 사건은 군의 공산화를 예방한 불행 중 다행의 전화위복이었고, 강력한 백신(vaccine)이기도 했다.

여순 반란을 계기로 1948년 12월 1일 국가보안법이 제정되었다. 요지는 정부를 참칭하거나 국가를 변란할 목적으로 단체를 조직하거나 가담한 자를 처벌하기 위한 것이었는데, 1949년 이 법으로 체포된 사람이 11만 명이 넘었고, 통신·신문 등 언론사도 7~8개소에 달하였다. 이렇게 좌익 세력이 사회 전반에 만연했으므로 이들을 모두 처벌하기보다는 계도한다는 취지에서 국가보안법에 저촉된 자 또는 전향자로 분류된 인사들을 보도연맹에 가입시켜 "자라나는 보도연맹, 쓰러지는 공산도배"란 표어를 만들어 전국 각지에 배포하여 이들을 계도하고, 일반에게는 공산주의에 대한 경각심을 갖게 했는데, 그 수가 전국적으로 30여 만 명에 이르렀다. 그러나 갑자기 6.25가 발발하자 북한군이 내려오면 협력할 위험성이 있다 하여 집단 학살된 경우도 많았다. 필자가 살던 경북 문경군 농암면의 한 마을은 총 30여 호 가구에서 17명이 학살되었으니 그 피해 정도를 알만하다. 이들 대부분은 단지 평등을 앞세운 공산주의가 좋은 것인 줄로만 알고 세포당원의 권유로 남로당 입당원서에 도장 찍은 죄밖에 없었다. 역사의 수레바퀴는 이렇게 잔인했다.

임정 주석 김구의 죽음

김구는 임시정부의 상징적 인물로 국민들에게 인식되어 현재 대한민국에서 가장 존경 받는 정치인의 한 사람으로 각인되어 있으나 대한민국 건국은 물론 건국 후에까지 대한민국을 인정하지 않다가 같은 한독당 당원에게 피살당했다. 김구 등 임정 인사들은 미군정이 임정을 인정하지 않아 개인 자격으로 환국할 수밖에 없었으나 귀국 후 미국에서 귀국한 이승만과 함께, 혼란한 해방 정국을 주도하는 지도자였다. 임정과 김구는

1945년 12월 모스크바 삼상회의에서 한반도의 신탁통치 안이 결정되자 격렬하게 반대했다. 북한 진주 즉시 공산정권 수립에 박차를 가하고 있던 소련은, 한반도의 신탁통치 기간 동안 잘 조직된 공산주의 세력을 이용, 남한까지 공산주의체제로 만들려고 하였다. 이런 위기에서 김구는 이승만과 함께 반탁운동을 전개함으로써 남한 정국의 중추를 이루었고, 결국 반탁운동을 통해 남한의 공산화를 저지하는 데 큰 공을 세웠다. 양차의 미·소 공동위원회가 결렬되자 미국은 1947년 9월 한반도 문제를 유엔에 상정하여 유엔 감시 하의 총선거 안이 가결되었지만 누가 보아도 소련이 유엔 감시단의 입북을 거절하리라 예상되었다.

이에 대해 김구는, "남한만의 선거는 국토를 양분하는 비극"이라며 반대 의사를 드러냈다가 얼마 후 이승만과 회담한 뒤에는, "소련의 거부로 남한만의 선거가 될지라도 그 정부는 법리상이나 국제관계상으로 보아 통일 정부일 것"이라며, 남한 단독정부 수립을 찬성하였다. 그렇지만 그해 12월 하순부터 다시 입장이 바뀌기 시작하여 남한만의 선거와 정부수립에 반대한다는 입장을 확고히 하였다. 그 후 김규식 등과 함께 통일정부 수립을 위한 남북협상을 주장했으며, 1948년 4월, 북한의 초청을 받아 평양으로 가면서, "나는 통일된 조국을 건설하려다가 38선을 베고 쓰러질지언정 일신의 구차한 안일을 취하여 단독정부를 세우는 데 협력하지 않겠다."는 비장한 성명을 발표하였다.

김구의 주장대로라면 남한만의 단독정부 수립을 추진하는 이들은, "일신의 안일을 취하는 자들"이었다. 이에 대해 이승만은, "남북협상을 한다며 북행한 정치가들이 북의 김일성 씨와 자기들 의도대로 협상할 수 있다고 생각한다면 너무나 어리석은 일"이라며 딱하게 여겼다. 남북협상 주장이 비현실적이라고 하면, 김구는, "현실적이냐 비현실적이냐가 아니라 옳은 길이냐 사악한 길이냐가 중요하다."고 대응하였다. 김구의 생각은 순수한 애족심의 발로였으나 국내외 정치현실은 그렇지 못했다. 결국 북행한 김구·김규식 등은 김일성의 농간에 들러리만 서다 돌아왔고, 동행했던 북행 인사들 중 홍명희 등은 북에 남았다.

그 후 5.10선거가 실시되어 대한민국정부가 설립될 때 김구·김규식은 참여하지 않았고, 8월 15일 대한민국이 건국되자 김구는 '비분과 실망'을 담은 성명을 발표하였다. 정부가 수립된 이후에도 김구는 줄곧 1947년 11월의 유엔 결의로 돌아가서 유엔 감시 하에 남북한 총선거를 실시하고 미·소 양국 군대는 철수할 것을 주장하였으니, 이는 이미 성립한 대한민국을 해체하고 새로운 통일 정부를 세우자는 주장이었다. 대한민국을 해체하자는 거듭된 주장은 결국 1949년 6월 26일, 자신이 주석인 한독당 당원으로 면식이 있는, 정복 차림의 육군 소위 안두희의 저격을 받고 운명했다. 안두희는 법정에서, "김구가 대한민국 정부를 전복하려 하고, 미군 철수를 주장하고 있어 위험 수위에 올랐다고 판단하여 살해했다."고 진술했는데, 그 배후는 밝혀지지 않았다. 7월 5일 서울운동장에서 국민장으로 치러진 장례식에는 수많은 사람들이 운집하여 직접 조문하였고, 같은 시각 전국의 관공서와 학교에서도 그의 마지막 가는 길을 애도하였다. 필자 또한 당시 국민하교 2학년생으로 애도 행렬에 참여했는데 영결식에 참여한 모든 사람들은 마치 친족의 상을 당한 듯이 슬퍼하였다.

김구의 죽음에 관한 논의나 추모는 이승만 대통령 집권기에는 금기시되다가 4.19혁명 후인 1960년 6월에야 추도식이 처음 열렸다. 5.16군사혁명 이후 박정희 대통령은 김구의 추모에 적극적이어서 1962년 김구에게 건국공로 훈장이 수여되고, 1969년에는 남산에 동상이 세워져 그 일대를 백범광장이라 명명하여 기리고 있다. 이후 김구는 정파를 불문하여 모든 국민들이 존경하는 정치인으로 자리 잡았다.

위에서 살펴본 대로 김구는 불멸의 독립운동가이기는 하지만, 대한민국 건국에는 거의 역할을 하지 못했는데도 전 국민의 존경을 받는 이유는 어디에 있는 것일까? 일제 강점기 중국·미주·만주 등지에는 여러 독립 운동 단체가 있어 조선혁명당 같은 공산주의 단체는 임정보다 세력이 큰 것도 있었지만, 정보가 제한되었던 당시, 독립운동가라면 중국에 있는 임시정부의 김구와 미국에서 활동하는 이승만이 대표적인 인물이었다. 특히 김구는 임정 주석으로서 거의 혼자 힘으로 임정의 명맥을 이끌다시피 했기 때문에 임시정부라면 김구를 연상할 정도로 상징적인 독립 운동가였다. 남한만의 총선거가 실시되어 결국 남북이 분단되려 하자 김구는 이를 막아보겠다고 남북협상을 위해 북행하면서, "38선을 베고 쓰러질지언정 일신의 구차한 안일을 취하지 않겠다."든가, "현실적이냐 비현실적이냐가 아니라 옳은 길이냐 사악한 길이냐이다."라고 한 말은, 한국인들의 뇌리에 김구의 유언으로 각인되었다. 정의를 흠모하는 것은 일반적인 인간 심리이다. 또 위인들의 명성은 그 죽음이 극적일 때 더욱 고양되게 마련이다. 그리고 당시 국내외정세를 알지 못한 많은 사람들은 김구의 죽음이 이승만 등 단독정부 수립파의 소행이라고 믿어 동정심도 유발하였다. 이상과 같은 여러 가지 이유로 인해, 김구는 오늘날 한국 국민들로부터 가장 존경받는 정치인의 한 사람으로 자리 잡았다.

김구가 건국을 끝까지 반대했고, 건국 후에까지 통일 정부 수립을 위해 해체를 주장했던 대한민국은 온갖 고난을 극복하고 살아남아 이제는 세계가 공인하는 선진국으로 도약하였다. 김구의 입장에서 보면, "사심과 불의가 승리한 것"으로 보이지만 그렇지 않다. '옳음[義]'에도 '대의'와 '소의'가 있으니, 당시 대한민국 건설은 대의였다.

김구는 철저한 민족주의자로서 통일국가 건설은 그 어떤 것과도 바꿀 수 없는 숭고한 가치라고 생각했기 때문에 민족의 분단이 임박하자 그것을 용납할 수 없었던 것이다. 이러한 인식에서 미·소 양국 군대가 철수한다 해도 한반도에서 내전이 일어나지 않을 것이라 장담했다. 그러나 2년 뒤 김일성의 남침이 있었다. 그는 공산주의를 지극히 싫어했지만 공산주의 이념에 대한 이해가 부족했다. 이른바 좌우익이란 이념도 "영원한 혈통인 민족의 바다에서 일어나는 일시적인 풍파에 불과한 것이므로 민족에 용해될 수 있다."는 순진한 생각이었다, 당시 공산주의자들에게 있어서 민족주의는, 세계 공산화를 위해 극복되어야 과제였을 뿐이다. 즉 공산주의의 본질에 대한 이해의 부족에서 온 것이다.

반민특위(反民特委)와 친일파 척결 문제

건국헌법은 부칙에, "1945년 8월 15일 이전의 악질적인 반민족 행위자를 처벌하는 법을 제정할 수 있다."고 했기 때문에 국회는 이에 근거하여 1948년 9월 반민족행위처벌법을 제정했다. 이를 근거로 국회가 10개 시·도에서 위원 1명씩 추천한 위원 10명으로 구성된 임기 2년의 반민족행위특별조사위원회를 구성하고, 반민특위 아래에 반민족행위자를 체포할 특별경찰대를 설치하여 1949년 1월부터 조사활동에 들어갔다. 그러나 반민족행위자를 처벌하는 일은 도덕적 당위와 정치적 현실 사이에서 딜레마에 빠지지 않을 수 없는 지난한 문제였다. 미군정은 총독부의 법령·관료제·경찰기구 등을 그대로 인수하여 남한의 사법·행정·치안 업무를 맡아보게 하였으므로 총독부의 관료와 부속 기관의 직원들은 대한민국이 건국한 뒤에도 그대로 승계되니, 대한민국은 넓은 의미로서의 친일파들이 통치하고 있는 나라였기 때문이다.

그러나 신생 대한민국이 굴러가려면 행정과 치안의 전문가들인 이들 없이는 불가능했다. 이 중에서 특히 경찰은 해방 후 3년간 치안을 유지하고 공산주의 세력을 퇴치한 공로가 큰데, 이제 반민특위에 의해 처벌 받게 되었다고 크게 동요하였다. 이러한 모순적인 현실을 잘 알고 있던 이승만이 귀국 후 부르짖은 구호가 "뭉치면 살고 흩어지면 죽는다."였다. 대동단결하여 공산주의와 대결해야 할 시기에 친일파 문제로 민족이 분열해서는 안 된다며, "국회가 주도하는 반민특위 활동은 삼권분립 원칙에 위배되고, 좌익세력의 발호로 국가의 안보가 위급한 시국에 경찰을 동요시켜서는 안 된다."는 담화도 발표하였다. 그리고 이승만은 친일파 문제를 온건하게 처리해 달라고 몸소 반민특위 위원장의 자택을 방문하여 협조를 요청하기까지 했으나 반민특위는 강경한 입장을 고수하였다.

마침 이해 4월, 경찰이 국회부의장 김약수 등 의원 13명을 체포하였는데 혐의는 남로당과 내통하여 그의 사주를 받아 '외국군철수요청안'과 '남북평화통일안'을 통과시키는 데 주도적인 역할을 했다는 것이었다. 이것이 이른바 국회프락치 사건이라는 것으로 그 가운데 반민특위에서 주도적인 역할을 한 3명의 소장파 의원이 포함되었기 때문에 당시에는 경찰이 반민특위의 활동을 무력화시키기 위한 조작 사건이라는 의혹이 있었다. 그러나 이 사건은, 1997년 5월 북한의 로동신문이, "성시백이 1948년 가을부터 국회를 대상으로 공작을 벌여 국회 부의장과 십여 명의 국회의원을 포섭하는 데 성공했다."고 발표함으로써 남로당의 공작이었음이 밝혀졌다.

이렇게 분위기가 흉흉한 가운데 1949년 6월 4일, 반민특위의 특별경찰대가 3명의 경찰 간부를 반민족행위 피의자로 체포하자, 이틀 뒤인 6월 6일, 서울 중부경찰서장의 지휘 하의 경찰이 반민특위 사무실을 습격하여 특별경찰대를 무장해제 시키고 반민특위 서류를 탈취하였으며, 이 같은 경찰의 반민특위 공격은 지방에서도 동일하게 자행되었다. 이러한 행위는 국회의 권위를 부정하는 불법적 행동이었지만 이승만 대통령은 경찰의 행동을 묵과했다. 정부는 반민특위 활동 기간을 1년으로 단축하는 법을 국회에 제출했으며, 기세가 꺾인 국회는 동 법안을 받아들여 반민특위는 잔여업무를 처리하고 1949년 8월 말에 해산하였다. 그 동안 반민특위는 총 688명의 반민족행위자를 수사하여 559명을 특별검찰부에 송치했는데, 특별검찰부는 이 중 293명을 기소했으며, 특별재판부는 최종 38명에 대해 유죄 판결을 내려 12명이 체형을 받았다. 12명 중에는 사형 1명, 무기징역 1명이었으며 나머지는 2년 6개월 이하의 징역이나 집행유예였는데 이들도 6.25사변이 터지자 모두 풀려났다. 이처럼 반민족 행위자에 대한 처벌은 매우 미진하여 이른바 솜방망이였다. 이러한 결과 때문에 20세기 말까지도 이른바 한국의 식자층들은 "이승만 대통령이 친일파를 척결하지 않아 대한민국에 정의가 말살되었다."는 말을 입에 달고 살았다. 친일파 척결을 방해한 주동자가 이승만 대통령이라 하여 지금까지도 이승만을 '친일파의 아버지'라고 혹세무민하는 사람들이 있고, 이를 정략적으로 사용하는 사람들이 있다.

반면, 북한 김일성 정권을 미화하던 사람들은 북한은 식민지 청산을 아주 잘 했는데 남한은 그렇지 못해서 정통성에 문제가 있다고 비판한다. 속담에 "남의 밥의 콩은 굵어 보인다."는 말이 있지만 이는 지극히 피상적인 평가로 사실과 다른 면이 있을 뿐만 아니라 어찌 보면 그 반대이다. 북한이 식민지 청산을 잘 했다는 말은, 북한 정권이 친일파와 부호들을 인민재판식으로 성토하여 이리저리 이주시키자 피해를 입은 사람들은 공산주의가 싫어 대부분 월남했다. 그 외 공산주의가 싫은 사람들도 월남을 택했는데, 북한 공산정권은 한때 이들의 남하를 방조하기도 했으므로 북한에는 친일파가 저절로 정리되어 척결할 친일파도 없었다. 그러나 수력 발전소나 중화학 공장의 핵심 기술자들은 친일파는 물론, 일본인들까지도 강제로 억류하여 근무케 했는데 그 숫자가 2천여 명이나 되었으며, 북한 정권은 자신들에게 우호적인 친일 인사는 포용하여 활용하였고, 북한에서는 친일파 척결 관련법도 제정하지 않았다.

남한은 일제의 행정과 치안 체계는 그대로 계승했지만, 태평양전쟁 시기에 구축한 전시 경제체제를 허물고 시장경제체제를 건설한 반면, 북한은 전시경제체제를 계승하여 사회주의 경제체제를 건설하고, 급기야 김일성 수령체제를 만들었으니 북한이야말로 일제 잔재 척결은 고사하고 일본의 전시경제체제와 천황체제를 충실히 계승한 것이라 하겠다. 남한에서는 반민족자처벌 특별법을 만들어 느슨하게나마 친일파를 척결하려다 그것마저 흐지부지 되었는데, 사실 친일파 척결 문제는 현실적으로 철저하게 처리할 수도 없는 문제였다. 이 특별법은 소급법이고 단심제였기 때문에, 처음부터 자유민주주의 법치국가의 기본 정신에 위배된 것이었다. '악질적인 친일 행위'라는 것도 기준이 모호하고, 일제 치하에 국내에 있으면서 사회생활을 하려면 적극적이든 소극적이든 친일을 하지 않고는 활동할 수가 없었다. 그래서 역사학자 신석호 박사는, "일제말기까지 한반도에 살던 유명인사 치고 친일 안 한 사람은 승려였던 만해(萬海; 韓龍雲) 한 사람밖에 없다."고까지 하지 않았는가? 소수의 악질적인 친일파만 처벌하면 족한 것이었는데, 공산당의 위협을 극복해야 하는 상황에서 그 마저 제대로 하지 못한 것은 신생 대한민국이 처한 시대적 한계였다.

3. 6.25사변과 한·미 방위조약

3.1. 남북 군사력 비교와 북한의 남침 계획

1948년 5월, 남북협상을 위해 방북했던 김구는 7월 11일, 중국 국민정부 장졔스의 특사로 방한한 유어만에게 자신의 깊은 속내를 털어놓았는데, "〈평양에 가서 보니〉 북쪽 공산주의자들이 현 상황에서 앞으로 3년간 인민군 증강하는 일을 중단하더라도, 그리고 그 기간 동안 남쪽이 어떤 노력을 하더라도, 남쪽은 북쪽이 지금 이미 보유하고 있는 군사력에 필적할 군대를 건설하는 것은 불가능하겠더라. 소련은 아무런 책임 추궁을 당함이 없이 언제든지 인민군을 동원하여 기습 남침을 전개할 수 있는 상태였으며, 바로 그 같은 순간을 위하여 별도의 정부를 인민공화국이라는 이름으로 수립할 만반의 준비가 진행되고 있더라."라고 하여, 북한에서 본 현실을 실토하였다. 김구는 전쟁 가능성을 이미 예측하고 있었으며, 전쟁이 터지면 남한은 소멸할 것이라고 비관적으로 전망한 것이다. 김구는 이렇게 말했으면서도, 대한민국의 해체를 주장하고 외국군이 철수해도 한반도에는 내전이 일어나지 않을 것이라고 장담했으니 그 진의를 알 수 없다. 당시만 해도 남북 군사력의 차이가 현격한 상황에서 1949년까지 소련은 소총·대포·전차·항공기 등을 계속 지원했으니 그 군사력은 한국군에 비할 바가 아니었다.

반면, 대한민국 국군의 전신은 1946년 1월, 경찰의 치안 유지를 보완할 목적으로 창설한 남조선국방경비대였다. 미군정은 정규군 창설을 계획했으나 본국 정부의 반대로 경찰 지원부대로서의 국방경비대로 축소된 것이다. 경비대 간부는 중국군·만주군·일본군 경력의 장교나 하사관 출신이 대부분이었고, 장차 독립국의 군인이 되겠다는 큰 포부를 품은 젊은이들도 많이 입대했다. 4월까지 8개 도에 1개 연대씩 창설했는데 6월부터 국방경비대를 조선경비대로 개칭했으며, 바다를 지킬 목적으로 조선해안경비대가 창설되어, 1948년 5월까지 총 5개 여단에 5만여 명의 병력으로 확충되었다. 1948년 8월 15일 대한민국 건국과 동시에 경비대는 국군으로 개칭되면서 국방경비대는 육군으로, 해안경비대는 해군으로 개칭되었다. 이로써 국가의 기본 요건인 상비군을 갖게 되었으나 창군부터 문제가 많았다.

창군 당시 신원조사도 없이 마구 입대시키다 보니 좌익 세력이 군부에 깊숙이 침투하여 적어도 10% 가량이 남로당 당원이었다. 여순 반란을 계기로 숙군(肅軍)하는 과정에서 병력은 줄어들었고, 국방 예산은 부족하여 장비는 초라했다. 정부의 재정으로는 군비를 확충할 여력이 전혀 없었는데, 미국 정부는 한국의 군사전략적 가치를 낮게 평가하여 국방경비대 지원에 소극적이어서 미군정은 일본군이 남기고 간 무기로 국방경비대를 무장시켰을 뿐이다. 따라서 6.25 남침을 당했을 때 북한에 비해 병력은 1/2이 안 되었고, 대포 등 각종 중화기는 1/3 내지 1/8 수준이었으며, 당시로서는 육상 전투에서 무적의 무기였던 T-34 전차 등을 북한은 242대나 보유했는데 국군은 한 대도 없었다.

그간의 북한군의 전력 강화와 남침 계획을 간단히 살펴보자. 김일성은 1948년 9월 조선민주주의인민공화국을 선포한 직후부터 우세한 군사력을 구축하고 이른바 '국토완정(國土完整)'을 부르짖으며 남침할 기회를 호시탐탐 노렸다. 국토완정이란 '국토를 완전히 정리한다.'는 말로, 중공이 전 중국 대륙에 대한 승기가 보이자 국민당 군을 몰아붙이며 부르짖던 구호였는데, 김일성은 이를 "남한까지 완전한 공산화시켜 한반도를 정리한다."는 의미로 차용했다. 남침을 하려면 소련 스탈린의 지원이 필수적이라 1949년 3월, 김일성이 박헌영과 홍명희를 대동하고 비밀히 모스크바를 방문하여 스탈린과 경제 협력 등을 협의하면서 무력통일에 대한 스탈린의 의견을 물었을 때, 스탈린은 북조선 군사력이 남한에 비해 우위를 확보하지 못했으며 미군이 주둔하고 있다는 점을 들어 남침은 아직 안 된다면서 대신 소총·대포·전차·항공기 등 무기를 대량 지원함으로써 북한군의 군사력이 더욱 증강되었다. 그 한 달 후 중국 공산당 군대가 국민당 정부의 본거지인 남경을 함락시켰을 때, 김일성은 김일을 마오쩌둥에게 보내 하례와 동시에 스탈린과의 회담 내용을 알리자 마오쩌둥은 중공군에 소속된 한국인 병력 2개 사단의 지원을 약속했다. 그 후에도 스탈린에게 남침 계획에 동의해 줄 것을 요청했으나 스탈린은, "남침은 매우 심각한 문제이므로 더욱 철저히 준비해야 한다."며 허락하지 않았다.

1949년 6월말, 미군이 500여 명의 군사고문단만 남기고 남한에서 철수하였고, 1950년 1월 미국의 애치슨(D. G. Acheson.) 국무장관은 "극동방어선은 일본·오끼나와·필리핀으로 연결된다."고 선언하였다. 이 선언은 극동방어선에서 한국과 대만을 제외시킨다는 명시적 발언으로 호시탐탐 남침의 기회를 엿보고 있던 스탈린과 김일성에게는 더없이 좋은 낭보였다. 이즈음 중공은 대륙을 완정(完整)하고 국민당 군을 대만으로 축출한 뒤, 또 한국인 1개 사단을 지원하니 북한군은 원래의 북한군 외에 실전 경험이 있는 3개 사단이 더 증강된 것이다. 1950년 4월 김일성과 박헌영이 다시 비밀리에 모스크바를 방문하자 스탈린은 비로소, "국제 환경이 유리하게 바뀌고 있다."며, 남침을 허락하면서 반드시 사전에 마오쩌둥과 협의하여 지원 동의를 얻으라고 지시하였다. 중공의 지원 약속을 받은 김일성은 1950년 6월 16일 북한 주재 소련 대사를 통해 스탈린의 최종 동의를 얻은 후 6월 25일을 남침 일자로 정하였다. 작전 계획은 1개월 내로 한반도 점령을 완료하여 미군이 개입할 기회를 주지 않고 8월 15일까지 서울에 통일 인민정부를 수립한다는 목표였다.

3.2. 6.25사변의 발발과 미국의 참전

6.25사변의 발발

1950년 6월 25일 일요일 새벽 4시를 기하여 북한군은 서쪽 옹진반도로부터 개성·화천을 거쳐 동해안의 주문진에 이르기까지 38도선 전역에 걸쳐 20~40분간 포격을 가한 뒤 T-34 탱크를 앞세우고 일제히 남침을 개시하였다. 북한군은 남침 2일 만에 서울을 점령한다는 목표였으나 조직적으로 저항한 국군의 방어에 차질을 일으켜 하루 늦은 28일 새벽에 진입하였다. 수차에 걸친 김일성의 남침 간청을 거절하던 스탈린이, "국제 환경이 유리하게 변하고 있다."고 하면서 드디어 남침을 허락했는데, 남침 공격의 시나리오는 북한 주재 소련 군사 고문이 작성한 작전 계획에 의한 것이었다. 남침 공격은 3단계로 계획되었는데, 제1단계는 전쟁 개시 2일 만에 서울을 점령하여 5일 안에 수원·원주·삼척을 잇는 선까지 진출하고. 제2단계는 이후 2주 안에 군산·대구·포항을 잇는 북위 36도선까지 진격하며, 이후 10일 안에 남해안까지 진출해서 한 달 내에 한반도를 완전 점령함으로써 혹 미국의 참전 의도가 있다고 하더라도 미처 손을 쓸 수 없게 한다는 것이었다. 그들은 서울 점령은 식은 죽 먹기이고 일단 서울만 점령하면 남조선 각지에서 남로당이 봉기하여 상황이 끝난다고 보았다. 그리하여 한 달 안에 전쟁이 끝날 것이라는 예상 하에 보급 체계에도 별로 신경 쓰지 않아 병사들은 모두 여름 철 복장에 경장(輕裝)으로 출동했다.

이러한 북한군의 남침 준비에 비해 한국 군부의 모습은 너무나 대조적이었다. 육군은 6월 10일에 단행된 대대적인 인사이동으로 전방의 사단장과 육본 지휘부 대부분이 교체되어 전방 지휘관들은 자기 부대의 실태조차 파악하지 못한 상태였다. 이에 앞서 육군본부 정보과는 남침 이전에 북한군이 38선에 집결하는 수상한 이동 상황을 보고했으나 군 수뇌부는 이를 무시하고 그간 유지하던 비상경계 태세를 6월 24일에 해제, 1/3 병력에게 휴가와 외출을 주었으며, 차량과 총포 등 장비의 1/3은 수리를 위해 병기창에 보내져 있었다. 게다가 24일 저녁에는 전후방의 지휘관들이 서울 육군회관 낙성식 연회에 대거 참석하여 새벽까지 술을 마시느라 일부 부대장은 본직에 복귀하지도 못하였다. 이 때문에 한때 군 수뇌부가 북한의 남침을 유도하지 않았느냐는 의심도 받았다.

전광석화와 같은 북한의 남침 전략에 비해 한국 정부의 대응은 그야말로 지리멸렬 그 자체였다. 이승만 대통령은 북한의 남침 소식을 듣고 당일 오전 주한 미국 대사 무초를 만나 미국의 지원과 무기와 탄약 원조를 요청하였다. 27일 새벽 2시에 국방부 장관으로부터 서울 함락이 임박했다는 보고를 접하고 황급하게 소집된 국무회의는 수도를 수원으로 옮길 것을 결정하고, 이 시각에 국회는 수도 사수를 결의했지만 그에 따른 방어 대책은 전혀 없었다. 북한군 탱크가 서울에 진입했다는 헛소문에 놀란 대통령은 일단 적군에게 잡혀서는 안 된다는 측근의 건의를 받아들여 부인과 함께 비서 몇 명을 데리고 3시 30분에 황급히 서울을 떠났다. 이를 안 각료와 정치인들은 다투어 서울을 빠져나가면서도 방송은 '서울 사수'라는 결전 의지를 거듭 밝혔으므로 27일 온종일 서울 시민들은 혼란에 빠졌다.

일반 시민들은 아무런 준비 없이 무작정 집을 버리고 피난길에 나설 용기도 없었고, 또 당시만 해도, "아무리 공산군이라 해도 동족을 어찌 하랴" 하는 북한 공산 정권에 대한 막연한 안도감도 있었다. 그러나 북한군이 오면 당장 화를 당할 월남한 이들이나 고위 관료·정치인·군인·경찰 등의 가족 40여 만 명은 황급히 서울을 빠져 나갔다. 국군은 북한군이 28일 새벽 서울에 입성이 임박하자 한강인도교를 폭파했는데, 이 폭파로 피란길에 오른 많은 시민들이 목숨을 잃었다는 소문은 사실이 아니었음이 후일에 판명되었다. 어떻든 국민을 보호해야 할 정부가 시민들에 아무런 정보도 주지 않고 자신들만 무책임하게 구명도생한 처사는 훗날까지 비판의 대상이 되었다.

북한군은 작전 계획보다 하루 늦은 28일 새벽에 서울에 진입했다. 서울에 진입한 북한군은 당초의 자기들 작전 계획대로 곧바로 한강을 건너지 않고 서울에서 5~6일을 머뭇거렸다. 그 이유에 대해, 서울을 점령했으니 다음 전투는 신경 쓸 것이 없다는 자축 분위기 때문이었다는 설, 춘천 지구에서 국군의 강력한 저항에 부딪혀 그에 보조를 맞추기 위해 북한군의 남진이 지연되었다는 설, 남한의 20만 남로당 당원이 봉기하기를 기다렸다는 설, 혹은 병참 준비를 제대로 하지 않아 북으로부터 보급을 기다렸다는 설 등등 여러 설이 분분하나 이 5~6일이란 기간은 대한민국과 미국에게는 북한군을 저지할 준비를 할 수 있는 천금 같은 귀중한 시간이었다.

북한군이 38선 전역에서 남침했다는 전화 보고를 받은 미국 대통령 트루먼은, 공산측의 예상과는 달리, "무슨 수를 써서라도 그놈들을 막아야 한다."며 즉석에서 미국의 참전을 결정함으로써 풍전등화와 같은 위기에 처한 대한민국이 구원을 받게 되었다. 6월 29일 일본 도쿄에서 날아온 주일 미군 사령관 맥아더는 한강 남안에서 전선을 시찰하고, 이승만과 수원에서 만나 향후 대책을 협의하였다. 7월 3일에 한강을 도하한 북한군이 파죽지세로 밀고 내려오자 미국은 일본 주둔 지상군을 파견했으나 오산 부근에서 패배하게 되니 한국군은 더 이상 저항할 힘이 없어 8월 초순에는 낙동강 전선까지 후퇴하여 최후의 방어선을 구축했다. 대한민국은 대부분의 국토를 빼앗기고 겨우 대구 이남의 낙동강 동안(東岸) 지역을 근거로 항전하는 형편이니, 이때까지만 해도 북한의 당초 계획이 성공하는 듯이 보였다. 그러나 북한 공산군의 기세는 거기까지였다.

6.25사변의 발생 원인과 호칭에 대해 논란이 많다. 첫째, 6.25사변을 누가 일으켰느냐이다. 6월 25일 새벽 38도선 전역에서 남침을 시작한 뒤 북한 정권은 그날 오전 11시 평양 방송에서, "남쪽이 침략해 왔으므로 인민군은 자위 조치로서 반격을 가하여 정의의 전쟁을 일으켰다."고 하여, 6.25는 남한의 북침에서 비롯되었다고 보도했다. 이것은 순전한 날조인데, 탈북민들의 말을 들으면 북한 역사에서 그렇게 배웠다고 한다. 또 부루스 커밍스(B. Cumings) 같은 미국인 학자는 38도선에서의 우발적인 충돌이

전면전으로 확대된 것이라는 우발 설을 주장하기도 했으나 이 또한 일고의 가치도 없다. 우발적 충돌이라면 어떻게 38선 전역에서 일시에 남침할 수 있었겠는가? 이는 특이한 주장을 함으로써 주목을 받아보려는 명예욕에 사로잡힌 일개 학자의 가설일 뿐이다.

두말할 것 없이 6. 25는 수년에 걸쳐 철저하게 남침 준비를 해 온 김일성이, 한국을 미국의 극동방위선에서 제외한다는 미 국무장관 애치슨의 발언을 계기로 소련과 중공의 승인을 받아 전격적으로 일으킨 남침 전쟁이었다. 그리고 북한 공산 정권은 이를 '조국해방전쟁'이라고 부른다. 그런데 지금까지도 대한민국에는 북한의 조국해방전쟁 구호를 추종하는 세력이 있고, 심지어 6.25가 북한의 남침이 정설로 굳어진 현재에 와서까지 커밍스의 주장처럼 잦은 충돌이 큰 전쟁을 불러온다며 국민을 협박하는 정치인들도 있는데, 이들에게는 김가네 독재 체제와의 평화 협상이 자신들의 정파 이익에 도움이 되기 때문이다.

다음은 6.25의 호칭에 대해, 한국전쟁·6.25전쟁·6.25사변 등 다양한데, 우리 입장에서는 6.25사변이 맞다. 한국전쟁은 외국인들이 '한국에서 일어난 전쟁[Korean war]'의 의미로 쓰는 것이니 우리가 한국전쟁이라 하는 것은 마치 심봉사가 자기 딸을 '심청'이라고 부르는 것과 같은 넌센스이고, 전쟁은 선전 포고를 한 국가 간의 무력충돌을 말함인데 민족 내부 분쟁이니, 우리가 6.25전쟁이라 부르는 것 또한 적절하지 않다. 따라서 우리로서는 동족 간의 큰 분쟁이라는 의미에서 6.25사변이라 하는 것이 보다 순리에 맞다.

그리고 또 한 가지는, 요즘 학생들이 남침을 북침이라 한다며, "아이들 교육을 어떻게 시켰기에 그렇게 되었느냐?"고 어른들은 한탄하는데, 이것은 학생들이 잘못 이해한 때문이 아니고 한글전용 교육 결과 한자의 용례를 모르기 때문에 빚어진 현상이다. 아무리 어린 학생이라고 해도 6.25가 북한이 침략한 전쟁인 줄은 다 안다. 따라서 학생들이 '북침'이라고 말하는 것은 "북한 혹은 북쪽이 침략해 왔다."로 이해했기 때문이니 나무랄 것이 없다. 그러나 우리로서는 북침이란 용어를 쓸 수 없다. '남침' 혹은 '북침'의 침(侵)은 침략·침입이란 부정적인 의미로 쓰이는 글자라, 내 스스로 상대를 '침략' 혹은 '침입'했다고 쓰지는 않는 법이니 남한의 입장에서는 북침이라는 말이 나올 수 없다. 이러한 오해가 생긴 이유는, 한자가 수 천 년 전에 전래하여 우리 문자화되었고, 국어 어휘의 60~70%를 한자 용어가 점유하고 있는 것이 우리 언어의 현실인데, 그 동안의 한글전용 교육으로 많은 사람들을 한자 문맹으로 만든 결과이다.

미군의 참전과 유엔 결의

6월 25일 새벽에 38도선 전역에서 북한군이 남침했다는 전화보고를 받은 트루먼 미국 대통령은 분노하여, "우리들은 무슨 수를 써서라도 그놈들을 막아야 한다."고 소리쳤다. 루스벨트의 사망으로 대통령 직을 승계했다가 재선된 트루먼은 부통령 후보 지명 당시만 해도 정치 경력이나 경륜과 식견이 부족하다는 일부의 비판도 있었다. 그러나 자유민주주의에 대한 순박한 신념을 가진 사람으로 그 신념이 신속한 미군의 참전과 유엔군의 결성을 가능케 하여 풍전등화의 위기에 처한 대한민국을 구한 것이다. 우리는 한때, 맥아더의 전략대로 6.25사변 전쟁 중 만주를 폭격하거나 핵을 사용했더라면 남북통일이 이루어졌을 것이라며 맥아더를 해임한 트루먼을 원망하기도 했다. 그러나 소련이 이 전쟁에 깊숙이 개입하고 있는 사실을 아는 미국 대통령으로서는 전선이 만주로까지 확장될 때, 미국은 중공과의 전면전이 불가피했을 것이고, 급기야 3차 대전으로 발전할지도 모른다는 우려를 하지 않을 수 없었을 것이다. 우리는 트루먼을 비난하기보다는 전쟁 발발 직후 미군이 신속하게 개입함으로써 대한민국의 공산화를 막아 준 은공에 대해 깊이 감사해야 한다.

이러한 트루먼의 신념에 따라, 소련의 예측을 뒤엎고 미국은 남침 보고를 받은 즉시 한반도 문제를 유엔 안전보장이사회에 제기했으며, 6월 29일에는 맥아더의 전선 시찰과 지상군 파견, 미 공군의 평양 폭격이 동시에 이루어졌던 것이다. 유엔 안전보장이사회는 북한군에게, "즉각 적대행위를 중지하고 38선 이북으로 철수할 것"을 요구했으나 북한은 이를 무시하였다. 이는 유엔의 승인을 받지 못한 비합법적 집단인 북한이, 일찍이 유엔 관리 하에 건국되고 합법적인 정부로 인정한 대한민국을 무력으로 공격함으로써 유엔의 권위를 무시한 것으로 유엔으로서는 용납할 수 없는 일이었다.

유엔은 28일, "세계 평화와 한반도의 자유를 보장하기 위해 공동 행동"을 하기로 결의했다. 7월 7일 유엔군 사령부의 설치를 결의하고, 맥아더를 유엔군 사령관에 임명하여 유엔군을 지휘하게 했다. 이때 이승만 대통령도 7월 14일 대전에서 한국군에 대한 작전지휘권을 유엔군사령관에게 이양한다는 각서를 수교하니 이것이 이른바 '대전각서'이다. 27일에는 미국을 비롯한 16개국으로 구성된 연합군이 창설되고, 덴마크·스웨덴·노르웨이 등 5개국은 의료진을 파견하기로 하였다. 이는 2차 대전 후 세계 평화와 국제 질서 유지를 목적으로 탄생한 유엔이 최초로 결성한 연합군이었다. 1953년 7월 27일 휴전이 성립할 때까지 한국은 미국을 비롯한 여러 참전국들의 도움으로 국맥이 유지될 수 있었다.

유엔의 참전 결의는 안전보장이사회의 상임이사국으로서 거부권을 가지고 있던 소련이 출석하지 않았기 때문에 가능할 수 있었는데, 뒤에 스탈린은 소련 유엔 대표의 불출석으로 거부권을 행사하지 않은 이유를 이렇게 술회했다. 첫째, 안보리에서 미국이 마음대로 결정할 수 있는 기회를 제공함으로써 미국의 호전성을 국제사회에 부각시키고, 둘째, 미국이 광대한 군사적 가능성을 지닌 중국과 충돌하면 그 목이 부러져 아시아에서 유리한 혁명 정세가 조성될 것이며, 셋째, 미국과 중국이 충돌하는 동안 우리는 동유럽에서 공산주의 체제를 굳건히 할 수 있어 장차 불가피하게 도래할 제3차 세계대전에서 소련은 승리할 힘을 배양할 수 있다는 것 등이라고 했다. 다시 말하면, 스탈린은 미국이 개입하지 않으리라 예상했지만, 미국이 개입해 주었으니 중공과의 충돌이 불가피하며, 그 과정에서 미국이 국력을 소모하는 사이 소련은 동구 등 세계의 다른 지역에서 공산주의 체제를 공고히 할 수 있게 되어 장차 도래할 3차 대전에서 승리한 힘을 비축할 수 있다는 계산이었다.

국제외교가 각국의 철저한 이해관계에 따른다고는 하지만, 세계 평화 추구라는 명분으로 창설된 유엔 안보리 회의장에 나와 제가 부추겨 일으킨 전쟁 문제에서 거부권을 행사하기는 어려웠을 것이다. 미국 또한 소련의 의도를 간파했겠지만, 전쟁을 회피하지 않은 것은, 당시 세계 각처에서 일어나고 있는 공산주의의 팽창을 더 이상 묵과할 수 없었기 때문이었다. 당시 이러한 6.25 사변의 국제적 성격을 간파한 인물은 한국 정치인으로서는 이승만 대통령이 유일했다. 이승만은 북한의 남침을 남북통일의 기회로 보아 6.25사변 발발 소식을 듣고 미국 대사 무초를 만난 자리에서, "현재의 위기가 한국 문제를 해결하기 위한 최선의 기회를 제공해 준 것인

지도 모르겠다."라는 말을 하여 북한의 갑작스런 남침이 한반도 통일의 기회가 될 수도 있을 것이라는 전망을 피력하기도 했다. 유엔군이 참전한 후, 전황이 반전되어 38도선을 돌파하고 평양을 점령하는 등 북진의 기세를 올리던 몇 달 동안은 이승만의 이러한 기대가 현실화 되는 듯이 보였다.

3.3. 9.28 수복과 중공군의 참전

9.28 수복과 유엔군의 북진

파죽지세로 밀고 내려온 북한군은, 8월 초에 북쪽은 대구 북쪽의 칠곡군 다부동까지, 서부전선은 낙동강 서안까지 진출하여 경상도 동남 지역 한 모퉁이에 몰린 대한민국을 압박하고 있었다. 북쪽의 다부동이 뚫려 대구가 함락되면 부산까지 곧바로 진격할 수 있는 형편이라 미국은 이대통령에게 제주도로 후퇴할 것을 종용하기도 했으나 이승만은 이에 결사반대했다. 이때까지만 해도 김일성의 야망이 실현되는 듯했다. 그러나 백선엽 장군이 지휘하는 국군은 다부동에서 혈전을 계속하여 북한군을 방어하고, 유엔군은 북한군의 낙동강 도하작전을 저지함으로써 미 공군의 제공권 장악에 의해 보급이 여의치 못한 북한군의 공세를 막아낼 수 있었다. 8월 하순이 되자 전황이 국군과 유엔군의 우세로 돌아섰다.

북한군을 낙동강 전선에다 묶은 유엔군 사령관 맥아더는 적의 배후를 치기 위한 작전으로 일찍이 인천상륙작전을 구상했으나 미 합참은 인천이 조석간만의 차이가 심한 곳이라 상륙작전 부적지라고 반대하여 실현되지 못했다. 그러나 맥아더는 인천이 간만의 차이가 많기 때문에 적이 상륙작전에 대한 방어를 소홀히 할 것이고, 또 만조 6시간 내에 작전을 끝내면 문제가 없으며, 한국의 수도 서울을 빨리 탈환하는 것은 군인과 민간에게 주는 심리적 영향이 크다는 등의 이유를 들어 미 합참을 설득함으로써 9월 8일에 드디어 대통령의 재가를 받는 데 성공하였다. 9월 15일 새벽에 인천상륙작전을 개시하여 선제 포격으로 기선을 제압한 뒤, 미 해병대가 월미도에 상륙하여 북한군의 저항을 분쇄하고 섬을 장악한 후 치열한 시가전 끝에 인천을 점령하였다. 상륙작전에는 미 제1해병사단과 제7사단으로 이루어진 제10군단 및 5,000여 명의 한국 해병대가 참여하였다.

인천에 상륙한 유엔군은 9월 26일에는 서울에 진입했고, 9월 28일에는 서울을 완전히 수복한 뒤 이튿날 서울수복 기념식이 거행되었다. 수도 서울을 탈환한 유엔군은 서해안을 따라 38선 가까이 북상하였다. 인천상륙작전에 보조를 맞춰 낙동강 전선의 유엔군도 다음날인 9월 16일부터 이제까지의 방어전을 공세로 전환하여 1주일 만에 낙동강 전선을 돌파하고 김천·대전·수원으로 북상하였고, 상륙작전에 참가한 미 제7사단은 남진하여 북상하는 유엔군과 오산에서 합류함으로써 북한군은 남북으로 분리되어 한반도의 중부 및 동부 산악지대로 패주하였다. 인천상륙작전의 성공을 계기로 전세는 완전히 역전되어 북한군은 도망가기에 바빠 일선 부대에 군령이 도달하지도 못하였다.

패주하는 북한군은 비행기의 공습과 북진하는 국군과 유엔군의 추격이 두려워 대로로는 나서지도 못하고 소백산맥을 따라 퇴각했는데, 소백산맥 기슭인 문경 농암이 필자의 고향이라 11살의 어린 나이지만 그 당시 광경이 지금도 선연하다. 패주하는 북한군은 간혹 대부대도 있었지만 대부분 소규모의 오합지졸이었고, 민간인과 젊은 남녀도 많았는데, 이들은 점령지역 내에서 직업동맹·농민동맹·민주청년동맹·여성동맹 등 인공(人共) 치하에서 북한 정권의 전위로 부역한 이들이었다. 북한은 7월 14일의 북한 최고인민회의 상임위원회의 정령에 의하여 9월 13일까지 점령지역의 시·군·면·이(동)까지도 전부 인민위원회를 조직하여 전쟁 수행을 위한 동원 체제를 가동했는데 무엇보다 심각한 것은 젊은이들을 징발하여 의용군이란 명목으로 전선에 투입하는 것이었다. 북한의 점령 정책은 사법제도 대신, 많은 민중을 모아놓고 이른바 '반동분자'를 처단하는 '인민재판'이라는 피비린내 나는 숙청을 통한 공포정치였다.

인민군은 내려올 때는 인심을 얻기 위한 선무공작으로 민폐가 별로 없었으나 패주할 때는 아무런 보급이 없게 되니 그들이 퇴각하는 연로 지역에는 인적·물적 피해가 막심했다. 마침 가을철이라 곡식이 들판에 익어가고 있었으므로 그들은 들판의 곡식을 마구 훑어갔다. 간혹 곡식 대가를 지불하는 경우도 있었는데 북한 돈인 인민폐를 지불하면서 머지않아 해방이 될 터이니 잘 보관하고 있으라고 했다. 또 한국 화폐를 요구하면 가끔은 빳빳한 새 한국은행권을 주기도 했는데, 이 돈은 인쇄해서 한국은행 금고에 보관하고 있던 것으로 한국은행이 미처 발행하기도 전에 6.25가 터져 인민군에게 탈취된 화폐들이었다. 이 화폐는 한국이 사용을 정지시킨 은행권이었으므로 인민폐와 같이 휴지 조각에 불과했다. 필자가 한번은 길가 뫼등에서 패잔병들끼리 하는 얘기를 듣자니, "이번에 로스케가 한 명이라도 붙었더라면 이 전쟁은 끝났어."라고 했는데, 나중에 알고 보니 로스케는 소련군을 지칭하는 것이라 인민군들이 소련군대를 얼마나 대단하게 여겼는지 알 수 있었다. 패주하는 인민군들은 양곡만 수탈하는 것이 아니었다. 소나 돼지 등 가축도 빼앗아 잡아먹었고, 길을 안내 해 달라며 주민들을 강제로 끌고 가기도 했다.

9.28수복으로 서울을 탈환한 국군과 유엔군은 38선을 향해 북진하여 국군이 10월 1일 38선을 돌파함으로써 이를 기념하여 훗날 10월 1일이 국군의 날로 공식화 되었다. 앞서 중공의 주언라이(周恩來)가 수차에 걸쳐, "한국군 단독이라면 모르겠으나 유엔군이 38선을 돌파한다면 방관하지 않을 것이다."라고 경고하면서 그렇게 될 경우 중공군이 개입할 것이라고 엄포를 놓았기 때문에 유엔군은 38선 이북 지역에 대한 군사작전을 머뭇거리고 있었다. 그러나 이미 중공은 6.25남침 전에 북한을 돕기로 약속했으므로 북한의 전세가 불리할 때는 언제나 개입할 준비를 하고 있었다. 따라서 중공의 엄포는 유엔군의 38선 돌파 작전과는 상관이 없는, 유엔의 새로운 결의를 막기 위한 외교적 수사(修辭)로서 참전 명분의 대외적 구실이었다. 1950년 10월 7일 유엔총회는 드디어 한반도의 통일과 부흥에 관하여 새로운 결의를 채택하게 되었으니, "한반도의 안정을 확보하기 위하여 필요한 모든 조치를 취함에 있어 필요하다면 유엔군의 행동은 한반도의 어느 부분에도 구애받지 않는다."는 것으로 유엔군의 38도선 이북에서의 작전을 허락하였다. 이는 지난 6월 27일 유엔 안전보장이사회의에서 북한을 침략자로 규정한 결의에 근거한 것이었다.

그 동안 동해안을 따라 북상하던 국군 제1군단은 10월 10일에 원산을 점령하였고, 26일에는 미 제10군단이 상륙하여 한국군을 지원하였다. 서부전선을 담당하고 있던 미 제8군은 10월 19일에 평양을 점령하기에 이르렀다. 이제 여름 전세와는 반대로 이승만이 공언한 북진통일의 성취가 눈앞에 보이는 듯 했다. 이승만 대통령은 10월 29일 수복된 평양을 방문하여 북한의 해방과 한반도 통일 의지를 밝히고 대한민국의 북한 통치권은 당연한 것임을 강조했으나 이는 한국의 주권을 38선 이남에 국한시키려는 유엔의 방침과는 배치되는 것이었다. 때문에 한국 정부의 통일정책은 유엔의 영향 하에 방해를 받는 것이 아닌가 하는 우려도 있었다. 그러나 이러한 견해 차이보다 더 심각했던 문제는, 이 즈음 잠재적 위협세력이었던 중공군이 정식으로 개입하여 대부대의 중공군이 은밀히 압록강을 건너고 있었다는 점이다. 이로써 전세는 다시 역전되었고 통일의 희망은 무산되기 시작했다.

중공군의 참전

한국군과 유엔군이 평양을 점령할 즈음 만주에 주둔하고 있던 중공군은 한반도에 은밀히 진입했다. 10월 15일 미국 대통령 트루먼은 중공군 개입에 대한 불안감과 앞으로의 전쟁 추이를 협의하기 위해 하와이 북쪽 태평양에 있는 미국령 웨이크 섬에서 맥아더 유엔군 사령관과 회담을 가졌다. 트루먼은 맥아더에게 잠시 귀국하여 협의하자고 했으나 맥아더가 전쟁 중에 자리를 비울 수 없다고 고집하여 중간 지점을 택하게 되었는데, 말하자면 일종의 기 싸움이었다. 회담에서 중공군 개입에 대해 맥아더는 모든 면에서 낙관적이었다. 중공이 중국을 통일한 지 1년 밖에 되지 않아 국내가 불안정하므로 중국 동북 지역에 주둔한 중공군 30여 만 중 10여 만이 압록강 연안에 배치되어 있으나 참전 예상 병력은 5~6만을 넘지 않을 것이다. 따라서 북한군의 군사적 저항도 제한적이어서 그 해 11월 23일 추수감사절까지는 전쟁이 끝날 것이라고 호언했다.

맥아더의 희망적인 전망에 만족한 트루먼은 귀로에 샌프란시스코에서, "유엔군은 조만간 한반도의 평화를 회복하리라 확신한다."고 언명하였다. 이러한 낙관론대로 국군은 진격을 계속하여 6사단 선두 부대는 압록강변

초산(楚山)까지 도달하여 압록강 물을 수통에 담아 이승만 대통령에게 진상하기도 했다. 미군 또한 신의주 남쪽까지 진출했으나 미리 들어와 잠복해 있던 중공군에 포위되어 패퇴하여 모두 후퇴하지 않을 수 엇었다. 중공군이 이른바 '의용군'이라는 명칭 아래 일시에 3개 사단 이상을 한국전쟁에 투입한 것은 웨이크회담 바로 다음날이었으며, 미국이 이 사실을 확인한 것은 그로부터 열흘이 지난 뒤의 일이었으니 맥아더의 낙관론은 빗나간 것이다. 중공군의 개입이 본격화된 이후 트루먼 정부와 맥아더는 늘 대립하였다.

이후 펑더화이를 사령관으로 한 중공군 18개 사단 26만여 명이 계속 투입되었다. 중공이 10월 초 파병을 논의할 때, 아직 나라가 안정되지 않았다는 이유로 주변 인사들이 반대하자 마오쩌둥은, "입술이 없으면 이가 시리다.[脣亡齒寒]"는 고사를 들어 반대자들을 설득했다. 그리고 중공은 참전하는 모든 군인들에게 '항미원조'와 '보가위국'이란 두 주제를 선서하도록 했는데, 항미원조의 항미(抗美)는 미제국주의에 대한 저항이며, 원조(援朝)는 조선을 돕는다는 것이고, 그렇게 하는 것이 결국 자기들의 가정을 보존하고[保家] 국가를 지킨다[衛國]는 논리이다. 중공 혁명에 조선인의 역할이 많았으니, 참전 군인들에게 조선 정부를 존중하고, 조선 인민을 애호하는 정신자세를 가지라고 강조하였다.

유엔군의 공군력과 화력이 아무리 우세하다고 하더라도 인해전술로 밀려오는 중공군을 당해낼 수는 없었다. 중공군의 대대적 개입 사실을 안 모든 유엔군은 11월말 무질서하게 후퇴하기 시작했다. 서부전선의 미군은 12월 4일 평양에서 철수하여 12월 말에는 38선 부근까지 밀려 내려왔고, 함경남도까지 진격했던 동부전선의 미군과 한국군은 중공군에 퇴로가 막혀 혹한과 싸우면서 악전고투 끝에 흥남으로 후퇴, 해상으로 철수하였다. 계속되는 중공군의 공세에 밀려 1951년 1월 4일 서울을 포기하고 경기도 안성까지 후퇴했던 유엔군은 공군과 화력에 힘입어 3월 15일 서울을 재탈환하고 여세를 몰아 38선까지 북상하였다. 이후 전선은 38선을 중심으로 고착되었다.

6.25참전 선배들의 경험담을 들어보면 중공군은 공포의 대상이었다고 한다. 북 치고 꽹과리 두드리며 진격할 때도 있었고, 고요한 한밤중에 피리를 불어 상대편 군사들의 심사를 흔들어놓기도 했는데, 가장 두려운 것은 아무리 사격을 해도 개미 때처럼 끊임없이 밀려드는 인해전술이었다고 했다. 중공의 전술은 무제한의 병력을 투입하는 인해전술과 전투 외에 심리전으로 상대를 압박하는 중공군 특유의 전투방식이었다. 이러한 심리전은 공산주의 이념으로 똘똘 뭉친 지도부와 공산당 특유의 선전·선동 전략이었다.

중공군은 항일 투쟁에서 협동하자는 '국공합작'이란 명분을 내걸었지만 일차 목표는 이 기회를 통해 공산당 세력을 확장하는 것이었다. 공산당의 기본 전략은 주민들에게 공산당을 구세주로, 국민당을 도적으로 인식시키는 데 주안점을 두었고, 이러한 심리전이 주효하여 부패한 국민당 군은, 병력도 많고 무력도 우세했으나 공산군의 적수가 되지 못했다. 미국이 원조한 신형무기가 이튿날이면 공산군의 수중에 넘어갔고, 어떤 때는 사단 단위의 부대가 통째로 공산군에 투항하는 경우도 있었다. 중공이 중국 대륙을 단기간에 석권할 수 있었던 것은 전투가 아니라 선전·선동의 심리전이었다. 아무리 공군이나 화력이 우세한 유엔군이라 해도 심리전에 익숙한 중공군의 인해전술에는 고전할 수밖에 없었다. 몇 차례 전선이 남북으로 요동치는 동안, 양편 모두에게 무력으로 상대를 굴복시킬 수 없다는 점을 인식하게 되었고 여기에서 휴전이 모색되었다.

3.4. 휴전협정과 한·미 방위조약

1951년 봄 중공군의 춘계 공세가 실패한 뒤, 유엔군과 중공군은 어느 한쪽도 무력으로는 일방적 승리를 거둘 수 없다는 현실을 알고 있었으므로 미국과 소련은 막후 접촉에서 휴전에 동의하였다. 참전 유엔 각국 사이에서도 끝이 보이지 않는 지구전으로 염전(厭戰) 분위기가 일고 있었고, 공산 측 또한 유엔군의 제공권과 화력으로 막심한 피해를 입어 승산이 없음을 인식하게 되었을 뿐만 아니라 경제적인 부담을 감내하기가 어려운 지경이었다. 이러한 쌍방의 전쟁 기피 분위기 속에서 간헐적으로 논의되던 휴전문제는 6월 23일 소련 유엔 대표 말리크(Malik, J.)가 총회에서 교전국들이 휴전을 위한 토의를 시작하자고 제의하였다. 이어 맥아더의 후임으로 부임한 리찌웨이 유엔군사령관이 북한의 김일성과 중공군사령관 펑더화이에게 휴전회담을 제안하고, 이를 공산측이 수락함으로써 7월 10일부터 개성에서 첫 휴전회담이 열렸다. 이 휴전회담에 대해 반대한 국가 지도자는 한반도 통일을 위해 단독으로라도 북진을 하겠다는 한국의 이승만 대통령 한 사람뿐이었다.

회담은 양군의 경계선을 어떻게 책정할 것인가의 문제와 포로 송환 문제가 주요 쟁점이 되어 중단과 재개를 반복하였다. 먼저 경계선 문제는 38선의 원상회복을 주장하던 공산측이 전쟁 시의 접촉선을 주장한 유엔군 측에 양보하였지만, 이 때문에 회담 장소인 판문점 주변을 제외하고는 한 치의 땅이라도 더 차지하기 위해 모든 전선에서 일진일퇴가 반복되었다. 동부 휴전선이 38선에서 80~90리 북상한 것은 이 지역을 맡은 국군의 분전(奮戰) 결과이고, 서해의 백령도까지 확보할 수 있었던 것은 유엔군의 해군과 제공권 덕택이었다.

포로 송환 문제는, 제네바협정에 의하면 포로는 신속히 송환되어야 했지만, 미국의 트루먼 대통령은 자유가 그리워 공산 측으로 돌아가지 않으려는 포로들을 돌려보내려 하지 않았고, 공산측은 포로 전원을 송환해야 된다는 주장이었다. 숫자로 보아도 공산군 포로가 월등히 많았는데, 이 중에는 한국군이 공산군의 포로가 되어 공산군에 편입되어 싸우다가 잡힌 사람이 있는가 하면, 남한의 공산당 점령지역에서 이른바 의용군으로 징집되어 타의에 의해 인민군이 된 이들도 많았으므로 유엔군 측으로서는 포로의 전원 송환은 절대로 수용할 수 없는 일이었다. 이 때문에 회담은 중지되고 전투는 더욱 치열해졌다.

휴전회담이 교착상태에 빠져 있을 즈음, 1952년 말부터 회담이 재개될 분위기가 조성되었다. 미국에서는 조속한 휴전을 선거공약으로 내건 공화당의 아이젠하워가 대통령에 당선되었고, 12월에는 인도가 제안한 체코·폴란드·스웨덴·스위스 4개국으로 구성한 포로송환위원회에서 포로를 심사하여 포로 각자가 가고 싶은 곳으로 송환되게 하자는 결의안이 채택되었는데, 공산 측이 이 안을 반대했으나 이듬해 3월 5일 소련의 스탈린이 사망함으로써 국면 전환의 계기를 맞게 된 것이다. 중공이 소련의 새 지도자들과 의논하여 송환을 바라지 않는 포로를 중립국에 인도하자는 수정안을 제시하여 회담이 재개되었다.

1953년 3월 이래 휴전회담이 급속히 진전되는 과정에서 한국 정부의 저항이 격렬해졌다. 이승만 대통령은 많은 인명과 재산의 손실을 가져 온 북한의 침략전쟁을 분단 상태로 마감하는 휴전은, 한국으로서는 일종의 자살행위이므로 필요하다면 유엔군 사령관으로부터 국군의 지휘권을 되찾아 한국 단독으로라도 전쟁을 수행하겠다고 공언하였다. 이대로 휴전하면 제2의 6.25가 또 언제 일어날지 모른다며 전국 각지에서 정전 반대를 외치는 시위가 일어났고, 부산에서는 시위대가 부산의 미 대사관에 난입한 사건도 있었다. 이에 미국은 이승만 대통령을 제거하려는 계획까지 세웠으나 전쟁 중인 당시 한국에는 이승만을 대체할 만한 인물이 없었으므로 그 구상을 포기하였다.

이승만의 거센 저항에도 불구하고 6월 8일 송환을 원하지 않는 포로를 중립국 송환위원회로 넘긴다는 안에 서명하자 이승만 대통령으로서는 반공 포로를 공산측에 송환한다는 것은 도저히 받아들일 수 없었으므로 반공포로 석방이라는 초강수를 두게 되었다. 즉 당시 포로수용소 관리 책임자는 미군장교였으나 한국 헌병이 경비를 담당하고 있었으므로 6월 18일 헌병사령관 원용덕 책임 하에 반공포로 2만 7천여 명을 전격적으로 석방시켰다. 이 과정에서 수십 명의 사상자도 발생하였다. 이승만의 이 조치에 전 세계가 경악하였고, 전 영국 수상 처칠은 면도를 하다가 이승만의 포로 석방 뉴스를 듣고 깜짝 놀라 살을 베었다는 일화도 있었다. 이 사건으로 미국의 입장이 난처해지기는 했으나 양측 모두 휴전이 절실했기 때문에 1953년 7월 27일 한국이 불참한 상태에서 유엔군 대표와 북한·중공군 대표는 정전협정에 서명함으로써 2년여를 끌던 협상이 마무리되어 전선에는 포성이 멎고 군사분계선과 비무장지대가 설치되었다. 정전협정에서 한국이 제외된 것에 대해, 어떤 사람은 '대전협정'으로 한국군 통수권을 미군에 넘긴 때문이라는 소리를 하는데, 대전협정 문제가 아니라 이승만이 휴전회담에 반대하여 대표단을 철수시킨 때문이었다.

정전협의는 이승만 대통령의 의사에 전적으로 반하는 것이었다. 이것은 언제 다시 찾아올지 모르는 통일의 기회가 사라짐을 의미하였다. 그리하여 미국에게 전쟁을 계속할 것을 요구하였고, 아니면 한국 단독으로라도 싸우겠다고 위협했으니 이러한 이승만의 허장성세는 무모한 몽상가의 고집처럼 보였다. 그러나 이는 몽상이 아니라 한국의 미래를 내다보는 혜안이었다. 이승만의 우려는 미국이 한국의 안보와 재건에 대해 어떠한 보장도 없이 전쟁을 끝내고 철수하는 것이었다. 이승만의 무모한 것처럼 보인 저항은 이러한 사태에 대한 약속을 보장 받기 위함이었다. 결국 이승만의 끈질긴 투쟁은 미국으로 하여금 한국의 전략적 가치를 재평가하게 만들었다.

1953년 6월 25일 미국은 이승만을 설득하러 국무차관보 로버트슨 (Robertson, W. S.)을 대통령특사로 파견하였다. 로버트슨은 16일 간이나 서울에 머물면서 이승만의 동의를 얻기 위해 교섭을 했으나 이승만의 저항은 완강하여 도리어 이승만에게 압도되고 설득당하여 귀국한 뒤, "이승만은 나라 전체를 공산주의와 싸울 결의와 의지에 눈뜨게 하였으며, 그의 군대는 아시아에서 가장 강력한 반공 군대로서 잃어서는 안 된다."고 보고하였다. 그 결과 7월 초 미국은 상호방위조약에 대한 의회의 비준을 확신할 수 있다고 이승만을 안심시켰고, 그해 10월 1일 한·미상호방위조약이 미국 워싱턴에서 양국 대표에 의해 조인되었다. 동 조약의 요점은 한국과 미국 어느 한 나라는 다른 나라의 무력 공격을 받을 경우 공통의 위험에 대처하기 위해 상호협의하고 원조한다는 것이었다.

이승만은 조약의 체결에 앞서 다음과 같은 성명을 발표하였다. "한·미상호방위조약이 성립됨으로써 우리는 앞으로 여러 세대에 걸쳐 많은 혜택을 받게 될 것이다. 이 조약이 있기 때문에 우리는 앞으로 번영을 누릴 것이다. 한국과 미국의 이번 공동조치는 외부침략으로부터 우리를 보호함으로써 우리의 안보를 확보해 줄 것이다." 이후의 역사는 그의 예언대로 전개되었다. 6.25사변이 비록 무승부로 끝났지만 그 부산물로 얻어진 한·미상호방위조약이란 선물은, 이승만 대통령의 예언대로 오늘의 한국이 번영을 구가하는 기반이 되었다는 것을 잊지 말아야 하며, 그 공은 오로지 이승만 대통령에게 돌려야 한다. 이 한·미방위조약이 건재한 데도, 기습 공격으로 수뇌부를 괴멸시키면 한·미방위조약도 무용지물이 될 것이라는 생각을 한 김일성은, 청와대 습격 작전, 울진 지구 공비 침투, 땅굴 작전 등 때와 장소를 가리지 않는 테러 등 숱한 도발을 했는데, 만약 한·미상호방위조약이 없었더라면 대한민국의 운명이 어떻게 되었겠는가?

한·미방위조약 체결에 대해 처음 미국은 관심도 없었고, 이승만의 억지로 치부했다. 세계 최강대국인 미국으로서는 최약소국인 한국과 대등한 관계에서 상호방위조약을 운위하는 것 자체가 자존심 상하는 일이었을 뿐만 아니라 전례도 없었다. 형식은 한·미 양국 사이에 맺어지는 대등한 조약이지만 실질적으로는 한국을 일방적으로 보위하기 위한 조약이니 미국이 달가워했겠는가. 그러나 이승만은 대한민국의 생존은 여기에 달려 있다는 신념에서 휴전협정 반대를 지렛대로 밀어붙였다. 때문에, 당시 미 국무장관 덜레스는 이승만을 '동양의 협상가'·'기만의 대가'·'거짓말장이'라 비하했고, 신임 대통령 아이젠하워도 '공갈협박자'·'고집불통 늙은이'라며 한결같이 비난했다.

이승만은 온갖 비난을 들어가며, 미국을 으르고 달래면서 조약을 성사시켰다. 구걸하는 약자의 처지에 있으면서도 미국을 잘 알고[知美] 미국을 활용할 줄 아는[用美] 탁월한 정치가요 협상가였기 때문에 전쟁을 극복하고, 원조를 얻어 국민을 먹여 살리고, 한·미방위조약을 성사시킬 수 있었다 이것은 한국의 확고한 안보 우산이 되었다. 이 한·미방위조약 체결 하나만 으로도 이승만의 모든 실정을 만회하고 남음이 있다. 따라서 부분적인 결점을 침소봉대하여 이승만을 4.19혁명의 시각으로만 평가하고 비난하는 것은 그 혜택을 누리고 있는 국민의 도리가 아닐뿐더러 올바른 역사 인식도 아니다.

3.5. 6.25사변의 피해와 영향

6.25사변의 피해

6.25사변은 미국을 비롯한 유엔군의 도움으로 한국을 국제 공산주의 침략으로부터 지켜낸, 한반도 유사 이래 가장 큰 참극을 부른 피비린내 나는 전란이었다. 핵은 사용되지 않았지만 이제까지 인류가 개발한 무기가 총동원되고 여기에 이념의 대립이 덧씌워져, 인적·물적·정신적 등 여러 면에서 그 피해가 엄청났는데, 전쟁 시의 통계가 부정확한 것은 불가피한 현상이라 피해에 대한 정확한 자료가 없다. 우선 인적 손실을 살펴보면 대한민국 국군은 전사 14만 7,000여 명, 부상 70만 9,000여 명, 그리고 실종 13만 1,000여 명을 내어 전체 군인 손실이 98만 7000여 명으로 추산된다. 그리고 민간인 피해는, 피학살자 12만 8,936명, 사망자 24만 4,663명, 부상자 22만 9,625명, 피납자 8만 4,532명, 행방불명 33만 312명, 의용군 강제징집자 40만여 명, 경찰관 손실 1만 6,816명 등 140여 만이다. 따라서

군인과 민간인을 합치면 약 230만여 명이 된다. 북한의 인적 손실은 군인 92만명, 민간인 200만여 명으로 추정하니 도합 292만으로 남북을 합하여 대략 520여 만이다. 이 외에 미군을 비롯한 유엔군 희생자가 15만여 명, 중공군 손실은 90만여 명으로 추정하고 있다. 3년의 전쟁 기간에 22만 평방킬로미터에 불과한 한반도에서 전투원·비전투원을 합하여 600만이 넘는 인명이 희생되었으니 6.25사변의 인적 피해가 얼마나 많았는지를 짐작할 수 있다. 이런 유례없는 비참함에 대해, 유엔군 사령관 맥아더는 "평생을 전쟁 속에서 보낸 본관과 같은 군인에게조차 이러한 비참함은 처음"이라며 탄식했다. 인적 손실과 함께 지적해야 할 점은 전쟁 통에 10만이 넘는 고아와 숫자를 헤아리기도 어려운 무수한 이산가족이 발생했는데 정확히는 알 수 없지만 1,000만 명 정도로 말한다.

인적 손실에 못지않게 물적 손실도 엄청났다. 이에 관해서도 정확한 통계가 있는 것은 아니나, 한반도 전체를 통하여 학교·사찰·교회·병원 및 민가를 비롯, 공장·도로·교량 등이 무수히 파괴되었다. 남한의 경우 주택의 20% 정도가 파괴되었다. 한마디로 말해서 남북한 모두의 사회 및 경제 기반이 철저하게 잿더미로 변한 것이다. 남한의 산업시설은 40% 정도 파괴되었는데 가장 대표적인 산업이었던 방직공업은 80%의 피해를 입었다. 6.25사변의 산업 시설 피해는 발전소와 중화학 공장이 많은 북한이 더 컸다. 중공군의 참전 이후, 그리고 휴전협상 막바지에 공군과 화력이 훨씬 더 우세한 유엔군이 공중에서 집중적으로 파괴했기 때문이다. 휴전 직후 집을 잃고 거리에서 방황하는 전재민의 수가 200여 만에 이르렀고, 굶주림에 직면한 인구가 20~25%나 되었다. 이상과 같은 철저한 파괴는 하루하루를 호구(糊口)해야 하는 난민들에게는 절망적이었지만 미국의 원조 덕에 연명할 수 있었다. 한편, '파괴는 건설의 어머니'라는 말이 있듯이 전쟁이 끝나고 국토를 재건하여 근대화로 나가는 과정에서는 6.25의 파괴가 어느 정도 긍정적인 기능을 하기도 했다.

국민의식의 형성과 사회상(社會相)의 변화

1948년 8월 15일 대한민국이 건국할 즈음, 배우지 못하고 정보에 어두운 시골 사람들은 남쪽은 남한, 북쪽은 북한으로 알았지 남한은 국호가 대한민국, 북쪽은 조선민주주의인민공화국인 줄도 몰랐다. 그리고 조금 머리가 깨었거나 지식이 있는 사람들은 평등사상을 앞세운 공산주의의 환상에 젖어 남로당에 가입한 자가 수십만이나 되었다. 따라서 국민 각자는 스스로 대한민국 국민이라는 자부심에 대한 인식도 부족했다. 그런데 6.25사변이 공산주의에 대한 환상을 깨우쳐 주었고 대한민국 국민으로서 국가에 대한 애국심을 갖게 하는 계기가 되었다. 전쟁 과정에서 수많은 북한 동포가 공산주의 체제의 억압을 피해 자유를 찾아 남으로 내려오니 이들의 행렬은 그 자체가 자유의 소중함을 일깨워 준 생생한 반공교육이 되었다. 그리고 3개월 간 공산당 점령 지역에서 생활 해 본 남한 주민들은 북한 공산 체제의 모순과 억압성을 생생하게 경험하였다.

7월부터 시작된 남한 점령지에 대한 북한 정권의 강압정책은 그야말로 남한 국민들을 질리게 하였다. 현물세 징수의 가혹함은 몸서리칠 정도였다. 북한 정부는 작황 실태를 조사한다며 경작지마다 토지 1평당 작물 포기 수, 포기 당 이삭 수, 이삭 당 곡식 낱알 수를 일일이 헤아려 수확량을 판정하고는, 벼는 수확량의 27%, 밭작물은 23%를 현물세로 징수한다는 것이었다. 물론 유엔군의 인천상륙작전 성공으로 추곡이 익기도 전에 퇴거했기에 망정이지 이런 수탈은 일제 치하 그 이상이었다.

7월 중순부터 남한 점령지에서 실시된 인민위원회 선거를 보고 이른바 인민민주주의란 허울뿐임을 알게 되었다. 인민위원을 선출한다는 선거는 공산주의자들이 미리 내정한 인민위원 후보자에 대해 찬성과 반대의 흑백 투표함에 투표지를 넣거나 대중 집회에서 손을 들어 찬반을 표시하는 완전한 공개투표였다. 이미 두 차례의 비밀 투표로 국회의원을 선출한 경험이 있는 대한민국 국민들에게는 그야말로 엉터리 선거였다. 북한정부가 남한 주민에게 실시한 각종 집회와 인민재판도 사람들을 질리게 하였다. 점령지에서는 각종 보고회·토론회·궐기대회·증산경쟁운동 등 이루 헤아릴 수 없을 만큼 집회가 열렸고, 점령지의 주민들은 수시로 집회에 참여해야만 하였다. 집회에서의 교육 내용은 북한 체제의 우월성을 강조하고 대한민국정부와 미군의 죄악상을 비난하는 것들이었다. 또 군중을 모아놓고 이른바 반동분자들에 대한, 인민재판을 실시했는데, 대상은 지주와 경찰 가족, 공무원 등을 친일파 혹은 반동분자로 몰아 법적 절차나 근거도 없이 군중 심리를 이용하여 마구잡이 판결을 내려 사람을 즉결처분하였다.

당시 국민학교[초등학교] 4학년이었던 필자는 한여름에 학교에 등교하여 북한의 세뇌교육을 받았다. 특히 김일성을 우상화한 "오늘도 자유조선 꽃다발 우에, 력력히 비춰주는 거룩한 자욱, 만고의 빨치산이 누구인가를, 절세의 애국자가 누구인가를, 아아 그 이름도 빛나는 김일성 장군"이란 가사의 '길일성장군 노래'는 아직까지 내 뇌리에 생생히 박혀 있다. 물론 지도 교사는 미처 피란 못간 대한민국이 발령한 선생님들이었지만, 우리 고향에서는 수복 후 이 선생님들이 부역자로 처벌받지는 않았다. 이는 일제시대에 소극적으로 협조한 이들에게 친일파의 굴레를 씌우는 것에 대한 반면교사가 될 수도 있다. 북한 정권에 대한 연구가들에 의하면 김일성의 우상화가 1960년대에 본격화되었다고 하는데, 6.25 때 이미 김일성 찬양가를 지어 보급한 것을 보면 김일성 우상화는 북한 정권 수립과 동시에 진행된 듯하다. 대한민국에서 이승만 대통령에 대한 우상화가 시작된 것이 1950년대 후반이었으나 이렇게 노골적이지는 않았다.

이상과 같은 피 점령 지역에서의 북한 공산주의 정권의 공포 분위기와 생생한 체험은 자유민주주의에 대한 둘도 없는 산교육이었고, 이러한 경험에서 남한 국민들은 대한민국이란 국가에 대한 귀속의식과 애국심이 저절로 생기기 시작했다. 대다수의 남한 국민에게 대한민국은 만족스럽지는 못하지만 공산체제보다는 훨씬 나은 국가였다. 부패하고 무질서한 구석이 있기는 했지만 자유가 있었기 때문이었다.

이에 못지않은 심각한 손실은 민족 내지는 사회 내부에 생긴 팽배한 불신과 적대감이었다. 극한으로 대립한 전쟁은 사람들의 마음에 보이지 않는 깊은 상처를 남겨 서로 상대방을 증오하고 복수심을 갖게 된 것이다. 전쟁 초기 기습 남침을 받자 퇴각하던 일부 지역의 경찰은 남로당에 가입했다가 전향한, 아른바 보도연맹에 가입한 사람들이 남침하는 북한군에 협력할까봐 학살당한 경우도 있다. 그리고 인천상륙작전의 성공으로 후퇴하던 인민군은 대전·전주 교도소에 갇혀 있던 수천 명의 민간인을 학살하였다. 그뿐만 아니라 퇴로가 막힌 인민군들이 산속으로 숨어들어 빨치산이 되어 주변 촌락을 노략질할 때, "낮에는 대한민국, 밤에는 인민공화국"이라는 말도 유행했고, 빨찌산을 토벌하는 군경과 빨치산들 사이에 끼여 무고하게 희생된 사람들도 많았다. 또 같은 씨족이나 지역 내에서도 가해자 측과 피해자 측 간에는 원수가 되어 반목하는 경우도 있었다. 전쟁은 인간 내면에 잠재해 있는 야만적 폭력성을 여지없이 드러냈으니, 총을 잡은 사람들이 자기를 방어할 능력이 없는 민간인을, 그것도 여성과 어린이까지 학살한 경우도 많았는데 '거창양민 학살사건'이 대표적인 예이다. 이러한 동족상잔의 비극은 지역이나 씨족 사회의 공동체 의식을 와해시켜 오랜 동안 한민족의 가슴 속에 응어리로 남게 되었다.

한편, 6.25사변은 신분이나 남녀의 차별이 없는 인권의 기본 가치인 평등의 사회화를 가속시켰다는 점이다. 형식상으로는 조선시대 말기인 1894년 갑오경장으로 노비제가 폐지되고 신분상의 차별이 없어졌다고 하지만, 일본 식민시대까지 조선시대 반상(班常)의 전통은 그대로 남아 있었다. 이는 일제가 조선시대의 관습과 전통을 그대로 유지하는 정책이 식민지 통치에 유리하다고 생각했던 때문이었다. 이로 인해, 해방을 맞이하고 대한민국이 성립되는 과정에서 5.10선거가 실시될 때, 일정한 연령에 도달한 사람은 신분·재산·지식·성별 등에 차별을 두지 않고 동등하게 선거권이 부여되는 보통선거제도를 실시했을 때도 신분 질서나 남존 여비 사상에 젖어 있던 사람들은 흔쾌히 수긍하지 않았다. 그러나 6.25는 한반도를 판탕 지경으로 만들어 신분이나 지역의 구분 없이 사람들이 뒤섞이게 되고, 양반이건 상인이건 군에 입대하면 똑 같은 미국식 군사훈련을 받으며, 학식과 재능이 있는 사람이라면 누구나 지휘관이 될 수 있고 상급자가 될 수 있었으니, 능력만 있으면 얼마든지 신분상승의 기회가 주어지는 새로운 사회가 도래하였다. 이런 사회적 변화는 6.25사변의 비극이 한민족 사회에 끼친 긍정적인 측면이라 하겠다. 그리고 전 국민에게 기회가 평등하게 주어지는 사회상의 변화는 훗날 대한민국 발전의 밑거름이 되었다.

4. 1950년대의 한국 정치-민주주의 학습

4.1. 대통령과 의회의 대립

앞에서 잠시 언급했듯이 건국 헌법의 대한민국 정부 형태는 내각책임제의 구조 위에 대통령 중심제로 개조한 것이므로 출발부터 구조적인 모순을 안고 있었다. 따라서 대통령 중심제이면서도 의회에서 정·부통령을 각각 별도로 선출함으로써 대통령의 국정 방향이 의회와 다를 때는 국정에 혼란을 가져올 것은 자명한 일이었다. 5.10선거 결과 당선인 198석 중 유력 정당인 한민당은 29석에 불과했으나 풍부한 자금력과 인맥을 동원하여 무소속을 포섭, 국회가 개원할 즈음에는 80석 이상을 확보한 가장 큰 세력의 정파로서 의회를 주도하였다. 한민당은 식민지 시기의 유력한 지주·자본가·전문 지식인 등을 중심으로 결성된 정당으로서 일찍부터 이승만을 자신들의 지도자로 모시고자 했다.

반면, 이승만은 대한민국 건국에는 뜻을 같이했으나 건국 후에는 한민당과 거리를 두었다. 한민당은 기득권 세력으로 국내에서 소극적으로나마 일제에 협력하지 않을 수 없었던 세력이 주류를 이루었으므로 한민당의 의도에 따라 대한민국을 통치한다면 대다수 국민들의 실망을 살 것이라 생각했고, 또 이승만이 권력을 독점하려는 의도도 있었다. 이 때문에 국무총리를 선출하고 내각을 구성하는 과정에서 한민당과 대통령 간에는 알력이 끊이지 않았다. 1949년 2월에는 한민당을 비롯하여 대통령에 반대하는 여러 정파가 민주국민당으로 개편되니 민국당은 야당을 자임하며 대통령에 협조하지 않았다. 행정부가 제안한 법령은 국회에서 수정되거나 지연되는 일이 빈번하자 대통령 지지 세력들은 여러 수단으로 야당을 압박했다. 이에 대항하여 야당은 1950년 1월 정부 형태를 내각책임제로 바꾸는 개헌안을 국회에 제출하니 이는 대통령에 대한 실질적인 불신임이었다. 국회에 내각제 개헌안이 제출되자 대한청년단 등 대통령을 옹호하는 단체들이 개헌 반대 시위를 격렬하게 벌였다.

이승만은 귀국 후, 군정 시기부터 이념의 대립이 폭력으로 이어지는 살벌한 정치 현실에서 자기 신변을 보호하고 자신의 정치 노선을 관철하기 위해 반공노선에 투철한 청년들로 구성된 단체들을 적절하게 활용했다. 건국 후에 이들의 형세는 더욱 확장되어 1949년 12월, 이승만은 기존의 청년 단체들을 통합하여 대한청년단을 결성하고 그 총재에 취임하였다. 이들은 개헌 추진자들을 매국노로 몰아붙이며 공포분위기를 조성하였다. 이 개헌안은 1950년 3월 14일 표결 결과 찬성 79, 반대 33, 기권 66으로 부결되었다. 기권표가 이렇게 많았던 것은 이승만이 동원한 대한청년단의 공포분위기에 압도되었기 때문이었다. 이러한 대결 분위기 중에 재헌 국회가 임기 2년을 마치고 5월에 임기 4년의 제2대 국회의원 선거가 실시되었는데, 대통령 지지파인 대한국민당과 야당인 민국당의 당선자는 각각 24명에 불과했고 무소속이 126명으로 압도적이었다. 이번에도 민국당은 풍부한 자금력과 인맥을 동원, 많은 무소속을 포섭하여 제1당이 되고, 6월 1일에 제2대 국회가 개원하여 신익희를 의장에 선출함으로써 국회는 여전히 야당의 지배하에 놓이게 되어 대통령 이승만과 대립하였다. 그러나 2대 국회는 원을 구성하기도 전에 6.25가 발발하여 대통령과 민국당 사이의 정쟁은 일시 중단되었다.

부산 피란 수도에서 이승만은 거국일치 내각을 구성하여 유력 민국당

인사들을 주요 내각에 임명하고 11월에는 민국당의 장면을 국무총리에 임명함으로써 잠시 의회와 정부 간의 평화가 찾아왔다. 그러나 이듬해 1월에 국민방위군 사건, 2월에 거창양민학살 사건이 잇따라 터짐으로써 다시 대립이 시작되었다. 국민방위군 사건이란 중공군의 개입으로 더 많은 병력이 필요하게 되었고, 또 과거 한국 청년들이 공산 치하에서 의용군으로 징집되었던 전철을 밟지 않기 위해, 1950년 12월 21일, 만 17~40세에 이른 청장년들로 창설된 제2국민병이다. 국민방위군에는 다수의 지원자들이 몰려들어 그 수가 50여 만에 이르렀다. 경상도 지방에 51개 교육대를 설치하고 이들을 수용하기로 했는데, 혹한기의 이동 과정에서 식량과 의복의 결핍으로 수만 명의 아사와 동사자가 발생하였다. 이는 본디 넉넉하지 않은 예산에서 상당액을 대한청년단 출신의 김윤근 등 간부진이 착복하고, 일부가 대통령 지지 세력에게 정치자금으로 상납되었음이 밝혀졌다. 사령관 김윤곤 등 지휘부 5명은 처형되었으나 정부는 이 사건으로 큰 불신을 받았다.

다음, 거창양민학살 사건이란 인천상륙작전으로 퇴로가 막힌 많은 공산군들이 빨치산[유격대]이 되어 소백산맥 여기저기에 준동하고 있었는데, 이를 토벌하러 갔던 국군이 1951년 2월 경남 거창군 신원면에서 주민들이 빨치산과 내통했다고 하여 노약자를 포함한 양민 700여 명을 학살한 사건이다. 이에 대해 당시 이승만의 신임을 받던 국방장관 신성모는 나라의 위신과 군의 사기에 영향을 미친다는 구실로 사건을 축소·은폐하려 했고, 이승만 대통령도 이들을 옹호하자 국민도 국회도 분노하였고, 부통령 이시영은 자신의 무능함에 자괴감을 토로하며 부통령직에서 사퇴하고, 후임으로 민국당의 김성수가 선출되었다.

4.2. 부산정치파동-직선제 개헌

국민방위군 사건과 거창양민학살 사건으로 대통령과 국회가 대립하고 있는 동안 대통령의 임기 만료가 다가오고 있었다. 야당이 압도적으로 우세한 국회에서 정부의 무능과 측근의 부패로 이승만 대통령이 재선될 가능성은 전무했으므로 이승만은 직선제를 통해 이 난관을 돌파하려 하였다. 이승만의 소신은, "국민에 의한 직선제가 국회의 간선제보다 민주주의를 발전에 도움이 된다."는 것이었고 반면, 야당은, "국민의식 수준이 낮아 직접 대통령을 선출하는 것은 시기상조"라는 논리를 폈는데, 각각 서로의 이해관계에 따른 주장이었다. 정부수립 초기 정당무용론을 주장했던 이승만은 국회 내에서 자신의 지지기반이 약화되자 정국 타개를 위해 자유당 창당을 서둘렀다. 창당 과업은 당시 중국 대사로 있던 이범석과 비서 이기붕 등에게 맡겨졌는데, 이범석으로 주도하게 한 이유는 그의 탄탄한 민족청년단[族靑] 조직을 이용하기 위함이었다. 이 외에 이승만의 통제 하에 있던 대한국민회·대한청년단·대한노동조합연맹·농민조합연맹·대한부인회 등 여러 단체가 모여 자유당을 결성하니 이것이 원외 자유당이고, 원내의 이승만지지 세력을 원내 자유당이라 했다.

자유당은 이승만을 당수, 이범석을 부당수로 추대하였는데, 이승만은 원외 자유당을 권력 기반으로 삼았다. 1951년 11월 자유당은 대통령을 국민이 직접 선출하고, 미국의 상하 양원제 형식과 같이 국회를 민의원과 참의원의 양원제로 하는 내용의 개헌안을 제출하였다. 국회는 1952년 1월 개헌안을 19대 143이라는 압도적인 표차로 부결시켰는데, 이유는 국회 내의 이승만 지지파[원내 자유당]가 분열한 때문이었다. 이어 4월에는 야당 의원 123명이 내각책임제 개헌안을 제출하니 개헌선 122명을 초과하는 압도적인 숫자였다. 위기에 몰린 이승만은 국회의원 21명을 거느리고 있는 장택상을 포섭하여 국무총리에 기용함으로써 개헌안의 표결을 막고, 그 동안 시행이 유보되고 있던 지방의회 선거를 실시하여 대통령 지지 세력인 원외 자유당이 압도적으로 승리하였다. 지방 선거에서 당선된 원외 자유당은 직선제 개헌을 거부하고 내각책임제를 주장하는 야당 국회의원들을 규탄하였다.

1952년 5월 21일, 헌병 사령관 원용덕은 부산 시내에 공산 게릴라들이 나타나 5명의 미국인과 한국인을 살해했다고 발표하였다. 빨치산이 지리산 부근에 준동하는 것을 기화로 정부는 1952년 5월 25일 0시를 기해 임시 수도 부산을 포함한 경상남도 일원과 전라남도·전라북도 일부 지역에 비상 계엄령을 발동하였다. 계엄사령부는 계엄 선포 다음날인 26일에 국회 의사당으로 등원하던 야당 의원 48명이 탄 국회의원 전용 버스를 의사당 정문에서 연행·견인하여 헌병대로 끌고 갔다. 헌병대에 끌려간 국회의원 가운데 곽상훈·서범석 등 야당의 핵심 의원 12명은 국제 공산당의 비밀 정치 공작에 연루되었다는 혐의를 받고 구속되었다. 5월 28일 국회 본회의에서 계엄령 해제에 관한 동의안과 구속 의원들의 석방 동의안이 가결되었으나 이승만은 이를 거부하였다. 민국당의 김성수는 5월 26일의 국회의원 구속 사건을 쿠데타로 규정하고 계엄 선포에 항의하며 부통령직을 사퇴하였다.

그 동안 한국 국내 정치에 관여하지 않던 미국정부는 계엄령 해제와 국회의원 석방을 요구하였으나 이승만은 듣지 않았다. 미국이 보기에 이승만은 점차 독재자로 변해 가고 있을 뿐만 아니라 미국이 추진하고 있는 휴전을 고집스럽게 반대하고 있어 한반도 정책 수행에 큰 걸림돌이 되고 있었다. 미국은 미군 통제 하에 있는 한국 군부를 통해 이승만 대신 다른 사람으로 교체하려는 쿠데타 계획까지 세웠으나 한국민의 신망을 받는 이승만을 대신할 다른 인물을 찾을 수 없고, 또 비록 미국이 주도하는 전쟁이긴 했지만 전쟁 중에 대통령을 바꾼다는 것은 있을 수 없는 일이다. 미국은 야당과의 타협을 종용하였으며 그 역할을 국무총리 장택상이 맡았다. 장택상은 대통령직선제 안과 내각책임제 안을 발췌하여 절충안을 만드니 이것이 이른바 발췌개헌안이다. 장택상은 발췌개헌안을 마련한 후, 구속된 의원들을 석방하고 국회를 강제로 소집하였다. 7월 4일 경찰과 군인들이 국회 의사당을 완전히 포위한 상태에서 기립 표결을 강행하여 출석 166명, 찬성 163명, 기권 3명으로 발췌개헌안을 통과시켰다. 발췌개헌안은 직선제와 양원제 외에 내각책임제 요소를 가미하여, "민의원은 국무총리 이하 정부 각료로 구성된 국무원에 대해 불신임 결의를 할 수 있다."는 대통령 권한을 제한하는 규정을 둔 것이 주요 골자였다.

한 달 후 직선제 개헌안에 의한 대통령선거에서 이승만은 523만 표라는 압도적인 지지로 재선되고 차점은 216만 표를 얻은 조봉암이었으며, 민국당 후보 이시영의 득표는 76만 표에 불과했다. 부통령에는 함태영이 당선되었는데, 함태영은 함북 무산 출신의 기독교 계통의 독립운동가로 이승만은 족청계의 이범석을 견제하기 위해 입후보 선언도 하지 않았던 함태영을 부통령 후보로 지지한다고 발표하여 당선되었다. 이듬해인 1953년은 향후 대한민국의 진로를 가름하는 중대한 고비가 닥친 해이다. 전쟁 중에 대통령이 미국과 피나는 외교전을 펼치고 있었기 때문에 야당의 대여 공격도 주춤해져 국내 정치는 상대적으로 평온하였다. 미국은 어떻게든 전쟁을 끝내려 하고, 이승만은 북진통일을 부르짖으며 단독으로라도 전쟁을 계속하겠다고 하니 한국정부와 미국정부가 첨예하게 대립하였다. 이승만의 이러한 강경론은 현실성이 있어서라기보다는 미국이 무책임하게 한반도에서 발을 빼지 못하도록 하는 협상용으로, 그 결과 얻어낸 것이 한·미상호방위조약이었다.

이승만은 국제정치로 박사학위를 받았다. 따라서 그는 국제관계를 매우 중시하여 약소국 한국의 운명을 자유민주진영의 최강대국인 미국과 굳건하게 얽어 놓음으로써 오늘의 대한민국이 있게 만들었다. 그는 미국으로부터 원조를 받으면서도 비굴하지 않고 당당했다. 어디를 가나 한국이나 미국의 공동 목표는 세계의 자유·정의·평화를 지키기 위함이라고 역설했다. 6.25사변의 화약 냄새가 채 가시지 않은 1954년, 이 대통령은 미국을 방문, 미 의회를 비롯한 여러 곳에서 초청연설을 했는데, 연설을 할 때마다 미국인들의 심금을 울렸다. 다음의 한미재단 초청 뉴욕 연설은 그의 정치철학이 잘 나타나 있다. "우리 국민은 울면서 도움을 갈구하지 않습니다. 내가 여기 온 것은 더 많은 원조, 더 많은 자금, 기타 무엇을 요구하려는 것이 아닙니다. 우리는 구걸하지 않으며, 앞으로도 구걸하지 않을 것입니다."라는 서두로 시작한 이승만의 연설은 한 나라 차원을 넘는 큰 그림의 국제정세관으로 채워져 있었다. 그는 대한민국의 싸움이 "생명보다 귀중한 민주 제도와 자유를 지키기 위한 것"이라면서 미국과 한편에 서서 자유·민주를 위한 싸움을 계속할 것임을 천명했다. "한반도 통일이 우리의 이해관계보다 더 큰 의미를 갖는 결정적이고 긴박한 이유가 있습니다. 한국은 단지 우리의 통일과 생존을 위해서가 아니라 세계 도처의 모든 민족에게 자유·정의 그리고 평화가 보장되는 것을 돕는 데 기여하기를 원합니다."

4.3. 사사오입 개헌과 자유당 정권의 전횡

이승만의 이범석 족청계에 대한 탄압으로 자유당은 한때 당내 결속에 동요를 가져왔으나 이기붕을 2인자로 하는 지도체계 개편과 동시에 자유당은 이승만에 의한 권위주의체제로 변모해 갔다. 자유당은 1954년 5월 20일 제3대 민의원선거가 다가오자 다시 개헌하여 3선 금지 조항을 고치려는 의도에서 이를 찬성한다는 서명을 받고 후보자를 공천하였으며, 무소속 인사들을 다수 포섭하여 개헌 준비를 진행했는데 개헌 기초 위원으로 이기붕·임철호·윤만석 등을 선임하여 헌법 개정안을 마련하였다. 개헌안의 내용은 국민투표제 실시, 초대 대통령에 대한 3선 금지 해제, 국무총리제 폐지, 국무원에 대한 연대책임제 폐지 등이었지만, 핵심은 초대 대통령에 대한 3선 금지조항 해제로 이승만의 종신 집권을 보장하는 것이었다. 5.20총선 결과 자유당은 114석을 확보하고, 민국당 15석, 무소속이 67석이었는데, 자유당은 친여 성향의 무소속의원들을 포섭함으로써 개헌정족수에 근접한 다수당이 되어 이기붕을 의장으로 선출하니, 건국 이래 최초의 여당 출신 의장이 출현했다.

11월 27일의 개헌안 표결 결과는 재적 인원 203명, 재석 인원 202명, 찬성 135표, 반대 60표, 기권 7표였다. 이는 헌법 개정에 필요한 의결 정족수인 재적 인원 203명의 3분의 2인 136표에 1표가 부족한 135표이므로 부결된 것이다. 그러나 자유당은 재적 인원 203명의 3분의 2는 135.33명이지만, 소수점 이하의 숫자는 1인이 되지 못하여 인격으로 취급할 수 없으므로 사사오입하면 135이고, 따라서 의결 정족수는 135명이기 때문에 헌법 개정안은 가결된 것이라고 억지 논리를 주장한 것이다. 이들은 이 주장을 11월 28일의 자유당의원총회에서 채택하고, 다음날 야당의원이 퇴장한 가운데 번복가결동의안을 상정, 재석인원 125명 중 123명의 동의로 통과시켰다. 국회는 곧바로 개정 헌법을 정부로 이송하고 정부가 당일 공포함으로써 이 헌법은 효력을 발생했다. 위헌적인 이 개헌으로 출마가 가능해진 이승만이 1956년의 대통령 선거에서 당선되어 장기 집권 목적은 이루었지만 이승만의 건국 원훈으로서의 카리스마는 점차 마모되고 이후부터 자유당의 전횡이 시작되었다.

1956년 제3대 정·부통령 선거를 맞아 자유당은 이승만과 이기붕을 후보로 내세웠다. 자유당은 부통령 당선에 특히 신경을 썼는데, 부통령의 역할은 아직 선출되지도 않은 참의원 의장이라 허직(虛職)에 불과하지만 대통령 유고시 그 직을 승계하게 되어 있어, 이미 80세를 넘긴 고령의 대통령이 유고라도 하게 되면 하루아침에 정권이 야당에게 넘어가지 않을까 하는 우려 때문이었다. 이기붕은 이승만의 비서 출신으로 서울 시장과 국방장관을 역임하면서 행정력을 인정받고 이승만의 신임을 얻어 국회의장까지 되었으나 자력으로는 국회의원에도 당선되지 못할 정도로 대중정치에는 취약한 인물이었다. 특히 이승만과 함께 정치를 했던 유능한 인사들이 1952년과 1954의 무리한 개헌 과정에서 이승만을 떠나 야당에 합류하였고, 또 이승만의 측근이었던 많은 사람들이 이기붕과의 경쟁에서 밀려나 주변에는 이기붕과 그를 추종하는 인물들뿐이었다. 대선 결과 이승만에 대한 지지가 비록 쇠락하기는 했지만 여전한 국민적 인기에다 민주당 후보 신익희의 급서로 무난히 당선되었다. 그러나 부통령 당선자는 자유당의 우려대로 야당의 장면(張勉)이었다.

자유당은 1958년 제4대 총선을 맞아 정권을 유지하기 위한 전횡은 더욱 가속화되었다. 자유당의 지구당은 정당 범위를 넘어 행정·치안·사법·교육 등 지역 기관장들의 연합체였다. 즉, 지방의회의장·지방재판소장·지방검찰청장(지청장)·경찰서장·세무서장·친여 언론사사장·중고등학교교장 등 많은 기관장들이 자유당 지구당의 고문으로 참여했다. 경찰서장 등 기관장들이 학교에 와서 전교생을 집합시켜 놓고 공공연히 이승만과 자유당 정부 홍보하는 행태를 필자는 직접 경험하기도 했다. 뿐만 아니라 농촌 사회의 여론을 주도하는 면장·동장 등 지방 유지들도 우호 세력으로 포섭하였다.

자유당은 행정력·자금력·인맥을 총동원하면서 광범위하게 부정선거를 자행했음에도 4대 총선에서 자유당 의석은 줄어든 반면 민주당 의석이 33석이나 늘어 79석이 되었는데, 특히 민주당은 서울을 포함한 도시 선거구에서 42석을 차지함으로써 농촌을 중심으로 127석을 차지한 자유당에 비해 내용면에서의 승리였다. 1956년 대통령 선거에서 200여 만 표를 회득했던 조봉암이 보안법 위반으로 처형된 뒤 자유당 정권은 1958년 12월 야당과 언론의 반대를 무릅쓰고 국가보안법을 개정하였다. 개정의 핵심은 "언론이 허위 사실을 고의로 유포하거나 사실을 왜곡하여 민심을 혼란시킬 경우 처벌한다."는 내용이었다. 이 조항으로 인해 그 동안 민주당을 지지하면서 정부를 매섭게 비판하던 가톨릭계의 경향신문이 1959년 초 폐간되었다. 막다른 골목으로 들어선 자유당 정권은 이듬해 정부통령 선거에서 전면적인 부정선거를 한 결과 결국 4.19학생혁명으로 몰락하였다.

5. 이승만의 신념과 정치

5.1. 반공·정치체제·외교원칙에 대한 신념

이승만의 정치 이념은 자유민주주의를 기본 가치로 하는 대한민국의 성취와 번영이었다. 이 같은 정치 이념은 우선 확고부동한 반공주의로 표출되었다. 소련에서 공산 혁명이 성공한 지 10년도 되기 전인 1923년에 공산주의의 허구성을 간파하고 '공산주의의 당부당(當不當)'이란 논설문을 발표하여 반공 대열의 선두에 섰고, 이 신념은 대한민국을 수립하고 경영하는 과정에서도 일관되었다. 해방 직후 미국무부도 공산주의의 진면목을 간파하지 못하고 한때 좌우합작을 추진하기까지 하였으나 이승만은 공산주의와의 협상은 상대가 거짓말쟁이고 사기꾼임을 알면서도 협상에 임하는 것은 위선적인 행동이며, 시간만 낭비하는 어리석은 일이라 생각했으므로 애당초 될 일이 아니었다. 이러한 신념으로 미국을 달래고 설득하여 대한민국을 수립하여 대통령이 되었고 미국의 도움을 받아 대한민국을 지켜냈다.

이승만이 추구한 정부형태는 국민들이 대통령을 직선하는 대통령중심제였다. 반면, 의회를 장악하고 있던 야당 세력은 내각책임제를 주장하여 정부와 의회는 격렬하게 대립하였고 이 과정에서 대통령 중심의 권위주의 체제가 성립하였다. 이 권위주의 체제는 자유당의 전횡을 낳았고, 자유당은 민주주의의 기본질서인 선거제도마저 파괴하다가 4.19민주혁명을 초래하여 결국 몰락하였다. 4.19혁명으로 집권 기회가 도래하자 민주당은 제3차 개헌을 실시하여 주저 없이 그들의 오랜 숙원인 내각책임제를 실시했으나 그것은 실패였다. 내각책임제가 국민에게 보여준 것은 붕당정치 이상이 아니었다. 5.16군사혁명으로 대통령제가 실시된 이후 정략적 필요성에 의해 간헐적으로 대통령중심제에 의문을 제기하여 내각책임제나 이원집정제 정부를 제기하는 사람도 있었으나 한국에서 대통령중심제는 확고하게 자리 잡았다. 한때 공산주의에 대한 막연한 기대를 하고 있던 사람들도 90년대 초 소련과 동구의 공산정권이 무너지고 북한의 참상을 알게 된 뒤에는 공산주의의 환상에서 깨어나게 되었고, 이승만의 선택이 옳았음이 증명되었다.

이승만의 외교노선은 자유민주적 민족주의 외교였다. 이승만의 대미 외교는 원조를 받는 약소국의 처지에서도 항상 당당했다. 대한민국은 공산진영과 대립하는 자유진영의 최전방 보루이니 미국은 대한민국을 지원할 의무가 있다는 논리로 미국을 설득하여 원조를 얻어내고 한·미상호방위조약을 성사시킴으로써 한국이 그 우산 아래서 번영할 수 있었다. 그리고 일본에 대해서는 대립적 자세를 취했다. 1949년 중공이 중국 대륙의 주인이 되자 1950년대까지 미국은 동아시아의 반공 정책은 일본을 중심에 두었다. 따라서 미국은 한국이 일본에 협력하여 경제발전을 이루고 지역 안보를 확고히 하기를 바랐다. 그렇게 될 경우, 한국은 또 다시 일본에 종속될 것으로 본 이승만은 이를 거부하고 대일 강경 자세를 취했다.

미국의 권유에 따라 한·일 회담을 시작하기는 했으나 양측의 의견이 너무 상반되어 조금도 진척되지 않았다. 한국은 일제 36년 간 식민지 배상을 요구한 반면, 일본은 일본이 한반도에 남기고 간 공사(公私) 재산권을 주장하는 상황에서 회담의 진전이 있을 리 없었다. 그에 대한 반발로 이승만은 일방적으로 해양 주권을 선포하여[평화선 혹은 이승만 라인] 그 안으로 들어오는 일본 어선을 나포하기 시작했다. 그리고 독도가 한국 영토임을 선언하였다. 사실 독도는 무인도였지만 역사적으로 한국 영토로서 조선 시대 일본 도쿠가와 막부도 이를 인정한 상태였다. 그런데 일본이 1905년 을사조약을 맺어 한국의 외교권을 박탈한 뒤 강제로 일본 시마네현 부속 도서로 편입시켜 일본 영토로 편입한 것이기 때문에 한국인에게는 자존심이 걸린 수치스러운 역사문제였다.

이승만의 이런 조처로 한국이 실질 지배하게 된 이후 독도는 한국인에 있어서 반일 민족주의의 상징이 되었다. 그런데 지금까지도 이승만을 '친일파의 아버지'로 비하하는 사람들이 있다. 이승만이 친일파 척결을 하지 않고 비호했다는 것이 그 이유이다. 그러나 공산당의 준동으로 백척간두에 처한 국가를 지켜야 할 대통령으로서는 과거 흠결을 가지고 분열과 갈등을 고조시키기보다는 대동단결의 필요에서, "뭉치면 살고 흩어지면 죽는다."는 구호로 단결을 강조했다. 신생 국가를 운영하고 공산당과 대적하기 위해 일제시대에 훈련받은 기술관료와 경찰의 도움이 필요했던 것이다.

결론적으로 이승만의 신앙과 같은 반공이념은 한때 국민들을 식상하게도 만들었고, 대통령중심제의 정부 형태는 권위주의체제로 흘러 4.19민주혁명을 불러오기도 했다. 그러나 이승만의 권위주의체제는 반공주의·북진통일·한미동맹·대일강경외교를 통해 한국의 국가 정체성을 확립했다. 그 밑바닥에는 자유민주적 민족주의가 있었다. 그 결과 대한민국은 신생 후진국에서 흔히 보는 정치이념의 혼란이나 붕당정치, 대외관계의 불안정을 피할 수 있었고, 오늘날 선진 대한민국으로 도약한 기초가 되었음은 역사가 증명한다.

5.2. 교육 입국

한국이 선진국으로 도약할 수 있었던 가장 중요한 요인 하나가 대한민국 건국 후 의무교육 실시로 지금은 전 국민의 99%가 글을 쓰고 읽을 줄 아는 세계 유일의 국가가 되었다는 점이다. 여기에는 한글이라는 가장 과학적인 문자를 가졌다는 것이 핵심이지만, 우리 국민들에게는 배움을 중요시하는 전통이 진작부터 자리 잡고 있었다. 이러한 전통의 성립 배경에는 학식을 중히 여긴 유학(儒學)의 영향이 컸다. "배워야 산다."고 하는 배움에 대한 열망은 조선 왕조가 망하고 일제 침략기를 거치면서 일종의 민족성으로 자리 잡아, 자신은 일자무식이면서 자식만은 서당에 보내 글을 배우게 했다. 이러한 국민적 열망에 불을 지핀 것이 건국 후 실시한 의무교육이다. 의무교육은 '교육혁명'이라 할 만한 국민 교육에 있어서 획기적인 것이었다.

당시 세계의 후진국들 중 어느 나라도 의무교육을 실시한 나라는 없었다. 어려운 여건에서도 정부는 청소년들에게 교육 기회를 제공했으며, 국민들은 교육만이 삶의 질을 바꿀 수 있다는 생각에서 자녀 교육에 놀라운 열정을 보여 주었다. 1949년의 경우 남아들은 거의 90% 이상, 여아들은 70~80% 이상 취학했지만, 1950년에 갑자기 6.25가 일어나 많은 학생들이 학업을 중단하여 졸업의 기회를 놓쳤다. 6.25사변이 끝난 뒤 미국의 원조로 의무교육을 위한 교육 재정을 대폭 확대하여 인력과 시설에 대한 투자가 집중적으로 이루어졌다. 즉 1954년의 교육 예산은 정부 예산의 2%에 불과했으나 1959년에는 18.4%로 증액되어 국방 예산 다음으로 많았다. 여기에서 신생 대한민국 정부가 인재 양성 교육에 얼마만큼 큰 열의를 갖고 있었는지를 알 수 있다.

이러한 투자 결과, 학교가 연차적으로 설립하여 국민학교[현재 초등학교]가 1960년에는 4,653개 교로 늘어났으며, 학생 수는 366만으로 증가하였다. 국민학교 취학률은 1943년 47%에 불과하였는데 의무교육을 실시함으로써 학령에 이른 거의 모든 어린이들이 입학하게 되어 1960년에는 99.8%라는 완전 취학률에 도달하였다. 이는 단순히 글자를 익히는 문맹 퇴치 기능뿐만 아니라 여기서 받은 민주주의 교육은 훗날 민주 시민이 되는 기초를 닦는 데 이바지한 것이다. 국민학교에 이어 중학교 이상의 중·고등교육도 널리 보급되었다. 전국의 중학교 수는 1848년 380개 교에서 1960년에는 1,053개 교, 고등학교는 1960년 640개 교로 늘어났다. 전문학교와 대학교는 해방 직후에 불과 19개 교이던 것이 1960년에는 63개 교로 늘어나 학생 수는 3만에서 10만 명으로 증가하였다. 세계 어디에도 이렇게 교육을 중시하여 투자한 나라는 없다.

이러한 배움의 열기 속에서 선진 문물을 배우기 위해 해외 유학을 떠나는 학생들의 대오도 줄을 이어 그 수는 1951~1959년까지 도합 5천 여 명이나 되었는데, 대부분이 미국에서 선진 문물을 습득하고 귀국하여 학계와 관계에서 지배적인 엘리트 집단을 형성, 대한민국 발전에 기여하였다. 해외 유학생 중에는 자비가 많았으나 새로운 선진 지식의 습득과 인재 양성을 위해 우수한 인재를 선발하여 국비로 선진국에 유학을 보내 새로운 과학 지식을 배워오기도 했다. 그 대표적인 예로, 당시로서는 아직도 생소한 분야였던 원자력을 공부하고 돌아온 유학생들이 1959년에 원자력 연구소를 설립하니 이것이 한국원자력원이다. 이렇게 시작된 한국 원자력 연구는 의학 발전에 큰 기여를 하였고, 박정희 정권 시기에 더욱 가속화 하여 지금은 세계 최고 수준의 원자력발전소 건설 국가가 되었다.

5.3. 농지개혁과 자립경제 모색

농지개혁

우리나라는 산지가 많아 농토가 협소한데다 인구는 조밀하여 타인의 농토를 빌려 농사를 짓는 소작제가 성행하여 일제 치하에는 전체 농민의 2/3가 소작인이었다. 특히 일제는 일인 지주의 권익보호 차원에서 소작제를 운영했으므로 논이 많은 평야지대에서의 수탈 행위는 더욱 심각하여 호남에서는 소작쟁의도 자주 일어났다. 생산량의 30~50% 이상이 지주에게 돌아가는 고율의 소작제 아래서 소작인들은 피땀 흘려 농사를 지어야 겨우 가족들의 입에 풀칠을 할 뿐 부를 축적할 가능성은 전혀 없었다. 또 소작제는 전통적인 지주와 소작인 사이에 경제외적인 전 근대적 신분적 예속관계가 있어 평등사상이 팽배해 있던 2차대전 후의 세계 사조와도 배치되는 것이었다. 따라서 농지 소유권을 경작자에게 이양하여 농민을 보호해야 한다는 것이 시대적 과제였고, 미국무성의 정책이기도 했으므로 미군정은 초기부터 고율 소작료의 완화와 농지개혁을 적극 추진하려 했다. 그러나 농지개혁은 지주와 소작인 간의 이해가 극도로 상충되는 예민한 문제였기 때문에 전면적인 농지개혁은 대한민국이 건국한 이후에야 본격적으로 시행될 수 있었다.

농지개혁은 1949년 6월 21일에 제정, 공포된 '농지개혁법'에 의거 1950년부터 실시하였다. 농지개혁이 시대적 추세이기는 했으나, 당시 국회는 지주 출신들이 주류인 한민당 주도하에 있었으므로 농지개혁법의 제정에는 난관이 많아 처음 국회 안은 지가 보상기준이 평년작의 2.4배나 되었다. 이에 이승만 대통령은 조봉암을 농림장관에 임명하여 소작인들에게 유리한 내용의 개정안을 만들었는데, 개혁법의 골자는, 노동력을 고려하여 한 농가당 최대 3정보를 한도로 분배하되 유상매수와 유상분배를 원칙으로 하고, 농지 가격은 주생산물 평년작의 1.5배로 하며, 매수 농지의 지가 보상은 5년간 균분상환으로 하는 것이었다. 그리고 지주에 대한 지가 보상은 지주가 기업에 투자할 수 있도록 지가증권을 발급해 주기로 하였다. 이 유상매수·유상분배의 농지개혁을 북한에서 실시한 무상몰수·무상분배와 비교하여 비판하는 이도 있으나, 토지 국유제로 경작권만을 인정한 북한 농지개혁과는 근본적인 차이가 있어 비교 대상이 될 수 없고, 또 무상몰수는 자유경제체제 원칙에도 반하는 것이다. 당시 최저 소작료가 3할이었는데 이 농지개혁법은 5년간 소작료를 내면 농지가 소작인의 소유로 되었다. 이는 농민들이 지가보다 훨씬 낮은 가격으로 농토를 소유할 수 있는 크나큰 혜택이었다.

1950년 4월부터 농민들에게 토지분배가 시작되었고, 5월부터는 토지장부 열람이 개시되었으나 한 달 뒤에 6.25가 발발하여 그 완결은 몇 년 뒤로 미루어졌지만 농지개혁의 영향은 매우 컸다. 1945년 말 한국 전체 경지면적의 35%에 불과했던 자작농지가 1951년 말에는 96%로 치솟아 농민들이 자신의 토지를 소유할 수 있게 됨으로써 농민들은 자유 대한의 명실상부한 주권자임이 입증된 것이다. 6.25 사변과 농지개혁 시기가 우연찮게 겹쳐지면서 상호 긴밀한 상관관계를 현출(現出)시켰다는 점도 특기할 사항이다. 우선 농지개혁은, 전쟁이 나기만 하면 남쪽에서 농민 봉기가 일어날 것이라는 북한 공산주의자들의 몽상을 깨트렸으며, 다음은 6.25사변이란 전란이 지주들의 농지개혁에 대한 반발 동력을 상실케 함으로써 비록 완료 시기가 다소 지연되기는 했지만 이해가 첨예하게 대립하는 지난한 농지개혁이 순조롭게 추진될 수 있었다는 점이다.

그러면 농지개혁이 한반도에 끼친 주요 파급효과를 살펴보자.

첫째, 농지개혁은 일제강점기부터 토지를 기반으로 부를 축적하였던 식민지적 계급체계가 명목적으로는 물론, 실질적으로도 소멸함으로써 소작을 둘러싼 농촌사회의 갈등과 마찰을 해소하고, 사회적·정치적 안정과 농촌의 민주화를 가져오는 데 도움을 줄 수 있었다. 그리고 당시 한반도에 풍미하던 공산주의 평등 이념의 환상에서 깨어나 대한민국 국민이라는 건전한 국민의식이 형성될 수 있었다.

둘째, 자작농으로 전환되자 농업생산력이 증대하여 가정경제에 다소 여유가 생겨 소 팔고 논을 파는 어려운 여건 하에서도 자식들을 도시에 유학시켜 후일 신생 한국의 건설을 이끌 인재들을 배출함으로써 한국 근대화의 토대가 마련되었다는 점이다. 일제시대까지만 해도 도시나 외국으로 유학 갈 수 있는 사람들은 지주 집안 출신만이 가능했지 소작인의 처지로서는 꿈도 못 꾸는 일이었다. 그러나 자작농이 된 농민들은 전답을 팔아서라도 자식들을 가르친 결과 경제 건설의 역군으로, 모범적 민주 시민으로 성장하여 대한민국 발전의 원동력이 되었다. 우리보다 일찍 민주국가를 건설하였고, 경제적으로도 부유하여 이승만 대통령의 일차 목표가 '필리핀만큼 사는 것' 것이었는데, 그랬던 필리핀이 아직까지도 족벌 정치 수준에서 헤매고 있는 것도 지주제가 그대로 온존해 있기 때문이니 우리와 비교하여 좋은 대조가 된다.

셋째, 농지개혁의 대상이 된 지주들에게 지가증권을 발행, 일본인들이 남기고 간 귀속공장의 불하에 우선권을 주어 이들의 재산을 산업자산으로 전환시킴으로써 지주들도 일반 산업에 참여할 수 있게 하고, 동시에 농공병진의 과실을 거두도록 하자는 구상은 큰 실효를 거두지 못하였다. 그 이유는 6.25란 전시 하에서 사업할 여건도 되지 못했을 뿐 아니라 물가는 앙등하고 지가증권은 최대 1/10로 폭락한 상황에서 지가증권이 산업자본으로 크게 활용될 수 없었다. 그리고 사업이란 개인 능력이 최우선이라 아무나 할 수 있는 것이 아니었다. 따라서 지주가 지가증권을 활용하여 큰 사업가로 성장한 경우는 그리 많지 않다. 이 농지 개혁에 대해, 일부 인사들은 농지개혁 이전에 소작인들에게 방매된 농지가 많다며 농지개혁의 실효를 평가절하 하기도 하는데, 이는 근거 없는 폄훼이다. 당시 농지개혁 분위기가 일자 일부 지주들이 농지를 사전에 방매한 경우가 있었으나 이는 결과적으로 농지개혁의 목표인 자작농이 확장된 것이니 비판 거리가 될 수 없다.

미국의 경제 원조

북한에서는 공산정권 수립에 박차를 가하는데, 통일국가 건설의 명분을 내건 미·소공동위원회가 양국 간 입장 차이로 공전을 계속하게 되자 이를 보다 못한 이승만은 1946년 6월 3일의 정읍 발언에서, "남쪽만이라도 임시정부 혹은 위원회 같은 것을 조직해야 한다."고 주장했을 때, 외신들이 한국은 자립할 능력도 없다고 비아냥거렸다. 국가 경영은 국민 세금으로 유지되는데, 당시의 재원은 농지 수득세와 귀속재산 불하대금 등으로 꾸려나가면서 부족 예산은 한국은행권 발행으로 충당하니 물가는 하루가 다르게 치솟았다.

남한에는 중화학공업 또한 전무하다시피 하여 주업인 농사의 필수 재료인 비료와 건설의 기본 자재인 시멘트 등 소비재를 전량 외국으로부터 수입하지 않으면 안 되었다. 그러려면 외화 즉 달러가 있어야 하는데 달러를 벌어들일 수출품이 없었다. 1957년의 경우를 보면, 한국 수출품의 주종은 쌀·텅스텐·흑연·우무가사리[寒天]·김 등 1차 자원뿐으로 총 수출액도 연 2,220만 달러에 불과하였다. 그런데 그해 한국의 총 수입액은 4억 4,220만 달러나 되었고, 한국 정부가 자력으로 결제할 수 있는 재원은 6,820만 달러에 불과했으니, 나머지 3억 7,400만 달러는 미국이 제공한 원조 달러나 화폐를 발행하여 충당하는 길 밖에 없었다. 1957년의 경우, 미국 원조가 총 수입에서 차지하는 비중이 85%나 되었다.

한국정부는 원조 달러가 소비재 보급에만 치중되면 균형 있는 경제 발전을 도모할 수 없게 되므로 될 수 있는 대로 자립경제 건설을 위한 기간산업과 생산재공업의 건설에 투여되기를 희망하였다. 이에 반해 미국정부는 당면의 상황에서 급등하는 물가상승을 억제하여 안정을 달성하는 것이 급선무로 여겨 원조 자금으로 소비재를 풍부하게 공급하기 위해서도 소비재 수입을 우선으로 하였다. 이런 여건에서도 이승만 정부는 자립경제의 기틀을 닦아나갔다. 한국 정부는 미국으로부터 무상으로 지원 받은 원조 달러로 수입한 물자를 민간에 판매하여 그 대금을 한국은행에 예치했는데 이것이 대충자금(對充資金)이라는 것이다. 이 대충자금은 빈약한 한국정부의 재정 수입으로 편입되어 각종 사업에 요긴하게 쓰였는데, 대충자금이 1950년도 중후반에는 총 재정 수입의 40~50%나 되었다. 대충자금의 상당액은 국방비를 비롯하여 도로·항만·수도·전기 등 사회간접자본 건설의 재원으로 쓰였고, 일부는 산업은행과 농업은행을 통해 민간 기업에 대한 투융자로도 사용되었다. 1950년대에 건설한 충주비료와 문경시멘트는 당시 대표적 중화학공장으로 비료는 국내 수요의 20%, 시멘트는 수요의 상당량을 충당하게 된 것도 이 대충자금을 잘 활용한 덕택이었다.

이상과 같은 막대한 규모의 미국 원조를 바탕으로 한 한국 정부의 재정 투융자에 힘입어 전후 복구사업이 활발하게 추진됨으로써 수년 동안 연평균 5%에 가까운 비교적 높은 성장률을 보였다. 이처럼 미국 원조로 나라가 지탱해 가는 현실임에도 불구하고 미국 원조를 비판하는 사람도 있었는데, 비판론의 근거는 미국 원조는 미 공법(公法) 480호에 의해 결국 미국이 다시 회수해 간다는 것이다. 공법 480호란 1956년부터 1961년까지 2억 260만 달러를 주어 미국 잉여농산물을 구매하도록 한 것으로, 그 액수도 전체 원조의 7.5%에 불과한데 이것을 침소봉대하여 전체 원조인양 비판했다.

미국의 원조는 이뿐만이 아니었다. 굶주리는 한국민의 건강을 위해 미국 비영리기관에서 분유를 보내고, 젖소·서양 돼지·염소 등 가축을 보내 왔는데, 우리나라에 홀스타인 젖소와 바크샤·주룩저지·요크샤 등 서양 돼지가 널리 보급된 것도 이것이 계기가 되었다. 또 전쟁 통에 많은 사람들이 비위생적으로 생활하다 보니 이·빈대·벼룩 등 기생충이 창궐하여 이를 박멸하기 위해 유해 살충제인 DDT를 마구 살포한 결과 이들 기생충은 제압했으나 그 부작용으로 꿀벌까지 폐사하여 과수 등 꿀벌의 매개로 수정하는 식물이 열매를 맺지 못할 지경에 이르렀을 때, 이 역시 미국에서 채밀 생산성이 높은 서양 꿀벌을 보내 주어 이를 각 농가에 분양함으로써 위기를 넘겼고 한국의 양봉 사업도 발전할 수 있었다. 이처럼 미국의 도움은 부모가 자식을 보살피듯 각 방면에 구석구석 이루어졌다.

어떤 사람들은 미국이 한국을 도운 이유는 궁극적으로 자기네 이익을 위한 것이었지 우리를 위한 것이 아니었다고 주장하는데 이 중 일부는 맞는 말이다. 미국이 한국을 도운 것은 인류애도 있지만 크게는 자국의 이익에 기반을 둔 것이다. 이 세상 어디에도 자신의 이익 없이 일방적 희생으로 남을 돕는 자는 없는 법이니, 그런 사람이 있다면 그는 성인(聖人)이 아니면 바보이다. 미국이 우리를 도운 것은 공산주의의 팽창을 막기 위함이었는데, 거기에는 인류 공통의 보편적 가치인 자유 수호라는 숭고한 목표도 있었다. 그러나 우리가 현재 누리는 자유와 풍요도 그 덕택이고, 우리가 이렇게 미국의 도움을 받는 데는 이승만 대통령의 역할이 지대했다.

민간 공업의 발흥(發興)

앞에서도 언급햇듯이 건국헌법에는 제정 당시의 사회적 분위기로 의해, 경제에 대한 국가의 강한 개입을 지향하는 사회주의적 경제 요소가 많이 가미되어 있었다. 이 때문에 1949년 말에 미군정이 한국 정부에 넘겨주고 간 일본인 소유의 공사(公私) 재산을 정리하기 위해 제정된 귀속재산처리법에도 국민경제 상 중요한 산업으로 운수·통신·전기·수도·금융·보험·가스·광산·철강·기계 등의 기업체는 국영 또는 공영으로 남긴다는 내용이 들어 있었다. 그러나 실제 불하 과정에서는 그 범주에 속하는 기업들도 과감하게 민영으로 불하되었다. 거기에는 국가 재정의 부족을 매워야 하는 화급한 현실적인 필요성도 있었지만, 기업은 민간의 자율에 맡겨야 효율적으로 운영된다는 자유시장경제의 육성을 지향한 미국의 종용과 이승만의 자유주의 신념이 작용한 결과이다. 귀속재산은 대지·농지·임야·기업·주식·주택·점포·창고·선박 등 다양했는데, 남한 전체 공장의 1/4, 생산액은 공업 총 생산액의 1/3에 달하여 그 가치는 남한에만 23억 달러로 추산되어 1948년 기준으로 연간 정부 지출의 약 9배에 추정될 정도의 거액이었다.

귀속재산의 취득은 상당한 특혜를 의미하였다. 정부가 사정(査定)한 귀속 재산의 가격은 실제 시가보다 훨씬 낮은 것이었고, 상환조건도 최고 15년까지의 연부 상환이 허용되었으니 당시의 물가상승률을 감안하면 말할 수 없는 특혜였다. 귀속재산의 취득권은 연고자에게 우선권이 있어 규모가 작은 재산이나 기업은 기존의 한국인 종업원에게 돌아갔으나 공공성을 띤 큰 산업체들은 재력이나 관료와의 인맥에 의해 결정되었으므로 귀속재산 불하는 정경유착과 부정부패의 상징으로 많은 비판의 대상이 되기도 했다. 이상과 같은 부작용도 있었지만 정부의 귀속 업체 불하는 자본 축적의 기초가 빈약한 한국 기업들이 성장할 수 있는 토대를 마련해 주었다.

식민지 시기에도 민족기업이 존재했으나 그 숫자는 미미하여 대기업의 상당 부분은 1950년대의 귀속업체 불하를 계기로 성장 발판을 마련한 것들이다. 오늘날의 상당 수 대기업 중에는 귀속재산 불하와 직간접으로 연결된 기업들이 많아 현 기업집단의 형성 배경이 되었다. 당시 민간 공업의 성장을 주도한 것은 의식 생활에 필수적인 소비재공업으로 면방직업·제분업·제당업이 주류를 이루어 이것들의 빛깔이 흰색이므로 이른바 삼백공업(三白工業)으로 불린 것들이다. 흔히들 1950년대의 경제를 빈곤과 침체의 시기라고 생각하기 쉽지만, 이상에서 살펴본 바와 같이 자유민주주의와 시장경제를 바탕으로 다음 세대의 한국 경제가 고도성장을 이룩할 수 있는 토대를 마련했다는 데에 큰 의의가 있다.

그러나 자유당 정권에서의 정경유착으로 인한 부정부패는 일상화된 문제였다. 공기업의 이익이 국고로 들어가는 것이 아니라 기업체 장의 사금고와 같았다. 예를 들면 당시 석탄공사는 대표적인 공기업의 하나였는데, 광업소 소장은 이윤을 창출하기보다는 공금을 정치자금으로 상납하여 자리를 보전하고 심지어 자신이 도의원 등 정계에 진출하는 이도 있었다. 부정부패의 대표적인 사례는 1952년의 중석불(重石弗) 사건이다. 중석이란 강철 제조에 없어서는 안 되는 텅스텐 원석으로 당시 우리나라 중석 생산은 세계 생산량의 20%를 차지할 정도로 대표적 수출품이었는데 이 중석으로 벌어들인 달러를 싼 값에 민간 기업에 매각, 비료와 밀가루를 들여오게 한 뒤, 이를 농민에게 최대 10배에 달하는 이윤을 남김으로써 관련자들은 사복을 채우고 농민에게는 피해를 입혀 세상을 떠들썩하게 한 경제범죄 사건이다. 이런 형편이었으므로 막대한 이윤을 내야 할 대한중석은 도리어 매년 적자였다가 5.16 후 박태준이 중석공사 사장으로 취임하여 만년 적자 기업을 흑자로 돌려놓았고, 박정희는 박태준의 그러한 경영능력을 인정하여 포항제철 건설을 맡긴 것이다.

제**3**장

4.19민주혁명과
민주당 정권

1. 4.19민주혁명의 발발

1.1. 3.15부정선거와 4.19민주혁명

이승만의 신임 아래 국회의장과 자유당 부총재를 겸한 이기붕은 앞서 얘기 했듯이 대중정치에 매우 취약한 인물로서 자력으로는 국회의원에도 당선되기 어려운 사람이었다. 이승만 측근의 유능한 정치인들이 모두 곁을 떠난 뒤, 이기붕은 1956년 정·부통령 선거에서 자유당 부통령후보로 나섰으나 민주당의 장면(張勉) 후보에게 패배하여 고령인 이승만이 유고하면 정권이 민주당에게 넘어갈 판이었다. 때문에 장면 부통령에 대한 저격 사건이 발생하기도 했다. 3대 대통령 임기는 무사히 채웠으나 90세를 바라보는 이승만이 1960년에 또 4대 대통령으로 출마하는 것은 여러 가지로 무리였지만 자유당으로서는 대안이 없었다. 그래서 이승만이 재직 중 사망할 경우 그를 승계할 부통령 자리가 더욱 중요했는데 자유당에서는 부통령후보로 이기붕 외에 인물이 없었다.

당시 이승만 권위주의 체제는 이기붕을 정점으로 하는 비공식적인 지배 구조로 운영되었다. 노쇠한 대통령은 일주일에 한 두 차례 국무회의를 주제할 뿐, 전반적인 국정 현장에서 멀어져 있었다. 내각은 이기붕의 지휘 하에 내무·외무·국방·법무 등 주요 장관 4~5명이 중심이 되어 국정을 협의하고 결정한 후 그 결과를 이기붕을 통해 대통령에 보고하여 재가 받는 형식이었다. 다음 해의 대선을 앞둔, 1959년부터 지방 자유당 조직을 중심으로 한 지역 기관장 모임이나 내무부 산하의 행정·경찰 조직을 총동원하여 전 방위적으로 부정선거 운동이 전개되었다. 경찰서장이 고등학교에 와서 이승만지지 강연을 하는가 하면, 야당의 지역 유세가 있는 날에는 공휴일에도 학생들을 등교시키자 학생들의 시위가 일어났는데, 4.19 민주혁명의 단초가 된, 2월 28일의 대구 고등학교 학생들의 시위가 그것이다.

당시는 여론 형성에 가장 큰 영향력을 미치던 것이 신문이었으므로 1958~9년경, 고등학교에서 학급마다 정부 기관지격인 서울신문을 의무적으로 구독하기도 했고, 또 공직에 있는 사람들은 야당 성향의 신문을 드러내 놓고 구독하지도 못하는 상황이었다. 공교롭게도 선거를 한 달 앞두고 신병 치료차 도미했던 민주당 대통령 후보 조병옥이 미국 월터리더 육군 병원에서 급서했다. 4년 전에도 민주당 후보 신익희가 선거 직전 심장마비로 사망했는데 기연(奇緣)이 반복되자 이승만의 기가 너무 센 때문이라는 풍설까지 돌았다.

3월 15일 선거 당일에는 부정선거가 공공연하게 자행되었다. 농촌에서는 3인조·5인조 등의 공개투표가 강요되었고, 군부대에서는 이승만에 대한 투표율이 120%가 된 곳도 있었다. 경찰은 전국의 개표소에 이승만과 이기붕의 득표율이 80%와 70%를 한계로 하라고 지시했으나 개표 결과는 이승만 89%, 이기붕 79%였다. 투표율을 멋대로 조작한 부정선거로 이기붕의 득표수는 883여 만 표로 장면의 184여 만 표를 압도했다. 어느 누구도 납득할 수 없는 투표 결과가 나오자 국민의 분노가 폭발하였다.

부정선거에 대한 최초의 항의 시위는 선거 당일인 3월 15일 마산에서 일어났다. 시위 도중 고등학생 김주열(金朱烈)이 경찰이 쏜 최루탄에 맞아 사망하자 경찰이 시신을 바다에 버렸고, 4월 11일 눈에 최루탄이 박힌 시신이 마산 중앙부두 앞바다에 떠올랐다. 이 사실이 신문에 보도되자 부정선거에 항의하는 분위기가 전국적으로 확산되었는데, 서울에서는 4월

18일 고려대학교 학생들의 시위가 기폭제가 되었다. 성북구 안암동 캠퍼스를 떠난 약 3천여 명의 학생들이 시가를 행진하여 국회의사당 앞까지 진출, 마산 사건 책임자에 대한 즉시 처벌, 경찰의 학원 출입 엄금, 기성세대 각성, 평화적 시위 보장 등을 촉구하는 선언문을 발표하고 연좌시위를 벌였다. 유진오 고려대총장의 설득으로 학생들이 오후 늦게 학교로 돌아가던 도중 종로 4가 천일백화점 앞[지금의 광장시장 서쪽 끝 부근]에서 자유당에 조종되던 정치깡패의 습격을 받았다.

이튿날 조간신문에 도로에 쓰러진 고려대생들의 사진이 공개되자 이에 자극을 받은 서울 시내 학생들이 4월 19일 오전부터 대학생은 물론 중·고등학생들의 시위가 일제히 일어났다. 오후에는 국회의사당 앞에서 시위하던 약 2천여 명의 시위대가 경무대[지금의 靑瓦臺] 입구에 이르자 경찰이 발포하여 21명이 사망하고 170여 명이 부상하는 참사가 일어났다. 흥분한 시민들이 시위대에 합세하니 그 수가 서울시 전역에서 20여 만 명에 이르렀다. 시위대는 자유당의 기관지나 다름없는 서울신문사를 불태우는 등 시민의 지탄이 된 여러 기관들을 공격했다. 당일 오후 서울을 비롯한 주요 도시에 계엄령이 선포되고 계엄군이 진주했다. 19일 하루 동안 발생한 사망자는 민간인 111명, 경찰 4명이었으며, 부상자는 민간인 558명, 경찰 169명이었다. 사망한 시위자 중에는 국민학생들도 있었다.

4월 20일, 계엄령으로 서울의 시위는 중단되었지만 대구·인천·전주 등지에서는 학생 시위가 계속되었다. 25일 민주당은 이승만의 하야 권고안을 국회에 제출하였다. 이날 오후 서울 지역을 중심으로 27개 대학 교수 258명이 서울대 교수회관에 모여 "학생들의 피에 보답하라."는 구호를 내걸고 대통령과 여야 의원, 대법관 등은 부정 선거와 유혈사태에 책임지고 사퇴하고, 재선거를 실시할 것 등의 주장을 담은 14개 항의 시국선언문을 발표한 뒤, 가두시위를 벌였다. 25일의 교수단 시위는 계엄령 아래 다소 위축되었던 시민·학생들의 궐기를 촉발시켜, 다음 날에는 부산에서도 교수 시위가 있었고, 서울에서는 10여 만의 대규모 시위가 일어났으나 계엄군은 제지하지 않았을 뿐만 아니라 격려하기까지 했다..

이어 26일에는 주한 미 대사 매카나기(W. C. MacConaughy)가 이승만의 하야를 촉구하면서 "오늘은 한국과 한국인에 대하여 전 세계 사람들이 오래도록 기억해야 할 날"이라는 성명을 발표하였다. 한국의 정권 안정과 현상 유지를 바랐던 미국은 시위의 급진적인 전개를 우려해 이승만 정권을 포기하기로 한 것이다. 계엄군이 군중 시위를 저지하지 않은 것은 미군이 영향력을 행사한 때문이었고, 대학교수단의 가두시위도 사전에 미국 측과의 사이에 교감이 있었다고 한다. 마침내 이승만은 이날, "국민이 원한다면 대통령 직을 사임하겠다."라는 하야 성명을 발표하고, 사임서를 국회에 제출한 뒤 이튿날 경무대를 떠나 사저인 이화장으로 돌아감으로써 자유당정권은 붕괴되고, 12년간에 걸친 이승만 독재 정권이 무너졌다. 한편, 4.19의 뇌관이었던 이기붕은 경무대의 한 방에서 일가족 집단자살로 끝을 맺었다. 5월 29일 이승만은 자신의 오랜 독립운동 근거지였던 하와이로 망명했다.

이승만 정권이 붕괴되자, 수석 국무위원이었던 외무부장관 허정을 수반으로 하는 과도정부가 수립되고, 야당인 민주당이 정국을 주도하게 되었다. 과도정부는 3.15 부정선거 책임자 처벌과 정치적 중립화 등을 공언했지만, 국내 질서와 치안 회복에 주력하면서 부정선거의 실질적 책임자였던 내무장관 최인규 등 최소 인원을 처형하는 데 그쳤다.

4.19는 건국이 일천(日淺)한 신생 대한민국에서 집권당이 부정선거를 감행하자 학생과 민중이 봉기하여 불과 1주일 만에 독재정권을 쓰러뜨려 혁명을 성공시킨 세계 혁명사에서도 유래가 없는 이변이다. 역사적으로 혁명 성공에는 최소 수 개월에서 수십 년이 걸렸고, 그러고도 실패하는 경우가 허다했다. 또 민중 혁명의 역사를 볼 때 4.19는 국민의 강력한 저항에 정권이 붕괴된 아시아 최초의 역사적 사건이기도 하다. 이 역사의 주역은 대한민국 건국과 동시에 실시한 의무교육을 통해 자유민주주의 이념을 교육받은 청소년들이었다.

대한민국 헌법 제1조 제2항에서 규정한, "대한민국의 주권은 국민에게 있고, 모든 권력은 국민으로부터 나온다."는 민주주의 이념을 익히고 배워 실제로 증명해 보임으로써 대한민국 국민들에게 민주주의 정신을 확인시켜 주었다. 그런데 4.19의 호칭이, 4.19의거·4.19학생의거·4.19학생혁명·4.19혁명·4.19민주혁명 등 학자들에 따라 정의가 다양하다. 의거(義擧)는 '정의로운 거사'이고, 혁명(革命)은 '천명(天命)이 바뀌었다'는 뜻으로 동양에서는 왕조의 교체를 의미한 데서 유래한 말인데, 4.19는 기존 정권이 무너지고 새로운 정체(政體)가 들어서게 한 정치 변혁으로, 대한민국 민주주의 발전의 초석을 놓았다고 볼 수 있으니 4.19민주혁명으로 부르는 것이 타당하다.

2. 이승만 정권의 몰락

이승만은 조선 왕실의 먼 계보로 1875년 황해도에서 태어났다. 어릴 때 서울로 이주하여 서울 만리동 근처 우현(雩峴) 남쪽에서 살아 호를 우남 (雩南)이라 했다. 그는 19세까지 과거를 보기 위해 유교 경전을 열심히 공부했으나 1894년 갑오경장으로 과거제가 폐지되자 배제학당에 들어가 영어와 신학문을 익혔다. 배제학당을 졸업한 뒤 독립협회가 주관한 대중 집회인 만민공동회에 참가하고 국민 계몽을 위한 잡지 편찬에도 참여하는 등 선구자로서의 두각을 나타내기 시작했다. 독립협회가 고종의 명으로 강제 해산된 뒤 고종 폐위 음모에 가담했다는 혐의로 무기징역을 선고받아 한성감옥에 복역하던 중 한규설·민영환 등 당시 정계 실력자들의 도움으로 5년 7개월을 복역하고 출옥하였다. 감옥에 있으면서 기독교 신앙을 접하여 신자가 되고, 미국인 선교사들의 도움으로 서양의 역사·외교·법률·문학 등을 섭렵하면서 서양의 사회진화론을 받아들였다. 그는 한국인도 기독교적 계몽을 통해 근대적 인격 형성이 가능하며, 이것이야말로 문명개화의 가장 중요한 조건이라고 생각했다. 이런 생각으로 감옥 내의 수형자들에게 열심히 기독교 사상을 설교하여 30여 명의 신자를 얻게 되자 서양 선교사들이 높이 평가하여 이승만에게 많은 도움을 주었다.

러·일 전쟁으로 일본의 한국 침탈이 노골화되던 1904년 8월, 한규설과 민영환의 주선으로 미국으로 건너가 루스벨트 대통령에게 한국의 독립을 호소하였다. 그러나 당시 국제 정세는 영·미 등 서구 제국이 세계 도처에서 러시아의 남진을 저지하던 상황이라 이미 미국은 한국에 대한 일본의 우월권을 약속한 뒤였다. 이후 그는 배제학당 수학을 인정받아 워싱턴대학 학부를 거쳐 하버드대와 프린스턴대학에서 국제 정치학을 전공하여 1910년 6월 프린스턴대학에서 박사학위를 받았다. 1910년 10월 귀국한 그는 서울YMCA에서 학생 교육과 선교활동을 펼쳤으나 얼마 되지 않아 신변의 위험을 느끼고 미국으로 건너갔다. 즉 조선총독부가 1911년에 총독 암살 사건을 조작, 한국인 지도자 105인을 체포하였는데 이승만도 여기에 연루될 위험에 처하게 되자 선교사들의 주선으로 1912년 3월 미국으로 건너간 이후 33년 동안 미국에 머물며 미주에서의 한국 독립 운동을 이끄는 한편, 교포 자녀들의 교육에 헌신했다.

이승만은 하와이 교포 사회를 근거로 독립운동을 했는데, 조선왕조의 멸망이 일본 때문만이 아니라 러·일·미 등 강대국들의 역학관계에서 이루어진 것이라는 국제정치의 현실을 직시하고, 강대국 간의 국제관계를 잘 이용하여 그들로부터 한국의 독립 약속을 얻어내야 독립을 이룰 수 있다는 신념을 갖게 되었다. 이것이 이승만 독립운동의 지표가 되어 한 번도 이 신념을 바꾸지 않았다. 이 때문에 한성감옥에서 함께 옥고를 치렀던 박용만의 무력투쟁파와 갈등을 빚어 적대 관계가 되기도 했다. 그리고 이승만은 당세(當世)를 풍미하던 공산주의의 허구성을 일찍이 간파하여 철저한 반공주의자가 되었다. 이 때문에 이념을 떠나 대동단결하자는 안창호의 대공주의(大公主義)에 동의할 수 없었다.

1919년 3.1운동 이후 서울[漢城]·블라디보스톡·상하이 등 여러 곳에 임시정부가 수립되었는데, 비록 호칭은 다르지만 이승만은 여러 임시정부의 실질적인 수반으로 추대될 정도로 당시 한국 독립운동 세력들의 상징적인 인물이었다. 1919년 9월 상해에서 성립한 통합임시정부의 임시대통령으로 추대되자 1920년 12월 상하이로 밀항하여 5개월 간 머물다가 하와이로 돌아왔다. 이승만이 임시정부를 떠난 배경은 임시정부 내의 공산주의 세력과 민족주의 세력의 대립, 독립운동 노선으로 인한 갈등 때문이었다.

1921~22년 기간에 워싱턴에서 열린 미국·영국·일본의 군축회담을 기회

로 한국의 독립을 호소하였으나 아무런 반응을 얻지 못하였다. 1925년 임시정부가 오랜 공석을 이유로 이승만의 임시정부 대통령 직을 박탈하였으므로 이승만은 한동안 하와이에서 좌절의 시간을 보내며 교육 사업에 매진하였다. 1931년 일본이 만주를 점령하여 괴뢰국가인 만주국을 세우자 국제연맹은 일본의 만주 침략을 비난하며 1933년 제네바에서 국제회의가 열리게 되었을 때, 이승만은 임시정부 전권대사의 직임을 띠고 회의장에 나가 한국의 독립을 호소했으나 역시 별다른 성과가 없었다. 이승만은 이 때 오스트리아 비인에서 평생 반려가 된 프란체스카를 만나 결혼했다. 1941년 중반, 이승만은 일본이 미국을 침략할 것을 예언한 《일본내막기》라는 책을 썼는데, 그의 예언대로 그해 12월에 일본이 진주만을 공격하자 그 책은 한동안 미국에서 베스트셀러가 되었다. 이를 계기로 미국 정계·군부·언론계에서 적지 않은 지지자를 확보했고, 이들은 훗날 그의 정치적 자산이 되었다.

이승만은 태평양전쟁 중에 미국 측에 여러 차례 상해임시정부의 승인을 요청했으나 미국은 독립운동 단체가 분열되어 있다는 이유로 이승만의 청을 들어주지 않았다. 이에 이승만은 차후 소련의 한반도 점령 위험성을 막기 위해서라도 임시정부 승인이 급선무라고 미국에 여러 차례 역설했으나 당시 미국무부와 대통령 루스벨트는 소련에 우호적이었으므로 반공주의자 이승만의 주장을 무시하였고, 오랜 지지자들로부터도 소외되는 어려움을 겪었지만 해방이 되고 한반도에 독립 국가가 들어서는 과정에서 이승만의 예측은 적중했다.

소련은 북한을 점령한 즉시 자유민주주의 세력을 추방하고 공산주의체제를 건설하기 시작했는데, 미국은 소련과 협조하여 좌우합작의 임시정부를 세우고 5년 간 신탁통치를 한다는 정책을 추진했다. 이승만은 김구·한민당 등과 더불어 공산주의에 반대하는 정치세력을 결집하여 신탁통치와 좌우합작에 반대하는 진지를 확고하게 구축하였다. 이승만의 완강한 반공주의와 탁월한 지도 노선 덕분에 미국은 그간 소련과의 협력이 가능할 것이라는 미망(迷妄)에서 깨어나 소련과의 대화를 포기하고 한국문제를 유엔에 이관함으로써 대한민국 건국의 계기가 마련되었다. 대한민국 건국 과정에서 독립운동 시기의 오랜 동지였던 김구·김규식이 불참하자 이승만에 필적하는 정치가는 대한민국 정계에 더 이상 없었다.

　대한민국이 건국한 뒤 이승만은 국회에서 압도적인 지지로 대통령이 되었다. 당시 국회의 주도세력은 지주·자본가 중심의 한민당으로 이들은 내각책임제를 선호했다. 반면, 이승만은 정당이 제대로 성립되지도 않았고, 또 할 일이 태산같이 많은 신생 대한민국에서는 대통령제가 더 효율적이며, 그리고 대통령 선출도 간선이 아니라 국민이 직접 선출해야 한다고 생각했다. 때문에 국회와 정부 간에는 갈등이 계속되었는데 건국한 지 채 2년도 안 되어 북한의 남침이 있었다. 전쟁 중 정쟁이 계속되는 가운데 이승만은 미국과의 긴장관계에서 국가 이익을 챙기고 자신의 권력을 강화하는 데 탁월한 능력을 발휘하였다.

　전쟁을 적당히 봉합하고 물러나려는 미국에 대해 일관된 북진통일론을 주장함으로써 한·미상호안보조약을 성사시켰고, 미국의 경제 원조로 국민을 먹여 살리면서 미약하나마 자립경제 기반도 구축하였다. 국내 정치에 있어서는 대통령 직선제와 장기집권을 추진하는 과정에서 형성된 권위주의체제는 정부수립 초창기에 그에 협조했던 유력 정치인들을 비판자로 돌아서게 만들었고, 급기야 1960년 3월에는 유래가 없는 부정선거를 자행하다가 4.19민주혁명으로 물러나게 되었다. 5월 29일 그의 오랜 독립운동 근거지였던 하와이에 가 있으면서 귀국을 원했으나 국내 사정으로 살아서 귀국하지 못하고 1965년 91세로 타국에서 쓸쓸히 사망한 뒤 국내로 운구되어 국립묘지에 안장되었다.

이승만은 불명예 퇴진을 하게 되었지만 그가 남긴 유산은 위대하다. 이승만이 없었더라면 대한민국이 어떻게 건국되고, 6.25사변을 맞아 이를 어떻게 극복할 수 있었겠는가. 결단코 오늘의 대한민국 존립과 번영은 불가능했을 것이다. 그럼에도 불구하고 오늘날 대다수 한국인들은 그를 독재자로만 기억한다. 1950년대 여론을 주도하던 신문들은 정부 처사에 비판적이기 마련이었고, 이 비판 기사가 몇 사람을 거쳐 전달되는 과정에서 오해도 있었다. 필자는 소년 시절 부형들이 하는 말씀에, "이승만 대통령은 정치에는 등신이고 외교에는 귀신"이라 비판하거나, 대통령 부인 프란체스카 여사를, '호주댁'이라고 불렀다. 프란체스카는 오스트리아 출신인데, 오스트리아를 오스트레일리아[濠洲]로 혼동한 때문이었다. 이것이 당시 일반인들이 알고 있는 정보나 지식수준이었다.

그리고 민주당이 그렇게 주장하던 내각책임제는 4.19이후 한 번 시도하였으나 실패로 끝났고, 이승만이 주장한 대통령제나 대통령직선제는 민주화가 된 뒤에 더욱 확고한 정부 형태로 정착했다. 그러함에도 불구하고 이승만의 공은 무시되고 허물만 부각되는 것은, 공산주의와 타협을 해서라도 해방 후 통일 국가를 세웠어야 했다는 남북협상·좌우합작이란 감상 민족주의 몽상에 근거하여 현대사를 저술한 많은 역사학자들이 이승만을 부정적으로 기술한 때문이었다. 그리고 대다수 한국인들이 대한민국을 건국하고 공산 침략으로부터 지키는 과정에서 그가 담당했던 커다란 역할과 공로에 대해 잘 알지 못하고, 독재하다 4.19로 몰락한 사실만 기억하기 쉬운데, 이것은 이승만의 진면목이 아니다.

1920~40년대 유럽과 미국에서 좌경화 바람이 불 때, 누구보다 앞서 공산주의의 본질을 꿰뚫어 본 사람이 이승만이었다. 나치즘이나 파시즘처럼 전체주의 속성을 지닌 공산당은 다른 정당과는 공존이 불가능하다. 공산주의자들이 말하는 좌우합작, 즉 통일전선전술이란 한반도를 공산화로 이끌 함정이라고 이승만은 판단했다. 북한에는 소련군 진주와 동시에 공산체제가 신속하게 성립되어 간 반면, 미군정 하의 남한은 순진한 민족주의 감상으로 남북합작의 몽상에 젖어 공산당의 선동에 놀아나는 위기에 처하게 되었으니 남한만이라도 단독정부를 세워야 한다고 주장했던 것도 이 때문이었다. 이 단독정부 수립 주장으로 이승만은 한때 민족 분단의 원흉으로까지 지목받았다. 반면, 대한민국의 건국을 끝까지 반대했고, 건국한 뒤에까지 대한민국을 비토한 김구는, 통일국가 건설을 위한 남북 협상에 심혈을 기울였다고 해서 감상 민족주의에 의해 국민 대다수의 추앙을 받고 있다.

이승만이 만년에는 고령에다 인의 장막에 싸여 현실 정치를 잘 알지 못했다. 제3세계 다른 지도자들도 이승만과 같이 모국의 독립을 위해 헌신하다가 대통령이 된 사람들이 많다. 그러나 그들은 대부분 한 번 잡은 권력을 움켜쥐고 퇴진 요구를 끝까지 거부하면서 자기 생명과 정권을 일치시켰다가 비참한 최후를 맞았다. 이승만은 4.19 시위가 일어난 일주일 만에 은퇴를 결심한 뒤, 시위에 참가했다가 부상당한 학생들이 입원해 있는 병원에 위문을 가서, "부정을 보고 일어서지 않는 백성은 죽은 백성이다. 이 나라는 희망이 있다."며 위로했다. 이승만은 자유민주주의 신봉자였다.

현재의 대한민국을 존립하게 한 이승만 대통령에 대한 정치권의 긍정적인 평가는, 개인들의 심중에는 있는지 몰라도 정치인들의 공개 석상에서는 금기사항이었다. 인기와 표만 생각하는 이들에게 이승만을 기리는 일은 마이너스가 되기 때문에 사후 60년이 되도록 건국 대통령에 대한 기념관 하나 없었다. 1992년부터 매월 '이달의 독립운동가'를 선정하여 기렸는데, 외국인도 선정되었지만 이승만 대통령은 33년 동안 탈락되다가 2024년 1월에야 선정되었으니 대한민국이 건국의 원훈을 너무 홀대한 것이다.

2023년 초대대통령 기념관 설립이 추진되자 여배우 이영애는 거금 5,000만원을 쾌척했는데, 그 때문에 이영애는 진보좌파로부터 비판을 받았고, 거짓 정보까지 가세하여 구설수에 올랐다. 이승만이 독재자라는 것과 이영애가 친여 성향이라는 이유였다. 이영애에게 정파의 구별은 없다. 이영애는 아름다운 외모에다 마음씨 또한 착해서 뜻있는 일에는 아낌없이 거금을 기부해왔기 때문에 '기부의 여왕'이라는 별명까지 얻은 배우이다. 이영애는 비난에 대해, "허물은 덮어두고 잘한 일을 선양함으로써 화합을 하자는 것이고, 자식 가진 부모로서 자식들이 북한 같은 나라에 살지 않고 대한민국에서 자유롭게 살 수 있도록 해 준 이승만 대통령께 감사하는 뜻에서 기부했다."는 소신을 피력했으니, 그의 역사의식이나 대한민국 국민으로서의 기본자세는 사이비 정치인들이 본받아야 할 정도로 모범적이다. 선한 행위에는 편견 없이 지지를 보내는 것이 성숙한 시민사회의 모습이다. 정파가 다르다고 선악에 대한 가치관까지 달라진다면 이는 보편적 가치관이 아니다.

3. 내각책임제와 민주당 정권의 탄생

3.1. 내각책임제 실험

4.19민주혁명으로 자유당 정권이 붕괴된 뒤, 국회는 민주당 주도 하에 정부형태를 바꾸는 헌법개정안을 통과시켰다. 개헌의 골자는 민주당이 처음부터 주장해 온 내각책임제를 채택했는데, 국회는 민의원과 참의원의 양원제로 하고, 양원 합동회의에서 대통령을 선출하며, 이렇게 간선으로 선출된 대통령이 국무총리를 지명하면, 민의원의 동의를 얻은 국무총리가 내각을 구성하여 국정을 총괄하며 내각은 민의원에 정치적 책임을 진다는 정부 형태이다. 이제까지 대통령과 별도로 선출되던 부통령직은 폐지되었다. 참의원은 1952년 발췌개헌안에서 제도적으로 성립했으나 그 동안 구성이 연기되었던 것이고, 새 헌법에 따라 허정 과도정부는 7월 29일 총선을 실시했는데, 민주당은 민의원 233석 중 175석, 참의원 58석 중 31석을 차지하여 압도적인 승리를 거두었다. 다음 무소속이 민의원 49석, 참의원 20석의 다수였으나 이들은 원래 민주당 공천에서 탈락한 사람들이었으므로 곧바로 민주당에 흡수되었다. 자유당은 2석으로 당이 사실상 해체되었고, 사회대중당·한국사회당·통일당 등 이른바 혁신계는 민의원 5석과 참의원 2석에 불과하여 국민들은 민주당에 압도적인 승리를 안겨준 반면, 급진 이념의 혁신 정당에는 등을 돌렸다.

이렇게 국민의 절대적인 신임으로 탄생한 민주당 정권은 내각 구성에서부터 이른바 구파·신파의 파벌 싸움으로 정쟁을 거듭하다가 급기야는 분당에 이르렀다. 구파는 건국 직후부터 이승만과 대립하던 한민당 계통이고, 신파는 이승만 정권에 참여했다가 비판 세력으로 돌아서 뒤에 민주당에 들어간 사람들을 말한다. 이들 신·구파는 정치이념이나 견해가 크게 다를 수 없었고 오직 친소 관계와 입당 선후의 차이로 나누어졌을 뿐이다. 그런데도 마치 여당과 야당처럼 대립했다. 8월 23일 한민당계인 구파의 윤보선이 대통령에 선출되자 윤보선은 자파인 김도연을 국무총리로 지명했으나 민의원에서 1표 차이로 인준을 받지 못하여 부득이 신파의 장면을 지명하여 근소한 차이로 인준을 받았다. 그런데 국무총리 장면은 내각을 신파 일색으로 구성했으므로 구파가 반발하여 정쟁을 거듭하다가 결국 구파는 민주당에서 떨어져 나가 신당을 창당하니 이것이 신민당이다.

대통령과 국무총리 간의 갈등 또한 정쟁의 큰 요인이 되었다. 대통령 윤보선은 내각제의 본지인 국가 원수로서의 상징적인 지위에 만족하지 않고 사사건건 그가 원래 속하였던 구파 즉 신민당의 견해를 대변하였다. 이 때문에 장면정부는 10개월의 짧은 집권 기간에 세 차례나 개각을 하게 되니 장관들은 부처의 업무를 파악하기도 전에 교체되는 상황에서 국정이 제대로 굴러갈 리 없었다.

제1공화국 시절 야당이 신앙처럼 여긴 내각책임제 정치는 이승만의 대통령 권위주의 체제의 뒤를 이어 등장했으나 이승만이 우려했던 대로 붕당정치의 출현 바로 그것이었다. 이렇게 정치인들이 정쟁에 여념이 없는 사이 사회 각계는 제각각 목소리를 내게 되니 국내는 극도로 혼란하였다. 장면 정부는 경제제일주의를 내세우며 경제개발을 가장 시급한 국정 과제로 삼아 경제개발계획을 수립하기도 했으나 국정이 불안정한 상황에서 정책이 제대로 추진될 수 없었고, 10개월 만에 정권이 종언을 고했으니 계획으로 그치고 말았다. 결국 내각책임제는 실패로 끝나, 훗날 내각책임제에 향수를 느낀 정당이나 정파는 거의 없었고, 대한민국 정부형태는 대통령 중심제로 확고부동한 지위를 차지하게 되었다.

4. 민주당 정권의 붕괴

4.1. 사회의 방종

4.19 이후 일부 지역에서는 국회 해산과 총선 즉각 실시, 발포 책임자 처벌 등을 요구하는 학생 시위가 5월 초순까지 이어졌다. 민주당 정권이 들어선 뒤에도 시위는 그칠 줄 몰라 서울 거리는 시도 때도 없이 시위대가 거리를 누볐다. 민주당 정부 10개월 간 가두시위는 총 2,000여 건, 가담 인원은 100만 명에 달하여 하루 평균 6~7건의 시위가 서울에서 일어난 셈이다. 심지어 국민학생[초등학생]들까지 나서서, 교사의 전근을 반대하는 시위를 했고, 어른들은 시위를 그만하라고 시위했으며, 논산훈련소에서는 장교가 훈련병들에게 하대한다고 시위를 하기도 했다. 1960년 10월 법원이 4.19 시위에 대한 발포 책임자에 대한 판결 형량이 가볍다며 유족들과 시민·학생 수천 명이 국회의사당 회의장에 난입하는 사태도 벌어졌다. 민의원은 이들의 강압에 밀려 부정선거 관련자와 부정축재자들을 처벌하는 4개의 특별법을 소급 입법하기에까지 이르렀으니 이는 민주주의 법치의 근간인 '형벌불소급의 원칙'을 위배한 선례를 남겨 기본 법질서가 파괴되기도 했다.

4.19 이후에는 사회 각 분야에서 방종과 일탈이 분출했는데 대표적인

것이 노동운동의 활성화로 인한 노동쟁의의 급증과 무책임한 사이비 언론의 홍수였다. 노동쟁의는 1959년 109건이던 것이 1960년에는 218건으로 2배가 늘었다. 기존에 전국적인 노동조직으로 한국노동조합총연맹 즉 대한노총이 있었다. 그리고 교원들마저 전국 조직으로서 한국교원노동조합총연합회를 결성하였다. 지금은 교수노조까지 있지만, 당시만 해도 스승을 하늘처럼 모시는 한국사회의 인식으로는 스승인 교원들이 노동자를 자처하여 노조를 설립하는 것은 권익보호 이전에 자기 비하라고 생각하였다. 교원노조의 세력이 커지고 좌경화하자 장면 정부는 노동조합법 개정을 통해 교원노조를 불법화하려 하니, 대구 교원노조 교사들이 단식투쟁을 벌였고, 학생들은 이에 동조하는 시위까지 했다. 그러나 교원노조에 대한 일반적인 인식은 부정적이어서 교원노조가 합법화된 것은 민주화 이후였다.

다음, 4.19 이후 사회의 방종을 부채질한 것은 무책임한 사이비언론의 범람이었다. 자유당 말기에 강화된 보안법의 반동으로 보안법을 다시 개정하여 언론의 무제한적 자유를 보장하였다. 이에 수많은 언론 매체들이 창간되어 일간지의 경우 기존의 41개 신문사가 1960년 12월 말에는 389개로 폭증하였고, 주간지·월간지·통신사도 마찬가지라 자생능력이 없는 언론사가 대부분이었다. 이런 사이비 언론들이 기자증을 마구 남발하면 이들 사이비 기자들은 각계각층의 공공기관이나 이권이 있는 곳을 찾아가 나름대로 이익을 챙기게 되니 온 나라가 사이비 언론 천국이었다.

4.2. 좌익 세력의 대두

4.19 이후 자유가 무제한으로 허용된 가운데 사회는 조금씩 좌경화하기 시작했다. 서슬 퍼런 이승만정부의 반공정책 아래에서 눌려 있던 좌익 이념과 그 추종세력들이 기회를 엿보고 있다가 준동(蠢動)하기 시작했는데, 그 선편(先鞭)을 잡은 것은 혁신계 정당과 사회단체들의 결집이다. 1960년 7월 총선에서 참패하여 의기소침해 있던 사회대중당·혁신당·사회당·통일사회당 등 혁신계 정당과 사회단체들이 1961년 1월 민족자주통일중앙협의회[민자통]을 결성한 것이다. 이들의 활동을 촉발시킨 계기는 1961년 2월의 한·미경제협정이었다. 즉, 원조를 하는 미국 입장으로서는 한국이 원조 달러를 어떻게 사용하는지, 경제정책 방향은 어떤지, 감시감독을 하고자 하는 것은 당연한 일이었으나 제1공화국의 이승만 정부에서는 대통령의 반대로 미국의 요구가 제대로 먹혀들지 않았다.

이승만 같이 단호한 인물이 없는 민주당 정권은 원조에 관련된 모든 정보를 미국정부의 요구에 따라 제공한다는 내용을 한·미 경제협정에 명기한 것이다. 이를 빌미로 몇몇 대학의 대학생들로 구성된 민족통일연맹과 정당·사회단체가 장면정부를 제2의 조선총독부라며 급진 좌경적 논조로 공격하였다. 이에 장면정부는 집회와 시위에 관한 특별법을 제정, 무제한으로 허락된 시위의 자유를 제한하여 반국가단체와 그 구성원을 찬양·고무하는 행위를 규제하려 하였다. 자유와 방종이 넘쳐나는 시대상황에서 인권을 제약하는 법을 만들려 하자 반대 시위가 격렬하게 일어났다. 좌익이념 단체들은 반민주악법 공동투쟁위원회를 결성하여 전국적인 반대 투쟁을 벌였다. 3월 22일에는 서울시청 광장에서 3만여 명이 모여 반대집회를 열고 시가행진을 하면서 급기야 '인민공화국 만세'·'김일성 만세'라는 구호까지 등장하기에 이르렀다.

4.19 이후 혼란해진 남한 사회를 구경만 할 북한이 아니었다. 김일성은 미군이 한반도에 주둔하고 있는 한 무력으로 통일시킬 수 없다는 사실을 잘 알고 있었기 때문에 남한 내의 혁명세력이 자력으로 민중민족혁명을 추진하도록 지원한 다음, 이들과 북한이 합작하여 통일국가를 이룩한다는 목표를 세웠다. 김일성은 8월에 남한과 북한이 각각의 국가체제를 당분간 그대로 보존하면서 두 정부의 대표들로 최고민족회의를 조직하여 민족의 경제와 문화를 통일적으로 조정해 나가자는 이른바 남북연방제를 제안하였다. 11월에 남북연방제 안을 유엔에 제출하면서 은밀히 남한의 좌익계열을 지원하기도 했다. 이러한 김일성의 공작이 주효하여 4.19 1주년을 기하여 서울대학교총학생회가 발표한 4월혁명 제2선언문에서 반봉건·반외압·반매판자본의 민족혁명을 주장했다. 이는 1년 전의 4.19선언문과는 크게 다른 것으로, 이렇게 달라진 배경은 좌익계열 정치세력이 서울대총학생회에 침투한 결과였다.

5월 5일, 민족통일전국학생연맹[민통련] 준비위원회는 남북학생회담을 제의하는 결의문을 채택하였고, 북한은 즉시 여기에 호응하여 서울과 평양에서 회담을 개최하자고 화답했다. 이러한 상황에서 민자통은 5월 13일 서울운동장에서 남북학생회담 환영 통일촉진궐기대회를 개최하면서 내건 구호가, "가자 북으로, 오라 남으로"였으니, 지난 이승만 정권에서는 상상도 할 수 없는 현상이었다. 마치 해방 직후의 남북협상 분위기가 재현된 듯했다. 이는 공통의 정서인 민족주의를 앞세워 한반도 전체를 공산화하려는 북한의 변함없는 선동 전술이었다.

이렇게 대한민국이 국가의 정체성까지 위협받는 위급한 처지에 이르렀음에도 불구하고 우유부단한 장면 정부는 좌익세력의 통일운동에 대처할 능력이나 방안이 없었다. 그리하여 뜻있는 국민들은, 어렵게 건국하고 가까스로 지켜낸 열네 살 대한민국의 안위에 우려를 표시하기도 하였다. 이러한 국가적 위기에 대응한 세력은 6.25사변을 거치면서 급격히 팽창한 군부였다. 3년간의 전쟁을 통해 공산주의와 혈투를 벌이느라 몇 차례나 사선을 넘고 수많은 전우를 먼저 보내야 했던 군부 지도부가 급진 좌익세력의 대두로 위기에 처한, 그들이 지킨 대한민국의 안위를 그대로 방치할 수 없었던 것이다.

제 **4** 장

5.16군사혁명

1. 5.16군사혁명의 성공과 혁명공약

민주당 정권 치하의 혼란스러운 정세가 계속되던 1961년 5월 16일 미명(未明), 육사 8기생들이 중심이 된 혁명 주체는 육군 소장 박정희를 앞세우고 쿠데타를 일으켰다. 민주당 정권에 실망한 많은 국민들은 혁명 소식을 접하고 "드디어 올 것이 왔구나." 했다. 이것이 5.16군사혁명 즉 5.16쿠데타이다. 건국 직후 6만 5천여 명에 불과하던 국군은 6.25를 거치면서 급격히 팽창하여 10배 이상 늘어났다. 숫자만 늘어난 것이 아니라 휴전 후에는 매년 1천 명 이상의 장교와 하사관이 당시 한국인들의 이상 세계로 생각하던 미국으로 연수를 가서 군사기술과 조직관리 등 선진 지식을 섭취하고 돌아왔다. 때문에 1960년대의 군부는 한국의 다른 어느 조직보다 유능하고 체계적인 집단이었다. 이렇게 조직이 비대해지자 일부 부패한 국군 수뇌부는 원조 물자를 착복하기도 하고, 부대 지휘관들은 후생사업이란 명목으로 군용 차량을 이용하여 후방에서 운수업으로 돈벌이도 했다. 또 이렇게 부정하게 모은 돈을 자유당에 정치자금을 헌금하여 진급을 보장받기도 했으며, 자유당의 부정선거에 적극 협조하기도 하는 등 군부 내 부패가 만연했다.

4.19혁명 분위기가 군부에도 영향을 미쳐, 4.19 직후 김종필 등 영관급 장교 8명이 군 수뇌부를 숙정하라는 연판장을 돌리기도 하고, 국방부에 그 취지를 전달하려고도 했으나 실패하였다. 군 수뇌부는 이들을 엄하게 처벌하려 했지만 군 내부의 동정 여론이 만만찮아 전역시키는 선에서 종결되었다. 군부 내에서 강직하고 청렴하다는 평판을 받고 있던 박정희 또한, 자유당 시절부터 부패하고 무능한 정부를 근본적으로 개혁해야 한다

는 뜻을 가지고 있었으므로 서로 의기가 투합하여 리더로 부상했다. 그러나 거사가 몇 차례 연기되는 사이에 기밀이 누설되어 혁명 거사 소문은 공공연한 비밀이 되었다. 이 정보가 총리에게까지 보고되어 장면은 육군참모총장 장도영에게 확인했으나 장도영은 대수롭지 않은 것으로 보고했고, 장면도 국군의 작전 통제권이 미군에 있는 이상 염려할 것이 없다고 생각하여 별다른 대책을 세우지 않았다.

1961년 5월 16일 새벽, 김포에 주둔한 해병 1개 여단을 주력으로 한 3,600여 명의 병력이 박정희 소장 지휘 하에 한강대교를 건너 육군본부를 점령한 뒤, KBS 방송국을 장악하고 6개조의 혁명공약을 방송하였다. 이때 장도영은 전날 밤 군부의 거사를 확인했으면서도 적극적인 대응 조치를 취하지 않고 기회주의적인 태도를 보이다가 혁명이 성공한 뒤 군사혁명위원회 위원장으로 추대되었다. 당일 쿠데타 지휘부가 참모총장 장도영을 앞세우고 윤보선 대통령을 방문하자 대통령은, "온다던 것이 왔구나."라고 말함으로써 군부의 거사를 사실상 인정하는 태도를 취하였다.

한편, 쿠데타 소식을 접한 총리 장면은 혜화동의 성당 수녀원에 은신하면서 전화로 유엔군 사령관이 쿠데타군을 제압해 줄 것을 요청하였고, 미국 대리 대사 그린과 유엔군 사령관 매그루더는 미군 통제 하에 있는 군부대가 멋대로 군대를 동원하여 쿠데타를 일으킨 것에 분노하여 합법적인 장면 정부를 지지한다는 성명을 발표하였다. 또 미 대사와 유엔군 사령관은 윤보선 대통령을 방문해서 국군통수권자로서 야전사령관에게 명령하여 쿠데타군 진압 명령을 내리라고 요구했으나 대통령은 유혈 내전을 피해야 한다는 이유로 거절하였다. 이때까지만 해도 쿠데타의 성공 여부는 유동적이었다. 5월 18일, 그 동안 잠적해 있던 장면 총리가 중앙청에 나타나 제2공화국의 마지막 각의를 주제하고 내각 총사퇴를 결의하여 정권을 혁명군에 이양함으로써 평화롭게 정권이 교체되었다.

육군사관학교 생도들이 군사혁명을 지지하는 가두시위를 벌였고, 이어 경희대학교 학생들도 지지 시위를 했다. 육사 생도들이야 선배들의 조직적인 지령에 의해 움직인 것이니 논외로 하더라도 경희대생들의 시위는 쿠데타에 대한 시민들의 묵시적인 의사를 반영한 것이기도 했다. 1군사령관 역시 대통령의 지시를 기다렸지만 군부의 거사를 용인한다는 전갈을 받았고, 곧 이어 사령관 이한림이 혁명군 지지 세력에 체포됨으로써 국내에서의 상황은 쿠데타의 성공으로 종식되었다. 미국의 입장 또한, 비록 주재국 대사와 유엔군사령관이 장면 정권을 지지한다는 성명을 발표했으나 총리는 나타나지도 않고, 대통령은 군부의 거사에 동조하는 언행을 하며, 정보원들을 통해 들려오는 소식 또한 서울 여론도 쿠데타를 지지하는 편이라고 하자 거사를 인정하는 쪽으로 돌아서기 시작했다.

혁명세력은 제2공화국의 헌법과 정부를 해체하고 국가재건최고회의라는 최고 주권기구를 설치하여 의장은 장도영, 부의장은 박정희가 맡았다. 군사정부는 기존의 정당과 사회단체를 모두 해산하고 민간인의 정치활동을 금지하였다. 장관은 물론 도지사·시장과 군수까지 현역 군인으로 대체하고, 행정보고 또한 일제시대의 공문 형식을 미국식 행정 체제로 바꾸어 차트(chart)를 활용한 요약·브리핑 중심으로 효율화 하였다.

5월 16일 새벽 KBS방송을 통해 군사혁명위원회 위원장 장도영 이름으로 발표한 6개 항목의 혁명공약 내용은 다음과 같다.

첫째, 반공을 제1의 국시(國是)로 하여 반공체제를 강화한다.

둘째, 미국을 위시한 자유 우방과의 유대를 공고히 한다.

셋째, 나라의 부패와 구악을 일소하고 퇴폐한 국민도의와 민족정기를 바로 잡는다.

넷째, 기아선상에 처한 민생고를 해결하기 위해 자주적 국가경제 재건에 집중한다.

다섯째, 국토통일을 위해 공산주의와 대결할 수 있는 실력을 배양한다.

여섯째, 이와 같은 우리의 과업이 성취되면 참신하고 양심적인 정치인들에게 정권을 이양하고 군인 본연의 임무에 복귀한다.

이상 6개 공약 중 앞의 5개 공약은, 4.19 이후 탄생한 장면 정권의 무능과 정쟁에 대해 지식인들이 유력 언론을 통해 계속 주장해 오고, 국민들이 우려하던 바를 대변한 것들이어서 국민들의 공감을 얻는 데 기여했는데, 그 중 네 번째의 "기아선상에 처한 민생고를 해결하기 위해 자주적 국가경제 재건에 집중한다."는 구호는 국민들에게 가장 핍절(逼切)한 사안으로 그 성공 여부가 5.16에 대한 평가를 가름할 문제였다. 그리고 첫째의 반공 국시와 두 번째의 미국을 비롯한 자유 우방과의 유대를 공고히 하겠다는 공약은 혁명 주체 세력에 대한 미국의 우려를 불식시키는 효과를 거두었다. 마지막 공약은 정권을 빼앗긴 정치인과 정치 지망생들에게 일말의 기대를 걸게도 했다.

2. 부조리 척결과 사회 정화

군사정부가 가장 먼저 착수한 것이 급진 좌익세력의 검거였다. 과거 남로당원이었다가 전향하여 보도연맹에 가입했던 자, 혁신정당 관련자, 교원노조 운동가, 남북학생회담 추진자 등등 4,000여 명을 체포하여 일부는 혁명재판에 회부되어 처벌을 받았다. 그 대표적인 예로 혁신계 언론을 대표하던 민족일보 사장 조용수가 일본을 통해 북한의 자금을 받았다는 혐의로 사형에 처해졌다. 군사정부는 또, "부패와 구악을 일소하고 퇴폐한 국민도의와 민족정기를 바로잡는다."고 한 혁명공약 제3조에 따라 사회정화 차원에서 풍기문란 행위를 금지하고, 4,200여 명의 폭력배를 포함한 2만 7천여 명의 범법자를 검거·처벌했는데, 자유당 시절의 정치 깡패 이정재도 이 때 체포되어 처형되었다. 특히 군사정부는 국산품애용을 강조하며 외국 담배 등 외래 상품의 사용을 엄금하고 밀수를 단속하였다.

국가 재정 형편이 빈약해서 1960년대 초까지 공무원 봉급이 너무 적어 부정을 하지 않으면 생계유지가 어려웠다. 공무원 숫자도 부족하여 알음알음으로 이른바 배경이 있는 사람들을 촉탁[임시직]으로 많이 채용되었는데 촉탁이 정규직보다 많은 경우도 있었고, 촉탁의 급료는 대부분 관련 사기업이 부담해야 하니 그에 따른 부정이 없을 수 없었다.

군사정부는 부정부패 관련자나 축첩 공무원 및 병역을 기피한 공직자도 모두 축출했다. 1950년대까지만 해도 부유하거나 이른바 출세한 사람 치고 중년 이후에 축첩을 하지 않는 사람이 드물 정도였다. 축첩은 가정윤리를 어지럽히고 사회갈등을 심화시키며 공직사회 부정부패의 온상이 되었지만 이때까지 공공연하게 인정되어 왔다. 군사정부가 축첩 자를 공직에서 추방함으로써 민법이 규정하는 일부일처 혼인제가 비로소 확립되었다. 자수한 병역 기피자들은 국토건설단에 소속되어 일정 기간 노역을 하면 병역 기피 전과를 면제 받았다.

군대 내부의 부정부패도 숙정되었다. 군은 미국 원조를 집중적으로 받는 분야였으므로 부정부패의 소지가 많은 곳이었다. 당시 미국 원조는 상당하여 제대로 집행되면 군비 증강과 군수품 보급에 차질이 없었겠지만 고위직의 부정 유출이 많아 군부대는 항상 궁핍했다. 1950년대에는 수송이나 교통편이 매우 열악했으므로 군부대 차량이 이른바 후생사업이라는 이름으로 돈벌이를 했고, 이를 단속한답시고 교통 요지에 헌병을 파견하니 헌병과 후생사업 차량 사이에는 서로 주고받는 공생 관계가 이루어졌다. 5.16 이전에 군복무를 한 사람들은 피복이나 주부식(主副食)의 부족으로 헐벗고 배를 곯았다는 말들을 많이 했다. 그러나 5.16 이후 1962년에 입소한 필자의 논산 훈련소 경험으로는 주부식은 거칠기는 했지만 칼로리 면에서는 서울의 학생 하숙집 식사 못지않았다. 그리고 훈련소 기간병과 조교가 훈련병으로부터 금품을 갈취하는 폐단도 근절되었다. 또 5.16 이전까지는 6.25전쟁으로 불구가 된 상이용사에 대한 국가의 공적인 보상이 전혀 없었으므로 이들은 굶어죽지 않기 위해 민가나 시장 가게를 방문하여 곡식이나 금품을 요구하는 폐단이 사회 전반에 만연했었는데 이 또한 금지시켰다.

군사정부는 부정축재처리법을 제정하여 경제계에 대한 부정부패 척결을 시도했다. 1950년대의 기업가들 중에는 일본인 재산을 불하받기도 하고 정부의 원조 달러 물자를 배정 받아 이익을 취하고 그 대신 자유당에 정치자금을 제공하면서 성장한 경우가 많았다. 군사정부는 처음에는 부정축재 혐의자들에게 거액의 벌과금을 부과하고, 기업가들에게 불하되었던 은행의 주식을 몰수하여 다시 국유화하였다. 그러나 기업가들에 대한 처벌로 도리어 경제활동이 경색되자 경제 발전에는 능력 있는 기업가의 협조가 필요함을 인식하고 부정축재자들에 대한 처벌을 완화하여 혁명정부의 경제 정책에 협력하도록 하였다. 이에 기업가들은 한국경제인연합회[全經聯]를 결성하여 정부정책에 적극 참여하게 되었고, 이 과정에서 기업 집단, 즉 재벌 형성이 더욱 가속화되었다.

또한 혁명정부는 금융정책에서도 혁명적 단안을 내렸는데 1961년 6월의 농어촌고리채법 제정과 이듬해의 화폐개혁이다. 은행 거래가 보편화되지 않았던 당시 농어촌에서는 사금융인 고리채가 매우 성행하여 농어민의 생계를 크게 위협하고 있었다. 제정된 고리채법은 고리채를 신고하면 채권자에게는 연리 20%의 농협 채권을 지급하여 채무를 청산해 주고, 채무자는 연리 12%와 5년 연부로 채무를 상환하게 한 것이다. 1961년 말에 293억 환이 고리채로 판명되어 조합의 융자 대상이 되었다. 이 조치로 농어민은 고리채의 중압에서 벗어나기는 했지만 농어촌의 사금융이 마비되어 급전 융통이 불가능해지는 부작용도 낳았다.

화폐개혁은 긴급통화조치법에 의해 1962년 6월 10일 화폐 단위를 환에서 원으로 바꾸고, 1/10로 절하하는 것이었는데, 이는 구정권 하에서 음성적으로 축적된 자금이 민간에 은닉되어 있으리라는 판단 하에 이 자금을 장기저축으로 전환시켜 산업투자재원으로 활용함과 동시에 인플레를 막자는 취지였다. 그렇지만 애당초 큰 은닉 자금이 있을 수도 없었고, 갑작스런 통화개혁으로 기업 활동이 마비되는 등 경제는 위기를 맞았으며 미국 또한 원조를 받는 한국이 화폐개혁을 일방적으로 한 것에 대해 비난했으므로 의욕만 앞세운 화폐개혁은 결국 실패로 끝났다.

3. 제3공화국의 탄생과 한·일 협정 체결

제3공화국의 탄생

5.16군사혁명은 무력으로 헌법을 정지시킨 반 헌법적 행위이기 때문에 그 존속 기간은 한시적일 수밖에 없었는데, 미국은 원조를 지렛대로 조속한 민정 이양을 압박하였다. 군사정부는 1963년까지 민정을 이양하겠다고 약속하고 제5차 헌법 개정 작업에 착수하여 1962년 12월에 개정헌법을 국민투표로 채택하였다. 앞에서 언급했듯이 건국헌법으로부터 3차까지의 개헌은 내각책임제와 대통령제가 혼합되어 운용상에 모순점이 많았다. 이것을 4차 개헌에서 순수 내각제로 바꾸어 민주당 정권이 들어섰으나 내각제 정부형태는 10개월 동안 붕당 정치의 모습만을 보이다가 5.16으로 끝났다. 제5차 개정헌법의 정부형태는 대통령중심제였다. 대통령은 국민이 직접 선출하며, 임기는 4년으로 1차에 한하여 중임이 허용되었다. 부통령을 없애고 국무총리 직을 신설하여 대통령 유고 시 그 직무를 대행하도록 했는데, 국무총리 임명에 국회의 동의는 필요하지 않았다.

새 헌법에서 대통령의 권한은 일층 강화되었다. 제5차 개정헌법에서는 국가비상사태를 맞아 대통령이 공공의 질서를 유지하기 위해 계엄을 선포하고 군 병력을 동원할 수 있는 권리를 인정함으로써 계엄이 선포되면 국민의 기본권과 행정·사법권에 일정한 제약이 가해질 수 있었다. 경제체제에서도 건국헌법 이래 사회주의 요소가 가미되었던 것을 새 헌법에서는 대한민국이 자유시장 경제체제임을 명확히 하였다.

헌법 개정에 이어 그 동안 군사정부에 의해 금지되었던 민간의 정치활동을 1963년부터 자유화하였다. 박정희 국가재건최고회의 의장은 군인으로 복귀하겠다는 혁명공약의 약속과는 달리 군복을 벗고 민간정부에 참여할 준비를 하였다. 혁명공약 6조에서, "과업이 성취되면 참신하고 양심적인 정치인에게 정권을 이양하고 군인 본연의 임무로 돌아가겠다."고 했으나 혁명공약에서 제시한 과업을 성취하려면 2년 반의 군정 기간은 너무 짧았다. 그리고 어디에도 참신하고 양심적인 정치인은 없었으며, 쿠데타를 일으킨 군인들이 원대 복귀하여 정치와 절연하고 군무에만 전념한 사례는 어느 나라에도 없었다. 대부분 복귀한 뒤에도 정부에 영향력을 행사하거나 그렇지 않으면 뒤에 들어선 정권에 의해 쿠데타 주역들이 숙청되거나 그 반발로 인해 군부가 재집권하는 악순환이 되풀이되어 혼란이 계속되는 것이 동남아시아·중남미·아프리카의 여러 후진국들에서 행해지는 일반적 패턴이었다.

당초 군 본연의 임무에 복귀하겠다는 혁명공약은 반대파에게 희망을 주고 민심을 안정시켜 쿠데타를 성공시키겠다는 의도였지 현실적으로 실현 가능성이 없는 위선적인 구호였다. 정치 개혁이나 경제 발전은 몇 년 내에 성취할 수 있는 것이 아니었다. 박정희는 평소에 구상한 자신의 정치이념을 실현하기 위해서도 정치에 참여해야만 했고, 정치를 하려면 정당 조직이 필요하였으므로 새 정당을 창당했다. 신당 창당은, 혁명 직후인 1961년 6월 10일에 설치되어 대공업무 및 내란죄·외환죄·반란죄·이적죄 등 범죄 수사·정보 업무를 담당하던 국가재건최고회의 직속의 중앙정보부가 간여하였다. 혁명 이념에 찬동하는 신구 정치인들을 대거 포섭하여 정당을 만드니 이것이 민주공화당이다. 공화당 창당 과정에서 자금 마련을 위해 저지른 비리가 드러나 군사정부의 도덕성에 큰 부담을 안겼다.

박정희는 공화당의 대통령 후보로 출마했다. 1963년 10월의 대통령 선거에서 윤보선은 박정희의 사상이 불온하다고 공격했는데 이는 박정희가 과거 남로당 군 조직책으로 있던 중 숙군 때에 전향한 사실을 말한 것이다. 이 선거에서 박정희는 차점자인 윤보선에 15만 6천여 표라는 근소한 차이로 당선되자, 윤보선은 선거에는 이겼으나 개표에 졌으니 부정선거였다며 자신이 '정신적 대통령'이라고 공언했다. 그러나 당시 3사단 18연대 작전과에서 군복무를 하고 있던 필자의 경험으로 볼 때, 제5대 대통령 선거는 군부의 영향력 하에 있는 군부대 내에서도 부정이 없는 아주 공정한 선거였다.

선거운동 기간에 윤보선은 박정희의 남로당 전력을 집중적으로 공격했으나 국민들은 2년 반 동안의 혁명정부 정책을 인정해 준 것이다. 곧이어 실시된 국회의원 선거에서도 공화당은 과반이 넘는 110석의 당선자를 내어 박정희 정부가 경제개발 정책을 강력하게 추진할 수 있도록 힘을 실어주었다. 12월에 박정희는 제5대 대통령에 취임하였으나 시급히 해결해야 할 경제건설, 이를 위한 한·일 국교정상화 등 난제가 산적하여 정치 경험이 일천한 박정희로서는 이들이 난제였지만 슬기롭게 극복해 나갔다. 이 선거에서 박정희가 낙선했더라면 그의 조국 근대화 꿈은 물거품이 되어 오늘의 선진국은 불가능했고, 박정희 자신도 새 정권에 의해 몸을 온전히 보전하지 못했거나 아니면 후진국에서 흔히 나타나는 현상처럼 군부가 계속 정치에 간여하는 악순환이 되풀이되었을는지 모른다.

한·일 국교정상화

박정희는 한국이 경제건설을 하려면 공업 선진국인 이웃 일본과의 국교를 정상화해야 한다고 생각했다. 그리고 이는 아시아에서 공산 세력의 확장을 저지하려는 미국의 극동 정책이기도 했으므로 이승만 정권 시기부터 한·미 외교의 현안이었지만 한·일간에는 36년간의 식민 지배에 대한 민족 감정이라는 장애물이 가로놓여 있어 대한민국이 건국된 지 15년 동안 수차례 회의가 열렸지만 서로 자국의 입장을 주장하는 선에서 끝나고 말았다. 그 동안의 회담 추진 경위를 간략히 살펴보자.

한·일 국교정상화 문제는 미국의 강력한 권고로 한창 전쟁 중인 1951년 10월에 첫 회담이 시작되었다. 중국 대륙을 차지한 중공과 직접 혈투를 벌이는 과정에서 한·일 국교정상화는 필수 요건이었다. 첫 회담에서 한국은 일본의 식민지 지배와 전후 처리에서 발생한 22억 달러의 피해 보상을 요구한 반면, 일본은 이를 인정하지 않을 뿐만 아니라, 오히려 그들이 한국에 남기고 간 공사 재산에 대한 청구권을 갖는다고 주장함으로써 국교정상화를 위한 회담이라기보다 양국이 각자의 본심을 드러내 상대 의도를 탐색하는 장소였다.

이러한 분위기에서 철저한 반일주의자인 이승만 체제 하의 한국이 한·일 국교정상화에 적극적일 수 없었다. 게다가 이듬해 1월 이승만 대통령은 '대한민국 인접해양에 대한 주권 선언[이승만 라인, 평화선]'을 발표하여 일본 어선의 평화선 내에서의 어로활동을 금지하였고, 1953년 10월의 제3차 회담에서는 일본 측 대표 구보다[久保田貫一郎]가 한국 측의 청구권 주장에 맞서 "일본의 한국 지배는 한국에 유익한 것이었다."는 발언[구보다 妄言]으로 한국인의 자존심을 크게 훼손함으로써 회담은 오랫동안 중단되었다. 1957년 말 일본이 구보다 발언을 취소하고 한국에 대한 청구권을 포기함으로써 제4차 회담이 열렸으나 재일 교포의 법적 지위, 대일 청구권, 동해상의 어업권 등의 쟁점으로 회담이 답보되던 중 1959년부터 시작된 재일교포 북송 문제가 불거져 회담은 더 이상 진행될 수 없었다.

박정희 정부에게는 최대 급선무인 경제개발계획을 추진하기 위한 재원 마련을 위해서도 한·일국교정상화는 선택이 아니라 필수였으므로 돌파구 마련을 위해 박정희는 김종필 중앙정보부장을 일본에 파견하였다. 김종필은 1962년 11월 일본 외상 오히라[大平正芳]와의 비밀협상에서 청구권 문제는 10년에 걸쳐 한국에 8억 달러[무상3억, 공공차관 2억, 상업차관 3억]를 제공한다는 선에서 타결을 보았다. 어업권 문제와 관련해서는 전관어업수역 12해리 밖에 공동규제수역을 설정하기로 합의하여 1952년에 설정한 이승만 라인은 철폐되었다.

협상 내용이 언론에 보도되자 1964년 1월부터 한국에서는 한일협상을 반대하는 주장이 나오기 시작했는데, 먼저 포문을 연 사람은 대선에서 석패하여 스스로 '정신적 대통령'이라고 호언하던 야당 대표 윤보선이었다. 그는 굴욕적인 대일 외교를 반대한다며 '대일외교반대 범국민투쟁위원회'를 발족시키고 한·일회담 저지 투쟁에 나섰다. 3월 24일 서울 시내 대학생들의 한·일 회담 반대 시위가 일어났는데 4.19 이후 최대 규모였다. 언론 또한 학생 시위를 적극 지지하였으므로 시위가 더욱 확산되자 4.19같은 사태가 다시 발생하는 것이 아니냐는 우려까지 나오니 정부는 위기감을 느끼고 긴장하였다. 정부는 한·일 회담에 대한 대대적인 계몽활동을 전개하면서 서울 시내 종합대학 학생 대표들을 청와대로 초청하여 토론까지 벌였으나 학생 시위는 진정되지 않고 열기를 더해 갔다.

급기야 5월 20일 서울 문리대 마당에서는 "민족적 민주주의 장례식 및 성토대회"까지 열렸다. 학생들은, 이제까지 박정희가 민족적 민주주의자를 자처하면서 기성정치인들을 사대주의자들이라고 공격하는 것에 공감했었는데, 이제 보니, "민족적 민주주의자가 아니라 일본의 매판자본에 굴복한 매국노들"이라며 매도하였다. 결국 정부는 1964년 6월 3일 서울 일원에 계엄령을 선포하고 휴교령을 내려 두어 달 학교 문을 닫았다.[6.3사태] 이 위기는 미국이 한·일 국교 정상화를 강력하게 희망했기에 극복할 수 있었다. 이러한 우여곡절을 거치면서 1965년 6월 드디어 한·일 협정이 조인되었으며, 그해 8월 진통 끝에 국회의 비준을 얻었다.

4. 5.16군사혁명에 대한 평가와 역사적 의의

앞에서 잠시 언급한 바와 같이, 민주당 정권의 정쟁으로 한국 사회가 혼란에 빠졌을 때, 5.16이 발발하자 많은 사람들은 "올 것이 왔다."는 심정으로 5.16군사혁명을 지지하였다. 당시 정부 수반이었던 윤보선 대통령까지, "올 것이 왔구나.[온다던 것이 왔구나]"하였고, 민주당 지지언론인 경향신문도 사설에서, "기성 정치인들의 구태의연한 사고방식과 무능의 소치로 드디어 올 것이 왔다."라고 했다. 한때 한국의 간디라는 호칭을 듣던 종교인 함석헌과 지식인 사회에 큰 영향력을 끼치던 사상계 사장 장준하 등도 5.16을 환영했다. 특히 장준하는, "한국의 군사혁명은 압정과 부패와 빈곤에 시달리는 많은 후진국의 길잡이요, 모범이 될 것."이라고까지 극찬하며 기대를 나타냈다. 그러나 얼마 후 함석헌과 장준하는 반대파로 돌아서 격렬하게 비판했지만, 이들의 비판과는 달리, 후일의 대한민국은 그들의 처음 기대를 충족시켜 주었다.

5.16 직후, 4.19의 주역인 학생들까지도 군사혁명에 힘을 실어 주었으

니, 일부 대학은 가두시위로 지지 의사를 표하였고, 서울대학교 총학생회는, "4.19와 5.16은 동일한 목표를 갖는다."고 하면서 5.16을 '민족주의적 군사혁명'으로 환영하였다. 특히 혁명공약 3항에서 "퇴폐한 국민도의와 민족정기를 바로잡는다."고 한 구호와 혁명 주체들이 스스로 '민족적 민주주의'를 표방함으로써 당시 대학생들의 이념 정서였던 '민족'이라는 이상과도 합치되었다. 이같이 혁명 당초에는 시민·지식인·학생들이 한 목소리로 5.16을 지지하였다. 이상과 같이 적어도 초기에는 4.19와 5.16을 근대국가로 지향하는 대한민국의 연속적인 혁명 과정으로 인식한 것이다.

한국의 비약적인 발전을 칭찬하는 외국 학자들은 흔히들 한국의 1960년 초의 경제 상황을 언급하면서 필리핀보다도 못 살았고, 아프리카의 가나 수준이었는데 이렇게 발전했다고 경탄한다. 그러나 단지 국민소득만을 기준으로, 반만년의 역사를 가지고 1천 4백여 년 전에 통일된 중앙집권 국가를 건설했던 대한민국을, 불과 1백 여 년 전까지만 해도 부족국가의 수준에 있던 이들 필리핀·가나 등과 단순 비교하는 것은 칭찬이 아니라 한국에 대한 모독이다. 한국은 대부분의 서구 여러 나라들이 단독 국가로 등장하기 1천 여 년 전에 이미 통일 국가를 건설하였다. 당시 세계 최선진국이었던 당(唐) 나라 사람들로부터 '문화국'·'선비의 나라'라는 칭찬을 들었고, 고려시대에는 송나라 사람들이, "고려는 중국에 버금가는 나라라는 의미의 소중화[小中華; 중국 다음의 선진국]"이라는 평가를 할 정도였으며, 15세기 중엽에는 세계 최고 과학적 문자인 한글을 창제한 문화 선진국이었다. 그렇다면 세계 최빈국이던 한국이 어떻게 선진국으로 도약했을까? 필자는 그 바탕은 5.16군사혁명에 있다고 단언한다. 5.16군사혁명의 역사적 의의를 정리해 보자.

첫째, 5.16군사혁명이 잠자고 있던 국민의식을 각성시키는 계기가 되었다는 점이다. 우리가 짧은 시간에 선진국의 반열에 오른 가장 중요한 바탕은 한글이란 과학적인 세계 최고의 문자를 가졌고, 유구한 전통문화와 우수한 자질을 가진 민족인데다 건국 직후 어려운 여건 하에서도 의무교육을 실시함으로써 배움을 갈구하던 국민들의 열망에 불을 붙인 때문이다. 그 동안 잠자고 있던 한민족의 우수한 국민성이, 민족개조·인간개조를 외치며 "국민도의와 민족정기를 바로잡고, 기아선상에서 허덕이는 민생고를 해결하겠다."고 한 5.16혁명 구호는 잠자던 민족의식을 일깨우는 데 커다란 각성제 역할을 했던 것이다.

둘째, 5.16은 5천년 이래 가난의 굴레에서 벗어나게 한 혁명적인 산업화의 출발이었다는 사실이다. 우리 민족은 조선왕조 5백 년 동안 유교를 국시로 한 문민정치의 영향 때문에 생활의 기본인 경제와는 담을 쌓아 농공상을 천시하고, 가난을 청렴으로 여기던 성리학 이념의 조선시대에서는 산업이 발전할 수 없었다. 군사정부는 이러한 국민의식을 바꾸어 놓았다. 뒤에 상술하겠지만 우선 박정희 정권이 이룩한 산업화 성과를 정리하면, 군사혁명 직전인 1960년의 국민소득은 82달러, 수출은 3,283만 달러에 불과하던 것이, 박정희 정권 18년 동안에 국민 소득은 19배에 가까운 1,546달러, 수출은 147억 달러로 448배가 증가한 것이다. 이러한 증가 속도는 전 세계 역사상 유래를 찾아볼 수 없는 경이적인 것이다. 이처럼 5.16 군사혁명은 한국인의 물질생활과 정신생활에 커다란 변화를 초래하였다. 그 변화는 가히 혁명적이었다.

셋째, 5.16은 이승만이 추구한 자유민주주의 경제체제와 대통령중심제의 정부형태를 계승함으로써 한국이 단절 없이 경이적인 산업화를 이룩하는 데 제도적 바탕을 마련했다는 점에서 박정희는 이승만의 충실한 계승자라 할 수 있다. 그런데 아이러니하게도 박정희는 딱 한 번 이승만에 대해 '건국의 원훈'이라고 칭예했지만 그것으로 끝이었다. 하와이에 가 있던 이승만이 생전에 그토록 귀국을 원했어도 그 소원을 들어주지 않다가 죽은 뒤에야 국립묘지에 안장하게 했다. 반면, 김구·신익희·조병옥 등 민주당 지도자들에 대한 추모는 각별했다. 이렇게 된 이유는, 우선 3.15부정선거 때 참모총장 송요찬의 지시에 불복할 정도로 3.15부정 선거를 혐오한 이승만에 대한 부정적인 기억 때문이었고, 다음으로는 4.19가 일어난 지 불과 몇 년 전이라 설불리 이승만의 귀국을 허용했다가는 취약한 자신의 정치 기반이 흔들릴 수도 있을 것이라는 우려에서였다.

결론적으로 말하자면, 5.16으로 젊고 유능한 군인 출신의 정치가들이 권력을 독점한 뒤, 조국근대화에 대한 강력한 의지로 5천 년 동안 잠자고 있던 한민족의 잠재력을 일깨워 올바른 방향의 경제개발정책을 비교적 사심 없이 추진했기에 가능한 일이었다. 4.19민주혁명으로 민주주의의 꽃을 피웠지만 그 주역이 학생들이란 한계 때문에 정치를 주도할 수 없었고, 정권을 담당한 민주당 역시 자유당과 다를 바 없는 구세대 인물들이었다. 민주당 정권은 줄기차게 주장한 내각책임제를 실현해 보았으나 그것은 만병통치약이 아니었을 뿐만 아니라 대통령제보다 비효율적인 체제였다. 4.19 이후의 상황은 시대적 과제인 절박한 민생고를 해결할 어떤 새로운 정치 주역들의 등장을 요구했는데, 민주당 정권은 이에 부응하지 못하고 5.16군사혁명으로 정치 주체들이 교체된 것이다.

2차 대전 후 여러 후진국에서 빈번하게 쿠데타가 일어났는데, 군부는 후진국 사회에서 가장 근대화하고 조직적인 집단이면서 무력을 가지고 있었기 때문이다. 그러나 대부분의 쿠데타가 실패한 이유는 인간 본능인 이기심을 극복하지 못하고 물욕과 권력욕에 함몰되었다. 그런데 5.16혁명 세력은 비교적 유능하고 사명감이 투철했으며, 그 리더인 박정희는 국가 정책을 결정하고 집행함에 있어 언제나 사심을 버리고 초지일관 선공후사의 정신에 충실했다는 점이다. 이렇게 5.16은 한국 선진국의 토대를 닦았는데도, 5.18광주민주화운동 기념식에는 대통령을 비롯하여 모든 현역 정치인들이 달려가 기리지만 5.16군사혁명 기념식에는 현직 국회의원은 여야를 불문하고 눈을 씻고도 찾을 수 없다.

이 자리를 빌어 많은 사람들에게 혼란을 주는 5.16군사혁명의 호칭에 대해 정리해 보기로 하자. 5.16이 쿠데타냐, 정변이냐, 혁명이냐에 대한 논란이 분분하여 유식한 체하는 무식한 정치인들 간에 논쟁이 곧잘 일어난다. 특히 최근까지도 이 문제는 인사 청문회 때마다 심심치 않게 등장하여 논란의 대상이 되는 양념거리 논제이다. 이는 혁명(革命)의 개념을 잘못 인식한 사람들이 5.16을 폄훼하기 위해 다분히 고의적인 의도에서 거론하는 것이므로 여기서 혁명과 쿠데타라는 용어 개념을 간단히 정리하고 넘어가야 할 필요가 있겠다.

혁명이란 유럽에서 정치나 산업 상의 큰 변혁에 해당하는 사건을 영어의 revolution으로 표기했는데, revolution은 변혁·회전 등의 의미를 가진 단어이다. 이 중 정치 변혁을 뜻하는 revolution을 일본인들이 '혁명'으로 번역함으로써 한자문화권에서는 revolution이 혁명으로 고착되었다. 한자에서 유래한 혁명이란 한자의 의미는 "천명(天命)을 바꾼다[革]"는 뜻으로 동양에서는 왕조 교체를 말한다. 왕조 교체, 즉 혁명은 인간의 힘이 아니라 하늘의 뜻에 의해서 결정된다는 천명사상에서 유래된 말로 엄중한 함의(含意)를 가진 용어이다. 그런데 서양에서는 revolution을 정치적 사건뿐만 아니라 산업혁명·종교혁명 등 큰 변혁을 상징하는 경우에 많이 붙였다. 정치적 용어로는 기존의 정치권력을 무너뜨리고 새 정체가 들어서는 것을 말하는데, 그 주체가 누구냐에 따라 이름이 붙여지게 된다. 즉 주체가 시민이면 '시민혁명', 군사력에 의한 것이면 '무력혁명[쿠데타]', 4.19 같이 학생이 주동이 되었으면 '학생혁명'이라 하고, 또 살육이 없이 평화리에 정권이 교체되었으면 '명예혁명', 10월에 일어났으면 '10월 혁명' 등 각양각색이다. 그리고 동양적 의미의 정변이란, 일부 집단이 비정상적인 방법으로 정권을 탈취하여 권력을 장악하는 것을 말하는데, 곧 1979년 말 신군부의 '12.12사태' 같은 것을 말한다.

우리나라 사람들 중에는 '동학농민운동'을 '동학혁명'으로 부르는 이들이 많은데, 이는 혁명이란 용어의 남용이며 역사 용어의 오용이다. 동학농민운동이 갑오경장과 청·일 전쟁을 불러 오는 등 국내외적으로 혁명에 버금가는 큰 파동을 일으켰으니 그 영향은 가히 혁명적이라고 할 만하나, 그 이후에도 조선왕조가 건재했으니 이를 혁명으로 부르는 것은 적절한 역사 용어의 선택이 아니다.

무력혁명을 쿠데타라고 하는 배경은, 프랑스가 근세 이후 유럽의 대표적인 문화 선진국으로서 유럽의 어느 나라든 상류층이라면 사교계에서 으레 프랑스어를 사용해야 행세할 수 있었다. 그 영향으로 현재에 이르기까지 쿠데타란 용어를 비롯하여, 아그레망[同意·要請]·앙샹레짐[舊制度]·앙가주망[參與·干涉]·르상티망(ressentiment; 약자나 패자가 강자와 승자에게 품는 질투와 원망) 등 프랑스어가 국제 공식 용어로 통용되는 것이 많다. 쿠데타는 우리말로 번역하면 정변이 아니라 '무력혁명'이고, 따라서 쿠데타로 부른다고 해서 폄훼하는 말이 아니다. 5.16군사혁명·5.16무력혁명·5.16쿠데타 등 어느 것이라도 상관이 없다. 다만, 5.16정변으로 부르는 것은 타당하지 않은 표현이다.

제**5**장

박정희 대통령의 정치

1. 경제개발 계획

1.1. 경제기획원 설립

5.16 혁명공약에서, "기아선상에서 허덕이는 민생고를 시급히 해결하고 국가 자주경제 재건에 총력을 경주한다."라고 했듯이 경제개발은 당시의 급선무인 국민들의 먹는 문제를 해결하는 것이었다. 아침밥과 저녁죽[무飯夕鬻]도 이어가지 못할 형편에 무슨 말이 귀에 들어오겠는가? 이 때문에 옛날부터 "백성들은 먹는 것을 하늘로 여긴다.[民者以食而爲天]"는 동양의 경구가 있었고, 우리 속담에는, "금강산도 식후경"이란 말이 있으며, 1960년대 초반까지만 해도 어른을 뵈면 첫 인사가 "진지 잡수셨습니까?" 였다. 이러한 궁핍한 생활을 떨쳐내고 잘 살아 보자는 목표에 따라 추진된 것이 혁명정부의 '5개년경제개발계획'이었고, 이를 총괄하여 추진한 부서가 경제기획원이었다.

경제기획원과 유사한 조직의 설립이나 경제개발 계획은 자유당 정권에서도 있었고, 이를 바탕으로 민주당 정권도 시도했다. 이 때문에 반대론자들은 이 계획은 민주당 정권에서 이미 입안한 것을 군사정부가 가로채 집행했을 뿐이라고도 하고, 또 독재 정권의 정당성을 확보하기 위해 경제 건설에 주력했다고도 하는 등 폄훼로 일관한다. 그러나 민주당 정권은 구상에 불과한 탁상 계획이었을 뿐, 이를 집행할 능력도, 추진할 열정도 없었다. 누구나 계획을 세울 수는 있지만 그 계획대로 성공시키기는 어려운 법이다. 그래서 중국 고전인《시경》에도, "시작이 없는 것은 없으나 유종의 미를 거두는 경우는 드물다.[靡不有初 鮮克有終]"라는 말이 있다. 그리고 독재 정권이 자기들의 정당성을 합리화시키기 위해 경제건설에 주력했다고 하나, 세계 어느 독재자들도 경제개발을 앞세우거나 시도하지 않은 경우는 없지만 성공한 예는 극히 드물다. 경제개발은 아무나 성공할 수 없었던 간단한 문제가 아니라 그만큼 어려운 문제이기 때문이다.

1961년 7월 군사정부는 두 달 만에 경제기획원을 설립하였다. 혁명정부가 신속하게 경제기획원을 설립한 것은 경제 문제를 해결하려면 종합적인 계획을 세우고 이를 효율적으로 총괄하여 추진할 컨트롤타워가 필요했기 때문이다. 자유당 시기에는 부흥부가 있었으나 이름 그대로 전후 복구를 위한 부서였고, 민주당 정권에서는 경제개발부 설치를 구상했으나 10개월 동안 실행에 옮기지 못하였다. 혁명정부는 경제개발을 어떤 정책보다 최우선 과제로 삼았으므로 혁명과 동시에 설치하고 곧이어 경제기획원장관을 국무총리 다음의 서열인 부총리로 승격시켰다. 경제기획원은 개발계획의 수립, 정부예산의 편성, 외자와 기술의 도입을 핵심 기능으로 하였다. 특히 예산 편성권을 지렛대로 정부 각 부처의 업무를 개발계획에 따라 통합적으로 조정하고 통제할 수 있었다.

1.2. 제1차 경제개발 계획-수출 주도형 정책

경제기획원은 1962년 1월 제1차 경제개발5개년계획을 발표하였는데, 1966년까지 연평균 경제 성장 목표를 7.1%로 한 의욕적인 것이었다. 그러기 위해서는 총 3,000여 억 원의 투자자금이 필요한데, 그 재원 조달 방안은 수출을 많이 해서 달러를 벌어들이거나 외국에서 돈을 빌린다는 구상이었다. 당시 한국의 수출품은 쌀·김·중석· 흑연 등 농수산물과 천연광물로 기껏해야 연 5,000만 달러에 불과했으니 나머지 재원이 어디에 있는지, 누가 빌려줄 것인지에 대해서는 조달 계획이 전혀 없었다. 10년간 1인당 국민소득을 두 배로 증가시킨다는 목표에서 세운 7.1%의 목표를 보고 미국 경제 전문가들은 "가난한 사람의 쇼핑 희망 리스트에 불과하다."고 비아냥거렸다.

군사정부는 투자자금 마련을 위해 동분서주했다. 그 일환으로 시도한 것이 앞서 말한, 국민들의 여유 자금과 국내 화교들의 사채놀이 자금을 들춰낸다며 시도한 1962년 6월 10일의 화폐개혁이었으나 한국경제 전반에 악 영향만 끼쳤다. 또 외국 돈을 빌려오기 위해 5,000만 달러의 차관 계획을 추진했으나 실제로 들어온 것은 600만 달러에 불과했다. 1962년의 수출 목표를 약 6,000만 달러로 잡았으나 실적은 5,480만 달러에 그쳤다. 미국의 원조로 꾸려나가는 가난뱅이 국가에 공장을 지으라고 돈을 빌려줄 외국 금융기관은 어디에도 없었다. 따라서 5개년 경제개발계획을 어떻게 추진할 것인지 앞이 보이지 않을 즈음 최초의 외국 차관이 서독으로부터 들어왔다. 즉 1962년 파견 광부의 월급을 담보로 서독으로부터 3,000만 달러를 빌린 것이다.

앞서 언급했듯이 군사정부는 혁명 직후 부정축재자들을 구속했는데, 기업가들의 능력을 활용하지 않고는 경제 개발이 불가능하다는 것을 깨닫고 부정축재자들을 풀어주면서 5개년계획 사업 추진에 적극 협력할 것을 요청하여, 부정축재 환수금은 5개년 사업을 완수하고 난 뒤 주식으로 납부하게 하였다. 이에 주요 기업인들이 중심이 되어 경제재건촉진회를 구성해서 군사정부의 개발계획에 적극 참여하여 경제 문제에 대한 전문적인 조언을 하니 이것이 전국경제인연합회[全經聯]의 출발이다.

1차년도의 부진에도 불구하고 2차년도인 1963년의 성장률은 목표를 훨씬 초과하는 9.1%였고, 수출은 당초 목표 7,170만 달러를 초과한 8,680만 달러였다. 이런 결과가 나온 것은 농수산물과 광산물은 목표 미달인 반면, 철강재·합판·면포 등 경공업 제품의 수출이 크게 늘어난 때문이었는데, 이들 공산품 수출은 하루아침에 이루어진 것은 아니었다. 어려웠던 1950년대 이승만 정부 하의 적극적인 재정 투융자로 경제부흥 정책을 편 결과, 일부 경공업 제품들이 국내 수요를 충족하고 여유가 생기자 해외시장을 개척해서 얻은 결과였다. 이와 함께 세계경제 환경의 새로운 변화는 한국 공산품 수출이 호기를 맞게 되었으니, 선진국 경제 패턴이 경공업에서 중공업으로 변화하는 추이에 따라 한국의 경공업 생산품이 선진국에 수출되어 우리의 제1차 경제개발계획에 유리한 환경을 제공해 준 것이다.

이에 혁명정부는 제1차 경제개발계획을 공산품 수출에 역점을 두는 방향으로 수정하였다. 그러기 위해서는 외국의 자본과 기술을 도입, 공장을 건설하여 값싼 노동력으로 제조한 물품을 외국에 내다 팔아야 했는데, 마침 이웃 일본경제가 전후 복구를 완료한 다음 중화학공업으로 전환하여 고도성장을 하게 되자 노동력이 부족해지고 임금수준이 높아지게 되었다. 그 결과 노동 집약적인 경공업은 일본에서 더 이상 유지할 수 없어 임금이 싼 해외로 생산 공장을 옮기거나 폐업하지 않으면 안 될 처지에 놓이게 되었다. 따라서 일본 경공업은 새로운 생산입지를 찾아 해외로 이동하기 시작했는데, 값싸고 양질의 노동력이 남아도는 바로 이웃의 한국이 최적지였다. 일본의 투자 자본을 끌어 들이고 일본의 경공업체를 유치해야 하는데 여기에는 전경련의 역할이 컸다. 전경련의 건의로 정부가 외국차관 도입에 보증을 서게 함으로서 차관 도입을 촉진시켰고, 산업조사단을 일본에 파견하여 한국으로 넘어올 경공업을 물색하였다. 이 과정에서 재일교포 기업인들의 역할이 컸고, 교포 기업가들을 비롯한 일본 기업인의 전용 공단도 설립하게 되니 서울의 구로공단이 그것이다. 이러한 변화로 한국의 경공업 제품이 미국 등 선진국 시장에서 차츰 일본 제품을 추격하고 몰아내기 시작했다.

전경련은 박정희 대통령에게 경제개발을 활성화하기 위해서는 일본과의 국교 정상화가 필수임을 강조하였고, 외국의 경제 전문가들도 같은 의견이었다. 그러나 한일협정은 민족감정을 앞세운 학생·야당·언론의 반대로 순탄하지 않았다. 1965년 6월에야 조인되고 그해 8월 진통 끝에 국회의 비준을 얻었다. 한일협정 타결은 '6.3사태'라는 홍역을 치루기도 했지만 큰 틀에서 보아 한국의 경제 발전에 큰 기여를 하게 되었다. 첫째 청구권 자금의 경우, 무상 자금은 대부분 비영리 공공기업과 기술 분야에, 유상 자금은 주로 광공업 육성과 사회 간접자본 확충에 집중 투입되어 청구권 자금의 대부분은 경제개발 계획의 종잣돈이 되었다. 한국 중화학공업의 기초가 된 포항제철 건설도 청구권 자금이었다. 이는 필리핀 등 동남아시아 여러 나라에서 대일 청구권 자금이 국가 경제에 도움이 되지 못하고 흐지부지 사라진 것과는 큰 대조가 된다. 다음은 일본 기업과 재일교포 재산의 한국 진출을 촉진시켜 그 기술과 자본으로 한국이 경공업 수출국으로 비약적 발전을 하는 토대가 되었다. 셋째, 한·일 국교 정상화는 단순한 양국 간의 국교정상화뿐만이 아니라 한국 경제가 한·일 협정을 계기로 세계 자유무역체제에 참여하게 되었고, 환율을 현실화함으로써 수출이 확대되었다. 그 결과 1967년에는 세계무역기구[GATT]에 가입하여 세계경제의 흐름에 올라타게 되었다는 점이다.

대일 청구권 자금 외에, 경제개발 계획의 투자 재원으로 큰 기여를 한 것은 1964년부터 시작된 베트남 파병이었다. 1963년 이후 미국은 베트남전쟁에 적극 개입하게 되어 그에 필요한 병력의 일부를 주한 미군으로 충당할 계획을 세우자 박 대통령은 주한 미군의 철수 명분을 사전에 차단하고 달러를 벌어들이기 위해 한국군을 파견한 것이다. 미국은 한국군의 파병에 따른 모든 비용을 부담하였을 뿐만 아니라 베트남에서 시행하는 건설 및 구호 사업에 소요되는 물자와 용역도 한국에서 구매한다는 약속을 했다. 그 결과 1973년 베트남 전쟁이 끝날 때까지 군인·노무자의 급료와 건설·무역을 통해 한국이 벌어들인 달러는 10억 달러가 넘어 한국 경제 발전에 큰 도움이 되었다. 한국군은 8년간 31만 2,853명이 베트남 전에 파병되어 참전 수당 외에 미국산 장비를 확보하고 전투 경험을 축적할 수 있었다. 비판론자들은 젊은이들을 미국 용병으로 팔아넘겨 달러를 벌어들였다고 하나 월남 파병의 의의와 실익은 실로 큰 것이었다. 명분상으로는 우리가 6.25 때 받은 미국의 은혜에 대한 보답이고, 실익으로는 경제 건설 재원을 마련한 것이다.

이상과 같이 한국은 한·일 협정과 베트남 파병으로 투자 재원을 확보했을 뿐만 아니라 우방과 정치적·군사적 유대를 공고히 함으로써 경제개발에 필요한 제반 시장 조건을 확보하였다. 한국경제는 일본에서 수입한 중간재를 국내에서 완제품으로 가공하여 그것을 미국 시장에 수출하여 달러를 벌어들였다. 이와 같은 삼각 무역 관계에서 한국 경제는 2차 개발 개획이 끝날 때까지 고도성장을 질주하였다. 1967년의 한국 1인당 국민총생산(GNP)은 142달러로 증가하였고 수출은 3억 2천만 달러였다. 그해 서울

영등포구 구로동과 가리봉동에 구로공단이 들어섰다. 이 공단에서 한국 소녀들은 섬유와 봉제, 위탁생산[OEM]으로 계약한 전기·전자제품과 가발을 만들었다. 그 결과 의욕만으로 제1차경제개발 계획에서 목표치로 설정한 연평균 7.1%의 성장률을 초과하여 7.8%의 실적을 거두었다. 이에 힘입어 박정희 대통령은 1967년 대통령 선거에서 윤보선과 재대결하여 무난히 재선되었다.

1.3. 제2차 경제개발 계획과 중화학공업의 육성

원료와 중간재를 수입하여 완제품을 만들어 수출하는 보세가공 수준의 수출은 일종의 품팔이를 하는 임가공 산업에 불과하므로 가득률이 낮았다. 국내에서 원료와 자재를 직접 생산하여 제품을 만들지 않는다면 우리 경제는 일본에 종속될 수밖에 없어 장기적 경제개발에는 한계가 있었다. 박정희 정부는 수출 주도형 개발 추진과 동시에 자립 경제를 구축하기 위해 비료·정유·석유화학·제철과 같은 기간산업을 육성하는 데 심혈을 기울였다. 농업국가인 한국으로서는 수출 이전에 국민의 식량 문제를 해결할 비료의 생산과 토목·건설의 기본 재료인 시멘트의 자급이 절실했다. 비료는 이승만 정부 하에서 제1비료[忠州]와 제2비료[羅州] 공장이 건설되었으나 수요를 충족시키지 못하여 상당량을 외국에서 수입해 오다가 1963년 이후 제3비료[蔚山]와 제4비료[鎭海] 공장이 추가로 건설됨으로써 비로소 자급이 가능해졌다. 충주·나주 두 공장은 국제 경쟁력이 없어 뒤에 폐쇄되었다. 시멘트 또한 강원도의 석회암 지대를 중심으로 많은 공장이 건설되어 국내 수요를 충족시켰다.

석유는 동력 자원의 총아일 뿐 아니라 석유화학 공업에서 생산되는 30여 종의 기초 소재는 섬유·플라스틱·약품 등 현대 생활에서 쓰이지 않는 곳이 없으므로 석유화학공업은 철강 산업과 함께 현대 산업의 토대가 되는 기간산업이다. 1962년에 혁명정부는 대한석유공사를 설립하고 미국 걸프석유회사의 투자와 기술을 유치하여 울산에 1일 생산량 3만 5,000배럴의 석유화학공장을 세웠다. 특히 1965년 이후 제1의 수출품으로 부상한 섬유 봉제품의 수출이 증가하자 직물·화학섬유·화학원료 등의 수요가 급증하였으므로 석유화학공업을 제2차 경제개발계획의 핵심 과제로 선정하여 1968년에는 울산에 석유화학공업단지를 건설하였고, 1970년도에는 석유화학공업육성법을 제정하여 투자자금을 지원하고 외국산 제품의 수입을 금지하는 등 육성책을 강구한 결과 석유화학제품의 자급화를 달성했다.

철강 산업은 현대 산업의 기초가 되는 것이므로 종합제철소의 건설계획은 제1차 경제개발계획에 이미 포함되어 있었지만 막대한 재원이 소요되는 투자자금을 마련할 수 없어 착공을 보지 못했다. 반면, 고도성장으로 철강재의 수요는 폭증하여 대부분을 일본에서 수입하는 실정이었으므로 종합제철의 건설은 더 이상 미룰 수 없는 시대적 과제였다. 정부는 종합제철소 건설 자금과 기술을 유치하기 위해 국제투자단[대한국제제철차관단, KISA]을 구성하여 투자 유치 활동에 나섰으나 어느 누구도 투자하려하지 않았다. 1968년 세계은행 자문역으로 한국에 왔던 영국인 자페는 한국은 아직 철강 수요가 그렇게 많지 않으니, 종합제철소를 짓는다는 것은 무모한 짓이며, 또 한국의 능력으로는 불가능하다고 했다.

이러한 부정적인 분위기에 고심하던 정부는 한·일 협정 청구권 자금의 일부를 종합제철소 건설에 투입하기로 하고 그에 관한 일본의 동의를 구하여 가까스로 협조를 얻었는데 여기에도 곡절이 많았다. 당연히 받을 돈을 받아서 쓰는 건데 무슨 대수냐고 할 수 있지만, 배상금이나 경제 협력 자금은 쓰임새를 엄격히 정하게 되어 있다. 후원 자금이 후진국 정치의 하수구에서 사라지거나 총과 칼이 되어 되돌아 올 수 있기 때문이다. 또 중공은 한국에 협력하는 일본 기업과는 거래를 끊는다며 압력을 가하여 도요다·미쓰이·미쓰비시 등 대기업들은 한국을 떠났다. 이때 일본 정계의 막후 실력자인 야스오카 마사히로(安岡正篤)라는 보수주의자가, 한국은 공산권과 싸우는 방파제라며 일본정부를 설득하여 한국경제의 발전을 돕는다는 취지에서 청구권 자금의 용도변경 동의는 물론, 기술 자문까지 제공하게 막후교섭을 함으로써 1970년 4월 포항종합제철소가 착공되어 1973년 6월, 3년여 만에 제선(製銑) 능력 103만 톤의 포항제철이 완공되었다. 이후 포항제철은 한국의 자동차·조선·전자산업을 견인하면서 850만 톤으로 확장하고, 1985년에는 전남 광양에 또 하나의 제철소를 건립하여 세계 최강의 철강회사로 우뚝 섰다. 포항제철 건설과 사업 확장에는 박태준의 공로가 지대했고, 이는 후일의 중화학공업과 방위산업의 초석이 되었다.

경제개발계획을 얘기하자면 경부고속도로 건설을 배놓을 수 없다. 경제 발달에는 물류의 동맥인 교통의 원활함이 우선되어야 하는데, 당시 도로나 철도는 대부분 일제시대에 건설한 것으로 1960년대에도 큰 변화가 없었다. 1964년 서독을 방문한 박정희 대통령은 서독의 경제부흥을 이끈 기간시설로서 나치정권 시절에 건설한 자동차전용도로[아우토반]에 깊은 인상을 받고 귀국 후 경부고속도로 건설 계획을 발표하였다. 일본의 중간재를 수송하고 제품을 수출하기 위해서는 교통 인프라가 필수적이었다. 그러나 330억 원으로 추정한 건설비는 1968년도 정부 예산의 13%나 되는 거액이었다. 때문에 경부고속도로 건설을 둘러싸고 적지 않은 논란이 있었다.

야당의 유력 정치인들은 경부고속도로가 한국경제를 일본경제에 예속시킬 뿐이라고 반대했고, 국제개발은행[IBRD]도 한국의 형편에서 경제적 타당성에 의문을 제기하였으며, 김영삼과 김대중, 사상계 사장 장준하는 "옥토를 훼손하여 부유층의 유람을 위한 고속도로 건설이 웬 말이냐?"며 고속도로 공사 현장에 가서 드러눕기까지 했다. 그러나 고속도로는 1968년 2월에 착공하여 세계 고속도로 건설 사상 최단 기간 내에 최저 단가로 1970년 7월에 완공되었다. 산지가 많은 한국 지형에서 430억 원이란 최저 단가로 2년 반 만에 428km의 고속도로 완공은 한국의 토목·건설 능력을 세계에 과시한 쾌거였다. 고속도로 건설로 산업 생산성이 높아져 후진국에서 벗어날 수 있는 발판이 마련되었고 국민들은 좀 더 편리한 생활을 누리게 되었다.

제2차 경제개발계획은 차질 없이 추진되어 4차 연도인 1970년에는 대망의 10억 달러 달성과 1인당 국민소득 250달러를 돌파했다. 1962년 경제개발5개년계획이 시작할 당시의 목표는 향후 국민소득을 10년 동안 2배로 늘린다는 것이었는데, 실제로는 9년 만에 3배로 늘린 것이다. 이렇게 각종 산업이 비약적으로 발전하여 1970년대에는 단군 이래 대물림되던 가난이라는 이른바 보릿고개도 이제 사라지게 되었다. 뿐만 아니라 제2차 경제개발계획 기간 중의 포항제철 건설, 울산 석유화학 공장의 설립으로 중화학공업이 시작된 것과 경부고속도로 건설은 향후 비약적인 경제개발의 토대가 된 점에서 특기할 일이다.

2. 방위산업과 중화학공업

2.1. 시대 상황

앞서 말한 바와 같이 박 대통령은 1967년, 제6대 대통령선거에서 윤보선과 재대결을 벌여 116만이라는 큰 표 차이로 압도적 승리를 했고, 이어 실시한 제7대 국회의원선거에서 집권 공화당은 개헌에 필요한 의석보다 13석이 많은 대승을 거두었다. 다수의 국민이 박정희 정부의 성공적인 경제개발 성과에 손을 들어준 것이다. 박정희 대통령은 재선으로 4년 더 집권하게 됨으로써 1971년까지 집권은 보장되었지만 재임 기간에 전개된 국내외 정세는 대한민국의 장래를 낙관할 수만은 없게 만들었다.

첫째, 대한민국이 1·2차 경제개발계획으로 1963년 이래 비약적인 경제성장을 이룩하는 것을 보고 이를 가장 배 아파 한 사람은 북한의 김일성이었다. 휴전 후 북한은 자력갱생이라는 구호를 내걸고, 기존의 중화학공업 기반에다 풍부한 전력과 지하자원으로 중공업을 집중 육성하여 1960년대까지 경제력과 군사력이 남한에 비해 월등히 우세했으나 대외 수출에 있어서는 대한민국이 우월했으므로 수출이 국가 경제발전의 밑천이 되는 시대 상황에서 한국의 입장이 유리한 방향으로 전개되었다. 따라서 한국의 경제력이 더 자라기 전에 그 기세를 꺾어놓아야 국토완정(國土完整)을 이룩할 수 있다고 생각하여 일차 목표가 박정희 대통령 제거요, 다음이 유격작전에 의한 대한민국 사회의 혼란 유발이었다. 중공의 마오쩌둥은 미국이 월남전에 깊이 빠져 있는 지금이 남조선에 대한 유격작전을 전개하여 남조선을 통합할 수 있는 적기라며 김일성을 부추겼다.

그 공작의 첫 기도가 1968년 1월 21일 북한 특수부대를 보내 청와대를 습격하려 한 사건이다.[1.21 사태] 또 동년 11월 2일에는 울진·삼척 지구에도 침투했으며, 비록 실패하긴 했지만, 6.25사변 기념식에 참석할 박 대통령을 겨냥하여 1970년 6월 22일, 국립묘지 현충문에 폭발물을 설치한 것들이다. 특히 1967~68 양년 간에는 군사분계선 주변의 교전이 예년보다 10여 배 이상으로 급증한 500~700여 회나 발생하여 쌍방 사상자가 1,430명, 민간인 사상자도 120여 명에 이르렀다. 이외에도 1968년 1월 23일 동해에서의 미국 첩보함 푸에블로 호 납북사건을 비롯하여 동해와 서해, 휴전선에서 충돌한 사건은 일일이 열거할 수 없을 정도였다. 이러한 도발에 대비하여 한국으로서는 특단의 대비책이 요구되었다.

다음은 1970년 2월의 닉슨 독트린이다. 즉 월남전에서 발을 빼려 하던 미국 닉슨 대통령은, "아시아 및 극동에서 핵 공격이 아닌 형태의 공격을 받을 경우 미국 지상군의 지원을 기대하지 말고 각국은 스스로 책임을 져야 한다."고 선언한 것이다. 이 선언에 따라 5개월 후인 7월에 한국 주둔미 7사단의 철수를 정식으로 통보해 오고, 나머지 병력도 한국군의 장비 현대화가 이루어지는 대로 철군한다는 것이었다.

이 같은 닉슨의 정책을 보고 박 대통령은 앞으로 한국의 안보는 스스로 책임질 수밖에 없다고 생각했다. 현역군의 장비 현대화에 30억 달러의 예산이 소요되는 것으로 추정되었으나 미국과의 협상 과정에서 15억 달러로 감액되어 턱없이 부족한 형편이고, 그마저 언제 조달될지 모호했으니, 250만 예비군의 장비는 전혀 마련이 되지 않았다. 당시 한국은 미국에 사정해서 M-16 자동소총 조립공장을 가동 중이었으니 자력으로는 소총 한 자루 못 만들던 상황이었다. 당시 북한의 군사력은 한국에 비해 3배 정도 우세했고, 중공업의 발달로 대구경(大口徑) 화포는 물론 전차와 잠수함 등 웬만한 무기는 자체 생산이 가능했다. 이러한 자신감에서 김일성은 1970년대를 '국토완정'의 시기로 정하고, "김일성의 환갑잔치는 서울에서 한다."고 호언하며 북한 주민을 선동하였다.

미국의 동아시아에 대한 정책 변화와 김일성의 대남 도발에 대해 경제적·군사적으로 열세에 놓여 있던 한국은 나름의 대응책을 강구할 필요가 있었다. 1970년 8.15 경축사에서 박정희 대통령은, "북한이 무력에 의한 적화통일을 포기한다면, 인도적 견지와 통일기반 조성에 기여할 수 있는 현실적 방안을 제시할 용의가 있고, 남과 북의 체제 중 어느 쪽이 더 국민의 복리를 증진시킬 수 있는지 선의의 경쟁을 하자."고 제안했다. 이어 1971년 한국 정부가 이산가족 상봉을 위한 적십자회담을 제안하자 북한이 호응하면서 남북 간 비밀 교섭이 시작되었다. 1972년 7월 4일 남북한이 남북조절위원회를 통해서 자주·평화·민족 대단결을 통일의 3대 원칙으로 삼아 남북 간의 긴장을 완화하고 민족통일을 지향한다는 공동성명을 발표하니 이것이 '7.4남북공동성명'이다.

북한이 항상 대내외적으로 표방한 구호는 자주인데 이는 곧 외세의 간섭을 배제하고, '우리 민족 끼리[自主]' 모든 문제를 해결하자는 것으로 궁극 목적은 미군의 철수를 의미하였다. 미군만 없다면 경제력과 군사력이 우위에 있고, 정치체제까지 일사불란하게 작동하는 북한으로서는, 여야의 대립으로 정쟁만을 일삼는 남한을 압도하는 것은 손바닥 뒤집기보다 더 쉽다고 생각한 것이다. 그러나 박정희 대통령이 1972년 10월 유신을 선포하여 한국에도 북한의 인민위원회와 유사한 통일주체국민회의를 구성하게 되자 북한은 자기들 의도대로 되지 않을 것을 알고 1973년 8월 남북조절위원회 회의를 거부하면서 남북 협상은 종료되었다. 그리고 1975년에는 미군이 월남에서 철수하고 공산 월맹이 베트남을 통일하였으며, 라오스·캄보디아 등 인도차이나 반도의 여러 나라도 공산화 되었다.

한편, 이 즈음의 국내정치 상황을 보자. 야당과 비판적인 지식인들은 수출주도형 개발정책을 포기하지 않으면 대외 종속에서 헤어나지 못하여 한국은 선진국의 경제 식민지가 되어 파탄을 면할 수 없게 되니, 국민경제를 육성해야 한다고 주장하였다. 이것을 대중경제론 혹은 민족경제론이라 한다. 즉, 외국 차관을 자본으로 하는 수출산업에 의존함으로써 한국 경제를 외국에 종속시킬 것이 아니라, 국내시장을 토대로 중소기업을 육성하여 그 제품을 국내에 보급해서 농촌과 민생 경제를 살려야 한다는 주장이다. 이들은 박 대통령의 수출 주도형 경제개발정책에 의한 외국 차관의 도입으로 대외 의존도가 심화되고 무역 수지가 악화되며 부실기업이 증가한다는 등 부정적인 측면만 강조하였다. 이들은 경공업 제품의 수출 증대로 그 원료와 중간재를 공급하는 산업이 육성되어 취업률이 증가하고, 실질 임금과 소득이 향상되었으며, 한국의 경제력 향상으로 국제적 위상이 높아지는 현실을 애써 외면했다. 세계의 많은 후진국들이 야당의 주장과 같은 국가 자립경제 육성책을 시도해 보았으나 모두 실패하여 가난에서 벗어나지 못했으니 그 대표적 국가가 북한이었다. 반면 수출주도형 정책을 편 한국은 계속 성장하여 오늘의 선진국이 되었다.

박 대통령이 일관되게 추진한 수출 주도형 개발 정책으로 1970년도에는 대망의 10억 달러를 달성함으로써 괄목할 성과를 거두었다. 그러나 가득률이 낮은 노동집약적 경공업 제품의 수출만으로는 더 이상의 고도성장을 기대할 수 없어 비약적인 경제 발전은 불가능했다. 그리고 급변하는 동아시아 정세에 맞춰 자주국방을 모색하기 위해서 새로운 돌파구를 찾아야 했으니 그것이 경공업 중심에서 중화학공업으로의 전환이며, 그 토대 위에서의 방위산업 육성이었다. 그런데 민주주의 정치제도에 충실하면 다음에는 야당으로 정권이 교체되어야 할 시기였다.

1971년 선거에서 정권이 교체되어 국가 미래보다 표와 인기에만 몰두하는 정치인이 집권한다면 경제개발 정책의 기조가 근본적으로 달라져 시대상황을 극복할 자주국방이란 새로운 도약은커녕 지난 10년 간 애써 구축해 놓은 경제개발의 기반마저 무너질 위험이 있다고 박 대통령은 생각했다. 때문에 그는 1968년부터 3선 개헌을 추진하여 1969년 9월 개헌안을 무리하게 통과시켰다. 당시 공화당 의석은 개헌 선을 초과하는 숫자였으나 후계를 노리는 내부 반발도 있었고 특히 야당의 반대는 극렬했다. 이러한 반대를 누르고 3선 개헌안을 통과시키는 과정에서 무리가 있었지만, 부정선거 결과만은 아니었다. 다수 국민들은 조국근대화의 기치를 내걸고 수출을 장려하여 국가경제를 부흥시킨 박 대통령의 개발정책성과로 살림살이가 점차 나아지는 현실에 공감하고 있었기 때문에 지지한 것이다.

2.2. 방위산업

방위산업의 시동

한국의 안보는 한국 스스로 책임질 수밖에 없는 현실에서, 3선 개헌으로 4년이란 기간을 더 보장 받은 박 대통령은 이 기간 내에 자주국방을 위한 군장비의 국산화를 추진했으나 구체화된 것은 1970년 7월 한·미 간에 M16소총 조립공장건설 차관에 합의하고 국방과학연구소(ADD)를 설립한 것이 고작이었다. 방위산업의 본격적인 추진을 위해 박 대통령은 김학렬 부총리에게 방위산업 육성 방안을 수립, 추진하도록 지시했다. 이에 따라 경제기획원에서는 방위산업의 중심이 되는 주철(鑄鐵)·특수강·기계·조선의 4개 공장을 '4대 핵 공장'이라 명명한 뒤 이들 공장을 건설할 차관을 얻기 위해 일본·미국·유럽 등에 열심히 교섭했으나 1년이 지나도록 진전이 없었다. 박 대통령은 경제기획원의 차관 교섭 결과에 대해 낙심과 실망에 차 있을 즈음, 1971년 11월 10일, 상공부 광공전(鑛工電) 차관보로 있던 오원철의 아이디어를 채택함으로써 한국 자주국방의 전기가 마련되었다.

오원철은 1928년 황해도 풍천에서 태어나 1945년 경성공업전문학교[현 서울공대의 전신]에 입학, 화학공학과 4학년에 재학 중 6.25가 발발하자 공군 기술 장교 후보생으로 선발되어 1951년 6월 공군 소위에 임관되고 이어 공과대학을 졸업한 뒤, 1957년 8월까지 군복무를 마치고 소령으로 예편하였다. 이후 자동차 회사의 공장장 재직 중 5.16군사혁명이 일어난 직후 군사정부에 차출되어 국가재건최고회의 조사과장으로 일하다가 얼마 후 상공부 화학과장으로 발령을 받았다. 화학과장으로 재직하는 동안 제1차 경제개발 5개년계획의 화학공업 부문을 입안했으며, 정유공장·비료공장·시멘트공장 등의 화학 관련사업을 추진하여 울산석유화학단지 건설의 주역을 맡았고, 국장·차관보로 승진하는 동안 경제개발계획과 수출주도형 경제개발정책의 성공적인 추진에 주도적인 역할을 한, 당대의 대표적인 기술관료(Technocrat)였다. 오원철의 방위산업에 대한 이론과 아이디어는 이러했다.

① 어떠한 병기도 분해하면 부품이다. 따라서 규정된 소재를 사용해서 만든 부품을 설계 도면대로 가공해서 조립하면 병기가 된다.

② 각 부품은 가공하는 공장이 몇 개, 혹은 수십 개가 되더라도 최종적으로 결합된 병기의 성능은 완벽한 것이 된다.

③ 문제는 금속병기의 정밀도가 1/100mm 정도인데, 우리나라의 금속 가공 수준은 1/10mm 정도밖에 되지 않는다는 점이다. 우선은 국내에서 가장 우수한 유관 민수(民需) 공장을 선정해서 부품별 또는 뭉치별로 분담시킨다. 그리고 공업고교 중 우수한 공고를 기계 공고로 전환하여 1/100mm 정밀 가공사를 양성한다.

④ 생산된 부품은 국방과학연구소에서 정밀 검사하여 합격된 것만으로 병기를 조립한다.

⑤ 이 방식을 채택한다면 당장이라도 병기 개발은 가능하다. 또 이렇게 하면 공장 건설 비용도 절감할 수 있고, 무기 수요의 변동에 따른 비경제성도 극소화 시킬 수 있다.

⑥ 현대 무기의 대량생산에는 선진국 수준의 중화학공업이 절대적인 전제가 된다. 뿐만 아니라 중화학공업은 우리 경제의 고도성장, 수출의 지속적인 증대, 국제수지의 개선을 위해 필수적이다. 따라서 우리나라 방위산업 육성은 중화학공업의 일환으로 추진하는 것이 절대적으로 유리하다.

오원철의 보고를 들은 박대통령은 즉석에서 방위산업 육성 정책 결심을 굳힌 뒤 이튿날 바로 그를 제2수석비서관에 임명하여 방위산업을 책임을 맡기니 이것이 한국 방위산업의 시동이었다. 방위사업 책임자로 출발한 오원철의 임무는 중화학공업, 기술인력 양성, 연구기관 설립, 국군 장비 현대화인 율곡사업으로까지 확대되었고, 이들 중책을 차질 없이 진행시켜 성과를 거둠으로써 박대통령으로부터 '오국보(吳國寶)'라는 호칭을 듣기까지에 이르렀다. 제2수석비서관실에서는 자주국방력을 연차적으로 고도화하되, 1차적으로 예비군 25개 사단을 경장비로 무장시킬 목표 하에 소총·기관총·박격포·로켓발사기·수류탄·지뢰 등의 개발계획을 세웠다, 그리고 국방과학연구소(ADD)로 하여금 1차 시제품을 연말까지 제작하게 한 결과 ADD에서는 24시간 근무체제로 돌입하여 12월 16일 1차 시제품이 완성되니, 개발 명령이 하달된 지 한 달 반 만이었다. 1차 시제품의 결점을 보완하고 2차 시제품의 제작을 완료하여 1972년 4월 3일 삼부 요인과 각 군 참모총장·언론기관·관련 업체 대표 등의 참관 하에 소총·기관총·박격포·유탄발사기·대전차로켓포·대전차지뢰 등 시제품의 시사회를 개최하였다. 이는 시사회를 통해 절박한 내외정세 하에서 방위산업의 필요성을 국가 지도급 인사는 물론 모든 국민들에게 인식시키자는 의도였는데, 방위산업을 출발시킨 지 반 년이 안 된 시점이었다. 이날 시사회에 선 보인 국산 무기들은 모두 예비군, 즉 경보병사단을 무장시킬 수 있는 무기들이었다.

자주국방의 실현

방위산업 육성의 핵심은 전력증강을 도모하여 자주적 방위역량을 축적함으로써 대북 억지력을 강화하고 장기적으로 국가안보를 확고히 하자는 것이었다. 그러려면 그 바탕이 되는 산업적 뒷받침이 있어야 했다. 당시 한국은 1·2차 경제개발 계획의 성공으로 1970년에 10억 달러 수출 목표를 달성했으나 주요 수출품이란 것이 의류·합판·양철·전기제품·신발·가발·완구 등 경공업 제품들로서 중화학공업 제품이나 무기 제조의 기본인 기계공업 제품은 없었다. 따라서 방위산업을 육성하기 위해서는 중화학공업과 기계공업 육성이 우선되어야 했고, 한국의 공업이 경공업 수준에서 도약하기 위해서도 이는 필수 과정이었다. 이러한 배경에서 1973년 1월에 중화학공업 선언이 발표된 것이다. 중화학공업을 위한 막대한 소요 재원과 기술적 뒷받침은 후진국으로서는 불가능해 보이는 일이었으나 한국은 이에 도전하여 성공했다.

국산 무기의 시제품 시사회가 끝난 다음날 박 대통령이 오원철을 불러 방위산업의 추진 방향을 물어보자 오원철은, 중화학공업은 막대한 건설 자금이 소요되지만 효율성을 높이기 위해 민간 주체로 공장을 건설하고, 대량 생산 병기의 납품만 보장된다면 어려울 것이 없다고 대답했다. 묵묵히 보고를 듣고 있던 박 대통령은 오 수석에게 본격적인 방위산업 추진 계획을 수립하도록 지시했는데, 우선되어야 할 전제 조건은,

① 공장 건설 단지는 처음부터 남쪽 후방에 배치하도록 한다.[최근 간첩들이 창원 지역을 거점으로 암약하고 있는 것도 방위산업 시설이 창원 공단에 집중되어 있기 때문이다.]
② 개발 대상 무기는 대구경화포(大口徑火砲)까지 포함한다.

는 것이었다. 105mm 대구경화포 개발은 예비군용이 아니라 현역군의 병기까지 국산화하겠다는 강력한 의지의 표명이었다. 악전고투 끝에 11개월 만인 1973년 3월 105mm 포가 발사에 성공하니, 이 대구경화포 개발 성공은 탱크·항공기·대형 함정 등의 국산화로까지 발전하여 그 결실이 오늘날 한국이 방위산업 강국의 토대가 된 것이다. 그러나 당시에는 군 내부에서까지 한국산 무기에 대한 신뢰도가 낮았으므로 한국 군부의 신뢰를 얻지 못하면 국산 무기의 현대화도 무산될 수밖에 없었다. 그리하여 1973년

1월 31일 3부 요인들을 상대로 한 중화학공업 중심의 공업개조 개편론 브리핑 말미에 방위산업 브리핑도 함께 하고, 그 동안 제작한 국산 무기를 전시하여 한국산 무기에 대한 신뢰도를 높였다.

방위산업을 본격적으로 추진하기 위해 1974년에는 한국군 현대화를 목표로 한 율곡사업(栗谷事業)을 시작했는데, 병행하는 중화학공업에다 1973~4년에 불어 닥친 유류파동과 물가 앙등은 방위산업 추진에 큰 장애로 등장했다. 이 위기를 중동건설 진출로 타개했으며, 1974~5년간에는 방위성금을 갹출하고, 1975년부터는 방위세를 신설함으로써 자주국방 계획을 순조롭게 추진할 수 있었다. 자연 과중한 방위세를 납부하는 국민들로서는 방위산업에 대한 궁금증이 없을 수 없었다. 박 대통령은 한국의 자주국방 현황을 대내외에 과시할 필요성에서 1977년 6월 23일 중부전선 승진기지에서 창군 이래 최대 규모의 국산무기 화력 시범대회를 개최했다. 이 대회에는 3부 요인, 주한 외교사절, 한·미 주요 군지휘관, 야당을 포함한 각계 지도급 인사 등 약 2,000명을 초청하고, 실황을 TV로 전국에 방송하여 국민들이 현실감을 느끼고 안도감과 자부심을 갖게 하였다. 이 대회에서는 과거에 미국에서 대여 받아 사용하던 소총으로부터 155mm 대구경 화포에 이르기까지 각종 국산 무기가 등장했다. 뿐만 아니라 한국형 소총·발칸포·장갑차·500MD 헬기 등 과거 국군이 보유하지 못했던 무기까지 갖게 됨으로써 명실상부한 국방의 자주화가 이룩된 것이다.

이 시범대회가 끝나고 난 뒤 박 대통령은 이철승 야당 대표에게 "미군이 간다고 너무 걱정 마시오." 하자, 이 대표는, "오늘 화력 시범을 보니 금석지감(今昔之感)을 느낀다."고 화답하며 찬탄을 금치 못했다. 이러한 자주국방을 목표로 매진한 방위산업 덕택으로 한국산 탱크의 경우를 보면, 높이가 낮아 엄폐에 유리하고, 엔진 성능이 좋아 기동성이 민첩하며, 포신(砲身)의 회전이나 사격 각도가 월등히 우수한 세계 최우수 탱크로 인정받고 있으니, 6.25사변에 무적의 위세를 떨치며 밀고 내려오던 북한군의 소련제 탱크도 이제는 꼼짝 못하게 되었다. 이러한 방위산업 육성을 토대로 하여 개발한 한국산 무기는, 2022년 폴란드에 K2 전차 1,000대, K9자주포 672문, 천무 다연장로켓 290문, FA-50 경공격기 48대 등 수 십 조 원에 상당하는 무기를 수출하였다. 성가가 높아진 한국산 무기는 폴란드뿐만 아니라 이집트·동남아시아·호주 등 아시아는 물론 아프리카·아메리카 대륙의 각국으로 수출되어 한국 방위산업의 위상을 높이고 있다.

우리나라 방위 산업은 지난 10여 년 동안 연 20억~30억 달러 수준에 머물던 방산 수출 규모가 2022년에는 170억 달러로 늘어났다. 뛰어난 가성비와 철저한 납기 준수로 경쟁력을 인정받은 결과이다. 이제는 방위산업 강국 코리아가 자유주의 국가의 무기고 역할을 하고 있다. 우리나라의 방위산업 수준이 이 정도 위상에 이른 것은 50여 년 전 박정희 대통령이 황무지에 뿌렸던 씨앗이 자라 맺은 열매이다. 50여 년 전 소총 한 자루 못 만들던 한국이 어떻게 이렇게까지 발전했는지 많은 국민들은 그저 놀라워할 뿐이다.

2.3. 중화학공업 구상과 유신체제

1970년대 초, 한국의 수출은 크게 신장되었으나 산업구조의 변화 없이는 더 이상의 도약이 불가능했다. 첫째, 경공업을 통한 성장이 한계에 부닥친 것이다. 둘째, 경공업 성장에 따라 중화학공업 제품인 시설재 수입이 급증하여 중화학공업화로 시설재를 국산화하지 않는 한 무역 구조를 개선할 수 없었다. 셋째, 중화학공업과 방위산업은 표리 관계에 있어 중화학공업의 발전 없이는 자주국방의 근간인 방위산업 발전이 불가능했다.

1972년 5월 30일, 무역진흥 확대회의에 이어 새로 수출하기 시작한 상품 전시회도 열렸는데, 이날 자동차 부품도 전시되었다. 당시까지만 해도 한국의 주요 수출 상품은 섬유 등의 경공업 제품이었기 때문에 기계공업의 총아라고 할 수 있는 자동차 부품이 수출된다는 것은 큰 의미가 있는 것이어서 박 대통령은 크게 고무되었다. 이날 오후 박 대통령은 오원철 제2수석비서관을 불러 "100억 달러를 수출하자면 무슨 공업을 육성해야지?" 하고 물었다. 불과 3개월 전인 지난 2월 20일에 작성한 '1980년도 수출 목표가 55억 달러'였는데, 갑자기 100억 달러 수출 방안을 묻자 오원철은 긴장했다. 100억 달러라는 수치는 이해(1972)의 수출 목표가 18억 달러이니 정상적인 증가 추세라면 10년의 기간으로도 달성하기 어려운 목표였다. 어쨌든 오원철은 자신이 알고 있는, 일본이 중화학공업으로 산업구조를 개편하여 10년 만에 100억 달러를 달성했다는 사례를 들어 설명했다. 그러자 박 대통령은 그 자료를 만들어 오라고 지시했다.

2~3일 뒤 오원철은 김정렴 비서실장과 대통령을 면담하여 일본 사례를 보고하면서, 일본이 1956년까지는 경공업제품 중심으로 연간 20억 달러를 수출하다가 1957년부터 추진한 중화학공업으로의 산업 구조 변경 덕택으로 10년 후에는 100억 달러 수출을 달성하여 오늘의 경제 대국으로 성장한 과정을 설명했다. 그리고 중화학공업은 자본과 기술의 집약 산업으로 기술 진보가 빠르며, 수요의 폭과 깊이 등 탄력성이 커서 부가가치와 생산성이 높으나 후진국이 쉽게 따라갈 수 없는 산업이다. 우리의 처지는

2차 대전 때 이미 모든 무기와 함정, 항공모함까지 자체 생산한 중공업 기반이 있는 일본과는 근본적인 차이가 있다. 그러나 우리도 금년이면 18억 달러 수출이 가능하고 포항제철과 울산 석유화학 공장이 건설 중에 있어 이미 중화학공업이 시작되었다. 중화학공업은 산업 구조의 도약을 위한 필수적인 코스이니 이를 중점적으로 10년 간 육성해 나간다면 100억 달러 목표도 달성할 수 있을 것이라며 희망적인 설명을 했다. 이에 대해 박 대통령은 그 기본계획서를 작성하여 보고하라고 지시함으로써 10년을 기한으로 한 100억 달러 수출과 자주국방을 목표로 하는 중화학공업 계획안이 마련되었는데, 요지는 가음과 같다.

① 가장 파급효과가 크고 성공 가능성이 많은 철강·석유화학·조선·전자·기계·비철금속의 6개 업종을 선정해서 공장은 종류별로 한 개씩만 건설하여 집중적으로 육성함으로써 중복 투자 방지와 건설비 감축을 기한다. 기계공업은 전시에는 병기 증산, 평시에는 수출품 생산으로 가동률을 높인다.

② 소요 예산이 88억 달러로 추정되는데 내자와 차관으로 조달한다. 외자를 유치하기 위해 일정 기간 합작 투자도 허용한다.

③ 철강·석유화학·조선·전자 공업은 이미 착수한 분야이니 국제 경쟁력을 감안하여 시설을 확장하고 최신 시설로 현대화 한다.

④ 전 국토를 공업구역과 환경보호구역으로 구분하여 공단은 공업구역 내에 국가에서 일괄 조성하여 공장 부지를 분양한다. 공단은 남쪽 해안 지역의 대형 선박의 출입이 가능한 곳에 건설하되, 공업 분야에 따라 각기 다른 지역에 분산 배치하여 공해 대책 을 쉽게 한다. 5대강 유역에는 공해 산업은 피한다.

⑤ 후진국의 공업화 초기 단계에서는 독점기업을 만들어 국제 경쟁력이 생길 때까지는 적극 지원·육성해야 한다.

⑥ 10개년계획을 둘로 나누어 전반부(1973~7)에는 5년 내에 마무리 지을 수 있는 것을 먼저 착수해서 이 기간에 중화학 기반을 구축하여 성과를 보여 줌으로써 그 후에 어떤 정책 변동도 못하게 한다.

⑦ 방위산업의 핵심인 기계공업을 육성하려면 기능공 등 다수의 기술 인력이 필요한데 이들 인재를 기계공고에서 육성한다.

계획안을 숙지한 박 대통령은 어떤 어려움이 있더라도 중화학공업을 육성하여 100억 달러 수출을 달성해야 한국의 경제력이 북한을 압도하고 격동하는 국내외정세에서 살아남는 길이라고 생각했다. 그런데 이 즈음 여러 산업들이 폭발적 성장을 하는 과정에서 많은 기업들이 과도한 사채를 끌어다 써 이자를 부담하느라 경영 압박으로 제품 생산이나 소비·수출은 활발한데도 경영은 부실해져 부도 직전에 이른 경우가 많았다. 이를 그대로 방치하면 도산하는 기업이 속출할 것이고 한국 경제가 흔들리게 될 위험이 있었으므로 1972년 8월 3일 "경제의 안정과 성장에 관한 긴급명령 15호"를 발동하는 비상조치를 취하였다.[8.3긴급조치] 즉 기업의 사채를 동결하고, 대출금리를 낮추며, 은행을 동원하여 저금리로 위기에 처한 기업의 부담을 덜어 주어 기업이 회생하도록 하는 내용이다. 국가 주도 경제체제에서는 이러한 비상조치의 필요성이 상존하고 있었는데, 이런 긴급조치는 야당의 정부 공격 구실이 되었고, 특히 중화학공업을 추진하려면 그 몇 배의 난관에 봉착할 것이었다.

그나마 박 대통령이 3선 개헌으로 보장된 임기는 1975년 6월까지이니 3년이 남았으나 그것 가지고는 턱없이 부족했다. 1975년 7월부터는 다른 대통령이 집권하도록 예정되어 있어 다른 대통령이 나와 중화학공업을 비판하고 정책 변경에 나선다면 이 국운을 건 거창한 사업은 중단되거나 실패로 돌아갈 것이 뻔했다. 그렇게 되면 전쟁에서 패전한 것과 같은 상황이 벌어져 경제는 파산할 것이고, 국가 안보는 위기에 처하게 될 것이며, 국민은 절망에 휩싸여 후손들의 앞날은 암담해질 것이다. 또 이를 추진하던 대통령을 비롯한 모든 사람들은 국민의 공적(公敵)이 될 것이다. 이런 불행을 막기 위해서는 특단의 조치가 필요하다고 여겨 결단한 것이 10월 유신(維新)이었다.

1972년 10월 17일, 박 대통령은 전국에 비상계엄을 선포하여 국회를 해산하고 모든 정당 및 정치 활동을 중지시킨 다음 헌법 개정을 선언하였다. 박 대통령은 이른바 10월 유신이라는 또 한 번의 정변을 감행한 것이다. 유신이란 정치를 새롭게 한다는 중국의 고전인 《시경》에서 유래되어 "모든 것을 새롭게 한다."는 뜻으로, 일본이 1968년 왕정복고(王政復古)를 하면서 메이지 연호를 붙여 메이지유신[明治維新]으로 호칭한 데서 널리 유행하게 된 용어이다. 메이지유신은 일본이 근대국가로 발전하는 데 바탕이 된 정치 개혁이다. 즉 1868년 이른바 메이지유신 지사(志士)들이 도쿠가와 막부(德川幕府)가 차지하고 있던 정권을 천황에게 되돌리는 한편, 지방분권 체제이던 일본을 중앙집권적 근대국가로 만든 사건이다. 메이지유신 지사들은, 어느 것 하나 간단치 않은 어려운 개혁 문제를 마치 톱니바퀴가 맞물려 돌아가듯 차질 없이 성공시켜 일본 근대화의 기틀을 닦았으므로 일본인들은 메이지유신을 일본 역사상 가장 성공한 정치개혁으로 자부하는 역사적 사건이다. 따라서 일제시대에 교육 받은 박정희가 이를 정치개혁의 모델로 삼았을 것임은 너무나 당연하고, 여기에서 10월 유신이란 호칭이 나왔다.

이 10월 유신에 대해 비판자들은 박 대통령이 독재체제를 강화하고 영구집권하기 위해 가탁한 정치체제라고 비난하나 앞에서 언급한 바와 같이 꼭 그렇게만 볼 수 없는 국내외의 경제·정치적 요인이 있었다. 박정희는 여야가 대립하고 있는 현 국가체제로는 한반도를 둘러싼 국제정세의 변화와 7.4남북공동성명으로 시작된 북한과의 대화에 적절하게 대응할 수 없다고 생각한 것이다. 이에 대해 당시 많은 지식인과 국민들이 유신을 반대했고 필자 또한 헌법 질서를 파괴한 박정희를 극도로 증오했다. 과거 정치, 즉 역사를 배운 역사학도로서 현실 정치의 부조리에 무심할 수 없었던 것이다. 그러나 연작(燕雀)이 어찌 봉황(鳳凰)의 깊은 뜻을 헤아릴 수 있었겠는가. 그런데 지금까지도 한국에서 '유신'이란 용어는 타기(唾棄)할 정도의 혐오 대상이 되고 있지만, 앞에서 본 바와 같이 당시로서는 불가피한 선택이었다고 생각한다.

유신헌법의 주요 내용은 유권자의 직접 선거에 의해 면·동마다 1인 이상 선출된 대표들로 통일주체국민회의를 구성하고 이 회의에서 대통령을 간접 선출하며, 또 대통령의 추천을 받아 국회의원의 1/3을 선출하도록 하여 국민이 직접 뽑는 국회의원 선거 결과에 관계없이 대통령이 자신의 정책을 일관되게 관철할 수 있도록 한 제도였다. 그리고 유신헌법은, 대통령이 국가의 안전보장과 관련하여 중대한 사태가 발생했다고 판단될 경우 국정 전반에 걸쳐 긴급조치를 발동할 수 있었다. 따라서 유신체제는 대통령에게 어떠한 국가기구의 저항이나 통제도 받지 않고 국정을 독단할 수 있는 절대 권력을 부여하였다. 긴급조치 내용 중에는 법관의 영장 없이 체포·구금·압수·수색할 수 있는 권한이 포함되었고, 유신체제에 대한 비판도 허용되지 않았다. 유신헌법의 시행으로 대의제 민주주의 정치 원리는 소멸하였으며 박 대통령의 종신집권이 사실상 보장되었다.

많은 사람들이 유신체제에 대해 극도의 거부감을 느꼈으니 정권을 잡아보겠다는 야권 정치인들의 상실감이 어떠했을 것이라는 짐작은 어렵지 않다. 그러나 유신체제 하에서의 정치는 유신헌법을 부정하거나 비판하는 것을 제외하고는 일상생활에 크게 불편을 주는 것은 아니어서 일반 국민들은 이에 대해 무덤덤했다. 과거 전 근대 동양사회에서 치도(治道)를 논할 때 흔히, '경(經)과 권(權)'을 많이 얘기했는데, 경은 일정불변의 법칙 내지 원칙이고, 권은 권도(權道)로 권도란, 수단은 상도(常道; 經)에 위배되나 결과는 상도에 맞는 임기응변의 일 처리를 말한다. 중요한 정책 결정에서 경과 권의 조화를 이루는 것이 역대 현군들의 정치였다. 세종대왕은 신하들이 원칙만을 고집할 때, 가끔, "경들은 경을 주장하나 나는 권도로 하겠다."는 말로 신하들의 반대를 잠재웠다. 유신체제는 즉 민주제도의 상도와는 거리가 먼 것이었으나 현실이 정책 목표와 괴리될 때 그 선택은 위정자의 몫이고, 여기에서 유능한 지도자의 진면목이 드러나게 된다.

민주주의에만 충실하여 직접선거를 통해 야당에게 정권이 넘어갔을 경우, 야당의 반대로 자주국방의 기반이 될 중화학공업은 정상적인 추진이 불가능했을 뿐 아니라 지난 10여 년 간 국민이 피땀 흘려 이룩해 놓은 수출경제 기반도 흔들릴 수밖에 없으리라는 우려 때문에 박 대통령은 비난을 무릅쓰고 유신정변을 감행한 것이다. 과거나 현재나 항상 정쟁만을 일삼는 한국 정치판을 볼 때, 단언컨대 유신이 아니었다면 중화학공업과 방위산업 추진은 물 건너갔을 터이고, 그랬더라면 선진국으로의 도약은 불가능했을 것이다. 또 선거제도에 의해 정권을 계속 유지하려면 막대한 선거용 정치자금을 염출하기 위해 정경유착은 필연적이어서 박 대통령은 정경유착을 끊기 위해서라도 유신체제가 필요하다고 생각했다. 이 유신체제를 감행한 목적이 반대파에서 비판하는 것처럼 자신의 종신집권을 위한 정권욕에서 비롯되지 않았음은 여러 곳에서 감지된다.

1979년 1월 1일 박 대통령이 공보비서였던 선우련(鮮于煉)에게, "나 혼자 결정한 비밀인데 2년 뒤 1981년 10월에 그만 둘 생각이야. 10월 1일 국군의 날 기념식에서 핵무기를 내외에 공개한 뒤 그만 둘 거야."라고 했다는 말이나, 9년 동안 비서실장을 지낸 김정렴이 회고록에서 유신헌법에 대해 박정희 대통령이, "이게 법이야 바꿔야지"라고 말했다는 말 등이 박정희 대통령의 심중을 대변한다. 또 남덕우 전 총리에게는, "내가 봐도 유신헌법의 대통령 선출 방법은 엉터리야. 그러고서야 어떻게 국민의 지지를 얻을 수 있겠어? 헌법을 개정하고 나는 물러날 거야." 라는 말을 하기도 했다. 유신시대 비서실장으로 일했던 김정렴과 언론인 출신으로 정무수석을 지낸 류혁인은 박정희가 김종필을 후계자로 내정하고 있었다고 한다. 또 스스로 말하기를, "임기가 끝나기 1년 전에 사임하고, 그 전에 국무총리에 임명하여 대통령 권한대행을 시켜 후계자가 되게 하겠다."라고 했다는 것이다.

박 대통령의 평소 언행으로 볼 때 마음에 없는 말을, 더구나 권력자가 가장 금기시 하는 '권력이양'이라는 천기(天機)를 입발림으로 아래 직원이나 측근에게 발설하는 성품이 아니었다. 박 대통령은 조국근대화의 최종 목표인 중화학공업화가 완성되고 자주국방을 위한 방위산업의 목표가 어느 정도 달성되면 물러날 결심이었으나 부마사태(釜馬事態)라는 민주화 운동이 그 시기를 앞당겼다.

2.4. 중화학공업 추진과 성과

중화학공업 선언

지난해의 10월 유신으로 자신의 임기와 정책 추진 상의 장애 요인을 해결한 박 대통령은 1973년 1월 12일 연두기자회견에서, "10월 유신의 목적은 국력의 배양과 국력의 조직화에 있습니다. 따라서 '유신과업'을 수행해 나가는 데 있어 국력 배양에 저해되는 요소를 우리가 과감히 시정해 나가야 하겠습니다.……그리하여 80년대의 수출 목표 100억 달러를 달성하여 국민소득을 1,000달러까지 올려 보려는 것입니다. 이 목표 달성을 위해서는 중화학공업을 육성해야 하는데 그러기 위해서는 과학기술의 발달 없이는 불가능하므로 '전 국민의 과학화 운동'에 박차를 가하자고 제안하는 바입니다.……근면하고 검소한 생활을 하고, 절약해서 저축하면 국민이나 국가나 부자가 되게 마련입니다."라며 10월 유신과 중화학공업화 추진 배경을 설명했다. 이것이 이른바 '중화학공업화 선언'이다. 내용은 철강·비철금속·기계·조선·전자·화학 공업을 6대 전략 업종으로 선정하고, 향후 10년간 총 100억 달러의 자금을 투입하여 1982년까지 중화학공업을 진흥시켜 1인당 국민소득 1,000달러와 수출 100억 달러를 달성하겠다는 야심찬 청사진이었다. 이 계획에 대해 경제기획원·국제통화기금[IMF]·국제부흥개발은행[IBRD]도 부정적인 견해를 표명하였다.

지난 10년 동안 한국이 추진하여 성공을 거둔 경공업 중심의 수출주도형 경제개발은 후진 한국이 세계 경제 환경의 흐름을 잘 이용한 것이었다. 그러나 이번 중화학공업 시도는 선진국이 100여 년 이상 독점해오고 있는 세계 산업 환경에서 한국 같은 후진국이 뛰어들어 성공한 예가 없었던 전인미답(前人未踏)의 경지였기 때문에 모두들 모험적이고 위험한 투자라고 생각한 것이다. 그러나 이러한 '한국적 방식'이라고도 할 만한 무모할 정도의 모험적인 시도는 결국 성공을 거두었고, 훗날 선진국으로 도약하는 바탕이 되었다. 이상과 같이 모두들 비판적으로 보는 정책을 추진하기 위해서는 주요 각료들의 이해를 얻는 것이 무엇보다 중요했다. 박 대통령은 아직 연두 순시도 끝나지 않은 1월 말일 오원철 제2수석비서관에게 국무총리 이하 주요 각료를 상대로 공업구조 개편론과 방위산업에 대한 브리핑을 하도록 지시했다.

1973년 1월 31일 오후 1시가 되기 전, 김종필 국무총리와 태완선 부총리를 비롯하여 재무·국방·상공·건설·과기처·문교·ADD[국방과학연구원] 소장 등 장관과 청와대 비서실장 이하 관계 특별보좌관들이 브리핑 장소인 청와대 내에 설치되어 있는 국산 병기전시실로 모여들었다. 모두들 방에 들어서자마자 청와대 내에 병기전시실이 있는 것을 보고 놀랐다. 1970년까지 소총 한 자루 못 만들었는데 2년 동안에 개발된 국산 병기의 종류가 많은 것에 다시 놀라며, 박 대통령의 방위산업에 대한 의지를 피부로 느꼈다. 브리핑 장소를 생소하고 비좁은 국산 병기전시실로 정한 것은 박 대통령의 깊은 뜻이 있었던 것이다.

1시부터 4 시간 가까이 오원철의 브리핑이 계속되었는데, 요지는, "중화학공업과 방위산업은 표리일체의 사업이다. 평화 시에는 산업 기계와 섬유·비료 등 공산품을 만들어 내수와 수출에 활용하다가 비상시에는 병기와 화약 등 무기를 생산할 수 있다. 그러나 대다수의 국가는 기술과 수요가 한정되기 때문에 외국에서 무기를 사다 쓰게 된다. 우리나라는 이 두 가지 문제는 저절로 해결되나 난제는 내외자 합쳐 100억 달러로 추정되는 투자 재원이다."라는 것이었다. 브리핑이 끝난 뒤, 박대통령은 남덕우 재무장관에게 돈을 마련할 수 있겠느냐고 물었을 때, 남장관이 액수가 너무 커재원 조달이 난감하다고 하자 박 대통령은, "내가 전쟁을 하자는 것도 아니지 않느냐 이 정도의 사업에 협조를 안 해 주어야 쓰나?"라고 하며 총리를 위원장으로 하는 중화학공업추진위원회를 구성하도록 지시했다. 속마음들은 어땠는지 모르겠지만 드러내놓고 중화학공업과 방위산업에 이의를 제기하는 사람은 없었다.

중화학공업의 성과

이렇게 어렵게 출발한 중화학공업 추진에는 출발에서부터 애로가 많았다. 1973년 10월 6일 제4차 중동전쟁이 일어나 석유수출국기구(OPEC)는 원유 생산량을 25% 감축하고, 아랍 권에 대한 비우호국[미국 등 친서방국가]에게는 원유 공급을 감량하겠다고 발표함으로써 우리의 석유 공급처인 걸프·칼텍스 등 미국 석유 회사가 공급 감량을 통보해왔다. 이렇게되면 우리나라 경제는 마비되고, 이제 막 시작한 중화학공업도 중단될 수밖에 없는 위기에 놓이게 될 것이었다. 미 석유회사 중역들과 친분이 있던오원철이 나서서 물량 수급의 급한 불은 껐으나 3배 가까이 오른 유가에는 대책이 없었다. 여기에 숨을 틔어준 것이 중동 건설 붐이라는 절호의 기회에 한국이 편승한 것이다. 이렇게 벌어들인 중동에서의 건설 수주 액은1974~1981년간 411여 억 달러에 이르렀다. 처음에는 주로 단순 기술인토목공사로 진출했고, 뒤이어 건축·전기·통신 분야로 확장했으며, 더 나아가서는 플랜트 건설[공장 설비 일체 건설]까지 맡게 됨으로써 한국은 건축분야에서 국제 유수의 선진국으로 부상하는 계기가 되었으니 위기를 기회로 바꾼 것이다.

국무총리 소속의 중화학공업추진위원회는 청와대 안에 기획단을 두고 기획단장에 제2경제수석비서관 오원철을 임명하여 총괄책임을 맡겼다. 기획단은 한 분야에 한두 민간 사업체를 선정하여 국제경쟁력을 갖출 수 있도록 공장부지·도로·설비자금 등을 전폭적으로 지원하였다. 경제적 효율만을 생각해서 특정 기업에 특혜를 주는, 이 같은 산업정책은 기회의 균등을 요구하는 정상적인 자유민주주의 체제에서는 있을 수 없는 일이다. 그럼에도 그것이 가능했던 것은 정치권의 개입과 간섭이 틈입(闖入)할 경로를 유신체제가 차단했기 때문이었다. 중화학공업의 전체적인 계획을 세운 것은 정부였지만, 우수한 민간 기업을 선정하여 사업을 맡겨 공장을 건설하고 제품을 생산하여 해외시장에 판매한 것은 민간 기업이었다. 민간 기업들도 처음에는 위험부담이 많아 중화학공업에 참여하기를 주저했지만 정부의 강력한 정책 의지에 떠밀려 참여하여 점차 정부의 산업보국·조국 근대화라는 목표에 공감함으로써 사명감을 가지고 적극적인 자세로 임하게 되었다. 그리고 중화학공업 진흥에는 수많은 기능공이 필요하므로 정부는 19개 학교를 기계공고로 지정하고 각종 혜택을 주어 기능공을 양성했는데 1972년에서 1981년까지 10년 사이에 100만에 가까운 기능 인력을 양성하여 각 기업에 공급하였다.

이렇게 시작된 중화학공업은 1978년까지 오일쇼크가 발생한 1974~5년 두 해에 각각 6 %와 8%로 멈칫 했을 뿐 나머지 해에는 10.1~12.6%의 높은 수준의 성장을 유지했고, 특히 중화학공업을 포함한 제조업은 경이로운 성장을 하여 성장률이 무려 20%에 달하였다. 그 결과 1981년까지의 1인당 국민소득 1,000달러와 수출 100억 달러 목표를 4년 앞당겨

1977년에 달성했고, 박 대통령이 시해된 1979년 말에는 147억 달러 수출, 1인당 국민 소득 1,546 달러에 도달하여 명실상부한 중진국 대열에 올라섬으로써 선진국으로 도약할 발판이 마련되었다. 산업 구조면에서도 전체 제조업에서 중화학공업이 차지하는 비중은 54%였으며, 공산품 수출에서 중화학 제품의 비중이 48%에 달하여 이제 한국은 더 이상 경공업 제품 수출국이 아닌 선진 공업국이었다. 이러한 산업구조의 변화는 선진국들이 100년 혹은 수십 년 이상이 걸려 이룩한 성과였다. 이 기간에 오일쇼크가 발생하여, 한때 중화학공업 추진에 위기가 오는 게 아닌가 하는 우려도 있었으나 앞에서 설명한 대로 오일머니로 형성된 중동 건설 사업에 뛰어들어 위기를 기회로 바꾼 것이다.

어쨌든 모두가 무모하다고 고개를 저었던 중화학공업 시도는 아주 성공적으로 결실을 맺었다. 1970년까지만 해도 한국은 소총 하나 만들 줄 몰랐는데, 1970년 8월 국방과학연구소를 설립하고 포항제철에서 철이 생산되고 제련 기술이 향상되자 박정희 대통령은, "설령 총구가 갈라지더라도 총을 한 번 만들어 봐라."라고 독려하여 그 지시에 따라 시도한 것이 소총은 물론 각종 화기의 제조에 성공했다. 현재 전 세계에서 사용되는 손톱깎이의 60% 이상이 한국산인데 이는 순전히 무기 생산을 위해 향상된 제련 기술 덕택이다.

수요가 없으면 제조업이 계속되지 못하기 때문에 선진국이라 해서 아무나 무기 제조에 뛰어들지 않는다. 한국도 북한의 위협이 없었다면 방위산업에 전력투구하지 않았을 것이고 현재와 같은 방산 수출 대국이 되지 못했을 것이다. 그런 의미에서 한국 방위산업 발달에는 김일성의 존재가 큰 기여를 했다는 것은 아이러니가 아닐 수 없다.

원자력 발전소 국산화 추진

중화학공업과 병행하여 빼놓을 수 없는 사업이 원자력발전 시설의 국산화 추진이다. 박 대통령은 에너지 위기가 닥치자 석유의 속박에서 벗어나 전기의 안정적인 공급을 위해서는 우리나라 발전 시설을 원자력발전 방식으로 전환할 필요가 있다고 생각했다. 원자력발전소를 건설하려면 막대한 시설비로 거액의 자금이 필요하며 또 그 기술을 도입하자면 로얄티 비용과 기술 확보도 쉬운 일이 아니었지만, 중화학공업과 연관시켜 원자력발전소를 계속 건설해 나가는 과정에서 기술을 국산화하여 원자력발전 강국이 될 수 있을 것으로 확신했다. 한국은 아직 원자력 연구가 생소했던 1950년대 말에 이미 이승만 대통력의 결단으로 원자력연구소가 설치되고 원자력병원이 운영될 정도로 의료 분야에서 원자력이 활용되고 있었기 때문에 원자력에 대한 상당한 기술적·학문적 기반은 축적되어 있었다.

원자로의 국산화 연구는 원자력 전문가로서 당시 국방연구소 부소장으로 있던 현경호 박사를 원자력연구소장에 임명하여 연구를 전담하게 하고, 한국전력 출자로 엔지니어링 회사를 설립하여 발전소 건설을 맡겼으며, 기계 제작은 창원 기계공단에 있는 한라중공업[현 두산중공업]에 분담시켜 개발을 완료하였다. 2004년에는 고리원자력 발전소를 비롯한 여러 곳에 원자력 발전소를 건설하여 현재 한국 총 발전량의 38.2%를 원자력이 점유하게 되었다. 그 결과 한국은 세계 유수의 원자력발전소 제작 기술을 보유하여 2010년에는 아랍 에미리트[UAE]의 아부다비에 아랍 최초의 원자력발전소인 바라카 원전의 건설 수주를 맡아 순전히 자체기술로 원자력 발전소를 성공적으로 건설함으로써 20조원이란 막대한 수출 효과는 물론, 한국의 원자력 발전소 건설 기술을 세계에 과시하는 쾌거를 이루었다. 그 결과 2019년에는 미국 원자력위원회[NRC]로부터 원자력발전소 설계 인증을 획득했다.

박 대통령이 원자력발전에 주력했던 이유는 동력 확보 외에 자주 국방이라는 원대한 꿈도 내포되어 있었다. 1970년대 중반 월남을 비롯한 인도차이나 반도의 여러 나라가 공산화되는 것을 보고, 상황이 여의치 못하면 한반도의 미군도 언젠가는 일방적으로 철수할지 모른다는 회의를 갖게 되자 그러한 상황에 대비하여 핵무기를 개발하는 등 자주국방 태세를 갖춰야 한다고 마음먹었다. 천연 우라늄광도 없고 농축기술도 갖지 못한 한국으로서는 원자로에서 나오는 사용 후 핵연료를 재처리해 핵폭탄의 원료인 플로토늄을 확보하는 길밖에 없다고 생각했다. 1974년 10월 한국·프랑스 간에 원자력 협정이 체결되어 기술 도입에 박차를 가하기 시작하던 중, 인도가 비동맹국가 가운데 최초로 핵실험에 성공하게 되자 상황이 급변하게 되었다. 핵 확산에 촉각을 세우고 있던 미국이 한국의 핵개발 계획을 탐지하고 프랑스를 압박하여 한·프 간에 맺어졌던 원자력 협정도 파기하게 했다. 이후 한·미 양국 간에는 치열한 신경전이 벌어져 미국은 한국이 핵개발을 계속할 경우 한·미 안보 관계가 전면적으로 재검토될 것이라는 으름장까지 놓았다.

박 대통령은 시종 이를 무시하고 1978년 9월 26일 국산미사일 발사에 성공하여 세계 7번째 미사일 생산국이 되자 미국의 불안은 더욱 고조되었다. 이 때문에 1979년의 10.26 사태도 박정희의 핵개발 집념과 관련이 있다는 설이 나돌게 되었다. 그 후 12.12정변으로 정권을 탈취한 전두환은 미국으로부터 지지를 받는 대가로 핵무기와 미사일 개발 프로그램을 무력화 시키고, 다음 노태우는 '한반도 비핵화선언'으로 핵 주권까지 포기했다.

물론 미국과 동맹 관계에 있고, 세계와 통상하여 무역으로 먹고 사는 한국이 미국의 반대와 억지력을 극복해 가면서 핵을 계속 개발해 나간다는 것은 어려운 문제였다. 그러나 핵 주권을 포기할 때, 일본처럼 우라늄 농축시설과 핵연료 재처리시설, 다량의 플루토늄을 보유할 권한을 확보했더라면 지금 북한이 벌이는 핵 공갈 대결에서 무력한 방관자요 인질의 신세를 한탄만 하지 않을 수 있게 되었을 것이다.

전두환 정권이 들어서서 중화학공업에 대한 비판이 시작되었는데, 전 정권의 업적을 깎아내리는 것은 뒤를 이은 정권의 속성으로, 정통성이 없는 정권일수록 그 정도가 더욱 심하다. 이러한 분위기는 학계·언론계에까지 파고들어 일반화되었고, 18년이 지난1997년에 IMF사태가 발생하자 중화학공업은 그 원인 제공자로까지 지목되었다. 중화학공업의 과잉 투자, 중복투자가 IMF사태의 한 원인이 되었다는 것이다. 그러면서, "박정희 정부는 불필요하게 비효율적으로 국가 재원을 낭비했다."고 비난했다. 먼저 과잉투자 문제를 보자. 이 기간에 투입된 중화학공업 예산은 약 80억 달러로 경공업에 비해 투자액이 엄청났다는 것인데, 이는 중후장대한 중화학공업 시설비는 경공업과는 비교할 수 없을 정도로 투자액이 큰 점을 고려하지 않은 것이다. 다음 중화학공업이 중복 투자였다는 문제는, 당초 중화학공업 추진 항목은 철강·비철금속·기계·조선·전자·화학의 6개 전략 업종으로 이들 공업을 기지 별로 입주시키고 최종 제품별로 한 공장씩만 건설했기 때문에 당초에 중복 투자는 있을 수가 없었다. 결론적으로 말해서 중화학공업을 추진하지 않았더라면 자주국방은 물론이고 우리나라가 선진공업국으로 진입하는 것은 애당초 불가능했다.

3. 기타 정치 경륜

대부분의 사람들은 박 대통령이 경제건설로 나라를 빈곤에서 구했다고 하여 경제 개발만 주로 얘기하는데. 박 대통령이 지향한 '조국근대화'는 단지 경제적인 성취 곧 산업화만을 위한 것이 아니었다. 그는 국토개발과 환경개선에도 주력하였고, 한국 사회와 인간성의 근본적인 개조를 추구하였으며, 전통문화의 계승·발전에도 진력하였다. 박 대통령은 경제 성장에 맞춰 대한민국의 국격을 한 단계 올린 탁월한 국가 경영자였다. 1~2차의 수출주도 경제에서 3~4차의 중화학공업 중심의 경제개발 계획을 비롯하여 산림녹화·국토개발·경지정리·새마을사업·의료보험제도·그린벨트 설정·부가가치세 도입, 교육·문화 정책 등 모든 것이 국가 미래를 내다보고 추진하여 오늘의 선진국으로의 도약이 가능하게 된 것이다.

3.1. 국토 개발

산림녹화(山林綠化)와 그린벨트 지정

5.16 이전까지 인구가 조밀한 들판 지역의 한국 야산은 대부분 민둥산이었다. 일제 때의 사방사업 실시로 어느 정도 산림녹화가 이루어졌으나 6.25를 거치면서 전화(戰火)로 산림이 많이 파괴된 데다가 정치적 혼란과 사회적 무질서를 틈타 연료용 채취로 남벌이 횡행하여 남한의 산림은 급속히 황폐해 갔다. 그로 인해 가뭄과 홍수의 피해가 연례행사처럼 찾아왔다. 자유당 정부 하에서도 조림을 위한 노력이 없지는 않았지만 체계적인 산림녹화가 이루어지지 못했다. 본격적인 산림녹화 정책은 5.16 이후였

다. 군사정부는 1961년 6월 '임산물 단속에 관한 법률'을 제정하여 도벌을 5대 사회악의 하나로 규정하고 엄격히 단속하였다. 이어 1962년에 제정된 산림법은 한국의 산림녹화를 성공시킨 바탕이 되었다.

산림 황폐의 주 원인이 연료림 채취에 있었으므로 동리 주민들로 하여금 산림계를 조직하게 해서 연료림으로 사용할 속성수 조성과 산림 보호를 자율적으로 수행하게 하였다. 그러나 연료는 매일 소요되는데 연료림 조성이란 것은 단기간에 이루어질 수 있는 것이 아니었다. 일제시대에도 산사태 예방을 위한 이른바 사방사업을 열심히 했으나 산림은 울창해지지 않았다. 이유는 대체 연료는 공급해 주지 않으면서 벌채만 엄격히 다스리니 사람들이 연료용으로 낙엽을 모조리 긁어가 나무가 자랄 수 없었고, 가축 사료용이나 퇴비로 써야 할 볏짚 등 곡초로 연료를 대신하니 농토는 점점 척박해졌다. 산림녹화의 관건은 대체 연료 공급이었으므로 5.16 이후 정부에서 식목과 산림 보호를 철저히 하는 한편, 전국 방방곡곡에 연탄을 공급하여 연료 문제를 해결하자 산림녹화는 자연스레 이루어졌다. 한때 철거했던 경북선 철도가 문경 점촌에서 영주로 개설된 것도 강원도의 석탄을 남부 각지로 운송하기 위함이었다.

본격적인 산림녹화 계획은 1973년부터 시작되었는데, 제1차는 1982년까지 10년에 걸쳐 100만 헥타르에 조림을 실시한다는 목표를 세웠다. 이제까지 농림부 외청이었던 산림청을 내무부로 이관시켜 산림청은 나무를 심고 관리하고, 이렇게 조성된 산림을 내무부 산하의 경찰이 관리·감독하게 함으로써 산림녹화에 효율화를 기하고, 새마을운동의 일환으로 전국의 마을·직장·단체·기관이 참가하는 범국민운동으로 전개하자 4년을 앞당겨 1978년에 목표를 달성했다. 1979년부터 제2차 치산녹화 사업이 착수되어

1987년에 전국토의 산림녹화 사업이 완료되었다. 두 차례에 걸쳐 추진된 산림녹화 사업은 민둥산을 기적적으로 변모시켜 지금은 산불이 났거나 태양열 발전을 한다고 벌채한 곳을 제외하고는 어디를 가나 수풀이 울창하여 산림녹화의 세계적 모범국이 되었다. 북한의 민둥산만을 보고 살아온 탈북민들은 어디를 가나 울창한 산림을 보고 한결같이 감탄한다.

국토 이용의 효율화

한반도는 세계에서도 인구밀도가 높은 지역인데 특히 남한은 10만 평방킬로미터의 좁은 지역에 5천만이 살고 있으니 인구밀도가 더욱 높다. 이렇게 좁은 지역에 산업화에만 몰두하여 마구 공장을 짓게 되면 환경 파괴와 공해 문제가 회복 불가능에 이를 것은 불을 보듯 명확하다. 그래서 우선 보존해야 할 곳은 집중 관리하여 보존해야 한다. 20세기 중반까지만 해도 선진 공업국들의 하늘을 뒤덮는 공장 굴뚝 연기는 산업화의 상징으로 후진국에게는 선망의 대상이 되었다. 그러나 여러 종류의 공장을 한 곳에 마구 지은 지역에서는 공해 문제로 골머리를 앓았다. 이런 전철을 밟지 않기 위해 각 산업별·공단별로 구분하여 조성하고, 내륙 지방은 공해를 가능한 적게 받도록 동남 해안을 중심으로 건설하였다. 그리고 한반도의 젖줄인 5대강 연변에는 전자·전기 등 공해물질 배출이 비교적 적은 공단만을 설치하도록 하는 등 공단 지구와 청정 지역을 엄격히 구분하여 배치하였다.

또 급격한 도시화로 훼손되는 녹지를 보존하기 위해 개발제한구역제도 즉 그린벨트를 1971년 서울을 포함한 수도권을 중심으로 처음 지정했는데, 이 제도는 도시 주변의 녹지 공간을 확보하고 자연환경을 보전하는 데 목적이 있다. 우리나라는 1960년대 이후 도시를 중심으로 경제개발 계획이 추진되어 지방민이 대거 대도시로 몰려들었다. 특히 서울 근교 수도권에는 인구가 폭증하여 이주민의 주거지 확보를 위해 난개발이 심각했다. 그린벨트를 지정할 때부터 사유재산 침해라는 반발이 있었지만 이때 시행하지 않았더라면 무분별한 개발로 대도시 특히 수도권 주변의 녹지대는 대부분 사라졌을 것이다. 이 제도는 박정희 대통령 집권 기간에는 공익을 우선하여 엄격히 지켜지다가 1980년대 후반부터 98년까지 수도권 택지부족과 개발을 이유로 총 46 차례에 걸쳐 규제완화를 실시하여 개발제한구역 내 개발 허용범위를 확대하는 바람에 그린벨트가 많이 훼손되었다. 지금도 선거 때만 되면 그린벨트 훼손이 일상화되고 있다.

4대강 유역 종합개발

남한의 4대강은 한강·낙동강·금강·영산강을 말하는데, 해당 유역은 인구·국민총생산·수자원·경작지 등에서 국토 면적의 60% 이상을 차지하고 큰 평야도 대부분 4대강 유역에 있어 농경 시대에서는 국민들의 명줄이 달린 국가의 근본 지역이었다. 4대강 개발 역시 경제개발 초기에는 우선순위에서 밀려나 있다가 경제개발에 따라 어느 정도 국가 재정에 여유가 생기자 1972년부터 1981년까지 10년 간 국토종합계획을 실시했는데 그 일환으로 4대강을 체계적으로 개발하여 수자원을 안정적으로 확보하고 수해를 방지하기 위해 4대강유역 종합개발이 추진되었다.

이 사업의 핵심은 다목적 댐을 건설하여 가뭄과 홍수의 피해를 막고, 충분한 농업용수를 저수하여 식량 증산에 차질이 없도록 하며, 갈수기에 대비하여 충분한 생활용수와 공업용수를 확보하기 위함이었다. 한강 유역에는 북한강의 소양강댐과 남한강의 충주댐, 낙동강 유역에는 안동댐과 합천댐, 금강 유역에는 대청댐, 영산강 유역에는 장성댐과 하구언이 건설되었다. 이후에도 많은 댐과 하구언·방조제 등이 건설되어 국토 이용이 다각도로 이루어졌다. 그러나 토사로 높아진 하상(河床)을 준설하고 사이사이 보를 막아 물을 저수해야 홍수 때에 주변 농지가 침수되는 피해를 방지하고, 가뭄에 농업용수의 부족을 면할 수 있었겠지만 이는 30여 년 후에 실시된 본격적인 4대강개발사업을 기다려야 했다.

경지정리

우리나라는 산악이 많아 국토면적의 3분의 2가 산지인 관계로 등고선을 따라 농지가 조성된 결과 논이나 밭의 크기와 형상이 불규칙하다. 넓은 평야지대는 일제시대부터 경지정리가 된 곳도 있으나 이는 넓은 들판 지역에 국한되었고 대부분의 논들이 경사도에 따라 조성되어 논배미마다 고저가 심하고 출입로나 용수·배수로 등이 미비한 상태였다. 들판의 경지정리는 소유주가 각각 다르고 측량 등 기술적인 문제에다 막대한 노동력이 소요되므로 개인이나 마을 단위로는 불가능하여 국가나 지방 행정 관서가 주관해야 실현 가능한 사업이었다. 초기 경제개발계획에서는 공업입국 문제와 겹쳐 정부의 지원 능력이 없고, 지방재정과 농촌의 어려운 경제사정 등으로 경지정리 사업이 부진하였다.

그러다 1972년부터는 정부주도사업으로 소요사업비의 50%를 국비로 지원하고, 30%는 지방비, 나머지 20%는 농민부담으로 재원부담 비율을 조정하는 등, 제도와 절차가 체계화되어 사업이 정상궤도에 올랐다. 그러나 지방비 30%나 농민부담 20%도 노임 및 물가상승으로 어려움에 처하자 1982년부터는 순 농민부담의 3분의 2, 즉 총사업비 13.3%에 해당되는 비용을 융자금으로 지원하여 농민의 현금부담을 경감시켰고, 1983년부터는 국고부담 50%를 60%로 확대 지원하는 대신 지방비 30%를 20%로 경감시켰다. 그 결과 산골짜기 다랑이 논을 제외하고는 논의 대부분에 경지정리가 완성되어 기계화영농이 가능하게 되었다. 만일 그때 경지정리가 되지 않았더라면 이앙기나 수확기 등 농기계가 논에 들어가지 못하여 지금처럼 노동력이 부족한 현실에서 대부분 지역의 논농사는 불가능할 것이다.

3.2. 농촌 계몽과 환경 개선

농촌 계몽과 새마을사업

전 국민의 대부분이 농업 소득에 의지해서 생활하는 농업국가에서 가장 시급한 일은 농가 소득을 올리는 것이었다. 따라서 혁명정부는 5.16 직후부터 첨단 농업기술과 영농 방법을 보급하여 농민 소득을 올리고 농촌생활을 개선하는 다방면의 농촌 지도사업을 추진하였다. 먼저 시작한 것이 농촌지도소를 통한 농업 기술 지도였다. 당시 농사법은 선대부터 해 오던 영농 방식을 답습하여 농촌 수익은 항상 답보 상태여서 농가 소득을 올리려면 이에 대한 개선이 시급했다. 농업 기술이나 종자 개량을 전담하는 기구로는 건국 직후부터 농림부 산하의 중앙 기구[農事改良院 → 農業技術院 → 農事院]가 있었으나 주 임무가 종자 개량 등 연구 분야였지 농민에게 농업 기술을 직접 지도하지는 못하였다.

1962년 농림부의 일부 기구와 통폐합되어 농촌진흥청으로 바뀌면서 도에 도농촌진흥원을 설립하고 그 아래에 시·군 농촌지도소를 설치했다. 그 뒤 1963년에는 시·군 농촌지도소 밑에 3~4개 읍·면마다 농촌지도소 지소를 두게 되었으며, 1975년 이후에는 각 읍·면마다 지소를 두었다가 시·군 농촌지도소에 통합되었다. 기구와 기능을 보면, 군농촌지도소에는 소장 아래 영농기술 및 지역 농업개발계획·기술지도 등을 담당하는 기술담당관과 지도계·작물계·주산지계·개발계·생활개선계를 두었다. 각 분야별로 특기 지도사 10여 명을 배치하여 농사 시험연구기관에서 개발한 새로운 종자나 농사기술을 전시·홍보·집단훈련·교육 등을 통하여 전달·보급하였다. 5.16이후 군부대 공민학교에서 무학자들에게 한글 교육과 함께 영농교육을 병행하여 농업 기술을 지도했다.

다음, 새마을사업은 박정희 정권의 대표적인 농촌 개발 사업인데, 자신이 빈농 출신이어서 박 대통령의 농촌생활 개선에 대한 관심이 각별했다. 새마을사업은 농촌 환경 개선 사업으로 당시 국민의 절대 다수를 차지하는 농민의 생활과 직결된 것이므로 선거에서 표만을 생각한다면 무엇보다 우선해야 할 과제였다. 그러나 농촌을 우선하고 고미가 정책을 유지하다가는 초기 경제개발계획의 핵심인 수출주도 사업 추진에 차질이 생길 수 있었다. 따라서 초기에는 농촌 개발은 우선순위에서 밀려나 있다가 경제개발 성과에 따라 어느 정도 재정적 여유가 생기자 1960년대 후반부터 농업과 농촌 개발에 힘을 쏟기 시작했다. 기존의 전통적인 저미가 정책을 1968년부터 1972년까지 추곡 수매 가격을 25%씩 인상하는 고미가 정책으로 전환했는데 이는 물가상승률 15%를 훨씬 상회하는 수준이어서 농가 경제 개선에 큰 도움이 되었다. 이를 바탕으로 1971년부터 본격적인 농가 수입 증진 및 농촌 환경 개선 사업인 새마을운동이 시작되었다.

시멘트 공장의 증설로 시멘트 재고가 넘쳐나자 1971년 정부는 새마을 가꾸기 사업이란 명목 하에 전국 3만 3,267개 마을에 시멘트 335부대

씩을 내려 보냈다. 용도에 대해서는 10개 사업을 예시하되, 마을의 상황에 따라 자율적으로 사용하도록 하였다. 나중에 시멘트 사용 결과를 보고 받은 내역은 마을마다 각양각색이었다. 어느 마을에서는 마을 앞 개울에 다리를 놓거나 공동 빨래터 등을 건설했는가 하면, 어느 마을에서는 집집마다 나누어주거나 방치해 두어 시멘트가 굳어버린 경우도 있었다. 이듬해인 1972년에는 전 해의 실적이 비교적 우수한 50%의 마을 즉 1만 6,600여 개 마을에 시멘트 500부대와 철근 1톤을 내려 보내 환경 구조 개선에 사용하도록 하였다. 전해의 실적이 나쁜 마을들은 지원 대상에서 제외하여 정부가 실적에 따라 차별화 하자 탈락한 마을들도 앞 다투어 참여하였다.

새마을사업을 범정부적으로 추진하기 위해 중앙에 내무부 장관을 위원장으로 하는 새마을중앙협의회를 설치하고 각부의 차관·청장 및 농협과 수협의 부회장 등을 참여시켜 범정부적인 기구가 되도록 하여 거국적인 사업으로 추진하였다. 뿐만 아니라 도와 시·군에도 새마을협의회가 구성되고 최하 단위인 마을에는 이동 개발위원회가 조직되어 일선에서 새마을운동을 담당하였다. 매년 각 마을을 개선 정도, 즉 담장·지붕의 개량을 비롯하여 농지의 수리(水利) 시설, 주변 하천 정리 정도, 마을 기금 여부, 농업외 소득 사업 액수, 회관·창고·작업장 등 마을 공동시설 등 다각도의 평점에 따라 자립마을·자조마을·기초마을로 등급을 구분하여, 각 마을의 노력 여하에 따라 기초마을에서 자조마을, 자조마을에서 자립마을로 승격할 수 있게 하였다. 우수한 마을에는 대통령 하사금까지 내려오게 되자 새마을운동은 요원의 불길처럼 일어났다. 농촌에서 일어난 새마을운동은 어촌으로, 도시로, 공장으로 확산되어 '잘 살아보세'라는 구호가 전국에 메아리쳤다. 근면·자조·협동의 새마을운동은 마을끼리 선의의 경쟁을 하도록 유도함으로써 농촌 생활의 획기적인 개선을 가져왔다. 인간은 이기적인데, 박 대통령은 이 이기심을 경쟁시켜 국민 각자가 능력을 한껏 발휘하도록 신바람을 불어넣음으로써 농촌 근대화는 물론, 산업화에 성공할 수 있었다.

대다수의 국민은 새마을운동이 내건 근면·자조·협동의 새마을 정신에 공감하고 그 운동에 적극 참여하여 농촌이 면모를 일신하였다. 가장 대표적인 예로 새마을운동이 없었다면 마이카 시대인 오늘에 와서 농촌마을에 자동차도 진입하지 못할 것이다. 그런데 새마을운동은 정권이 바뀐 뒤에는 찬밥 신세가 되어 박정희 대통령의 고향인 경상북도에서만 명맥이 유지되기도 했다. 그러나 지금은 이 새마을사업이 한국뿐만 아니라 전 세계적으로 확산되어 후진국의 농촌 계몽을 선도하고 있다. 2022년 현재, 아시아·아프리카·러시아[극동 지역] 등지 25개국 70여 개 지역에서 농민 소득 향상과 농촌 생활개선에 기여하며, 세계 각국에 새마을 지도자들이 파견되기도 하고, 한국에서 새마을 교육을 연수한 외국인들은 귀국하여 자국의 농촌 새마을 운동을 지도함으로써 소득 증진과 생활 개선에 이바지하며 한국의 이미지를 높이고 있다. 이러한 전 세계적인 파급효과로 2013년에는 세계기록문화유산으로 등재되기까지 했다. 특히 중국 총서기를 지낸 후진타오는 자신이 새마을운동을 많이 연구했고, 새마을운동을 통해 많은 중국인민들이 박정희 대통령에게 존경심을 갖고 있다고 술회했다.

농어촌 전화(電化) 사업

전기는 조명·문화·정보 및 동력의 원천으로 현대 생활에서 의식주에 버금가는 필수 요소이다. 그러나 전기를 사용하기 위해서는 충분한 발전량,

먼 거리까지 보낼 수 있는 송배선 시설, 전기료를 부담할 만한 가정 경제 등이 전제되어야 하는데, 제한 송전을 했던 한국의 1960년대 초기 수준으로는 어느 것 하나 충족시킬 형편이 못되었다. 따라서 농어촌 전화 사업은 60년대 후반에 가서야 '농어촌 전화 10개년 사업'이 착수되었다. 즉 석탄 중심의 발전 시설 확충으로 발전량이 대폭 늘어나고, 시멘트 공장의 증설로 시멘트 생산이 국내 수요를 충족시키게 되니 목재 전신주 대신 시멘트 전신주를 양산하여 각 마을까지의 송전 시설 구축에는 어려움이 없었으나 각 가정의 옥내 설비는 개인이 부담해야 하는데, 당시 농촌 경제로는 그 비용마저 부담이 되었으므로 가설비를 저리로 융자 받아 할부로 상환하게 했다. 이 즈음 공단에서 수출 역군으로 일한 농어촌 출신 여공들의 기여가 컸다.

3.3. 교육·문화 정책

문화유산 관리

건국한 지 2년도 안 되어 발발한 6.25사변이란 전화(戰禍)는 전국에 흩어져 있는 많은 문화재를 소실하거나 파괴하였다. 그 이전에도 우리 문화재는 일제시대 석굴암 보수의 예에서 볼 수 있었던 바와 같이, 건립 당시의 기본 원리를 무시하고, 보수한답시고 시멘트를 마구 발라 원형을 훼손한 것이 많았다. 휴전 이후에도 제1공화국은 전후 복구와 생업 전선에 매달리느라 미처 손 쓸 겨를이 없었다. 날로 훼손되고 퇴락·유실돼 가던 것을 5.16 이후 본격적으로 조사·정리하여 보수도 하고 복원도 함으로써 더 이상 파괴되는 것을 막아 훗날 우리 문화재에 대한 전반적인 연구와 보존이 가능하게 된 것이다. 5.16혁명정부는 우선 문화재의 효율적인 관리를 위해 1961년 10월 문교부 소속의 외국(外局)으로 문화재 전문 담당 부서인 문화재관리국을 새로이 발족시켜 분산되었던 문화재 보존·관리 기능을 통합하여 일원화하였다. 그러나 문교부의 외국으로 문화재관리국을 발족시키는 것만으로는 부족했다. 문화행정을 일원화할 부서가 필요하다는 민족문화추진위원회의 건의를 받아들여 1968년 문화공보부를 발족시킴으로써 문화재 관리에 탄력이 붙게 되었다.

박정희 대통령의 문화재에 대한 사랑이 가장 잘 나타난 대표적인 것은 1970년대 초의 신라 고도 경주에 대한 문화재 발굴과 개발이다. 박 대통령은 경주를 잘 개발하여 찬란했던 천년 고도의 옛 모습을 재현함으로써 우리의 고대 문화에 대한 민족적 자긍심을 높이고 해외에 선양하자는 것이었다. 1960년대에는 우선 경제 건설에 몰두하느라 경주 개발에는 신경을 쓸 수 없었는데 70년대 들어 수출 호조로 먹고 사는 문제가 어느 정도 해결되자 경주 개발이 시작되었다. 1967년에 경부고속도로를 착공하면서 경주로 빙 돌아 부산을 가도록 설계한 것은 당시에 이미 박 대통령의 심중에는 경주 개발의 구상이 들어 있었던 것 같다. 혹자는 경주 부근으로 고속도로가 개설됨으로써 지하에 있던 많은 유물이 훼손되었다고 비판도 하고, 경주 개발이 졸속이었다고 비난하는 사람이 있다. 그러나 1973년 4월에 시작되어 1975년까지 계속된 천마총과 황남대총 발굴은 우리나라 유적 조사·발굴 기법을 한 단계 높이는 계기가 되었다. 즉 봉분을 들어내어 유물만 찾던 고총 발굴 형식에서 이때 비로소 과학적 발굴 기법이 본격적으로 적용되어 사진과 실측도, 현장 야장(野帳)과 발굴일지의 기록 등이 이루어져 우리나라에서 이루어진 과학적 발굴의 시작이었다. 그리고 천마

총과 황남대총 발굴로 신라 고고학 자료의 편년을 보완하게 되었다. 관광객을 위한 보문관광단지 건설도 박 대통령의 구상이었다. 경주가 이렇게 발굴·개발됨으로써 동아시아 3대 고도의 하나로 부각된 것이다.

그리고 1962년 문화재보호법을 제정하여 그 동안 방치되었던 각종 전통문화를 체계적으로 정리 보존하게 함으로써 더 이상 망실되는 것을 막았다. 즉 문화재 중에 특히 보존 가치가 크다고 인정되는 문화적 소산을 국가에서 지정하여 보호 관리하게 했는데, 이를 중요문화재라 한다. 오랜 기간에 걸쳐 전승되어 온 무형의 문화 유산은 전통적 공연 예술, 공예·미술 등에 관한 전통기술, 한의약·농경·어로 등에 관한 전통지식, 구전 전통 및 표현, 의식주 등 전통적 생활관습, 민간신앙 등 사회적 의식, 전통적 놀이·축제 및 기예·무예 분야로 나뉘어 있다. 당시에는 중요무형문화재라고 지칭하다가 2016년에 개정된 현행 문화재보호법에 의거 그 명칭이 국가무형문화재로 바뀌었고, 현재 특수한 전통 기능보유자를 대상으로 지정하는 인간문화재 역시 같은 범주이다.

교육·연구 정책

박정희 대통령은 교육을 정치의 우선순위에 두고 일찍부터 새로운 시대를 여는 바람직한 한국인상, 국적 있는 교육을 목표로 각종 교육개혁을 추진하였다. 먼저 1963년 6월 26일 사립학교법을 공포하여 사립학교 운영의 기준을 확립하였다. 8월 8일에는 국사교육 통일방안을 선포하여 국민 대다수가 공유하는 한국사의 정립을 시도했다. 국사는 그 국가에 속한 사람들을 하나의 국민으로 통합하는 구심점이 되는 것이라 정치가 안정되고 사회가 통합된 선진국에서는 국민들이 공유하는 국사를 가지고 있다. 그 동안 우리나라는 검인정을 통과한 중·고등학교 한국사는 학자에 따른 이설이 그대로 반영되어 학생들을 혼란시키고 국가정체성 확립에도 문제가 있어 왔다.[그런데 민주화 이후에는 백가쟁명(百家爭鳴)식 한국사가 범람하여 많은 사람들에게 혼란을 일으키게 하는데, 특히 현대사는 국론 분열의 원인이 되고 있다.] 1964년 1월 4일 시도 단위 교육자치제를 실시하여 시도 교육청에 교육행정권을 위임하기도 했다. 1968년 7월 15일에는 중학입시 시험을 폐지하는 등 입시개혁안을 발표하였고, 1969년 10월 14일에는 대학교 입학 예비고사제를 실시하였다. 국민교육의 양적 향상을 위해 제1차 의무교육시설확충 5개년 계획[1962-1967], 제2차 의무교육시설확충 5개년 계획[1967~1971] 등을 수립 및 추진하였다. 이 즈음 국공립 중학교 증설 7개년 계획과 고등학교 확충계획을 추진하였다. 1968년에는 학자들을 초빙하여 국민교육헌장을 제정 반포하게 하여 이를 국민교육화하였으나 전체주의 교육 경향이 짙다고 해서 전두환 정권 시기에 폐지되었다.

한국이 산업화에 성공한 바탕은 선진 기술을 도입하여 모방하는 데 그치지 않고 일찍부터 연구소를 설립하여 과학기술에 대한 연구를 병행했다는 점이다. 그 시작은 1966년 한국과학기술연구소[KIST] 설립이었다. 미 대통령 존슨이 월남 파병에 대한 보답으로 1,000만 달러를 원조하자 이것으로 홍릉 임업시험장에 설립한 연구 기관이 한국과학기술연구소[KIST]이다. 대통령이 수시로 건설 현장에 들러 공사 진척을 챙겼고, 최형섭을 초대 KIST 소장에 임명하여 해외에서 유학한 과학기술 인재들을 영입하게 했는데, 이들의 연봉은 국립대학 교수의 3배가 되는 파격적이었다. 이어 1970년 8월에는 국방과학연구소(ADD)를 설립하여 무기 개발을 전담하게 함으로써 한국 방위산업이 태동했다. 그리고 1973년부터 대덕연구단지 조성사업을 추진했으며, 1976년 5월 20일에는 국비 장학생을 선발하여 유학 보내는 제도를 신설하였다. 이러한 일련의 연구소 설립과 인재 육성이 한국 선진 산업 기술의 토대가 되었다.

대한민국의 경제 기적은 이러한 국책 연구소들을 만들고 기술 자립도를 높여가며 정부 주도로 산업화 육성 계획을 설계해 기업들로 하여금 실행에 옮기도록 했기에 가능했다. 근로자들을 위한 교육도 강화하여 1969년 11월에는 공장 근로자들을 위해 금성사 등 7개 대기업체에 회사 내에 이공계 실업학교를 부설하였다. 1976년 7월에는 노동자에 대한 교육의 권리를 보장하기 위해 야간 중학 개설을 지시하여, 대부분 초등학교 출신 어린 여공들의 배움에 대한 한을 풀어주었고 아울러 제품의 질과 생산성도 높일 수 있었다.

전통문화 진흥

제3공화국을 주도하게 된 5.16혁명 주체들은 처음부터 그들이 표방한 민족적 민주주의를 실현하기 위해서도 민족의 주체의식 확립이 필요했고 그 바탕이 되는 것이 민족문화였다. 그래서 1968년 정부가 선포한 국민교육헌장도 "우리는 민족중흥의 역사적 사명을 띠고 이 땅에 태어났다. 조상의 빛난 얼을 오늘에 되살려…."로 시작하고 있다. 제1차 경제개발계획이 순조롭게 진행되자 정부는 민족문화 진흥을 위한 방안을 강구하기 시작했다. 때마침 정신문화 계발의 첩경은 우리 전통문화의 전승과 계발이라는 국학자들의 건의도 있어 민족문화 진흥 문제를 주요 정책과제로 채택하게 되었다. 그러기 위해서는 학·예술 업무를 전담할 별도 부서의 필요성도 제기되었으나 새로운 부처 증설에 대한 여론의 부담 등을 고려하여 정부 주도보다는, 정부 후원 하에 국학 진흥에 뜻을 같이하는 관련 학자와 예술인들로 구성한 민간 기구를 통해 국학 진흥의 제반 문제를 정부에 건의하도록 하였다. 이것이 1965년 11월, 정부가 7천 5백여 만 원의 예산을 책정하여 민족문화 관련 기관에 종사하는 인사 50인으로 결성한 사회단체 민족문화추진위원회였다.

1965년 11월 6일 창립총회를 마친 회원들은 박정희 대통령을 방문하여 ① 학·예술원 청사 신축 ② 세종대왕기념관 건립 ③ 국립도서관 이전 ④ 국사편찬위원회 청사 마련 ⑤ 문화단체와 학회·연구회 등에 사업비와 연구비 지원 ⑥ 문화행정의 일원화 등 문화 전반에 걸친 여건조성 마련에 관련된 6개 항목의 정책 건의문을 전달하였다. 민족문화추진위원회는 명칭 그대로 민족문화의 진흥에 관한 정책 건의를 주로 했으나 자체 사업으로 시작한 것이 고전국역(古典國譯) 사업인데, 이는 한글세대의 등장으로 사문화되어가는 한문고전을 정리하고 번역하는 사업이다. 앞서 건의한 여러 정책들이 실현되어 세종대왕기념관이 설립되고 문화행정의 일원화를 위해 문화공보부가 설치되자 사회단체 민족문화추진위원회는 문공부 산하의 재단법인 민족문화추진회로 개편되어 국역서 간행과 국역자 양성을 위한 고전국역 전문기관으로 정착되어 한국학 발전의 토대를 닦아나갔다.

한국학의 종합적인 연구 기관으로 1978년에는 한국정신문화연구원 [현 한국학중앙연구원의 전신]을 설립했다. 한국정신문화연구원이 설립됨으로써 이제까지 각 대학의 부설 연구소 등에서 산발적으로 연구되던 한국학 및 한국 전통문화 연구가 국가적 연구 기반을 마련하게 되었고, 1991년에는 한국민족문화대백과사전이 편찬되었다.

고전국역 사업

고전국역이란 한문으로 기록된 옛날 전적을 우리말로 옮기는 일이다. 조선왕조시대까지 우리 공사 문적은 대부분 한문으로 기록되었는데, 전문 학자들을 제외한 일반 한글세대들에게는 그림의 떡이라 외국 서적과 다를 것이 없었다. 따라서 선조들의 문화전통이 단절될 위기에 놓이게 되었다. 그래서 시작한 것이 한문 서적을 한글로 번역 간행하는 민족문화추진회의 고전국역사업이다. 국역사업은 보조금으로 운영되었기 때문에 예산 형편에 좌우되어 부진하던 것을 박 대통령의 결단으로 1977년부터 국역 사업촉진계획이 수립되어 국역사업이 활성화되었다. 즉 1970년대에 국사편찬위원회에서 행초(行草)로 된《승정원일기》를 정서하여 영인본을 간행했는데, 이 책을 받아 본 박 대통령은 "순 한문으로 된 이런 책을 누가 읽을 수 있겠는가? 번역을 해야 일반인이 읽을 수 있지 않겠는가?"라고 지적함으로써 민족문화추진회[현 古典飜譯院의 前身] 주도의 조선왕조실록을 비롯한 한문고전 번역이 활성화되기 시작했다. 이렇게 간행된 국역 도서는 한국학 연구의 큰 바탕이 되었고, 이십여 년 전 드라마로 제작되어 한국은 물론 전 세계 시청자들의 이목을 사로잡았던 유명한 '대장금'도 국역 중종실록에 나온 소재를 모티브로 한 것이었다.

위에 열거한 박 대통령의 정책 외에 식량증산계획과 벼 품종 개량 사업, 현재 세계 의료보험의 모범으로 온 세계가 부러워하는 의료보험은 1970년대 후반 국민소득 1,500달러가 안 된 무리한 환경에서 시작했다. 개인의 사유재산권을 제한한 그린벨트 지정과 8.8부동산 조치, 부가가치세 도입 등은 이해가 걸린 사람이 많아 인기 없는 정책들이었지만 그 정책이 국가의 미래나 공익을 위한 것이라면 과감하게 실행했다. 특히 인기를 먹고 사는 대부분의 정치인들은 장래의 국가 이익보다 목전의 표가 더 중요한데 이것이 민주주의의 맹점이기도 하다. 그래서 풍부한 천연자원을 가진 남미의 아르헨티나·베네수엘라 등 여러 나라가 거덜 난 것이다. 그러나 박 대통령은 국가 이익을 최우선시 했다. 박 대통령은 "내 무덤에 침을 뱉으라."는 말까지 하면서 꼭 필요한 정책은 어떤 반대와 난관을 뚫고라도 기필코 성사시켰다. 그 대표적인 것이 한·일 협정 체결, 경부고속도로 건설, 유신체제의 강행이었다.

1948년 8월 15일, 국가는 건국되었으나 겨우 전쟁에서 살아남아 외국 원조로 연명하는 국가에서 복지제도는 말 자체가 사치스러운 용어였다. 따라서 5.16이전까지 국민연금제도란 있을 수 없었는데, 군사혁명 직후 고용이 비교적 안정적이고 재원 조달이 용이한 사업장을 대상으로 연차적으로 시행하였다. 즉 1961년에 공무원, 1963년에 군인, 1975년에 사립학교 교원을 대상으로 한 공적연금 제도가 우선 도입되고, 경제성과가 축적되자 일반 국민을 대상으로 하는 국민복지연금법이 시행된 것은 1988년 1월부터였지만, 이 법은 1973년 12월 국회를 통과했으나 뒤이어 발생한 석유파동으로 시행이 연기되어 온 것이니, 그 기초는 박 대통령 시기에 닦여진 것이었다. 세계 모든 나라 사람들이 부러워하는 가장 모범적인 의료보험제도 또한 1963년에 제정되고, 1976년 12월에 의료보험법이 개정·시행되었는데, 처음 500인 이상의 사업장으로부터 시작하여 1979년부터 공무원·사립학교 교직원과 300인 이상 사업장으로 확대되고, 곧 이어 전국적으로 실시되었다.

이 외에도 박 대통령 치하에서 추진된 국가와 민족을 위한 원대한 사업이 무수히 있지만, 이상으로 생략하기로 하고, 단 하나 '옥(玉)의 티'가 있다면 이은상의 건의를 받아들여 시행했다고 하는 한글전용 정책이다. 물론 이것이 국민들의 문맹 퇴치에는 다소 도움이 되었을는지 모르겠으나 잘못된 정책이었다. 이미 수천 년 전에 들어와 우리말에 깊숙이 스며든 한자를 제거한 한글전용 정책은 한국민을 한자문맹인으로 만드는 결과를 가져왔다. 필자가 2013년 6월부터 선향(先鄕)인 경북 예천으로 낙남하여 종중 일을 보는데, 관공서나 은행에 가서 업무를 볼 때마다 당혹감을 금하지 못한다. 종중 일이란 그 성격상 한자를 사용한 문서가 많은데 공무원이나 은행원들이 한자의 뜻은 고사하고 전혀 읽을 줄도 몰라 일일이 필자에게 물어 업무를 처리했다는 것이다. 국한문 혼용 교육을 받은 우리 세대는 중졸 정도의 학력만 있어도 웬만한 한자는 뜻은 모르더라도 읽을 줄은 알았다. 대민 업무를 처리하는 직원들이 이러고서야 어떻게 공무를 제대로 볼 수 있겠는가? 한글전용 교육의 폐단이 이렇게까지 될 줄을 박대통령도 미처 생각하지 못했을 것이다.

한자는 2천여 년 전에 한반도에 들어와 우리 문자화되었기 때문에 고급 낱말의 60~70%가 한자 용어로 되어 있는데, 한글전용 교육을 받고 자란 사람들은 단어의 정확한 뜻을 모르고 쓰는 경우가 많다. 때문에 학습에 비효율적이고 부정확하게 사용되는 사례가 빈번하여 요즈음의 지식인이라고 하는 사람들마저 한자 문맹이어서 신문이나 TV에서 사용하는 언어 중에는 어색하고 불분명한 말이 많다. '호감(好感)'의 반대말은 거부감(拒否感)인데 이미 '비호감'으로 굳어졌고, 흔히들 시비(是非)를 '싸움 거는 것'으로 이해하나 시는 옳은 것, 비는 그른 것으로, 옳고 그름을 따지다 보니 다툼이 생기는 것이다. 그런데 요즘은 시비가 '싸움 거는 것'으로 고착되었다. 또 '효과'라는 말을 대중없이 쓰는데, 효과는 좋은 결과를 말할 때만 써야지 그렇지 않은 경우는 '영향'이라고 써야 한다. 이 외에도 우리 언어가 조악해진 사례는 일일이 열거할 수 없을 정도로 무수히 많다. '소인배(小人輩)'의 반대말로 '대인배(大人輩)'라 쓰는 사람도 있는데, '배(輩)'는 '무리'의 의미로 폄하할 경우에 쓰는 말로 '모리배(謀利輩)·정상배(政商輩)·소인배' 등에는 쓰지만, 대인에게는 '대인풍(大人風)'이지 대인배가 아니다. 그리고 요즈음 한자문맹의 젊은이들은 "심심(甚深)한 사의(謝意)를 표한다."의 '매우' 혹은 '깊고깊다'는 의미의 '심심' 을, 맛이 싱겁다는 '심심하다'로 이해한다고 하고, 심지어 "우천시(雨天時)엔 장소를 바꾼다."고 하면, '우천시'가 어디에 있는 시(市)냐며 묻는다니, 한글전용 교육의 여파는 이렇게 심각하다.

우리 헌법 제1조의 "대한민국(大韓民國)은 민주공화국(民主共和國)이다."를 보자. 여기서 순수 우리말은 '은'과 '이다'의 조어(助語; 토씨)뿐이고 나머지는 모두 한자어이다. 그런데 '나라국(國)'이라는 한자가 '나라'라는 뜻임을 알고 있다면 국(國)이 들어가는 국가·국민 ·외국 ·조국 ·타국·국제·국론(國論) 등 수십 수백 개 단어의 의미를 반은 저절로 이해가 되고, 상대 글자의 뜻까지 알고 있다면 그 단어는 배우지 않고도 뜻을 짐작하게 되는데, 모를 때는 단어 하나하나를 영어 단어 외듯 외워야 하니 얼마나 비효율적인가. 그리고 한자는 상형(象形)에서 유래한 부수(部首)나 부수의 조합으로 구성된 글자이기 때문에 부수를 알면 아무리 복잡한 글자라도 일단 글자를 보면 음이나 뜻의 추측이 가능하다. 가령 '뫼산(山)이란 한자는 3살 어린이도 척 보면 그것이 봉우리가 삐죽삐죽 솟은 산을 의미하는 글자인 줄 알지만, 영어의 산(山)은 철자는 모운테인(mountain)인데, 발음은 마운틴(mauntin)이라 우리가 영어를 배울 때, 철자 따로 발음 따로, 게

다가 대문자 소문자, 필기체 인쇄체까지 외우느라 얼마나 많은 고생을 했는가. '섬 도(島)'란 글자는 '꼬리긴 새(鳥)'가 망망대해를 날아가다 불쑥 솟은 산(山)에 앉으니 '섬 도(島)'란 글자가 만들어진 것이다.

한자는 뜻글자[表意文字]요 한글은 표음문자(表音文字)로 이 두 문자를 함께 쓰면 활용이 무한대로 늘어나는데 함께 쓰는 언어는 한국어와 일본어 밖에 없다. 학자들의 연구에 의하면 두 나라 국민의 평균 지능이 뛰어난 것도 두 문자를 병용한 때문이라고 한다. 그런데 일본어는 발음이 제한되어 한계가 있으나 우리 한글은 철자와 발음이 일치하고 못 적는 소리가 없으니 그 활용도가 무궁무진하다. 그리고 한자어로 된 약어(略語)는 한자를 알고 있는 사람에게는 설명을 하지 않더라도 대강 무슨 의미인지 짐작이 간다. 그러나 요즘 젊은이들이 사용하는 축약어는 낱글자로는 의미가 없는 우리말의 소리글자를 모아 단어를 만들기 때문에 다른 연배의 사람들과는 소통이 불가능하다. 이런 약어는 시대가 흐르면 사라지는 것이라 이런 단어까지 사전에 다 넣을 수도 없거니와 만약 사전에 수록한다면 사전의 의미가 없어진다. 이러한 무제한적인 약어의 양산은 우리말을 끝없이 황폐화시킬 우려스러운 일이다. 또 한자를 모르므로 좋은 우리말이 있는데도 외래어를 남발하여 우리말을 오염시킨다. 이렇게 우리말이 황폐해진 이유는 한글전용의 영향이 크다.

다음은 산아제한 정책이다. 1960년대 실질적 경제 성장을 이루기 위해 모자보건법을 제정하여, "아들딸 구별 말고 둘만 낳아 잘 기르자."는 구호 아래 산아제한을 강력히 추진했다. 당시 100만 건 전후의 낙태가 이뤄졌고, 정관 수술을 받으면 동원 예비군 소집까지 면제해줬다. 그 덕에 인구 조절과 경제 발전이라는 두 마리 토끼를 잡을 수 있어 인구 조절 문제 또

한 세계의 모범 국이 되었다. 그러나 1988년 서울 올림픽 후 출산 기피 분위기를 감지한 주무 부처에서 산아제한 정책을 포기하자고 제안했으나 경제부처에서는 아직 이르다며 미뤘다. 이는 미래를 내다보지 못한 실책으로 인구 증가를 위한 정책 전환의 골든타임을 놓친 것이다. 그 바람에 현재 세계 최저 출산국이 되어 인구 감소가 미래 경제 성장에 걸림돌이 될 위험을 넘어 국가 존립까지 위태롭게 되었다. 이는 정책 전환에 실패한 후대 정치인들의 몫이지 박 대통령의 잘못은 아니다.

4. 박정희 대통령에 대한 평가

4.1. 박정희 대통령이 산업화를 성공시킨 비결

앞에서 박정희가 5.16군사혁명을 일으켜 18년 만에 대한민국을 상전벽해로 만든 정치경륜과 그 실적 전반을 살펴보았다. 오늘날 대한민국이 선진국이 된 것은 박정희 대통령의 탁월한 산업화 정책이 결실을 보았기 때문이다. 그런데 비판자들은 박정희가 경제 건설에 주력한 것은 쿠데타를 합리화시키기 위한 방편이었다고 폄훼(貶毁)한다. 2차 대전 뒤 수많은 쿠데타가 일어났고, 그들의 구호는 한결같이 잘 사는 나라를 만들겠다는 것이었는데, 성공한 경우는 별로 없다. 대표적인 성공 사례는 1차 대전 뒤 투르키예의 케말 파샤가 청년 장교들과 군사혁명을 일으켜 투르키예를 현대 국가로 발전시킨 것이라 할 수 있겠는데, 케말 파샤는 5.16혁명 주체들의 멘토이기도 했다. 그러나 케말 파샤는 투르키예의 정치 개혁에는 성공했지만 국가 산업을 크게 진흥시키는 데까지는 이르지 못했다.

그렇다면 박 대통령이 국가 주도 개발로 한국의 산업화를 성공시킬 수 있었던 것은 어째서일까. 그 바탕에는 우수한 민족성, 교육을 중시하는 한 민족의 문화전통, 과학적인 한글이라는 고유 문자 등의 요소에다 박정희 라는 탁월한 지도자가 있었기에 가능한 일이었다. 박 대통령은 뛰어난 자 질에다 군대라는 조직 사회에서 체득한 관리와 통솔력, 멸사봉공·선공후 사의 국가관, 그리고 무엇보다 중요한 것은 나라를 가난에서 구해 보겠다 는 불굴의 신념을 가지고 있었다. 몇몇 주요 요인들을 구체적으로 열거하 면 다음과 같은 것들이 있다.

첫째, 경제개발 계획을 추진하기 위해서 막대한 자금이 소요되는데 국내 의 자본 축적이 빈약했던 당시에는 외국 차관을 들여와야 했다. 그러나 신 인도가 없는 가난한 나라의 기업에 돈을 선뜻 빌려줄 은행은 어디에도 없 었다. 정부가 차관 도입에 대한 지불 보증을 하되, 경제기획원의 심사와 허 가를 거치도록 했으며, 차관의 배분도 경제개발 부문의 시급성과 긴요 정 도에 따라 결정하였다. 이 과정에서 실적을 기준으로 하고 혈연·지연·학연 등의 연고를 배제하여 부패를 방지했다.

둘째, 경제개발에는 선진 과학 지식과 기술이 뒷받침되어야 하고, 다수 의 숙련 노동력이 필수적이었으므로 1차 경제개발계획 말기부터 이에 대 한 준비를 빈틈없이 하였다. 처음에는 선진국 제품을 모방하다 역량을 축 적해 점차 개량하고 돈을 벌면 아낌없이 연구 개발에 투자하여 선진국 수 준을 뛰어넘으려 노력했다는 점이다. 과기연·대덕연구단지·국방과학연구 소 설립 등이 그 대표적인 것이다. 특히 과기연의 과학자들은 국내외 산업 의 여건과 과학기술에 대한 수요를 파악하여 이를 토대로 산업화를 추진했는데, 석유화학공업·제철업·전자공업 등 기간산업 발전에 큰 공을 세웠다. 그리고 산업화에 필요한 인력을 충원하기 위해 정부와 기업이 협력하여 목표에 맞추어 기능공과 기술공을 집중적으로 양성했다는 점이다.

셋째, 계획을 짜는 것은 어려운 일이 아니나 문제는 실행인데, 박 대통령은 정례적인 회의 체제를 간단없이 가동하여 그 실행 여부를 점검하면서 문제점을 검토하고 시정해 나갔다는 점이다. 수출주도형 개발계획이 본격적으로 추진되던 1965~6년부터 월간경제동향보고와 수출진흥확대회의가 매월 정기적으로 열려 문제점을 보완하고 관련 업계와 학계 전문가를 초빙하여 자문을 받았다. 경제기획원 주관으로 열린 월간경제동향보고는 물가와 국제수지 등 거시경제 지표를 점검하는 것에서부터 개별 산업 정책이나 공기업의 구조 조정에 이르기까지 국정 전반의 경제 관련 문제를 다루었다. 상공부가 주관하는 수출진흥확대회의에서는 수출과 관련된 국내외 시장의 동향과 수출정책을 점검하고 장려하는 일을 주무로 했는데, 각국 주재 대사들에게 수출 목표를 할당하고 수출을 독려해서 그 실적을 외교관 인사에 반영하기도 했다. 이 두 회의는 박 대통령이 시해되기 직전인 1979년 9월까지 각각 146~7회가 열렸으니 이렇게 장기간 일관되게 계속된 정부 주도 회의는 세계 어느 정부에서도 유래가 없었다. 국정 책임자가 20년 가까이 이를 직접 챙기고 지속적으로 독려한다는 것은 여간 어려운 일이 아니다. 보통 사람으로서는 귀찮아서도 얼마간 하다가는 해이해지기 마련이다. 이뿐만이 아니라 분기별 심사분석도 계속하여 경제 동향의 이상 유무를 점검하였다. 전두환 정권은 1973년부터 시작된 중화학공업이 중복·과잉 투자라 비판했고, 1997년의 외환위기[IMF사태]가 발생하자 국가자본주의 축적에 의한 중화학공업화에 그 책임을 돌렸는데, 박 대통령 체제였다면 위기가 왔더라도 대비책을 강구했을 것이다.

넷째, 사업 중점주의라 하겠다. 이는 사업의 완급에 따라 우선순위를 정하여 그에 따라 역량과 재원을 집중 투입했는데, 경부고속도로와 포항제철 건설, 중화학공업화와 방위산업, 새마을사업 등은 그 대표적인 것들이다. 경제 건설을 처음 시작하는 단계에서는 시급히 해야 할 사업이 산적해 있으니 마음만 급하여 백화점식으로 늘어놓았다면 어느 하나도 성공시키기 어려웠을 것이다. 경제개발 초기에는 외화를 벌어들이는 것이 초미의 급선무였으므로 수출 입국이라는 구호 아래 수출에 매진하느라 농촌 개발은 후순위로 밀릴 수밖에 없었다. 이에 대해 야당들은 저미가 정책으로 농촌을 홀대한다고 비판했지만, 곡가가 앙등하면 수출 역군인 근로자들이 압박을 받게 마련이라 수출 전선에 차질이 올 수 있었다. 따라서 고미가 정책과 농촌 개발은 경제 개발이 어느 정도 이루어진 1960년대 후반에 가서야 가능했다.

다섯째, 국제 경제의 흐름을 잘 이용했다는 점이다. 제1차 경제개발계획이 시작된 1962년도 당초의 목표는 자립경제 구축이었으나 진로를 모색하는 과정에서 시행착오를 범한 뒤 곧바로 수출주도형 전략으로 전환했는데, 이것은 2차 대전 후 서방 선진국 경제의 안정적인 성장과 자유무역으로 확장된 세계시장을 적극 활용하는 전략이었다. 그리하여 국내시장만으로는 지지(支持)할 수 없는 대량 생산 체제를 구축하여 수출의 여력도 생겼다. 이 과정에서 무역 의존도가 상승하고 대일 무역수지 적자폭이 확대되는 현상은 분명 자립경제를 꿈꾸던 이상과는 거리가 멀어 보였다. 때문에 반대론자들로부터 '외채 망국'이란 비판을 받기도 했다. 그 즈음 내포적 공업화[內包的工業化; 국가 단위의 자급자족]를 통한 일국적 완결성을 추구하던 나라들은 하나같이 실패했는데 대표적이 예가 북한이다.

여섯째, 박 대통령은 청렴결백을 평생의 생활신조로 삼아 솔선수범했으므로 아랫사람들의 모범이 되어 이른바 "윗물이 맑아야 아랫물이 맑다."는 교훈을 철저하게 실천한 것이다. 이기심은 인간의 본능이라 부하 직원들 중에는 부정 축재한 사람이 있었으나 적어도 박 대통령은 자신과 자식들을 위해 부를 축적하지 않았다. 반대파에서는 수백억 달러가 스위스은행의 비밀 계좌에 들어 있다고 입방아를 찧었으나 이제까지 드러난 것이 한 푼도 없다. 혹자는 영남대학교 인수를 말하는데 그 인수가 어떻게 이루어졌는지는 알 수 없으나 다만, 당시 문경 출신 석탄 재벌이었던 이동녕이 영남대학교의 재단이사장을 다년간 맡았던 것으로 보아 재벌이 뒤를 보아 주었는지, 그와 무슨 특수한 관계가 있었는지는 모르겠으나 영남대학은 육영사업이지 영리단체가 아니니 이를 부정축재로 매도할 수는 없는 것이다. 필자는 방송에서 일본의 어린 학생이, "한국의 박정희 대통령이 청렴결백했다."고 말하는 것을 보고 외국의 어린 학생들에게까지 박 대통령의 청렴성이 각인되어 있다는 것에 적잖이 놀랐다. 박 대통령의 청렴결백은 세계인들이 알고 있는데, 한국의 이른바 진보좌파들만 인정하지 않는다.

이상과 같이 박 대통령은 국정 전반에 걸쳐 탁월한 경륜으로 18년 동안을 흔들림 없이 추진했는데, 그 원동력은 앞에서도 언급했지만, 뛰어난 리더십과 오직 국가와 민족을 위한 지칠 줄 모르는 헌신과 열정이었다. 불철주야 24시간 국정 관련 공부를 하면서 자기의 생각만 고집하지 않고 전문가들의 의견에 귀를 기울였다. 또 박대통령은 현장을 자주 방문하여 철저하게 실무를 챙기는 현장주의자로서 관심 있는 사업은 수시로 점검하였다. 지방 출장에는 주로 자동차를 이용하여 귀로에 이곳저곳을 방문하여 현장의 애로사항을 챙겼다. 이러는 과정에서 박 대통령은 최고의 경제 개발 전문가요 경제학자로 성장했다.

물론 이상과 같은 덕목은 다른 지도자들에게도 가끔 볼 수 있는 것이나 박 대통령이 다른 지도자와의 근본적인 차이는, 앞에서도 얘기했지만 적어도 국가 통치에는 사심이 없었다는 점이 최대의 강점이다. 중국 남송(南宋)의 성리학자 장식(張栻)이, "특별한 사심을 가지고 행동하는 것은 이(利)이고, 자기를 생각하지 않는 것은 의(義)이다.[有所爲而爲者利也 無所爲而爲者義也]"라고 하자 당시 식자들이 즐겨 외면서 명언이라고들 하였다. 인간은 누구나 이기심을 가지고 있기 마련인데, 이기심은 각양각색이라 권력일 수도, 재물일 수도, 명예일 수도 있다. 우리가 단종을 위해 죽은 사육신이나 병자호란 때 순절한 삼학사[洪翼漢·尹集·吳達濟]의 절의를 높이 평가하는데, 그들은 죽음을 두려워하지 않고 절의를 지켰기 때문이다. 그들이 목숨과 바꾼 절의도 따지고 보면, "더럽혀진 내 이름을 결코 후세에 남기지 않겠다."는 생각에서 나온 일종의 명예욕이라고 할 수도 있다. 박정희 대통령이 초지일관 산업화에 매진하면서 밀어붙였던 것은, 훗날, "박정희는 대한민국을 가난에서 구했다."는 명예를 얻기 위해서였는지도 모른다.

4.2. 박정희 대통령에 대한 후대의 평가

산업화를 추진하여 성공한 대부분의 국가들이 개발도상국의 위치에서

멈췄는데, 한국만이 선진국에 진입한 것은 1960년대 경공업 위주의 수출 주도 정책에서 출발한 한국경제가 1970년부터 국내외 전문가들 모두가 무리라고 반대하던 중화학공업을 성공시킴으로써 중진국에서 선진국으로 도약할 발판을 마련했기 때문이다.

5.16 이후 발전과 번영을 향한 한국의 질주는 실로 경이로웠다. 1921년 세계무역개발회의는 195개 국가가 만장일치로 한국의 선진국 승격을 인정했는데, 기존의 개발도상국에서 선진국으로 도약한 사례는 세계 역사상 한국이 유일하다. 인구 5천만, 면적 10만 평방킬로미터에 불과한 소국 대한민국에는 세계기록의 지표들이 너무 많다. GDP·무역·수출·외환보유고·세계 100대 기업·군사력·국방비·전자정부지수·인터넷 속도 등등 거의 모든 분야에서 세계 순위 한 자리 수 안팎이다. 이 중 몇 개 분야를 예로 들자면 2022년 현재, 한국은 국민총생산[GDP]은 세계 10위, 방위산업 6위, 제조업 3위이다.

국민소득 3만 달러, 인구 5,000만 명 이상인 국가, 이른바 30-50클럽에 드는 나라는 2019년 기준으로 미국·일본·독일·영국·프랑스·이탈리아에 우리 한국을 포함하여 7개국이다. 외국 지배로부터 독립하자마자 3년 동안 전쟁을 치르며 국토의 대부분이 잿더미로 변했던 나라가 70여 년 만에 명실상부 선진국 대열에 진입했다는 것은 그야말로 기적이다. 이 모두가 이승만 대통령의 건국과 호국, 박정희 대통령의 산업화 성공 덕택이다.

박정희 대통령에 대한 평가는 보수와 진보의 이념에 따라 편차가 극과 극이다. 유신체제 시기에는 박정희에 대한 비판이 극렬할수록 참된 지식인으로 대우 받았고, 간혹 잘한 점을 들어 옹호하기라도 하면 어용으로 몰리기 일쑤였다. 혹 박정희의 독재를 북한의 김일성 독재와 비교하여 옹호하면, 이른바 '내재적 접근법'이란 말로 김일성을 옹호했다. 내재적 접근법이란 북한을 그들의 입장에서 이해해야 된다는 것이다. 그러면서 박정희에게는 인권·민주 등 인류 보편의 가치 기준을 적용한다. 논리의 기본 가치는 어디에나 적용하는 보편성을 핵심 미덕으로 한다. 논리를 파괴하여 선택적으로 적용하면서도 정의로운 지식인을 자처한다면 이런 모순은 없으며 이는 파륜(破倫)이다. 이런 선택적 정의로는 정치 공학적인 소비만 가능할 뿐, 사회를 정의롭게 진보시키는 일은 불가능하다.

다음으로 박정희는 친일파의 전형이라는 것이다. 박정희는 다카끼 마사오[高木正雄]로 창씨개명하고 일제에 충성 맹세를 해서 만주 군관학교에 입학 허가를 얻어 졸업한 뒤 일본 육사에 편입한 골수 친일파라고 비판한다. 소위로 임관된 뒤에는 일본 관동군에 배속되어 독립군 토벌에 참여한 민족 반역자라고 매도한다. 그리고 5.16군사정변으로 헌정 질서를 파괴했고, 편법을 동원하여 정권을 연장하면서 독재를 해서 국민들의 자유를 억압했고, 그의 공적이라 일컫는 경제건설도 군사 쿠데타를 합리화하기 위한 면피용이었다는 것이다. 모두 부정 일색으로 긍정적인 평가는 하나도 없다.

먼저 박정희가 친일파라는 문제를 보자. 박정희는 보통학교를 졸업한 뒤 그 지역의 가난한 집 수재들이 모이는 대구사범학교에 진학했다. 재학 중 다른 과목은 보통이었으나 교련과 나팔 부는 데는 발군의 실력을 발휘했다고 하니 그는 타고난 군인 체질이었다. 3년 간 문경보통학교에서 교편을 잡고 있던 중 자신의 소망인 군인이 되기 위해 만주 군관학교에 진학하려 했으나 연령 제한에 걸려 입학이 불가능했으므로 청원서를 내어 입학한 후 2기 예과 졸업생 240명 가운데 수석으로 졸업했다. 수석 졸업 덕택으로 일본 육사에 편입하여 거기서도 우수한 성적으로 졸업하고[57기] 수습 사관 과정을 거쳐 1944년 7월 열하성(熱河省) 주둔 만주국군 보병 제8단에 배속되어 이듬해 해방까지 1년간 복무했다. 이 1년 기간에 중국 공산당 산하의 팔로군 토벌에 참여했다는 설과 직접 토벌에는 참여하지 않았다는 양설이 있다. 당시 중공군 내에는 조선족 출신도 많았으므로 결과적으로 조선 독립군 토벌에 참여한 반역자라는 것이다.

왜 박정희는 독립운동을 하지 않고 일본의 괴뢰국인 만주군 장교가 되어 독립군을 토벌하는 반역자가 되었느냐이다. 이는 오늘날 자주독립 국가에서 평화롭게 살고 있는 팔자 좋은 사람들의 배부른 소리이다. 모든 국민들이 그런 확고한 독립사상을 가졌더라면 애당초 한국이 일본의 식민지가 되지도 않았다. 항일 사상이 투철하여 한반도를 떠났던 가문이나 용감하게 직접 독립운동에 투신한 이들은 민족관이 투철한 극소수였다. 대부분은 일제 치하에서 순응하며 살지 않으면 안 되었다. 수천만 명의 조선인들이 식민지 시대에 태어나 '일본제국의 신민(臣民)으로 35년을 살았다. 이 기간은 한 세대에 해당한다. 대부분의 사람들은 좀 더 나은 환경, 좀 더 좋은 삶의 여건 등을 향해 움직이고 그 욕망으로 인류 역사를 만들어 간다. 모든 인간의 삶은 그때나 지금이나 별로 다를 것이 없었다. 박정희도 자기의 적성을 따라 군인이 되었다. 문제는 그 경력으로 대한민국에 어떤 기여를 했느냐가 중요한 것이다.

대한민국 건국 후의 행적을 보자. 미군정 하에 경비사관학교 2기로 졸업하고 국방경비대 대위로 임관한다. 언제인가는 정확히 밝혀지지 않았지만 입대 후 남로당에 가입하는데 여기에는 대구 10.1폭동에서 자신이 가장 따르던 형 박상희의 죽음에 영향을 받았을 것으로 보인다. 박정희는 체질적으로 공산주의자가 될 수 없는 성향이나 당시 글줄이나 읽을 줄 아는 사람들 간에 공산주의는 하나의 로망으로 독립운동가들 중에도 공산주의자가 많았으니 이상할 것도 없다. 여순반란 사건을 계기로 국군 내부에 숙군이 진행될 때 박정희도 중형을 받았으나 만주 군관학교 동창인 백선엽 등의 보호로 전역하여 6.25직전까지 문관으로 육군 본부에 근무했다. 6.25직전 그의 정보보고는 북한군의 남침을 예측했으나 당시 육군 지도부는 이를 무시하여 아무런 조치를 취하지 않았다.

6.25가 발발하자 박정희의 남침 예측 보고서가 재평가를 받아 육군본부와 함께 남하하는 도중 소령으로 현역에 복귀했다. 전쟁 중 공을 세우고 휴전 후, 사단장·제6관구사령관·육군군수기지 사령관·제1관구사령관·육군본부 작전참모부장·제2군 부사령관 등 요직을 역임하면서 당시 부패가 만연했던 군 내부에서 청렴하다는 평판을 들었다. 그 때문에 제2군 부사령관으로 있으면서 혁명 세력에 추대되어 5.16군사혁명을 주도하여 성공했고, 대통령이 됨으로써 한국의 산업화를 성취했다. 젊을 때의 기분으로 사관학교에 들어가 장교가 된 사실 하나만을 부각 시키고, 5.16 이후 이룩한 위대한 공적을 무시하는 것은 털을 불어 흉터를 찾는 이른바 취모멱자(吹毛覓疵)이다.

박정희는 3선 이후 권력이 공고해지자 국정 수행 과정에서 권력기관을 이용해서 인권을 유린한 반민주적 행태는 비난 받아 마땅하다. 즉 1971년 10월 2일 공화당 국회의원들이 오치성 내무장관에 대한 거부권을 행사한 이른바 항명파동이 일어나자 중앙정보부는 주동자들을 잡아다 고문을 했는데, 국민이 선출한 국회의원에 대한 권력 기관의 이러한 횡포는 매우 잘못된 것이었다. 많은 사람들이 박정희를 유신체제와 결부시켜 극악무도한 독재자로 매도했고, 사실 유신체제는 자유와 인권이 무시되는 체제이기는 했지만, 남미 여러 나라에서처럼 수많은 민주 인사가 실종되거나 피살되는 단계에까지는 이르지 않았고, 유신체제 하에서 대다수 국민들의 생활에는 불편이 없었다.

결과적으로 유신체제 시기에 중화학공업과 방위산업을 성공시켰고, 이를 토대로 2021년에는 한국이 선진국 대열에 합류할 수 있었다. 그 시대를 살아온 필자로서 단언하건대 유신체제가 아니었다면 중화학 공업도 방위산업도 야당의 반대로 불가능했을 것이며, 선진국은 꿈도 꾸지 못했을 것이다. 그 실례는 1997년 말 금융위기를 맞았을 때 정치권의 불협화로 금융·노동 등에 대한 선제적 개혁을 하지 못하여 IMF로부터 구제금융이라는 쓰라린 고통을 받은 사례에서 볼 수 있다.

박정희 대통령에 대한 평가는 여러 가지가 있지만 국내에서 인정하는, 2005년 동아일보가 실시한 역대 대통령에 대한 여론조사에서 전체 응답자의 55%가 박정희 대통령을 가장 바람직한 국가 지도자로 뽑았는데, 대표적인 이유는 이른바 '한강의 기적'이라고 하는 경제개발 업적이었다. 때문에 외국의 정치가나 학자들도 대부분 박정희의 한국 근대화에 대한 공로를 인정한다.

산업화의 성공에 대해 비판하는 사람들은, 한국만이 성공한 것이 아니라 대만·홍콩·싱가포르 등 아시아의 신흥국이 함께 성공한 사례를 드는데, 홍콩·싱가포르는 도시국가 수준이었고, 대만과 싱가포르는 박정희에 못지않은 독재체제였다. 싱가포르의 경제를 성공시킨 리콴유(李光耀)는 박정희를 정치적 멘토로 여겼다. 또 경제성장은 한 사람의 지도력에서가 아니라 이를 실질적으로 담당했던 노동자·농민·도시 서민이 진정한 근대화의 주도 세력이라는 것으로 박정희의 리더십을 과소평가하는 이도 있다. 물론 실질적 역군인 노동자·농민·도시 서민의 큰 기여가 있었다. 그러나 어떤 집단이나 국가건 목표를 성취하려면 리더의 역할이 절대적이다. 잠자던 국민을 조국근대화라는 구호 아래 일사불란하게 동원할 수 있었던 것은 탁월한 박정희의 리더십이다. 그리고 다양한 계층 간의 상충하는 이해관계를 조정하고 통합하기 위해서는 어느 정도의 독재는 필요악이었다. 그런데 박정희는 앞에서도 언급했듯이 다른 독재자들과는 달리 국정 운영 과정에서 사익을 취하지 않았다는 점이다.

지도자의 업적은 시대상황을 감안하여 객관적으로 평가해야 하는데, 한국 진보좌파들의 박정희에 대한 평가는 오늘을 기준하여 자신들의 정파적 이해에 따라 평가하기 때문에 비판으로 일관한다. 미국 16대 대통령 링컨은, "민주주의란, 국민의, 국민에 의한, 국민을 위한 정치"라는 명연설로 민주주의의 화신처럼 추앙되지만, 재임 당시에는 박 대통령에 못지않은 독재를 했다. 미국 남북전쟁이 발발하기 직전, 300여 개 신문사를 폐쇄했고, 주의회 의원을 재판도 없이 연금했으며, 대법원장을 불러다가 "당신 까불면 감옥에 넣어버리겠다."며 극단적인 처방을 쓰기도 했다. 그렇게 하여 남북전쟁을 극복하고 자유민주 국가인 미국이란 나라를 반석 위에 올려놓았다. 그 결과 미국인들은 링컨의 잘못한 것은 묻어버리고 잘한 것만을 드러내어 가장 훌륭한 대통령 중 한 사람으로 평가하고 있다..

중국 공산정권을 수립한 마오쩌뚱은 독재를 했고, 대약진운동과 문화대혁명 시절에 수백 수천 만을 죽였으나 공칠과삼(功七過三)이라며 지금까지 그 초상화는 천안문에 변함없이 걸려 있고, 중국의 기본 화폐인 100 위안짜리 지폐에는 얼굴을 넣어 기리고 있다. 싱가포르의 리콴유는 태평양전쟁 때 일본에 협력한 과거가 있었고 훗날 수상이 되어 독재정치로 싱가포르의 산업화를 성공시켜 중진국으로 만들었다. 그러나 지금 싱가포르 사람들은, 과거 일본에 대한 협력이나 독재정치로 비난하지 않고 오직 싱가포르를 발전시킨 공로만 찬양하여 국부로 추앙하고 있다. 큰 공적이 있는 지도자에게 작은 허물은 감싸고 공을 드러내어 기리는 것이 국민의 도리이다. 그런데 한국의 진보좌파들은 박정희를, '나라를 빈곤에서 구제한 지도자가 아니라 '독재의 화신'으로 독사[snake]라며 폄훼하고 있다.

박정희가 비난의 대상이 되는 또 하나는 성생활이 문란했다는 것인데, '영웅호색'이란 말이 있듯이 박정희가 여자를 밝힌 것만은 사실인 모양이다. 여기에 어느 정도 제동을 걸었던 부인 육영수 여사마저 타계한 뒤에는 더욱 심해졌는데, 측근에서 재혼을 하라고 권하면, "근혜가 재혼을 반대해서……"라고 대답했다는 것을 보면, 남자의 생리 현상을 결혼해 보지 못한 딸이 이해하지 못한 때문인 듯하다. 박정희는 일제시대 교육을 받았고, 일본 육사를 나와 일본군에 근무하면서 일본 사무라이[武士계급] 성 관념이었던, "배꼽 아래에 인격이 있나?"라는 성인식(性認識)에 젖었던 사람으로 남성의 성 문제에는 매우 관대했던 듯하다. 정보기관이 정적이었던 모 인사의 숨겨둔 자식을 폭로하려 하자, 그런 것을 가지고 문제 삼느냐며 일축했다는 일화도 있다. 따라서 박정희 시대의 그 여성관을 현대의 기준으로 평가할 수는 없다.

우리나라에서는 박정희에 대한 평가가 이렇게 극명하게 갈리지만 외국 명사들은 칭찬 일색이다. 몇몇 외국 저명인사들의 평을 보자.

- 박정희가 없었다면 한국은 아마도 공산화되었을 것이다.[드와이트 D. 아이젠하워; 전 미국 대통령]
- 박정희는 나의 멘토이다.[덩샤오핑(鄧小平); 전 중국 주석]
- 나는 새마을운동을 많이 연구했다. 상당수의 중국 국민들이 박정희를 존경한다.[후진타오(胡錦濤); 전 중국 주석]
- 나는 박정희 대통령을 최고로 존경한다.[마하티르 훈센; 전 말레이시아 수상]
- 19~20세기 세계적 혁명가들 5인 중 경제발전에 기적을 이룩한 사람은 오직 박정희 한 사람이었다. 그는 산업화 후에 민주화를 이룩하도록, 소위 민주화의 토대를 닦은 인물이라서 나는 그를 존경한다.[헨리 키신저; 전 미국 무장관]
- 박정희는 세계 최빈국을 불과 20년 만에 세계 정상급 국가로 만든 인물이다.[폴 케네디 ; 미 예일대 역사학 교수, 미래학자]
- 박정희가 눈앞의 이익만 쫓았다면 지금의 대한민국은 없다.[리콴유(李光耀); 전 싱가포르 총리]
- 시대적 소명(召命)이 무엇인지를 명확하게 파악한 지식인 지도자로 국가의 자원과 역량을 집중해 사업을 일으켰다. 정치적으로 독재자였으나 경제·산업 측면에서는 선각자였다. 민주화는 산업화가 끝난 후에 가능하다. 따라서 박정희를 독재자라고 하는 것은 언어도단이다. 박정희라는 모델은 누가 뭐라고 해도 세계가 본받고 싶어 하는 인물이다.[엘빈 토플러; 미래학자]

제**6**장

민주화운동

1. 민주화운동의 기원과 4.19혁명

대한민국이 건국되고 의무교육이 실시되면서 서구의 자유민주주의 교육을 받은 학생들은, 1950년대 말 이승만의 카리스마에 기대어 불법적으로 장기 집권을 모색하는 자유당의 행태가 그르다는 것을 인식하기 시작했다. 적어도 자신들이 책에서 배운 민주주의와는 다름을 깨달은 것이다. 앞에서 언급한 대로 한국 민주화 운동은 1960년 3월 15일의 대통령선거가 임박한 2월 28일, 학교의 부당한 처사에 반발하여 고등학생들이 거리로 뛰쳐나와 반독재 민주화 가두시위[2.28시위]가 대도시로 확산되어 4·19혁명으로 이어졌으니 이 '2.28시위'는 대한민국 민주화 운동의 효시라 할 수 있다.

3월 15일 선거 당일에 예정된 부정선거의 각본대로 3인조·5인조 등 공개 투표가 전국에 걸쳐 실시되자 당일 마산에서는 부정선거를 반대하는 시위가 일어났고, 4월 11일에는 시위에 참여했던 고등학생 김주열의 시신이 마산 앞바다에 떠올라 눈에 최루탄이 박힌 처참한 모습이 언론에 실리자 전 국민의 분노를 샀다. 이어 4월 18일에는 고려대생들이 국회의사당 앞까지 진출하여 농성하며 재선거 실시를 요구하다 오후 늦게 농성을 풀고 귀교하던 도중 청계천 4가 부근에서 정치깡패들의 습격을 받아 쓰러진 사진이 이튿날 조간신문에 보도되자 시민들의 공분을 자극하여 4.19의 기폭제가 되었다.

즉 4월 19일, 3만여 명의 대학생과 고등학생들이 거리로 쏟아져 나와 궐기하니 이것이 4.19학생혁명이다. 시위대가 경무대[청와대]로 몰려가자 경찰이 시위대를 향해 발포하여 당일 서울에서만 130여 명이 죽고, 1,000여

명 이상의 부상자가 발생했다. 서울 일원에 계엄령이 선포되어 계엄군이 진주했으나 시위는 여전했고, 이에 호응하여 전국의 주요 도시에서도 수천 명의 학생들의 시위가 일어났다. 4월 25일에는 서울 시내 각 대학 교수들의 "학생의 피에 보답하라."는 구호를 내걸고 이승만의 하야를 요구하는 시위를 하고, 미국도 사임을 요구하자 4월 26일 이승만이 사임을 발표함으로써 자유당 정권은 무너지고 수석 국무위원인 외무장관 허정의 과도정부가 수립되어 대통령 중심제의 정부체제를 의원내각제로 바꾸는 헌법 개정이 추진되었다.

4.19학생혁명은 대규모 시위가 일어난 지 불과 일주일 만에 권위주의 정권을 물러나게 했으니 세계 민주화 운동 역사에서 유래가 없는 일이다. 그러나 4.19는 준비된 혁명이 아니었다. 당면한 시대적 과제에 대한 확고한 인식이나 구체적 계획 없이 학생들의 정의감과 여기에 동조한 일부 지식인 계층의 적극적인 지원 하에 이루어진 혁명이기는 했으나 혁명을 이끌 주체가 없었다. 개헌을 한 뒤 7월 총선에서 압도적 승리로 집권 세력이 된 것은 자유당 정권 내내 야당이었던 민주당이었다. 집권 민주당은 새로운 정치 모습을 보여주지 못하고 신·구파 간 정쟁만 일삼다가 결국 분당으로 치닫게 되었다. 시민들 또한 자유화 분위기에 들떠 남녀노소 구분 없이 자신들의 이해에 따라 시위에 나서게 되니 온갖 욕구의 시위대가 서울 거리를 누볐다. 이러한 사회 분위기를 틈타 그 동안 반공 체제 아래서 숨을 죽이고 있던 좌익 세력들이 북한 김일성의 은밀한 지원을 받아 준동하게 되니, 뜻있는 사람들이 우려할 정도로 사회 분위기가 극도로 혼란하였다.

이렇게 한국이 혼란의 소용돌이에 빠져 있을 때, 5.16군사혁명이 일어났다. 민주당 정권에 실망하고 있던 4.19세대와 일부 지식인들은 올 것이 왔다며 공개 지지했고, 많은 국민들도 무언의 성원을 보냈다. 혁명 공약 중 "기아선상에서 허덕이는 민생고를 해결한다."는 조항은, 당시 국민들의 가슴을 울리는 핍절(逼切)한 구호로서 군사정권의 성공여부도 여기에 달려 있었다. 군사정부는 국민들의 기대에 부응하여 혁명 다음해인 1962년부터 시작되는 제1차 경제개발5개년계획을 수립·추진하기 시작했다. 처음 계획은 국내시장을 중심으로 자기 완결적 생산 구조를 갖는 자급자족의 자립경제였으나 세계 경제의 추이에 따라 수출 주도로 전환했다. 공장을 짓고 산업을 일으키자면 외화가 있어야 하는데, 좁은 영토에 인구만 많고 천연자원이 부족한 한국으로서는 남아도는 인력을 송출한다든가, 풍부한 인력을 활용할 공장을 지어 상품을 생산, 수출하는 두 가지 방법밖에 없었다. 그 일차 시도가 서독에 광부와 간호사를 파견하여 외화를 벌어들이는 것이었는데 보다 근본적인 대책이 마련되어야 했으니 그것은 한·일 국교 정상화였다.

2. 반체제운동

2.1. 반체제운동의 시동

경제 개발을 위해서는 한·일 국교를 정상화 하여 일본의 자본과 기술을 끌어들여야 하는데, 한·일간에는 넘어야 할 장애가 너무 많아 협상 내용을 일일이 공개한다면 배가 산으로 오를 판이었다. 때문에 한·일 양국은 공개적 외교회담보다 비밀협상을 선호했다. 박 대통령은 김종필 중앙정보부장을 일본에 보내 협상 끝에 일본 정부가 경제협력자금이라는 명목으로 무상원조 3억 달러, 공공차관 2억 달러, 상업 차관 3억 달러를 주선한다는 타협이 성립되었다. 이 결과에 대해 학생들은 비밀 협상을 통해 36년 동안의 지배를 헐값에 팔아넘겼다며 1964년 3월 24일 서울에서 5천여 명의 대학생들이 시위를 벌였고, 전국 주요 도시에서 8만여 명이 시위에 참가하였다. 박 대통령은 경제 개발을 강력하게 추진해 나가기 위해서는 일본의 자본과 기술이 필수라고 생각하여 다소 굴욕적인 면이 있더라도 일본과의 국교를 조속히 정상화할 수밖에 없다고 생각했고 이는 미국의 정책이기도 했다.

반면, 학생들의 주장은 아무리 급하더라도 대일본 굴욕외교는 민족의 자존심이 훼손되는 것이라 반대했고, 야당은 언론의 지지에 편승하여 자기들의 정치적 이익을 챙기려 하였다. 반일 민족감정을 부추기는 것은 지금까지도 국민 정서를 자극하는 가장 효과적인 선동 구호이다. 이후 시위는 점점 격화되어 5월 중순 이후 반정부 투쟁으로 바뀌기 시작했다. 일본의 자본을 들여다 한국 경제 건설을 하는 것은 한국이 다시 일본의 경제 식민지가 되는 길이라며 격하게 반발하여 5월 20일 서울 문리대에서는 '민족적 민주주의 장례식'이라는 퍼포먼스(performance)를 연출하기도 했다. 민족적 민주주의란 당초 5.16혁명 주체가 내건 슬로건으로 민족·민주·자립을 주장하며 '민족적 민주주의'를 표방했기 때문에 학생들과 일부 지식인은 '민족적'이란 말에 공감하여 지지를 보냈었다.

그런데 민족적 민주주의란 용어에 대한 양측의 해석은 각기 달랐다. 당시 학생이나 지식인들은 '민족'이란 말에 절대적 가치를 둔 반면, 박 대통령이 민족·민주·자립의 민주주의를 강조한 것은, 후진국이 서구와 같이 개인의 자유와 인권을 무제한으로 보장하는 것은 시기상조라고 생각하여 '민족적 민주주의'란 '한민족의 현실에 맞는 민주주의'를 의미한 것이었다. 특히 박 대통령에게 있어서 한국적 민주주의란, 각 개인은 민족과 국가의 발전에 헌신함으로써 한국 역사를 새롭게 개척하는 데 도움이 되는 민주주의로서, 이를 '민족적 민주주의' 내지는 '한국적 민주주의'로 표현했다. 이처럼 '민족적 민주주의'는 같은 용어이면서도 주창자에 따라 해석상에 있어서 근원적인 차이가 있었다.

특히 1964년 박정희 대통령이 한·일 국교를 정상화시켜 일본의 도움으로 경제개발을 추진하려 하자 학생들은 정부의 민족주의란 가면이고 매판자본(買辦資本)에 나라를 팔아넘기려 한다면서 '민족적 민주주의의 장례식'까지 치르며 결별한 것이다. 이는 독재를 위한 방편이라며 비판하고 박정희 대통령의 하야 요구까지 나왔다. 대규모 시위가 일어나자 정부는 6월 3일 저녁 서울 일원에 계엄령을 선포하고 각 대학에 휴교령을 내렸다.[6.3사태]

6.3사태는 5.16 체제에 대한 민주화 투쟁인 동시에 반체제 운동의 시발이다. 혁명 주체들이 혁명공약에서, "우리의 과업이 성취되면 참신하고 양심적인 정치인에게 정권을 이양하고 군인 본연의 임무에 복귀하겠다."고 했던 민정 이양 약속을 번복하다가 급기야 군복을 벗고 민정에 참여하자 반대로 돌아섰으나 6.3사태 이전에는 반정부 단계에까지 이르지는 않았다. 그러나 일본과 국교를 열어 그 돈으로 경제 개발계획을 추진하려 하자 5.16 이후 야당 신세가 된 민주당 계열과 모든 반대 세력들이 반체제운동의 대열로 결집하였다.

박 대통령은 학생들의 격렬한 시위는 언론과 야당의 무책임한 선동에 학생들이 부화뇌동한 때문이라고 생각하고, 6.3사태를 계기로 야당을 협상과 타협의 대상으로 인정하기보다는 자신의 조국 근대화 정책을 방해하는 반대 세력으로 간주하기 시작했다. 제1차 경제개발 계획이 눈에 띄는 성과를 올리고 있음에도, 야당은, 외자)에 의한 수출 주도형 경제는 자립화가 아니라 한국 경제가 외국 자본에 종속일 뿐이라며 비판했다. 박 대통령은 1967년 5월 3일의 대통령 선거에서 낙승했으나 곧이어 치러진 6월 8일의 제7대 총선에서는 야당이 대도시에서 압승하는 여촌야도(與村野都) 현상이 뚜렷하게 드러났다. 이런 분위기에 편승하여 6월 13일에는 부정선거를 규탄하는 반정부 시위가 일어나니 11개 대학에 임시 휴교령이 내려지고, 이틀 뒤인 6월 15일에는 전국 28개 대학과 57개 고등학교로 휴교령이 확대되어 나라가 뒤숭숭하였다. 이 즈음 미국과 동남아시아 정세 또한 한국에 불리하게 돌아가고 있었다.

2.2. 반체제운동의 격화

프랑스를 대신하여 월남에 뛰어든 미국이 월맹과의 전쟁에서 점차 수렁으로 빠져들자 주한 미군도 언제 월남으로 이동할지 모를 위기에 처하게 되었다. 미군이 철수하게 되면 한국의 안보 또한 매우 위태롭게 되지 않을 수 없었다. 당시 한국은 경제력이나 군사력에 있어서 북한에 비해 절대 열세에 놓여 있었기 때문에, 미군 없이 단독으로 호시탐탐 남한의 적화를 노리는 김일성을 상대하기는 버거웠다. 이즈음 중공의 마오쩌둥 또한 김일성에게 미군이 월남에 발이 묶여 있는 지금이 유격전을 전개하여 남조선을 해방시킬 절호의 기회라며 부추겼고, 김일성은 이 말에 솔깃하여 휴전선에서의 긴장 고조 등 남한 교란을 시도하였다. 이러한 국내외 정세 하에서 박 대통령은 미군을 한반도에 붙들어두고 경제개발의 재원을 얻기 위한 목적으로 자진해서 월남 파병을 미국에 제의하였다. 미국으로서는 군사력의 증강뿐만 아니라 국제 여론을 의식해서도 한국이 자진해서 월남 참전 요청을 하니 더없이 반가웠고, 한국 입장에서는 미군을 한반도에 묶어둘 명분이 생겼으니, 한국으로서는 안보와 경제개발 재원을 동시에 얻을 수 있는 일석이조의 묘수였다.

월남 파병을 계기로 1965년부터 1968년까지 4년 동안 매년 미국 대통령과의 정상회담이 개최되어 한·미 관계를 더욱 공고히 할 수 있었다. 월남 파병에 대해 반대파에서는 경제적 이익을 위해 젊은이들의 목숨을 팔아넘긴 용병이었다고 비판하나, 이는 6.25사변에 미군을 비롯한 16개국 유엔군의 도움으로 공산 침략을 격퇴하고 평화와 풍요를 누리고 있는 대한민국 국민으로서 할 말이 아니다. 북한의 김일성은 마오쩌둥의 권유대로 1968년 1월부터 청와대를 비롯하여 울진·삼척 지구와 주문진 등지에 무장공비를 잇따라 남파하여 남한에서의 유격전 가능성을 모색하면서 남한 사회에 불안을 조성했다. 미군 첩보함 푸에블로호가 동해상에서 고장으로 표류하다가 납북된 것도 1968년 1월이었다. 박 대통령은 월남 파병 등으로 미국에 공을 들였으나 1969년 미국의 새 대통령이 된 리처드 닉슨이 외교 전략을 바꾸어 주한 미군 철수와 중공과의 통호를 모색하자 대한민국의 안보가 다시 위기에 처하게 되었다.

이러한 급변하는 동아시아 정세 하에서 박 대통령은 김일성의 대남 공작에 대비하여 향토예비군을 창설하고 대학에서 군사훈련을 실시하게 되니, 안보 위기를 절감하지 못한 학생들과 야당은 이러한 조치들이 체제유지를 위한 국민통제라며 반발하고 비난하였다. 실제로 학도군사훈련에 반대하는 반정부 시위도 빈발했다. 헌법에 따른다면 박 대통령은 1971년 5월이면 물러나게 되어 있었고, 당시의 여촌야도 분위기로 보아 차기에는 야당에게 정권이 넘어갈 형편이었다. 그렇게 되어 야당 출신 대통령이 들어선다면 이때까지 이루어 놓은 경제건설의 토대는 허물어질 것이며, 한국의 안보 또한 보장 할 수 없었다.

경제 개발은 차츰 성공을 거두고 있었으나 국가 경제력은 아직 북한의 수준에 이르지 못했고, 일제시대부터 우월한 중화학공업의 기반을 가졌던 북한은 대부분의 무기를 자급하는 반면, 한국은 소총 하나 만들지 못하는 형편이니 대한민국의 미래가 걱정되지 않을 수 없었다. 그리하여 한 번 더 대통령을 해야겠다는 생각에서 1969년 여름부터 3선 개헌 논의를 시작하자 야당은 '3선개헌 반대투쟁준비위원회'를 결성하여 반대 투쟁에 들어갔고, 후계를 노리는 집권 여당 내부의 반발 또한 만만치 않았으며, 각 대학에서 3선 개헌 반대 시위가 격렬하게 일어나자 정부는 조기 여름 방학을 실시하여 사태의 확산을 막았다. 결국 1969년 9월 14일 3선 개헌안을 변칙 통과시켜 다음 달 국민투표를 통해 확정하였다.

급변하는 동아시아 정세와 격렬해진 국내 반체제운동의 저항에 부딪힌 박 대통령은 1972년, 북한과의 비밀 교섭을 통해, 상호 중상·비방이나 무력 도발을 하지 말고 남북이 선의의 경쟁을 통해 평화 통일의 길을 모색하자는 7.4남북공동성명을 채택하였다. 그러나 이해 10월, 유신체제가 성립하자 더 이상 남북 대화는 진전되지 않았다. 북한의 김일성은 유신체제 하의 남한과 평화 통일을 모색하는 것은 실익이 없다고 생각한 것이다. 정부는 유신체제의 성립 배경을, 7.4남북공동성명으로 시작된 북한과의 대화에 적절하게 대응하기 위해 북한 인민위원회에 필적하는 기구의 필요성에서 통일주체국민회의를 설치한 것이라고 주장했으나, 야당에서는 독재체제 합리화의 구실일 뿐이라고 일축했다. 허나 여야 극한 대립 상태의 남한 정치상황으로는 일사불란한 북한 체제를 상대하기는 불가능한 현실에서 유신체제를 긍정적으로 고려할 측면이 없는 것도 아니었다. 유신헌법은 통일주체국민회의가 선출한 대통령에게 국회의원 1/3의 선출권과 국가의 안전보장과 관련하여 중대한 사태가 발생했다고 생각될 경우 초법적인 긴급조치를 발동할 수 있는 특권을 부여하였다. 이유야 어떻든 유신체제는 민주제도나 국민의 상식적인 정치 감각에 어긋난 것이었다. 특히 1952년 이래 여섯 차례나 대통령을 직접 선출해온 국민들에게는 대통령을 직접 선출할 수 없다는 것은 중요한 국민 주권을 박탈당한 것으로 받아들여졌다.

2.3. 부마 사태와 유신체제의 종언

유신체제는 국민 정서에 반하는 것이었으므로 학생과 야당, 지식인들은 거세게 반발했고, 민심도 동의하지 않았다. 비록 국민투표를 거쳐 국민의 동의를 얻었다고는 하지만 민심의 향방은 이듬해인 1973년 2월에 실시된 제9대 국회의원 선거에서 드러났다. 집권 여당인 공화당의 득표율이 39%였던 반면, 두 야당 신민당과 민주통일당의 득표율은 도합 48%로 야당 득표율이 9%나 많았다. 그럼에도 유신체제는 국회의원의 1/3을 통일주체국민회의에서 선출하게 되었으므로 여당은 국회에서 다수 의석을 차지하였다. 특히 손에 잡힐 것 같던 정권을 놓쳤다고 생각한 야당의 반발은 격렬했다.

10월 유신 선포 시 야권 유력자였던 김대중과 김영삼은 모두 외국 체류 중이었는데, 김영삼은 친지들의 반대를 무릅쓰고 귀국했으나 김대중은 귀국을 포기하고 일본과 미국을 오가며 반유신 운동을 전개하였다. 먼저 미국에서 한국민주회복통일촉진국민회의[한민통]를 결성한 데 이어, 일본에서의 한민통 결성을 추진하기 위해 도쿄 그랜드팰리스 호텔에 투숙 중이던 김대중은 1973년 8월 8일 중앙정보부 요원들에게 납치되어 129시간 만에 서울로 압송되어 가택연금 되었다. 이 사건은 국내외에 큰 파문을 일으켰다. 미국에서는 유신체제에 대한 비판 여론이 비등했고, 일본은 주권 침해 문제로 한·일 관계가 경색되었으며, 그 동안 유신체제 하의 철권통치에 침묵하고 있던 국내에서도 유신 반대 운동에 불을 붙이게 되었다.

1973년 10월부터 서울대학교에서 시작된 유신체제 철폐를 위한 반대 시위가 전국 주요 대학으로 확산되고, 12월 24일에는 장준하·백기완을 중심으로 종교인·언론인·문인 등이 연합하여 유신체제 철폐를 요구하는 백만인 국민 서명운동을 시작했다. 확산되는 학생과 재야 세력의 저항을 막기 위해 박 대통령은 1974년 1월 긴급조치 1호를 발동하여 유신헌법을 비난하거나 그 개폐(改廢)를 주장하거나 청원하는 일체의 행위를 금지하였다. 이러한 금지에도 불구하고 이해 봄부터 유신체제 철폐 요구는 요원의 불길처럼 확산되었다. 4월에 정부는 '전국민주청년학생총연맹'의 조직을 적발했다고 발표하고 180여 명의 학생 운동가들을 구속·기소하여 주동 인물로 지목된 자들은 사형·무기징역 등의 중형을 받았으나[민청학련사건] 곧이어 감형되었다.

8월에는 장충체육관에서 거행된 8.15경축 기념식에서 조총련계 재일 교포 문세광에 의해 대통령 영부인 육영수 여사가 남편을 대신하여 피살된 것이다. 사건 배후는 자세히 밝혀지지 않았지만 조총련을 통한 김일성의 박정희 대통령 암살 기도였음은 의심의 여지가 없는데, 부인 육영수 여사 가 대신 희생된 것이다. 전년의 김대중 납치사건으로 한·일 관계가 경색되 어 한국 정부는 일본에게 시달림을 받다가 일본 거주 문세광에 의한 육영 수 저격사건이 터지자 일본 수상까지 내한하여 사죄할 정도로 한·일 관계 가 역전되니, 항간에서는 "육 여사는 남편을 대신해서 죽은 열부(烈婦)"라 는 말까지 있었다.

이해 10월 24일 오전 동아일보 편집국·출판국·동아방송 기자 180여 명 이 편집국에서 '자유언론실천선언' 집회를 열어 '언론자유수호선언'을 발 표하고, 정보부 요원의 신문사 출입을 거부하였다. 이를 계기로 이틀 사이 에 서울과 지방을 망라한 31개 신문·방송·통신사가 선언문을 채택했다. 정부는 이에 대한 보복으로 기업에 압력을 가하여 동아일보에 광고를 신 지 못하게 하자 신문 광고란을 백지로 남기고 발행하니, 이른바 '백지 광 고' 사태이다. 백지 광고 사태는 국내외 각계각층에 큰 반향을 불러일으켰 다. 야당인 신민당은 12월 26일 긴급 당직자 회의를 열어 항의했고, 천주 교정의구현전국사제단도 성명을 발표했다. 미국과 일본 등 외국 언론들 은 주요 기사로 다루었고, 국내 독자들의 격려와 성원이 답지했다. 지역·직 업·계층 등의 구분 없이 각계각층의 정치적 항의와 분노가 개인·모임·단 체 이름으로 기업 광고란을 대신 메워 정부에 대한 저항심을 표출하였다. 이 사태는 결국 동아일보가 주동자들을 해직 시키는 것으로 끝났지만 백 지 광고 사태는 유신 체제에 대한 저항 운동의 상징적인 사건이었다.

1975년이 되면서 국내외 정세가 급격하게 요동쳤다. 한국 사회는 유신 체제에 대한 저항과 정부의 강경 처벌로 몹시 불안한 가운데 또 사건이 터졌다, 즉 4월에 1964년의 인혁당 사건 관련자 7명이 민청학련 사건의 배후로서 체포되었는데, 북한과 내통했다는 것이었다. 이들은 사형을 선고받고 형이 확정된 뒤 모두 처형되었다. 앞서 체포된 단순 민청학련사건 관련자들은 대부분 감형을 받았으나 북한 관련자들은 용서가 없었다. 한편, 인도차이나 반도에서는 4월 말에 베트남이 공산화되고, 잇따라 캄보디아와 라오스 등 인근 국가들도 잇따라 공산화되자 다음 차례는 대한민국이라는 위기감이 고조되었다. 이렇게 동남아시아 정세가 급변하는 가운데 1975년 5월 13일 유신체제 수호의 결정판이라고 할 수 있는 긴급조치 9호가 선포되었다. 요지는 유신체제의 비판·비방을 금하며 이를 위반했을 때는 법관의 영장 없이 체포·구금·압수·수색을 할 수 있게 한 것이다. 아울러 학생과 시민을 동원하여 안보 궐기대회를 열어 국민 대중에의 안보 의식을 고취시켰으며, 대학과 고등학교에는 학생회를 없애고 학도호국단을 조직하였다.

1977년부터 유신체제는 위기에 접어들었다. 이제까지 유신체제에 대해 공식적인 반대 의사를 표시하지 않던 미국은 지미 카터가 대통령에 취임하고 난 뒤, 인권외교를 앞세워 유신체제의 인권 탄압을 비판하면서 미군 철수 카드로 박 대통령을 압박하기 시작했다. 반체제 세력들은 카터의 비판에 고무되었고, 이해 가을부터 학생들의 반대 시위가 일어나기 시작했다. 1979년에는 유신체제에 저항하다 수감된 사람이 2년 전에 비해 10배가 늘어난 1,239명이나 되었다. 1979년 5월에는 선명 야당의 기치를 내건 김영삼이 야당 당수로 선출되어 재야 세력과 연합하여 유신헌법 개정을 강력히 요구하자 야당과 유신정부와의 대립은 더욱 날카로워졌다. 이해 9월 김영삼은 뉴욕타임스와의 회견에서 미국 정부가 공개적이고 직접적인 압력을 행사하여 한국정부를 통제해야 한다는 취지의 주장을 하자 정부와 여당은 사대적이고 매국적인 발상이라며 다음 달에 김영삼을 국회 의원직에서 제명하였다.

김영삼의 제명을 계기로 10월 중순, 그의 정치적 기반인 부산 지역에서 학생 시위가 일어나 많은 시민들이 이에 호응하여 인근 마산·창원 지역으로까지 확산되었다.[釜馬사태] 엄혹한 탄압에 짓눌려 있던 민심이 드디어 폭발한 것이다. 정부는 10월 18일 부산에 계엄령을 선포하고, 20일에는 마산에 위수령을 발동하였다. 부산·마산 지역을 돌아보고 온 중앙정보부장 김재규는 사태의 심각성을 보고했으나 당시 김계원 비서실장을 젖혀놓고 호가호위하던 경호실장 차지철의 강경 대처 주장에 의해 묵살되었다. 야당 총재 김영삼의 제명으로 촉발된 부마사태가 유신체제 핵심부를 분열시킨 것이다. 중앙정보부장 김재규는 이러다간 제2의 4.19가 일어나지 않을까 하는 우려와, 잘 하면 "자신에게 기회가 올 수도 있겠다."고 하는 다소 낭만주의적 욕망이 발동하여, 1979년 10월 26일, 박 대통령이 삽교천 방조제 준공식을 마치고 돌아온 날 저녁, 궁정동 안가(安家)의 주연 자리에서 박 대통령과 차지철을 살해했던 것이다. 이렇게 불철주야 조국근대화에 몸을 던졌던 박정희 대통령도, 집권 18년 만에 비극적인 죽음을 맞이하고 유신체제는 7년 만에 해체되었다.

박정희 대통령의 마지막에 대해 많은 사람들은 아쉬움을 느낀다. 부마사태라는 민주화 항쟁이 일어났을 때가 박정희에겐 마지막 기회였다. 경제성장이 상당수준에 이르렀고, 중화학공업과 방위산업이 어느 정도 궤도에 올랐으니, 비록 스스로 정한 기한이 되지 않았더라도 민주화 비전을 제시하고 물러남으로써 역사의 순리를 따르는 결단을 내렸어야 할 시점이었다. 자존심이 상하더라도 정치를 국민에게 돌려준다는 약속을 하는 것이 결과적으로 역사의 흐름에 순응하는 것이고 크게 이기는 길이었는데 이를 거슬렀다가 비극적인 최후를 맞았다. 더구나 한민족은 보릿고개의 궁핍 속에서도 맨주먹으로 4.19민주혁명을 성취한 위대한 민족이 아니었던가. 전두환 이후의 한국 정치가 보여주었듯이, 박정희가 물러났더라도 한국의 산업화 역량은 순항할 수 있는 단계에 도달해 있었다. 안타까운 일이다.

2.4. 신군부의 정변과 광주민주화운동

12.12정변과 전두환의 등장

박 대통령이 사망한 다음날 새벽, 제주도를 제외한 전국에 비상계엄령이 선포되었다. 헌법에 따라 국무총리 최규하가 대통령권한대행에 취임하였다. 18년 동안 절대 권력의 정상에 있던 사람이 없어지자 한국은 권력의 진공상태가 된 듯했다. 유력 정치인들과 군인 집단은 제각기 자기들의 몫을 챙기기에 혈안이 되었다. 야당 당수 김영삼은 유신헌법을 폐기하고 3개월 내에 새로운 헌법을 제정하여 대통령을 뽑자고 제안했고, 최규하는 현행 유신헌법에 따라 대통령을 선출하여 국가를 안정시킨 다음, 새 헌법을 제정한 후 새 정부를 구성한다는 방침을 발표하였다. 이에 따라 1979년 12월 6일 통일주체국민회의는 최규하를 대통령으로 선출하였다. 여기에 야당은 크게 반발하여 정국은 혼미에 빠졌다.

이런 혼란 중에 군부 내에서 권력을 장악할 음모를 은밀히 꾸미는 세력이 있었으니 곧 하나회라는 사조직이었다. 하나회는 영남 출신 육사 11기

[정규 1기]의 전두환·노태우·정호용 등이 중심이 되어 비밀리에 육사 출신 선후배들로 구성한 군대 내 파벌이었다. 육사 11기는 동년배 청년들이 공산군을 막느라 전방에서 죽어갈 때, 후방 진해에서 국민 세금으로 편안히 육사 4년 과정을 마치고 전쟁이 끝난 뒤 임관되었으니 어떻게 보면 요행으로 6.25의 참화를 피한 이들이다.

어느 집단이건 사조직을 결성하여 파벌을 만드는 것은 집단 내부에 위화감을 조성하는 바람직하지 못한 행태지만, 상명하복이 생명인 제복을 입은 군대·경찰 등 집단에서는 더욱 금기사항이다. 그런데 박 대통령은 하나회를 비호했을 뿐만 아니라 편애까지 하면서 승진을 시키고 요직에 임명했으니 자기 권력의 호위 세력으로 생각하여 육성한 것이다. 마침 하나회의 리더였던 전두환이 보안사령관으로서 대통령시해사건의 합동수사본부장을 맡고 있었다. 보안사령관은 군 내부의 정보를 장악하고 있을 뿐만 아니라 '방첩대'라는 이름으로 민간 사회에까지 영향력을 행사하던 막강한 정보·권력 기관의 책임자였다.

육군참모총장으로서 계엄사령관을 겸하고 있던 정승화는 전두환이 수사 과정에서 월권이 많다고 하여 그를 동해경비사령관으로 전보하려 하자, 전두환은 1979년 12월 12일 하나회 조직을 동원, 대통령과 국방장관의 승인 없이 계엄사령관 정승화를 체포하였다. 처음에는 자신의 사적 이익을 위해 위법을 저지른 범죄가 급기야 정권을 탈취하기까지에 이른 것이다. 《신동아》 잡지가 2005년에 발표한 하나회 명단은 11기에서 36기까지 250명이었는데, 전두환은 각급 부대 요직에 포진하고 있던 하나회 회원을 이용하여 각 부대 지휘관들을 하극상의 방법으로 제압, 군부대를 장악하고는 그들 휘하의 군대를 동원하여 군부의 실권을 잡았다.[12.12사태]

이들이 이른바 신군부로서 정승화 체포 후 대외적으로 내세운 명분은, "정승화가 박 대통령 시해 현장에 있었다."는 것이었다. 이 세상을 살아가자면 완전 만족이란 있을 수 없어 개개인으로 보면 때때로 불만이 있을 수 있다. 그러나 모든 사람들이 불만이 있다고 해서 위계나 사회 질서를 무시하고 제각각 사욕을 채우려 한다면 이 세상은 난장판이 된다. 그래서 예의 염치가 있는 사람은 다소 불만이 있더라도 참고 순응하기 때문에 사회가 정상적으로 굴러가는 것이다. 군사정변이란 내 개인 이익보다 절박한 시대적 소명이 있을 때라야만 정당성을 인정받는 것으로, 5.16은 기아선상에서 허덕이는 민생고를 해결하기 위한 것이고, 그것을 성공적으로 마무리하였다. 그러나 12.12사태를 일으킨 신군부의 정변은 명분 없이 순전히 개인적 욕망에서 출발했기 때문에 역사의 죄인이 되는 것이다.

1980년 2월, 최규하 정부가 유신체제에 저항해온 6백 여 명의 정치인들에 대한 복권 조치를 내리자 유신체제 치하에서 숨을 죽이고 있던 정치 지향적 인물들이 백가쟁명으로 목소리를 내기 시작했다. 이른바 '서울의 봄'이다. 오랜 가택연금 상태에 있던 김대중과 야당 당수 김영삼 또한 개헌 이후의 대통령 선거를 목표한 주도권 싸움으로 경쟁이 치열했다. 서로 상대편을 헐뜯으며 지구당 행사장에서까지 충돌하다가 결국 김대중은 김영삼과의 협력을 포기하고 새로운 당을 만들었다. 야당들의 행태는 떡 줄 사람은 생각도 않는데 김칫국부터 마시는 격이었다. 이후 둘 사이는 견원지간이 되었다.

언론 통제로 12.12사태에 대해 일반 시민들은 그 내막을 알 수 없었는데, 신학기를 맞은 대학가를 통해 사실이 차츰 드러나기 시작했다. 3김(김종필·김대중·김영삼)은 축록(逐鹿; 大權을 잡기 위한 경쟁)에 여념이 없었고, 대학가에는 신군부를 척결하라는 학생들의 구호로 뒤덮이니 사회는 극도로 불안하였다. 각종 정보들이 대자보라는 형식으로 대학가에 공개되었는데, 불확실한 정보도 많았으나 큰 흐름은 계엄령 해제와 전두환 퇴진이었다. 유신체제에 항거하다가 처벌을 받았거나 복역 중이던 학생들이 대학으로 복귀하게 되니, 이들의 주동으로 계엄령 해제, 조속한 민주화, 신군부의 퇴진을 요구하는 학내 집회가 온 대학가를 요동치게 했다. 그러나 신군부에 장악된 최규하 정부는 5월이 되도록 민주화 일정을 진행시키지 못하고 있었다.

신군부에게 빌미를 주지 않으려 교내 집회에 머물러 있던 학생들은 5월 14~5일 캠퍼스를 뛰쳐나와 서울역 광장에 모여 비상계엄 해제와 전두환 퇴진을 요구하니, 운집한 학생 수가 10여 만에 이르렀다. 때를 기다리던 신군부는 5월 17일, 사회불안을 진정시킨다는 명분하에 비상계엄을 전국적으로 확대하고, 국회와 각 정당을 해산함과 아울러 모든 정치활동을 금지하였으며, 김영삼을 자택에 연금하고 김대중을 체포하였다. 그 외 유력한 야당 정치인들과 각 대학의 학생운동 지도부도 모두 검거하였고, 모든 대학에는 휴교령이 내려져 계엄군이 학생들의 등교를 막았다.

5.18 광주민주화운동

신군부가 김대중을 체포하자 그의 연고지인 호남 광주에서 폭발하였다. 5월 18일 오전 전남 광주시 전남대학교 정문 앞에서 출입을 통제하던 계엄군 공수부대원과 등교하려던 대학생 간에 생긴 소규모 충돌을 계기로 사건이 확대되어 학생들의 숫자가 1천여 명으로 불어나 '계엄 해제' 구호를 외치며 시위하자 계엄군은 이를 무자비하게 진압하는 과정에서 민간인

1명이 죽고 수십 명의 부상자를 내었다. 이날 광주 시내에는 악성 유언비어가 유포되었다. 19일, 분노한 5천여 명의 학생과 시민 시위대가 계엄군과 대치하면서 화염병·돌멩이·보도블럭을 계엄군을 향해 던지자 계엄군은 공포를 쏘아 시위 군중을 해산시키고 도망가는 시위대를 곤봉과 소총 개머리판으로 무차별 가격하여 이날도 민간인 1명이 사망하고 수십 명의 시위대가 부상을 당하였다.

20일이 되자 광주 시내 상가는 모두 철시하였고, 중·고등학교는 임시휴교에 들어갔다. 시내 곳곳에 "죽은 인원이 수십 명이며, 공산당도 이렇게 무자비하지 않았고, 계엄군은 모두 경상도 출신이다."라는 등의 유인물이 뿌려졌다. 오후에는 수만 명으로 불어난 시위대들이 거리로 몰려나와 '계엄 철폐'·'공수부대 철수'·'김대중 석방'·'전두환 퇴진' 등의 구호를 외쳤다. 계엄군의 무차별 가격에 분노한 시위대는 택시·트럭·버스를 앞세우고 계엄군을 압박하자 계엄군은 본영인 전남도청으로 물러나 저항했으며, 시위대는 파출소·경찰서·방송국을 공격해 광주 MBC·KBS를 불태웠다. 예비군 무기고를 습격하여 칼빈 소총으로 무장했다. 이에 계엄군은 시위 진압을 포기하고 전남도청과 조선대로 후퇴하였다.

가장 비극적인 유혈사태는 21일에 일어난 전남대와 전남도청 앞에서의 충돌이었다. 시위대가 아세아자동차에서 탈취한 장갑차와 버스를 앞세우고 계엄군에 돌진하자 계엄군이 이에 무차별 공격을 가한 것이다. 이날 시위대가 광주 인근 지역으로 진출하여 경찰서와 예비군 무기고의 소총·TNT·수류탄 등으로 무장하고 시내를 장악하자 경찰과 계엄군은 시외곽으로 철수하였다. 이후 시내 일원은 6일 간 시민군의 통제 하에 있었다. 이 기간에 시민 대표는 계엄당국과 협상을 모색했으나 강경파의 반대에 부딪혀 이루어지지 못했다. 결국 27일 새벽, 외곽으로 철수했던 공수부대와 20사단 병력이 전남도청으로 재진입하여 시민군 295명이 체포되고 17명의 사망자를 낸 체 사태는 종료되었다.

15년 후인 1995년 검찰과 국방부 검찰부가 발표한 '5.18 관련사건 수사결과'에 의하면, 5월 18일부터 열흘간의 유혈사태에서 민간인 166명, 군인 23명, 경찰 4명이 사망하였고, 행방불명으로 공식 인정된 사람은 47명이다. 이 광주유혈 사태는 광주 시민이 신군부의 정변에 저항하여 일으킨 민주화운동이다. 아프리카나 동남아시아의 여러 나라 같은 후진국도 아니며, 4.19혁명으로 민주주의 성취를 만방에 알린 대한민국에서 학생과 시민들이 민주주의 회복을 요구하다가 적군도 아닌 국민 군대의 무자비한 총격으로 수백 명의 사상자를 냈다는 것은 여간 부끄러운 일이 아니다.

5.18의 북한 개입설에 대해, 공식적으로는 수사 과정에서 아무 증거도 나오지 않았으니 모략이라고 한다. 반면, 시민의 무장 항거가 격렬하게 조직적으로 일어난 것을 근거로 북한의 사주를 받은 일부 공산 세력이 침투했을 것이라는 주장도 있다. 특히 표에 목을 매고 있는 정치인들에게 북한 개입설은 금기 사항이다. 6.25 사변 중에 부산에서 일어난 국회 공산프락치 사건에 대해, 많은 사람들이 정부 측의 조작이라고 믿었으나 훗날 북한 자료로 북한 개입설임이 밝혀진 것을 볼 때 현재까지의 증거만 가지고 사실 여부를 단정하는 것에는 한계가 있다. 그러나 설사 북한이 개입했다고 하더라도 이로 인해 광주민주화운동의 역사적 의의가 훼손되는 것은 아니다. 그것은 광주 시민의 의도와는 무관하게 이루어지는 문제이기 때문이다. 김일성이 북한 공산 정권을 세운 이래 일관된 목표가 국토완정이었으니, 10일 간이나 계속된 광주의 혼란 사태에 김일성이 두 손 놓고 구경만

했을 리는 없었을 것이다. 광주민주화 운동에 개입하여 어떤 계기를 마련하고자 했을 것임은 수십 년 동안 북한이 일관되게 추진해 온 여러 행태에서 추정된다.

이 기회에 강조하고 싶은 말은, 현재까지 5.18광주민주화운동 유공자 명단을 공개하지 않고 있는데 5.18의 역사적 가치를 고양하려면 지금이라도 광주민주화운동 유공자 명단을 공개해야 한다. 훌륭한 일은 드러내려 하고 부끄러운 일은 숨기려 하는 것이 인간 심리이다. 때문에 친일파의 후손들은 후손임을 기휘하는 데 반해, 독립운동가의 후예들은 가능한 조상의 행적을 드러내려 한다. 또 모든 국민들이 독립 유공자의 이름을 기억하고 행적을 기리는 것은 후세의 사표로 삼아 본받고자 하기 때문이다. 그런데 유독 5.18민주화운동 유공자들만 이름 공표하기를 꺼리는 것은 이해가 되지 않고, 어떤 명분으로도 설득되지 않는, 결과적으로 광주민주화운동의 역사적 가치를 훼손하는 것이다.

2.5. 전두환의 정치

광주에서 전두환 타도 시위가 절정을 이루고 있을 때, 전두환은 고향인 대구를 방문하여 지역 계엄 관계자들을 모아놓고, "광주에서 소요사태가 계속되고 있지만 대구에서 시위만 일어나지 않는다면 우리는 성공할 수 있다."며, 대구 사회의 안정에 만전을 기할 것을 당부했다. 전두환의 바람대로 광주 인근 몇몇 지역을 제외하고는 더 이상 시위가 확산되지 않았다. 광주가 진정되자 1980년 5월 31일 신군부는 국가보위비상위원회[국보위]를 설치하고 전두환이 상임위원장에 취임하여 권력의 전면에 나섰다. 게다가 전두환은 중앙정보부장직까지 겸하게 되었으니 거리낄 것이 없었다. 이들이 가장 먼저 한 일은 국민의 가려운 데를 긁어 주어, 명분 없는 정변으로 이반된 민심을 되돌리는 일이었다.

신군부는 돌아선 민심을 회유하기 위한 방편으로 조직폭력배를 비롯한 사회의 불량자들을 대대적으로 소탕했는데, 이것이 이른바 '삼청교육대'라는 것이다. 즉 1980년 8월부터 이듬해 1월까지 전과자·폭력배 등이나 또는 우범자로 의심이 가는 사람 6만여 명을 잡아다 군부대에 수용하고 4주 동안 인간 개조라는 명목 하에 무자비한 교육을 시켰는데 그 과정에서 400여 명의 사망자가 발생했다. 부산의 형제복지원, 경기의 선감학원 등에서 인권유린 사태가 일어난 것도 이때의 일로 전두환 집권 시기는 인권의 사각지대였다.

다음은, 사회와 기관·단체에서 강제성을 띤 부조리추방 운동을 전개하고, 기성정치인들을 구축하는 일이었다. 비정상적인 방법으로 권력을 차지한 정권일수록 우선적으로 하는 일은 전 정권에 대한 부정적인 면을 부각시키는 것이다. 10월 유신에 대한 국민들의 거부감을 이용하여 박정희 정부 하에서 요직을 지낸 인사들에게 부정축재 등 죄목을 씌워 재산을 차압하고 정치권에서 몰아냈다. 그리고 야당 정치인들에 대한 탄압인데, 김대중에 대해서는 더욱 가혹했다. 7월에 김대중 등 37명을 내란음모 혐의로 기소하여 김대중에게 1심에서 사형 판결을 내리자 가택 연금 중에 있던 김영삼은 정계 은퇴를 선언했다. 이즈음 최규하 대통령이 사직하자 통일주체국민회의는 전두환을 대통령으로 선출하였다. 언론 통제를 효율적으로 하기 위해 강권을 발동했는데, 170여 개의 정기간행물을 폐간하고, 민간 방송을 없애 방송을 공영화하였으며, 수백 명의 언론인을 해직시켰다. 대학가에서는 사복 경찰을 상주시켜 반체제 운동을 하는 학생들을 하나하나 체포하였고, 그 동안 비판적인 논조를 편 대학 교수들을 해직시켰다.

전두환 정권은 정치를 쇄신하여 정의로운 사회를 만든다면서 '정의(正義)'라는 구호를 전면에 내세웠다. 급조한 정당 명칭도 민주정의당[약칭 民正黨]이요, 모든 관공서 정문에 내건 구호도 '정의사회 구현'이었다. 나라를 도둑질한 큰 도둑이 제 허물을 가리기 위해 좀도둑을 잡아들이면서 '정의사회 구현'이란 구호를 내건 것이니 얼마나 설득력이 있었겠는가? 27세라는 최연소로 하버드 대학 교수가 된 마이클 샌델(M. Sandel)이 지은《정의란 무엇인가》라는 책에는 정의(正義)의 개념을, "꼭 해야 할 올바른 일"이라고 정의(定義)했다. 그런데 이런 구호를 내걸려면 먼저 자신의 행위가 정의로워야 하는데 그렇지 못하니 사람들이 돌아서서 코웃음을 쳤다.

이해 10월 국보위는 대통령선거인단에 의해 선출되는 임기 7년의 대통령 단임제와 국회 의석의 1/3을 전국구로 하여 전국구 의원 2/3는 제1당이 차지한다는 내용을 골자로 한 새 헌법을 국민투표에 붙여 통과시켰다. 새 헌법은 7년 임기의 대통령단임제라는 것 외에는 본질적으로 유신 헌법과 크게 다를 것이 없었다. 임기를 7년으로 한 것은, 미국 등 자유민주 국가의 대통령 임기가 중임을 포함하여 최대 8년이었으므로 그 최대치[maximum]를 찾다 보니 그렇게 된 것이다. 전두환은 1981년 2월에 새 헌법에 따라 다시 대통령에 선출되었으니 실질적으로 권력을 장악한 기간은 12.12사태까지 소급한다면 8년이 넘는다. 전두환은 자신들의 구미에 맞는 사람들을 끌어 모아 민주정의당을 만들고, 정치 규제에 묶이지 않은 인사들로 관제 야당[民韓黨]을 만드니 여야 구색도 갖추게 되었다.

또 돌아선 민심을 회유하기 위해 그 동안 소외되었던 독립 유공자들을 챙기고, 정치 분위기를 일신한다며 새로운 인물들을 많이 포섭했는데, 이들 또한 정치 지망생들로서 정계에 진출할 기회를 목 놓아 기다리던 사람들이었다. 예를 들면, 국민들의 신망이 높던 이들의 후손인 최창규[抗日志士 崔益鉉의 증손]·이종찬[독립운동가 李會榮의 손자, 李始榮의 從孫]·김종인[초대 대법원장 金炳魯의 손자] 등이 대표적이다. 인간은 누구나 명예를 추구하는 것이니, 정치성향의 인물들이 어찌 불의한 정권의 유혹이라고 해서 본능적인 욕망을 떨쳐버릴 수 있겠는가? 이들 중에는 90을 바라보는 나이에 이르기까지 십 수 년 동안, 총선이 있을 때마다 이당저당을 번갈아가며 자신이 마치 통달한 정치 전문 컨설턴트인양 정치판을 기웃거리는 사람도 있다.

전두환 정권이 가장 두렵게 생각한 것은 학생들의 끈질긴 저항이었다. 이 저항을 저지하기 위해 꼼수를 부렸으니 1982학년도부터 각 대학 입학 정원을 30% 늘린 것이다. 입학 정원을 늘려놓고 졸업 시에 성적순으로 30%를 탈락시키면 좁은 졸업 관문을 통과하기 위해 공부하느라 데모를 못할 것이라는 순진한 계산이었다. 그러나 데모 세력만 30% 늘어났고 데모 구실이 하나 더 생겼을 뿐 계산대로 되지 않았다. 숫자가 많아진 학생 시위대는 세를 얻어 더욱 격렬해졌고, 결과적으로 대학생 정원만 30% 늘어나는 결과를 가져왔다. 30% 정원으로 시위 세력이 대폭 늘어나자 82학번에 대해 '파리(82)떼'라고 불렀다.] 이 30%의 입학생 증원은 10여 년 뒤 김영삼 정권 시절에 재단 요건만 갖추면 대학을 무제한 인가해 주게 되어 학력 인플레가 가속화되는 단초를 만들었다.

전두환 정권이 가장 신경을 쓴 분야는 민심을 회유하여 자신들의 우호 세력을 많이 만드는 일이었다. 첫째, 현재는 복종하는 체하나 언제 등을 돌릴지 모르는 잠재 위험 집단인 군부의 환심을 사는 것이었고, 다음은 대국민 회유책이었다. 먼저 군부를 위한 선심 정책을 보면, 미군 편제와 같게 한다는 명분에서 군 장성의 직급을 상향 조정하여 장성 숫자를 대폭 늘려 진급 적체로 인한 고급 장교들의 불만을 해소한 것이다. 예를 들면 이제까지는 사단장을 준장으로 보임했었는데, 소장으로 상향 조정함으로써 전군에 장성 보직이 대폭 증설된 것이다. 그 동안 예산 등을 고려하여 축소 조정해 오던 것을 대폭 상향 조정하여 군부의 환심을 샀다. 그리고 중앙부처 및 공공 기관에 안보를 강화해야 된다는 명분에서, '비상기획관'이란 국장급의 새로운 고위 직책을 마련하여 진급하지 못하고 퇴역하는 대령 등 고급 장교들을 위해 위인설관을 한 것이다. 이상과 같은 선심은 해마다 막대한 예산이 투입되는 정책이었지만 산업화의 성공으로 든든해진 국가 재정은 이를 추진하는 데 큰 무리가 없었다. 이뿐만 아니라 직업군인이 전역할 경우 국가에서 집·의료비·자녀교육비 등 일체의 모든 사회보장을 책임지는 법령의 제정까지 시도하다가 이미 연금제도가 시행되어 특혜를 받고 있는 군 전역자들에게 또 추가로 특별대우를 할 경우 형평성과 무한대로 투입될 예산 문제로 중지되었다.

다음은 민심회유 정책인데, 야간 통행금지를 없애고, 중·고등학교 학생들의 교복을 자유화했으며, 연좌제를 폐지하고, 61세 이상 노년층에 대한 전철 무임승차 제도, 설[舊正]을 공식 공휴일로 한 것, 주택임대차보호법 등을 시행했는데, 이것들은 장기적인 안목에서 나온 심사숙고한 정책이라기보다는 돌아선 민심을 회유하는 것이 주목적이었다.

전두환 정권이 비록 부당한 방법으로 정권을 잡았지만 당시 경제와 국정에 있어서는 괄목할 만한 정책들이 많았다. 첫째, 서울의 봄 분위기를 타고 민주화 세력이 정권을 잡아 전 정권의 모든 것을 적폐 세력으로 몰아 중화학공업이나 방위산업을 흔들기 시작했더라면 선진국 도약이나 방위산업 강국의 토대가 흔들렸을 것인데, 박정희 정권의 경제 체제를 연착륙시킴으로써 마침 도래한 세계경제의 호황에 힘입어 한국 경제를 한 단계 발전시킨 것이다. 그 결과 1980년대 중반, 3저 호황[저금리·저유가·저 달러]이라는 세계경제 흐름에 편승하여 유신체제 시기에 이룩한 중화학공업이 더욱 탄력을 받아 수출이 연간 40~50억 달러의 경상수지 흑자를 내는 호경기 상황을 구가하였다. 그리고 초기 42%나 되었던 인플레를 2~3%로 안정시켰다. 어쨌든 전환기에 온 국가 주도형 경제가 시장 경제 체제로 전환하는 과정에서 경제를 연착륙시켰으니 전두환의 공이라면 공이다.

앞서 박정희도 국가통제의 성장주도 정책을 개선할 필요가 있다고 생각해서 1978년 말 경제팀의 개각을 단행, 신현확을 경제부총리에 임명하였다. 신현확은 성장보다는 안정, 규제보다는 자율과 경쟁 촉진, 보호 장벽보다는 개방으로 경제 운영을 바꾸어 나가려 하니 이 과정에서 성장주도의 대통령과는 마찰도 있었으나 한국 경제는 새로운 방향을 모색하고 있던 중. 10.26 사태가 일어난 것이다.

1973년 정부가 중화학공업화 정책수립 초기에는 미래에 발생할 여러 가지 문제점까지 염두에 두고 대비하여 치밀하게 준비하고 추진했기 때문에, 대기업 간의 과당 경쟁은 다소 있었지만, 무분별한 과잉·중복 투자는 없었다. 당초에는 참여를 주저하던 대기업들이 금융 및 조세상의 특혜를 받게 되자 1970년대 말경부터 1980년대 초에 이르기까지 정부의 통제가 느슨해진 틈을 타서 문어발식 확장을 하여 과잉 투자가 발생하였다. 게다가 제2차 오일 쇼크로 선진국 경기가 침체되자 수출이 부진하여 대규모

기업이 부실화 하자 기업의 통폐합과 생산 제품의 분업화를 통한 구조조정을 실시한 결과 1980년대 중반부터 한국의 경제는 유래 없는 성장을 하게 되었다. 전두환 정권은 기업 구조조정의 이유를 국가자본주의 축적경제 정책과 중화학공의 과잉·중복 투자의 후유증 때문이라며 전 정권에 책임을 돌렸지만, 근본 원인은 유신체제가 무너진 직후 정치가 불안정한 시기에 재벌들이 과욕을 부려 초래된 것이었지 중화학공업의 과잉투자 때문이 아니었다. 중화학공업이 없었다면 80년대 중·후반의 경상수지 흑자와 경제 호황, 오늘의 선진국 도약은 애당초 불가능했다.

경제 문제 외에 전두환의 실적을 꼽자면 우선 한강 개발을 들 수 있다. 당시 한강은 공장폐수 축산폐수 인분 등이 그대로 유입되어 냄새 때문에 강가에 접근할 수도 없었고, 홍수가 나면 저지대인 풍납동·망원동 등은 상습 침수 지역이 되었으며, 그 외 지역도 장마철이 되면 진흙탕이 되기 일쑤였다. 그러나 막대한 개발 비용이 없어 손을 대지 못하고 있었다. 당시 한국의 GNP의 6%를 국방비로 쓰는데 비해, 일본은 GNP는 한국의 20배나 되면서도 GNP의 0.09%만 국방비로 쓰니 일본은 동아시아 안보의 무임승차국이란 논리로 설득하여 40억불의 차관을 얻어 그 중 10억 달러로 한강을 개발했다. 그 결과 지금은 아무리 심한 장마가 지고 태풍이 오더라도 한강이 넘쳐 수해를 당하는 일이 없다. 한강 둔치에 조성된 공원은 온 서울 시민들이 향유하는 휴식공간으로 한국인은 물론 한국을 방문하는 외국인들조차 한강의 경관에 찬탄을 금치 못한다. 이것은 전두환의 한강 개발 덕택이다.

그 외 일본으로 거의 결정된 88올림픽을 유치하여 한국의 위상을 세계에 과시한 것이나 반도체 개발에 국고 200억을 지원하여 한국이 반도체 선진국으로 도약하게 만든 것, TV·핸드폰 등 한국 전자 제품이 세계를 석권하게 된 것도 전두환 정권의 공로가 크다. 천연색 TV방송의 시작과 KBS를 통한 '이산가족 찾기 운동'도 전두환 정권 시기의 일이다. 이산가족 찾기 운동은 30여 년 전 6.25사변 통에 헤어져 같은 한국 땅에 살면서도 생사를 모르던 혈육을 되찾게 함으로써 상봉이 이루어질 때마다 눈물바다를 이루었고, 이를 본 세계인들의 심금을 울렸다. 그 덕택으로 2015년도에는 세계기록문화유산으로 등재되었다. 그리고 전두환이 유치한 88올림픽의 성공으로 한국의 위상이 올라가자 김일성도 무얼 과시해 보이겠다고 1989년 7월 60억 달러를 들여 제13회 세계청년학생축전을 무리하게 유치하여 주최한 것이 북한 경제가 몰락하는 한 원인이 되었다고도 한다.

전두환 정권은 기업가들을 후원하여 경제를 활성화시키기도 했지만 비자금을 뜯어내기도 하고 눈 밖에 나는 기업을 강제 해체시키기도 했으니, 그 대표적인 기업이 국제그룹이다. 국제그룹은 경공업이 수출을 주도할 때 신발 수출로 외화를 벌어들이던 건실한 기업이었지만 당시에는 수출 부진으로 상황이 어려워 전두환의 기대만큼 정치헌금을 내지 못했다가 밉보여 공중 분해되었다. 그뿐만이 아니다. 임기 말년에는 대통령 직위를 부정축재 자리로 알고 재벌들에게서 수백억 원을 강장하여 수백 억 원의 비자금을 조성했다가 김영삼 정권 시기에 드러났다. 이러한 전두환의 행태를 보다 못한 현대 그룹 정주영 회장은 자기도 대통령 하겠다며 1992년 12월 제14대 대통령 선거에 출마하기까지 했다.

2.6. 5공 치하의 반체제운동

반체제운동의 이념화

앞에서 살펴본 대로, 1970년대까지의 학생운동은 유신체제의 강한 억압 하에서, 주요 몇 개 대학을 중심으로 반체제 운동 그룹이 뿌리를 내리고 있었을 뿐 다수의 학생들이 참가하는 대중적인 형태로 반체제운동이 전개되지는 않았다. 다만, 많은 학생들에게 이 즈음 출간된《해방전후사의 인식》·《한국현대사》·《전환시대의 논리》 등을 통해 대한민국 현대사와 정치체제에 대한 부정적인 인식을 키우며 반체제 의식이 점차 확산되고 있었다. 더구나 1980년대 초 '서울의 봄'으로 민주화의 기대에 부풀어 있을 즈음, 신군부가 저지른 5.18광주 민주화운동 탄압으로 민주화 기대가 무참히 좌절되었기 때문에 수면 아래에서는 전두환 정권에 대한 반체제 운동이 꿈틀대고 있었다.

유신 말기부터 일부 대학생들 간에 은밀히 태동하던 민주화 내지 반체제운동은 4.19혁명을 계승한 20대 학생들의 가슴 속에서 꿈틀대고 있었지만 전두환 정권 초기에는 그 폭압에 억눌려 동력을 드러내지 못하다가 1983년 야당 지도자 김영삼의 단식 투쟁이 계기가 되었다. 즉, 전두환의 등장으로 정계 은퇴를 선언했던 김영삼이 이해 5월 민주화를 요구하며 한 달 가까이 단식으로 저항했는데, 언론은 이름을 밝힐 수 없어 '유력 야당 인사'로만 보도했지만 그가 김영삼인 줄을 알 만한 사람은 다 알았다. 이후 김영삼은 1884년 5월, 미국으로 망명해 있던 김대중과 협력하여 민주화추진협의회를 결성하였다. 이러한 저항에 대해, 전두환 정권은 강압만으로는 더 이상 민주화 욕구를 막을 수 없다고 생각하고 1984년 11월 일부

정치인들을 해금하는 등 유화책을 쓰기 시작했다. 이런 분위기가 움츠러들었던 민주화 운동이 활성화하는 계기가 되어 1985년 1월에 김영삼·김대중이 대주주가 된 신한민주당[약칭 新民黨]을 창당했다. 신민당은 창당 후 한 달도 안 되어 치러진 12대 국회의원 선거에서 67명을 당선시킴으로써 제1야당이 되었다.

이런 야권의 지각변동에 자극을 받아 1985년 3월 29일 개별적으로 민주화 운동을 하던 시민단체가 통합하여 '민주통일민중운동연합[약칭 민통련]'이 결성되는데, 반체제 통합 시민단체인 민통련의 출현은 자생적 좌파 이념을 활성화시켜, 결국 1980년대 중반은 좌파이념이 확산되는 시대가 되었다. 여기에는 전두환 정권이 유화 조치의 일환으로 시행한 사상과 출판의 자유도 한 몫을 하게 되었다. 즉 그 동안 금서로 지하 조직을 통해 은밀히 유통되던 마르크스·레닌주의와 마오쩌둥 주의에 관한 책들이 봇물 터지듯 쏟아져 나오고 심지어 북한 주체사상 서적도 출간되었다.

이들 서적을 통해 공산주의 사상을 처음 접한 학생들은, 정통성 없는 남한의 군사독재 정권은 미제국주의의 괴뢰에 불과하고, 북한의 김일성 정권이 한반도에서 정통성 있는 유일한 민족정권이니, 이 북한을 민주기지로 삼고, 그 지도 방침에 따라 남한 혁명을 도모해야 한다는 부류까지 등장했다. 6.25사변을 경험한 세대처럼 공산주의를 직접 체험하지도 못했고, 5.16 이후의 경제개발 덕분에 궁핍을 모르고 생장한 학생들은, 배급제가 끊기어 아사자가 속출하는 북한의 참상을 전혀 알지 못한 체, 북한의 공산체제가 남한의 군부파쇼보다 낫지 않겠느냐는 순진한 반발심에서 공산주의이념 서적들을 밤새워 탐독하고 그룹 별로 모여 토론도 했다. 광주민주화운동을 탄압한 군대 동원은, 국군 통제권을 가진 미국의 승인이라고 추측하여 반미운동 또한 고개를 들었다. 일부 학생들의 현실 인식은 해방 직후 일부 지식인들 간에 유행처럼 번진 공산주의 이념에 대한 동경 풍조와도 같았다. 한국사회에서 금성철벽처럼 구축된 친미반공주의에 금이 가기 시작한 것이다.

당시 좌익 이념에 물든 학생들을 크게 두 부류로 나눌 수 있는데, 마르크스 이념의 계급 해방을 중시하는 계열[PD파]과 북한이 주장하는 민족해방을 중시하는 계열[NL파]로 나눌 수 있다. 시간이 흐르면서 민족해방을 중시하는 NL파가 주도권을 잡았고, 이들 중에는 장차 '사회주의 혁명가' 혹은 '수령님의 전사'가 되겠노라고 맹세하는 학생들도 등장했으니, 바로 주사파[主體思想派]들이다. 이들은 골방에 모여 '위수김동[위대한 수령 김일성 동지]'을 외치며 남한에서 사회주의 혁명을 일으키겠다고 다짐하기까지 했다.

1980년 전두환 정권의 폭압적인 권력 장악을 경험한 뒤의 반체제운동은 이와 같이 맑스주의 또는 북한의 주체사상에 바탕을 둔, 사회주의 내지 공산주의 이념으로 무장하고, 이들의 지향점이나 목표 또한 단순한 민주 회복이 아니라 체제를 근본적으로 뒤집어야 한다는 혁명 사상이었다. 그리고 그 모델은 북한의 김일성 체제이며 따라서 북한은 남한 체제를 전복시킬 혁명 기지라고 생각했다. 이들은 1990년대 초 동구권과 소련의 공산 체제가 무너지고 북한의 참상이 드러난 뒤, 과격파 일부는 체제 전복을 꾀하다가 불법 단체로 심판 받아 해체되었고, 일부는 보수로 전향하기도 했으나 대부분은 노무현 정권 시기에 정치권의 주류로 등장한 이른바 386세대[후일의 586]로서 진보좌파의 중추가 되었다.

노동계와 농민의 변화

1960년대에도 노동조합 활동이 전혀 없었던 것은 아니지만 노동문제로 세상의 이목을 끌게 한 것은 1970년 11월 13일 중소 봉제공장이 몰려 있던 서울 평화시장에서 발생한 재단사 전태일의 분신자살이었다. 이 사건으로 수출주도 산업의 음지에서 열악한 근로조건을 감내하며 일하는 섬유·의복 등 봉제분야 노동자들의 실상이 공개된 것이다. 당시에도 근로기준법 등 근로자의 권익을 보호하는 규정이 있었지만 규정대로 지켜지지 않았다. 특히 외국인 투자자들을 유치하기 위해 국가가 노조활동을 억제하기도 했다. 대만 등 경공업 수출 경쟁국들과 비교해서 한국의 인건비가 낮지 않았으므로 수출경쟁에서 뒤지지 않기 위해서라도 근로기준법의 조건을 완전히 충족시킬 수는 없었다.

당시 급성장한 경제는 열악한 노동환경과 저임금에 의존한 것이기는 하지만, 이것을 노동력 착취라고 매도해서는 안 된다. 당시 수출품의 주종을 이루던 중소기업수준의 경공업에 종사하던 이들은 시골 출신 여성근로자들이 주류였는데, 이들이 받는 임금은 당시 농촌 형편과 비교하면 상대적으로 높은 액수였다. 이들 여성근로자들은 10대 중후반에 일을 시작하여 20대 중반에는 결혼으로 직장을 그만두는 경우가 대부분이었다. 따라서 노동운동에 큰 관심이 있을 수 없었다.

반면, 1970년대에 시작된 대기업 중심의 중화학공업 부문에 남성 노동자들이 대거 진출하자 이들은 평생직장이라는 생각을 가졌기 때문에 근로환경 등 노동 조건에 대한 자세에서 여성 근로자들과 차이가 있을 수밖에 없었다. 그러나 1960~70년대의 남녀 노동자들은 중소기업이나 대기업을 물론하고 자신들이 한국의 산업화에 기여하는 수출역군·산업전사로 호명

되는 것에 일종의 자의식을 가지고 있었다. 그러나 1980년대 중반부터 학생들 간에 확산된 반체제운동의 좌경적 이념화로 노동계에도 새로운 바람이 일기 시작했다. 즉 노동자들을 의식적으로 조직하려는 학생 운동가들의 노동계 침투가 그것이다.

이념적으로 급진화한 학생운동 출신들이 학력이나 경력 등을 숨기고 위장취업을 통해 노동계에 진출한 후 노동 현장에서 노동자들을 조직하여 반체제운동과 연결시키고자 한 것이다. 이들은 스스로 마르크스 혁명이념을 실천하는 전위가 되어 노동자를 자본주의 사회 전복의 중심 세력으로 만들어 체제전복을 이루겠다는 것이었다. 이들의 목표는 처음부터 임금투쟁·근로조건이나 근로환경 개선 등 노동자들의 권익에 관한 것이 아니었기 때문에 반체제 활동을 통해 혁명을 지향하는 비합법 노동운동으로 흐르기도 했다. 이러한 과정에서 노동자들은 수출역군·산업전사라는 기존의 자의식을 벗어던지고, 노동계급의 일원이라는 자신의 정체성을 가지고 계급투쟁과 체제혁명을 꿈꾸는 노동자들로 탈바꿈해갔다.

건국 직후 농지 개혁을 하기는 했으나 한국은 인구 밀도가 높은데 산지가 많아 농촌은 인구에 비해 경작지가 턱없이 부족했으므로 산업화 이전까지는 영세농이 대부분이었다. 따라서 봄이 되면 절량농가가 많아, 보리가 익기 직전의 식량난이 가장 격심했으므로 '보릿고개'란 말이 생겨났다. 자식이 많은 가난한 집에서는 먹는 입 하나라도 줄이려고 부잣집에 머슴[雇工]이나 식모로 보냈는데, 소년·소녀의 노동 대가는 먹고 자는 것이 전부였고, 청년 머슴의 1년 노임이라야 벼 몇 섬이 고작이었다. 그러다 1960년대부터 산업화가 시작되면서 자식들이 도시 공장에 취직하여 월급을 받아 가계에 보태니 농촌경제에 숨통이 트이게 되었다. 농민들은 전통적으로 보수적인데다 전보다 살기가 조금씩 나아지니 정부의 정책에 순응했으므로 선거 때는 여촌야도 현상이 두드러졌다. 그러다 1970년대 후반부터 종교계 일각에서 농민을 계몽시켜 조직화 하려는 운동이 일어났으니, 가톨릭농민회·기독교농민회 같은 것들이 대표적이다. 이들은 국가 기관이나 경찰로부터 조금은 자유로운 성당이나 교회의 비호 하에 신부나 목사 등 일부 교역자(敎役者)들의 유신체제에 대한 저항에 자극을 받아 제한적이나마 보수적 농민들에게 변화를 주기 시작했다.

  1980년대 이후 중화학공업 정책의 과실로 한국 경제는 점점 부유해지는 데 비해 주곡 위주의 영세한 한국 농촌의 소득은 한계에 직면하게 되었다. 정부는 그 대안으로, 복합영농과 농촌공업화 정책을 실시했다. 복합영농이란 미곡 외에 특용작물·채소·과수 등을 겸하여 경작하는 농업인데, 복합영농은 수요와 공급의 불균형으로 실패하는 경우가 많았다. 농촌공업화는 농한기에 농촌의 유휴 노동력을 이용하여 농가소득을 올린다는 취지였으나 이것도 큰 성공을 거두지 못하였다. 반면, 무역 자유화로 시장이 개방되어 값싼 농산물이 밀려들어와 농민들의 삶이 더욱 위협받게 되자 이제까지 체제 순종적이던 농민들이 정부 정책에 반발하고 저항하기 시작했다. 이러한 농민 의식의 변화 분위기에서 종교 산하 농민회가 농민 저항의 구심점 역할을 하게 되고, 여기에 학생운동·노동운동 등 다른 사회운동의 영향이 더해져 정권의 전통적 지지 기반이었던 농촌이 변화하기 시작했다.

3. 6월 항쟁과 6.29선언

  앞서 얘기했듯이, 전두환 정권 초기에는 강압과 민심 회유라는 양면 정책에 의해 그럭저럭 안정을 유지해 갔으나 1980년대 중반 이후 사면에서 조여 오는 민주화 내지 반체제 운동의 압력에 더 이상 힘만으로는 통제할 수 없는 한계에 이르게 되었다. 그리하여 유화정책을 펴 야당 정치인들을 해금하기도 하고, 해직 교수들을 복직시키기도 했으며, 사상과 출판의 자유를 허용하기도 하면서 야당과의 헌법 개정 문제도 협의하려는 모습도 보였다. 전두환 정권이 헌법 개정 논의란 화두는 던졌으나 전두환은 자신이 건국 후 40년 만에 대통령 단임 약속을 지키고 물러나는 최초의 대통령이라는 데 대한 자만심에 큰 의미를 두었지 민주적 헌법 개정에는 관심이 없었다.

후진국들에서 흔히 볼 수 있는, 정변으로 권력을 잡은 군부 세력의 관례처럼, 전두환의 헌법 논의 본심은 어떻게든 5공 체제가 그대로 유지되어 퇴임 후에도 자신이 권위가 보장되며 동시에 정치적 영향력을 행사할 수 있게 하자는 것이었다, 따라서 국민이 바라는 대통령 직선제 등 민주 헌법으로의 개정을 염두에 둔 것은 아니었다. 그래서 한때, 프랑스와 같이 행정부의 권한을 대통령과 내각이 나누어 행사하는 이원집정제 논의도 꺼내 보았고, 비록 좌절되었지만 전두환 자신의 아호를 딴 '일해재단(日海財團)'을 만들어 계속 국정에 간섭하려는 망상도 가지고 있었으니 진지한 개헌 논의가 이루어질 수 없었다. 1987년 4월 13일 전두환은 대통령의 잔여 임기가 1년도 남지 않아 임기 중 헌법 개정이 불가능하니 현행 헌법대로 차기 대통령 선거를 치르고 정권을 이양하겠다고 선언하였다.[4.13 호헌조치]

이 호헌 선언은 제도권 야당, 재야 운동권, 학생들의 요구를 정면으로 거부하는 것일 뿐만 아니라 대다수 국민들의 기대에도 어긋난 것이었다. 따라서 호헌조치를 지지한 단체는 정부의 영향력 하에 있는 한국노총과 전경련뿐이었다. 이 선언을 계기로 김영삼·김대중이 중심이 된 제도권 야당과 재야 민주화 세력이 연합전선을 구축하여 직선제 헌법 개정을 쟁취하기 위한 국민운동본부를 창설하였고, 좌익 세력에 주도되는 이른바 민족해방을 중시하는 계열[NL파]도 여기에 참여하였다. 이렇게 민심이 들끓고 있던 5월, 서울대생 박종철(朴鍾哲) 고문치사 사건의 진상이 폭로되었다.

박종철은 지난 1월, 운동권 친구의 소재를 밝히라는 경찰의 고문을 받다가 죽었는데, 경찰은 이 사실을 숨기려다 언론에 공개되자 또 이를 축소·조작하려다 그 전모가 드러난 것이다. 이 사건은 학생이나 민주화운동권뿐만 아니라 많은 국민들의 공분을 샀다. 이에 정부는 내무부장관·치안본부장의 해임과 고문 근절 대책 수립 등으로 사태를 수습하려 했으나 그 수준에서 해결될 문제가 아니었다. 박종철 고문치사 은폐조작사건은 야당과 재야 운동권을 결집시키는 촉매 역할을 하게 되어, 5월 27일 재야세력과 통일민주당이 연대하여 형성된 '민주헌법쟁취 국민운동본부'가 발족되고, 국민운동본부는 이후 6.10항쟁의 구심체 역할을 하게 되었다.

6월에 접어들자 정부의 만행에 대한 대중의 분노는 더욱 격앙되어 6월 항쟁의 횃불이 요원의 불길처럼 타올랐다. 국민운동본부는 정부를 규탄하는 전국 규모의 대회를 6월 10일에 열기로 했는데, 그 전날인 6월 9일 연세대학교 학생들이 정문 앞에서 시위를 벌이던 도중 연세대생 이한열이 경찰이 쏜 최루탄에 맞아 부상을 당했다가 결국 숨지는 사건이 발생하니 또 하나의 기폭제가 된 것이다. 6월 10일 민주헌법쟁취 국민운동본부가 공식 주도한 국민대회는 서울을 비롯한 전국 22개 주요 도시에서 약 24만 명의 학생과 시민들이 참여한 가운데 동시다발적으로 진행되었다.

서울에서는 시청 앞 광장뿐만 아니라 서울역·종로 5가 등 사람이 많이 모이는 곳에는 어디든 시위 물결로 뒤덮혔다. 이날 6만여 명의 경찰을 투입했지만, 경찰 방어력의 한계를 보여줄 뿐이었다. 게다가 시위는 거의 모든 지역에서 동시다발적으로 일어나 야간시위와 철야농성으로 이어지면서, 지속적 투쟁의 형태를 띠고 6월 하순까지 간단없이 계속되었다. 서울 명동성당 점거농성은 6월 15일까지 이어져 지속 항쟁과 전국적 확산에 중요한 역할을 담당했다. 특히 6월 10일의 시위에는 학생이나 운동권만이 참가한 것이 아니었으니, 직장인들 즉 '넥타이부대'까지 참여하여 6.10항쟁은 대중적인 지지와 공감 속에 전개되었다.

전두환 정권은 이 거국적인 저항 앞에서 군대를 동원하여 강경 진압하느냐, 아니면 직선제 개헌에 양보하느냐의 기로에서 고민했다. 7년 전 광주사태 때는 한 지역에 국한했었지만 전 국민적 저항에 직면해서는 달리 방법이 없어 결국 집권 세력은 야권의 직선제 요구를 수용하였다. 집권 세력의 이 양보는 역사의 흐름을 거역할 수는 없었던 것이기도 하지만 야권의 분열을 잘 이용하면 어부지리를 얻을 수 있을 것이라는 기대 하에 정면 돌파를 시도한 승부수이기도 했다. 1987년 6월 29일 집권 민정당의 대통령 후보인 노태우(盧泰愚)는 대통령직선제를 받아들이고, 정치활동이 금지된 사람들을 해금하기로 약속하는 등 야당의 요구사항을 대폭 수용하겠다고 선언하였다.[6.29선언] 이 6.29선언의 주역이 노태우와 전두환 중 누구였느냐는 문제는 지금까지 쟁점으로 남아 있지만 이 선언은 노태우를 신군부의 실력자라는 부정적인 이미지에서 일약 대중적인 정치인으로 부각시켰다.

4. 민주화운동의 성취와 그 의의

6.29선언을 계기로 적대적이기만 하던 여야가 건국 이후 최초로 한자리에 앉아 원만한 논의를 통해 헌법 개정을 하자는 합의에 의해 헌법 개정 작업이 추진되어 제9차 헌법개정안이 만들어졌다. 그 결과 이해 10월, 대통령선거를 국민 직선제로 하고, 대통령 임기는 5년 단임으로 하며, 국민의 기본권 조항을 대폭 개선한 제9차 헌법 개정안이 국민투표를 거쳐 확정되었다. 국민 투표란 대부분 정권 담당자의 뜻대로 결정되는 것이지만, 이번 헌법 개정 국민투표는 전 국민의 전폭적인 지지 하에 도출된 국민 총화의 결과였다. 이러한 국민적 합의에는 이해를 달리하는 정권 담당자들과 반체제운동 세력의 화해, 그리고 기필코 민주국가를 건설하겠다는 성숙한 시민의식으로 무장한 국민들의 염원이 함축되어 있었다.

사실 1948년 8월 15일 대한민국 건국 이후, 한국 국민들은 민주정체 하에서 보통선거를 통해 대통령도 뽑고 국회의원도 선출했지만, 관권의 개입이나 입후보자에 의한 선심 공세에 따라 선거 결과가 결정되는 경우가 많았다. 특히 국회의원 선거의 경우 입후보했다가 가산을 탕진하는 사람이 부지기수였다. 그래서 "적게 망하려면 투전을 하고, 크게 망하려면 국회의원에 출마하라."는 말이 유행하기도 했다. 그러다 1960~70년대의 산업화 성공을 기반으로 시민적 교양을 가진 중산층이 광범하게 형성되기 시작했다.

1987년 6월 항쟁에서 화이트칼라의 넥타이부대가 시위에 대거 참여했다는 사실은, 산업화 이후에야 민주화가 가능할 수 있다는 또 하나의 실증이다. 넥타이부대의 시위는 야당이나 급진 운동권의 동원에 의해서가 아니라, 최소한의 민주주의를 요구하는 시민들이 자기 내면의 명령에 따라 거리에 나선, 민주주의 국가의 성취를 갈구한 보통 사람들, 즉 일반 국민들의 자발적인 목소리였다. 이러한 일반 대중들의 민주화 요구를, 집권 세력이 6.29선언 형식을 통해 전폭적으로 받아들임으로써 6월 민주항쟁은 평화롭게, 그리고 축제 분위기 속에서 끝맺을 수 있었다.

경제성장과 민주화라는 두 가지 어려운 문제를 한꺼번에, 비교적 평화롭게 성취한 한국의 사례는 세계사에서 찾아보아도 드문 일이다. 민주주의는 시민이 정치권력에 대한 수백 년간의 투쟁으로 얻어진 결과물이다. 동남아시아·아프리카·라틴아메리카의 여러 국가들에서 볼 수 있는 바와 같이 풍부한 자원, 넓은 국토를 가지고서도 자립 경제는커녕 빈번한 쿠데타와 빈발하는 경제위기를 겪으며 후진국 늪에서 헤어나지 못하는 것을 볼 때, 자원도, 자본도. 기술도 없던 대한민국이 산업화와 민주화란 두 마리 토끼를 동시에 잡은 성취는 충분히 자부심을 가질 만하다.

그러나 헌법 개정이 집권 세력과 범야권의 합의에 의해 이루어졌다고 앞으로 어떤 정권이 들어서서 대다수 국민들이 공감할 수 있고, 한국이 중단없는 발전을 계속할 수 있을 것인지는 미지수였다. 이제까지 야권은 호헌철폐와 대통령 직선제라는 구호로 같은 목소리를 낼 수 있었으나 정치권력이 눈앞에 어른거리자 그 유대는 해체되고 각자의 이해관계에 따라 창당과 탈당을 밥 먹듯이 했다. 1985년 1월에 김영삼·김대중이 대주주로 참여하여 창당한 신민당은 돌풍을 일으켰으나 총재 이민우가 집권층의 저항을 약화시키고 양김의 영향력에서 벗어나려고 이원집정제 구상을 내놓았다. 이 구상은 대통령 병에 걸린 양김에게 용납될 수 없었다. 결국 양김은 1987년 4월 21일에 통일민주당을 창당한 후 자파 의원들을 흡수하자,

제1야당 신민당은 형해화되었다. 그 후 반년도 못되어 통일민주당 대통령 후보 선출을 앞두고 김대중은 표 대결에서 승산이 없자 자기 계열 정치인 들을 다시 탈당시켜 새로운 당을 만드니 이것이 평화민주당이다. 박정희 정권의 제2인자였던 김종필 또한 구 공화당 시절의 각료·의원 출신을 중 심으로 신민주공화당 창당했다. 결국 1987년 12월의 대통령선거에는 집 권 민정당의 노태우, 통일민주당의 김영삼, 평화민주당의 김대중, 신민주 공화당의 김종필 4명이 출마하게 되어 일노삼김의 구도가 이루어졌다.

한편, 6.29선언으로 전두환 정권과 제도권 야권이 협상에 들어가자 혁명 을 통해 체제를 바꾸어야 한다고 생각했던 급진주의 반체제 민족민주운 동 그룹은 일순 당황했다. 한때 제도권 야당을 배제하자는 강경론까지 등 장하여 신민당의 개헌추진위원회 행사를 무산시키기도 했으나[인천사태] 이제는 제도권 야당을 도와 정권 교체를 이루는 것이 일차 목표였으므로 양김의 후보 단일화를 주선했지만, 서로 대통령이 되겠다는 양김의 욕망 에 무기력할 수밖에 없었다. 독자 후보를 낼 수 없던 민족민주운동 그룹은 결국 선택적 지지로 세력이 갈라지게 되었다. 양김 쪽에서는 일단 후보등 록을 하고 선거 운동을 하는 과정에서 우열이 드러나면 한쪽이 후보를 사 퇴하면 된다는 논리였으나 양김 대립 구도를 끝까지 유지하는 것이 집권 당 측의 선거 전략이었으므로 양면 작전을 전개하여 야당 단일화를 무산 시켰다.

민족민주운동 그룹은 어느 쪽이든 양김이 단일화만 되면 정권 교체가 이루어질 수 있다고 보았으나 필자는 김대중으로 단일화가 되었더라면 정 권교체가 어려웠을 것으로 본다. 당시 김대중에게는 좌익 이미지가 덧씌워 져 있어 민족민주운동권 쪽으로부터는 절대적인 지지를 받았으나 일반 국민들에게는 이것이 거부감이 되었다. 판세로 보아 김영삼으로 단일화하여 영남 표를 노태우와 김영삼이 양분하고 호남 출신 김대중이 김영삼을 지원했더라면 1987년도에 민주 정권의 수립이 가능했고, 영·호남 갈등도 어느 정도 완화될 수 있었을 것이다. 그러나 민주 후보가 단일화 되었더라도 김대중과 노태우의 대결이었다면 지역구도 상 김대중은 노태우의 적수가 되지 못했을 것이다.

이 선거에서 김영삼·김대중의 극한 대립은 영·호남의 지역감정을 더욱 격화시켰다. 지역감정은 어느 때나 있는 것이지만 과거에는 현재의 영·호남의 대립처럼 그렇게 심하지 않았다. 1960년대 박정희와 윤보선의 두 차례 대통령 선거 결과는 남북 대립으로 영·호남이 박정희를 지지했을 정도로 갈등이 없었다. 그러다 박정희·김대중이 충돌한 1971년의 대통령 선거에서 갈등이 시작되었고, 1987년 12월 선거에서는 양김이 상대지역에 가서 선거 연설을 할 때 봉변당하기 일쑤였는데 그간 차별을 받았다고 생각한 호남에서의 거부가 더욱 심했다. 김종필도 호서지방을 배경으로 출마하니, 당시 대선은 지역감정의 결정판이 되어 지역감정은 지금까지 한국 정치 발전의 족쇄로 작용하고 있다. 결국 선거 결과는 노태우·김영삼·김대중·김종필 득표순으로 결말이 나 6.29선언으로 선수를 친 신군부의 정권 재창출로밖에 볼 수 없는 노태우의 제6공화국이 출범하였다.

민주세력의 입장에서는 불만스러운 것이었지만, 전두환이 단임 약속을 지켜 물러나고 직접선거를 통해 선출된 후임에게 자리를 물려 준 것은 한국 헌정사에서 처음 있는 일이었다. 노태우의 제6공화국은 비록 집권 세력의 정권 재창출이었으나 절차적 정당성을 확보함으로써 그 때까지 전망이 불투명하던 한국 민주주의 정치제도가 이후 순조롭게 정착하는 계기가 되었다. 노태우 정권의 등장은 집권 세력의 단절적인 교체로 인한 과거사 청산이 초래하는 정치적 혼란이나 경제·사회 구조의 급격한 변화 없이 점진적이고 타협적인 진전을 가능하게 함으로써 한국의 발전이 순항할 수 있었다.

5공과 6공은 인적 구성으로 보면 연속선상에 있지만, 그 차이는 엄청난 것이다. 대한민국은 건국과 동시에 민주국가를 표방했으나 이제까지 국민은 국가의 공권력에 충실히 순응할 의무만 강조되어 국민이 주인이라는 의식은 별로 없었는데 6공 이후에는 민주 시민으로서의 권익을 확실히 확보하게 되었다. 6.29선언은 권위주의 정권에 시민 대중이 저항하여 얻어낸 것이니 시민혁명과 같은 것이다. 4.19도 민주혁명이기는 했지만 부정선거 다시 하자는 주장이었지 체제 전복은 아니었다. 그러나 6.29는 민주 정체를 회복하는 것으로 한국 민주혁명의 효시인 4.19와는 근본적으로 차원이 다른 것이었다. 6월 민주항쟁을 촉발시킨 박종철의 고문치사 사건은 피의자 취조 과정에서 일상화 되던 고문이 근절되는 계기가 되었다는 점에서 큰 의의가 있다. 일제 침략기에 증폭된 인권을 무시한 공권력 남용으로 더욱 가혹해진 고문은, 대한민국이 건국된 후에도 바로잡을 기회가 없다가 이때에 비로소 공론화되어 한국에서 고문이라는 반인권적인 행위는 없어지게 되었다

제 **7** 장

민주화 이후의 대통령들

나는 이승만과 박정희를 제외한 나머지 대통령들은 모두 공도(公道)보다는 권력욕·명예욕·물욕 등 사심을 가지고 대통령이 된 사람들이라고 생각한다. 그런데 근래 민족민주운동권에서는 이승만은 민족 분단의 장본인이요, 박정희는 친일파요 독재자라며 부정적인 면만 강조하여 한국 현대사를 오도하고 있다. 물론 이 두 대통령에게도 부정적인 면이 없는 것은 아니나 이들 두 대통령에 의해 자유민주국가가 수립되고 공산주의로부터 나라를 지켜냈으며, 선진국의 경제적 토대가 마련되었기 때문에 과보다 공이 훨씬 크다.

하지만 그 이후의 대통령들도 중진국에서 선진국으로 도약하기까지 국가 경영에 각자 나름의 기여가 있었기 때문에 오늘의 선진국으로 발전한 것이다. 따라서 교훈으로 삼을 부분이 얼마든지 있다. 그래서《논어》에도, "세 사람과 길을 가다보면 그 중에는 반드시 내가 본받을 만한 사람이 있다.[三人行必有我師]"는 말이 있듯이, "어느 대통령인들 어찌 교훈으로 삼을 만한 행적이 없겠는가?" 하는 생각에서, 민주화 이후의 대통령들에 대해서는 임기 중 특히 강조할 부분만을 골라 약술한다.

1. 노태우

6.29선언에 따른 여야 합의로 개정된 헌법에 근거하여 1987년 연말에 직접 선거를 통해 대통령을 뽑았지만, 결국 민주 세력의 분열로 실질적인 신군부의 연장이라고 할 노태우 정권에게 정당성을 부여하는 결과를 가져왔다. 야권은 신군부 세력의 방어적 선제책(先制策)에 놀아나 국민의 열망

인 민주화 세력에 의한 정권 교체를 할 절호의 기회를 상실한 꼴이 되었으니 어디 하소연 할 곳도 없게 되었다. 한편 정권을 재창출한 노태우 정권도 앞날이 순탄하지만은 않았다. 즉 이듬해 4월에 치러진 국회의원 선거에서 집권 민정당은 299석 중 과반수에 훨씬 못 미치는 125석을 차지하여 국정 운영에 어려움을 안게 된 것이다. 이런 여건에서도 노태우 정부는 1988년도의 서울 올림픽을 성공적으로 개최하여 세계에 대한민국의 위상을 고양(高揚)하는 데 성공했다.

그러나 여소야대의 국회 의석으로는, 민주화로 이완된 사회 분위기를 틈타 권위주의 시대에 억눌렸던 각계각층의 다양한 욕구를 정치력으로 해결하기에는 역부족이었다. 이 때문에 우유부단해 보이는 노태우를 빗대어 '물태우'라며 비아냥거리기도 하였다. 여소야대의 정국으로 국정 운영이 어려워진 노태우는 원만한 국정 운영을 위해 특단의 조치가 필요했으므로 김영삼·김종필과의 합당으로 보수 연합의 민주자유당[약칭 민자당]을 탄생시키니 이것이 이른바 3당 합당이라는 것이다. 일부 이탈자가 있었지만, 3당 합당으로 민정당은 재석의원 2/3에 가까운 거대 여당이 되었다. 야권에서는 3당 합당을 야합이라 비판했으며, 이제까지 제1야당으로 군림하던 평민당은 3당 합당에서 소외되어 호남 지역당으로 전락하자, 여·야의 대립은 더욱 격렬해져 한국 정치판은 극한 대결로 치닫게 되었다.

3당 합당으로 안정 의석을 확보한 노태우 정권은 1990년대 초 동구의 공산정권이 무너지고 소련이 해체 기미를 보이는 등 격변하는 세계정세 속에서 적극적인 대 공산권 정책[北方外交]을 전개하여 괄목할 만한 성과를 거두었다. 세습 독재체제인 북한은 식량 위기에 몰려 수많은 사람들이 굶어죽은 반면, 그 후견국 격인 중공은 미국과 수교한 후 이념보다 실리를 우선하는 개혁·개방 정책으로 자본주의 경제체제에 편입하여 국제 분업에 참여하여 경제 발전에 괄목할 성과를 거두고 있었다. 이러한 국제 정세의 변화를 틈타 노태우 정권은 능동적인 공산권에 대한 개방 정책을 전개하여 주도권을 잡아나갔다.

첫째, 북한이 경제적인 파탄과 국제적 고립에 처해 있을 때 남·북한의 국제연합(UN) 동시 가입과 남북 고위급 회담을 제의하여 성사시킨 것이다. 구체적 내용을 보면, 1990년 9월 4일부터 5차에 걸친 남북 고위급 본회담을 거쳐 남북은 1991년 12월 13일 역사적인 남북 간의 화해와 불가침 및 교류·협력에 관한 합의서에 서명하였다. 또 북한에 핵개발 구실을 봉쇄하기 위해, 미국 조지 부시(H. W.) 대통령의 한반도의 전술핵 철수에 동의했다.[1991년 9월] 이에 따라 그해 11월과 12월 노태우 대통령은 '한반도 비핵화 선언'과 '한반도 핵부재 선언'을 하기에 이르렀다. 이듬해인 1992년 1월에는 남북 공동으로 '한반도 비핵화 공동선언'을 하고, 이어 2월 19일 제6차 남북 고위급 회담에서는 위의 기본 합의서 외에 정치·군사 및 교류·협력의 분과위원회 구성과 운영에 관한 합의서와 한반도의 비핵화에 관한 공동 선언을 발표했다. 합의서는 분단 46년 만에 남북한 정부 당국 간에 이루어진 최초의 공식 합의라는 의미가 있다. 북한의 핵개발로 지금은 그 합의가 휴지가 되었지만 그 당시로서는 세계정세의 변화에 적극적으로 대응하여 남북평화 구축을 시도한 것은 평가할 만한 일이었다.

다음은 소련과의 수교이다. 당시 공산권이 몰락해 가는 호기이고, 30억 달러라는 막대한 자금이 투입되기는 했지만, 노태우가 국제적 해빙 기회를 잘 활용한 것만은 사실이다. 미국 대통령 부시와 소련 총서기 고로바초프 간에 이뤄진 핵 감축 합의 등 미·소간의 화해 분위기를 이용하여 냉전 대결의 전초이자 경계선이었던 한국이, 세계질서의 선두에서 능동적으로 활약한 쾌거라 할만하다. 소련과의 수교로 한국은 소련으로부터 항공·우주사업 분야의 선진 기술을 도입하여 이 분야 과학 발전에 큰 기여를 하였다.

셋째는 1992년 중국과의 수교이다. 중공은 6.25사변에 개입하여 한반도 통일을 방해한 장본 국가이고, 미래의 한반도 통일에 있어서도 상수인 것만은 분명하다. 데탕트[détente; 국제간의 화해]라는 세계정세 변화에 편승한 것이라고 하더라도 이제까지의 적대국이었던 중국과 외교관계를 수립한 것은 한국 외교상 획기적인 사건이었다. 더구나 당시 중국은 개혁개방 정책으로 경제개발에 몰두하고 있을 때 중화학 공업 국가로 성장한 인접 한국과의 수교는 경제발전 면에서 서로 이익의 되는 원윈[win-win]할 수 있는 묘수였다. 결과적으로 한·중 수교는 한국의 무역 규모를 급격히 확장하는 계기가 되었다.

즉, 산업화 성공 이후 수출주도형 경제성장을 추진하면서도 일본과 미국 외에 글로벌 수출시장을 확대하지 못하고 있었던 한국으로서는 경제적으로 새로운 전기를 맞이할 수 있었고, 향후 30년 간 한국의 주요 무역상대국 순위를 바꾸어 놓았다. 1992년부터 2022년까지 한국의 대중무역 흑자 누적 액은 7,099억 달러로서 대미 무역 흑자 누적 액 3,066 달러의 두 배가 넘었다. 1970년대 혼신의 힘을 경주하여 이룩한 한국의 중화학공업은 세계 최대 소비시장인 이웃 중국과의 수교를 계기로 막대한 무역 흑자를 기록한 것이다. 한국 기업의 중국 투자도 늘었고, 중국은 반도체·정밀기기·화학·디스플레이 등 기술 집약 제품들을 이웃 한국으로부터 수입하여 중진국으로 발전하는 토대가 되었다. 한·중 수교는 한국이 국민소득

3만 달러 선진국으로 도약하는 데 큰 기여를 했다.

노태우 정권의 공적은 북방외교 외에 내치에도 두드러진 업적이 많은데, 국가주의 체제 하에서 억눌렸던 노동운동 등이 폭발했을 때 소극적으로 대처한다고 하여 '물태우'라는 별명을 듣기도 했지만 큰 무리 없이 해결하였다. 즉 노태우 정부는 노동법을 개정하여 노동자의 단결권·단체교섭권·단체행동권 등에 대한 각종 제약을 완화함과 동시에 1988년부터 최저임금제를 실시하기 시작하여 점차 확대해 나갔다. 이에 따라 임금 수준이 빠르게 상승하여 노동자의 처우가 개선되고 노조활동이 자유로워지자 노동조합의 조직률은 도리어 감소하였다. 노태우는 '보통사람 노태우'를 자처하며 권위주의체제를 민주정치 체제로 연착륙 시키는 데 큰 공헌을 한 것이다.

그리고 5.16 이후 중단되었던 지방자치제를 부활시켰다. 즉, 1988년 3월에 지방자치법을 개정하여 1991년에 주민의 직접선거에 의해 기초 및 광역 자치단체의 지방의회가 구성되었다. 지방자치의 근본 취지는 각 지역 주민이 자신들의 생활 터전을 스스로 가꾼다는 풀뿌리 민주주의 이상에서 출발한 것이지만 그 동안의 지방자치 과정과 결과를 볼 때 소기의 성과를 거두고 있는지는 의문이다. 즉 처음에는 일부 선진국처럼 지방의회 의원을 명예직으로 하여 무임 봉사직으로 한다던 것이 지금은 봉사자로서보다 고급 셀러리맨이 되어 가뜩이나 빈약한 지방 재정을 축내고 있다. 다음은 행정 관서에 대한 지방의원들의 부당한 업무처리 요구, 계약 업체 선정에 부당한 관여, 특혜에 대한 부당한 개입, 외국 지방 자치를 연구한다며 빈번한 외유로 인한 재정의 손실도 무시할 수 없다. 시장·군수와 기초의회 의원들의 정당공천제로 인해 지역 출신 국회의원의 하수인으로 전락, 공천 헌금 수수는 여야를 가릴 것이 없이 빈번하다. 이상 열거한 것들은 지역적 특수성에 따른 지방 행정 개선이란 기대에 미치지 못하는 점이라 하겠다. 다만, 지방 자치제 실시 이후 지방 관공서의 두드러진 변화는 대민 업무와 관련하여 그 동안 공공연하던 부정부패였던 '급행료'가 줄어들고 공무원들의 국민 공복으로서의 자세가 확립되었다는 점은 긍정적인 성과이다.

그 외 노태우 정권의 업적으로는 정치권의 반대를 무릅쓰고 추진한 경부고속전철·인천 국제공항 건설 등은 두드러진 성과이다. 그러나 전두환이 하는 것을 보고, 대통령 직위를 이용하여 임기 말에 재벌들로부터 각각 수백억 원씩을 갈취하여 비자금을 조성한 파렴치한 행위를 한 것은 부끄러운 일이었다. 퇴임 후 추징 판결을 받아 노태우는 대부분 상환했으나 전두환은 돈이 없다며 거의 상환하지 않은 데서도 두 사람의 차이점을 엿볼 수 있다.

2. 김영삼

2.1. 문민정부의 탄생

김영삼은 민주화 세력이 분열, 대립한 상황에서는 대통령 꿈을 실현시킬 수 없음을 깨닫고 김종필과 함께 노태우와 3당 합당[약칭 民自黨]을 결행함으로써 민주화운동권으로부터 야합이라는 비난을 받았으나 어릴 때부터 오매불망 대통령이 되겠다는 꿈을 안고 정계에 투신한 그로서는 평생의 꿈을 실현하기 위해서는 그 길 밖에 없었다. 김영삼은 25세로 최연소 국회의원에 당선된 이래, 제3공화국에서 다년간 야당 원내총무[지금의 원내 대표]를 역임하며 야당의 중심인물로 성장했다. 특히 김영삼은 부잣집 아들로 태어나 정치 자금에 궁색하지 않았으므로 이 금전 면에서는 깨끗하다는 평을 들었다. 1990년 3당 합당 이전까지 30여 년 동안 반독재 투쟁을 통해 선명 야당을 이끈 야권 투사였다. 특히 1979년 5월 신민당 총재에 당선된 뒤 뉴욕타임스와의 인터뷰에서 유신 체제를 비판하며, "미국 정부가 공개적이고 직접적인 압력을 행사하여 한국정부를 통제해야 한다."는 취지의 주장을 했다가 의원직에서 제명되었고, 이 제명을 계기로 일어난 '부마사태'는 유신체제를 종식시켰다.

3당 합당으로 김영삼은 결국 민자당 대표가 되었으나 대통령 후보가 되는 길은 순탄하지만은 않았다. 3당 합당을 논의할 때, 합당을 성사시킬 목적으로 당시 집권층이 주장하는 내각제 내지는 이원집정제 정부 형태에 대해서도 어느 정도 언질을 주었던 모양이나 그의 마음속에는 자신이 대통령을 해 보겠다는 생각이 떠난 적이 없었다. 3당 합당 시의 합의 문제가 언론에 보도되자 마산으로 내려가 당무를 거부하는 몽니를 부려 기어코 민자당 대통령 후보를 쟁취했고, 1992년 12월 대통령에 당선되었다. 이로써 30년간의 군인 출신 대통령 시대가 막을 내렸다하여 스스로 '문민정부'라 칭하며 자부심을 가졌으나 일부 민주세력들은 김영삼이 군사정권에 뿌리를 두고 정권을 잡았다 하여 이를 인정하지 않는다.

김영삼은 취임 2주 만에 전광석화처럼 대대적인 군부 수뇌에 대한 인사를 단행했는데 목표는 하나회 척결이었다. 앞에서 언급한 바와 같이 하나회는 육사 출신 사조직으로 12.12정변의 중심 역할을 했고, 정변이 성공한 후에는 군부 요직을 장악하는 것은 물론, 정부 요로에까지 침투하여 세력이 막강했다. 따라서 그들의 향배에 따라 정국이 요동칠 가능성을 배제할수 없었는데, 하나회를 척결함으로써 적어도 한국에서 군사정변이 재발할위험성을 제거해 버린 것에 큰 의미가 있고, 이는 전적으로 김영삼의 공로라 할 수 있다. 혹자는 유무능을 불문, 무더기로 처벌한 것에 대해 비판하는 이도 있다. 그러나 군부 내에 권력 맛을 본 사조직이 존재한다는 것 자체가 화근의 불씨인데 불씨를 철저히 제거하는 것은 소방관의 기본 임무이다.

다음은 금융실명제 실시이다. 즉, 1993년 8월 12일, '금융 실명거래 및비밀보장에 관한 긴급재정명령'을 발표하여 금융실명제를 단행함으로써금융거래의 투명화를 가져와 정경유착을 차단하고 정치권과 사회를 정화하는 데 기여한 것이다. 1960년대부터 저축을 장려하기 위해 예금주의 익명·차명·가명 거래를 허용해 왔었는데, 이 때문에 부정부패·정경유착 등부작용이 많았다. 이를 시정하기 위해 노태우 말기부터 금융실명제 실시를 연구해 왔으나 파급 영향이 너무 크다는 전문가들의 조언에 따라 실시가 보류되었다. 필자는 당시 경상계 교수 등 전문가들로부터 "금융실명제를 실시한 김영삼은 바보"라고 평하는 소리를 많이 들었다. 속담에 무식한사람이 일낸다는 말이 있듯이, 김영삼의 금융실명제 실시는 무모할 정도의 전격적 조치로서 일시 부작용도 있었지만, 고질화된 정경유착의 고리를끊고 금융 거래를 투명화 하는 데 기여하였다.

또 고위 공직자의 불법적인 재산 증식을 방지할 목적으로 공직자 재산등록 및 공개 제도도 1993년부터 실시하였다. 그리고 '역사바로세우기'의 일환으로 1985년 8월 15일 옛 조선총독부 청사였던 중앙청을 철거했는데, 여기에 대해서도 멀쩡한 건물을 부순다는 국내 여론의 비판도 많았고, 일본 건축가 협회에서는 건축사적으로 중요한 건물이니 보존해야한다는 건의도 있었으나 김영삼은 좌고우면하지 않고 철거에 단호했다. 총독부 건물은 일제가 경복궁을 헐고 그 자리에 식민통치 청사를 지음으로써 한민족의 자존심을 짓밟은 건물로 대한민국 독립과 동시에 철거될 운명을 타고 난 건축물이었으나 중앙청이란 이름으로 30여 년 동안 대한민국 국정의 본산으로 군림했다. 이상과 같이 김영삼은 특유의 정치 감각과 순발력을 발휘하여 난제를 단숨에 해결하는 결단력이 있었다. 그리고 정보화 시대를 맞아 체신부를 정보통신부로 개칭하고, 법과 제도를 마련하는 등 적극 지원에 나선 결과 한국이 IT산업의 선두 국가로 발전할 기반을 마련한 것도 큰 공헌이다.

반면, 김영삼은 국사를 심사숙고해서 처리하는 신중성이 부족하여 당장의 정치적인 효과를 우선해 일을 무리하게 추진하다가 큰 낭패를 본 경우도 있다. 김영삼은 1993년 7월, '신경제5개년계획'이라는 집권기의 경제 계획을 발표하여 '경제정의 실현을 위한 경제 분야 개혁의 청사진'이라며 장밋빛 전망을 내놓았는데, 그 요지는 1996년에 경제협력개발기구[OECD]에 가입하여 준 선진국이 되고, 1998년에 1인당 국민소득 1만 4천 달러 달성으로 선진 경제권에 진입하며, 물가는 3%대로 안정시킨다는 것이었다. 김영삼 정부는 약속대로 1996년 OECD에 가입했으나 이를 무리하게 성사시키느라 금융 개방 등 한국 경제 정책 전반에 부작용이 왔다. 결국 1997년 11월에 국가부도사태를 맞아 세계은행[IMF]으로부터 구제금융을 받은 것이다. 이 문제는 뒤에서 다루기로 한다.

김영삼은 취임 직후 하나회 출신들을 모두 축출했으나 신군부가 자신의 정권을 지탱하는 한 축이기도 했으므로 원만한 국정 운영을 위해 초기에는 유화적인 모습을 보였다. 즉, 1993년에 12.12정변으로 피해를 입은 이들이 전두환·노태우 등을 반란죄와 내란죄로 고발한 것에 대해 '군사반란'으로 규정했으나 "국가의 안정을 해칠 우려가 있다는 이유"로 기소하지 않았다. 또 1994년에는 5.18광주민주화운동 피해자들이 신군부 주도자들을 '내란 및 내란 목적의 살인죄'로 고발한 데 대해서도 "사법심사의 대상이 아닌 통치행위로서 내란죄 여부를 판단할 수 없다."는 결론을 내리고 기소하지 않았다. 그러나 1995년 10월, 전두환과 노태우가 대규모 비자금을 조성하여 보관하고 있다는 사실이 폭로되자 그해 12월, '5.18민주화운동특별법'을 제정, 신군부의 12.12정변과 광주학살을 단죄하였다. 그에 따라 전두환은 사형, 노태우는 징역 12년에 처해졌다가 1997년 12월 모두 사면을 받았다.

김영삼 정권의 또 다른 실책으로는 북핵 대응 실패와 대학 남설(濫設)을 들 수 있다. 북핵 대응 실패란 북한이 비밀리에 개발하고 있던 핵시설을 미국이 탐지하고 클린턴 대통령이 이를 폭격하려 하자 김영삼은 전쟁 확대를 우려하여 극구 말려 중단시킨 것이다. 미국의 뜻대로 핵개발 기지를 폭파했더라도 전쟁으로 확대되지는 않았을 것이다. 그 즈음 동구와 소련의 공산 정권은 붕괴하고, 북한은 고난의 행군 시기로 주민 3백만을 굶겨 죽이는 상황에서 전쟁을 일으킬 형편이 되지 못하였다. 그리고 중국 또한 눈의 가시 같은 북핵 문제를 미국이 대신 해결해 주니 얼마나 고마워했겠는가? 그렇게 했더라면 북한 김가네 세습체제가 무너지고 북한의 권력 체제가 바뀌어 한반도 통일이 앞당겨졌을 것이다.

다음, 대학 남설이란, 요건만 갖추면 무조건 대학 설립 인가를 내준 무제한의 대학 설립 인가 조치이다. 그 결과 읍면 소재지에까지 대학이 설립되어 지금은 고등학교 졸업생의 70~80%가까이 대학에 진학하는 세계 최고의 대학 진학률을 만들었다. 중화학공업화 시기 기능공을 양성하기 위해 기술고와 기계공고를 많이 설립하여 젊은 기능인을 대량 양성해 왔는데, 일부 학교는 학비는 물론 기숙사비까지 면제였을 뿐만 아니라 여기를 졸업하면 고액의 급료를 받는 직장에 취직도 보장되었으므로 한때 특수 기계공고에 합격하면 '가문의 영광'이란 농담도 있었다. 그러나 형편이 다소 나아지자 너도나도 대학에 입학하여 지금은 실업자는 넘쳐나는데 제조업에는 인력이 모자라는 기현상이 일어나고 있다. 대학 남설은 전두환 정권의 입학 정원 30% 증원과 함께 학력 인플레를 증폭시켜 한국 사회구조의 불균형을 초래케 하였다.

대학 진학률이 높은 것에 대해 한국의 교육 수준이 높아졌다고 칭찬하는 이도 있으나 이것은 자랑할 게 못 된다. 대학은 교양을 쌓는 곳이 아니라 전문 연구자를 양성하는 곳이다. 따라서 대학 교육을 소화할 만한 일정 지능지수 이상이어야 하고 성향이 학구적이야 한다. 바람직한 사회 구성은 가운데 배가 부른 달 항아리 모양 구조로서 중간층이 가장 많고 최상층과 최하층으로 갈수록 적어야 안정적인 사회 구조를 이룰 수 있는데, 현재 한국은 고등학교 졸업자가 너도나도 대학에 진학하여 맥주 캔 모양처럼 되었다. 대학 남설은 필수적이지도 않고 교육비와 시간을 낭비하면서 대학 졸업장만 바라보는 학력 인플레를 초래케 함으로써 현재 한국에는 실업자는 넘쳐나는데 산업계는 구인난에 허덕여 100여 만 명의 외국인 노동자가 아니면 사업 기반이 무너질 위기에 처해 있다.

김영삼이 '역사바로세우기' 구호를 내걸자 김영삼을 추종하던 일부 구

통일민주당 출신들은 민자당 내에서 마치 점령군인양 독선적인 행태를 보이기 시작했다. 민주화운동을 한 자신들만이 정통성을 갖고 있다며 민자당 내에서 숫적인 열세에도 불구하고, 함께 보수 연합을 구성한 신군부는 물론 김종필 세력마저 쿠데타 세력으로 몰아 배척하였다. 그렇게 되자 김종필이 떨어져 나가 충청도를 기반으로 자민련이란 새로운 당을 꾸렸다. 이 같은 보수파의 재분열은 당 내외에 많은 적을 만들어 시장경제시대에 필수적인 재계·금융·노동 분야의 제도적 개혁이 불가능해져 IMF사태를 초래하는 한 요인이 되었다.

2.2. 외환위기 발생

흔히 'IMF사태'로 불리는 외환위기란, 1997년 11월, 한국이 달러가 부족하여 세계은행[IMF]으로부터 구제금융을 받은 것을 말한다. 1960년 이후 승승장구하던 한국 경제가 국가경영 부실로 부도 위기에 몰려 대외적으로는 국위를 손상시켰고, 대내적으로 전 국민이 수년 동안 허리띠를 졸라매며 고통을 감수해야 했던 국가적 위기였다. 우리가 이 경제 위기를 역사적 교훈으로 삼아 이런 사태가 다시는 되풀이 되지 않도록 치밀한 대비가 필요하다. 그러기 위해서는 사태의 발생 원인이 분명히 밝혀져야 할 터인데, 이 원인에 대한 각계의 견해는 상이하다. 국내외 학자들은 뭉뚱그려, "1960~70년대의 무리한 고도성장에 따른 당연한 결과"라고 하는가 하면, 재벌의 문어발식 기업 확장 때문이라고도 하고, 혹은 전두환 정권이 전 정권을 폄훼하기 위해 주장하던 "국가 체제 중화학공업의 과잉·중복 투자의 부작용"이라고도 한다.

당시 책임질 위치에 있었던 대통령들의 입장을 보자. 제1당사자인 김영삼은 퇴임 후 1년 4개월이 지난 1999년 6월 7일, 일본 도쿄에서의 기자 간담회에서 발언한 요지는, "나는 금융위기를 심각하게 생각하고 잘 파악하고 있었다. 그래서 노동법을 개정하려 했고, 또 가장 결정적 문제였던 기아자동차 문제를 해결하려 했는데, 김대중의 반대로 의도대로 되지 않아 IMF로 가게 되었다." 하였다. 다음 대통령인 김대중은 1998년 2월 25일 취임사에서, "정치·경제·금융계 지도급 인사들의 정경유착과 관치금융, 대기업의 문어발식 경영책임 때문이었다."라고 했다. 김영삼은 김대중에게, 김대중은 전임 대통령들에게 서로 책임을 전가하는 모양세다. 물론 두 사람의 주장은 일부 원인이 될 수는 있다. 그리고 당시 한 사람은 대통령이었고 한 사람은 야당 당수였으니, 여야가 진심으로 협력했더라면 위기를 넘길 수 있었을는지 모르겠으나 이는 이상론이지 정치 현실은 그렇지 않다. 상대의 실정이 나에게는 기회가 되는데 어느 정치인이 이 좋은 기회를 놓치려 하겠는가.

IMF사태 극복 문제는 다음에 다루기로 하고, IMF사태의 직접적인 원인은 무엇이며, 왜 그것이 우리에게 그렇게 심각한 문제가 되었는가를 살펴보기로 하자. 외환위기는 우리만 겪은 것이 아니고 중남미와 동남아시아 각국에서도 빈번하게 발생하여 아르헨티나는 7~8차례 구제금융을 받은 단골손님이다. 그러나 천연자원이 풍부하고 기온이 따뜻한 국가에서는 달러가 없어도 국민의 기본 생활은 영위할 수 있기 때문에 그리 심각한 문제가 아니었으나 한국의 경우는 다르다. 우리나라는 산업화 이후 식료품을 비롯해서 에너지·천연원료·기본소재·중간제품·완제품 등 모든 것을 수입해야 나라 경제가 지탱되는 형편이라 수출을 많이 해서 달러를 벌어들

여야 하는데 달러가 고갈되면 일상생활뿐만 아니라 수출이 중단되어 국가 경제가 마비된다. 그런데 1973~9년까지는 수출 증가율이 연평균 39.6% 이던 것이 1980년대 이후 1997년까지 18년 동안은 연평균 10%대로 떨어졌다.

1986~9년의 4년간은 이른바 3저[저유가·저환율·저금리] 시기를 맞아 일시 경상수지가 흑자를 보이게 되자 그 이후부터는 계속 수출에는 신경을 쓰지 않고 달러를 펑펑 쓰는 바람에 적자상태가 지속되어 김영삼 재임 기간 5년 동안의 적자는 무려 441억 달러나 되었다. 아무리 부자라도 장기간 수입보다 지출이 많게 되면 빚을 지게 되고 빚이 누적되면 빚잔치를 하고 파산할 수밖에 없는데, 기업이나 국가도 마찬가지이다.

그러면 외환위기의 직접적인 원인을 살펴보자. 우선 김영삼 정부는 경제 문제 전반에 대한 대응이 미숙했다는 점이다. 1990년을 전후하여 소련과 동구권의 공산주의가 몰락하는, 세계를 뒤흔든 변화가 일어났고 북한 경제의 파탄 또한 만천하에 알려졌다. 반면 세계 최빈국이던 한국은 불과 수십 년 만에 경제성장과 정치 민주화를 동시에 달성하여 선진국의 문턱에 이르러 국내외의 주목을 받게 되니 국민들은 자긍심을 가질 만도 했다. 민주화가 미래의 모든 문제를 자연스럽게 해결할 것으로 보여 민주화 이후의 새로운 시대를 이끌어갈 구체적인 경제정책에 대한 준비나 구상도 없었다.

김영삼 정권은 1993년 출범하자마자 이제까지 국가자본주의 체제에서 경제개발계획을 기획하고 점검하던 중추 부서인 경제기획원을 재무부에 흡수시켜 재정경제원으로 개편하게 되자 경제 통제 기능이 축소되어 경제 문제를 총괄할 컨트롤 타워에 이상이 온 것이다. 물론 국가자본주의 축적

체제에서 시장주도 경제로 가기 위한 개혁이라지만, 개혁의 깊이와 속도 면에서 필요한 지도 역량을 갖추지 못하여 개혁이 기대 수준에 이를 수가 없었다. 다음은 정치력의 부재인데, 3당 합당으로 구축된 보수연합의 분열 이다. 즉 김영삼을 추종하는 통일민주당 출신들이 합당의 취지를 무시하고 자신들만이 주역인양 점령군 행세를 하게 되자 급기야 김종필 계는 자민련으로 갈라져 나와 평민당과 함께 야권을 형성하여 대립하게 되니 글로벌화 경제에 맞는 시급한 각종 제도적 대응이 불가능했다.

1980년대 후반부터 무역 흑자가 크게 늘어나자 미국으로부터 상품시장을 비롯하여 금융 및 자본 시장까지 개방하라는 압력이 가중되었는데, 개방은 거부할 수 없는 세계적 추세이며, 무역으로 먹고 사는 한국으로서는 지향해야 할 정책 방향인 것만은 분명했다. 그러나 거기에는 앞으로 닥칠 위험부담에 대한 충분한 대비 체제가 갖추어지고, 재벌의 구조개혁과 금융개혁·노동개혁 등도 수반되어야 했다. 한국은 1994년 12월 세계무역기구[WTO]에 가입하여 정회원국이 되었고, 이어 준 선진국 그룹인 경제협력개발기구[OECD] 가입을 추진했는데, 김영삼 정권은 1996년에 가입한다는 목표까지 세웠으므로 금융 및 자본시장 개방은 필연적이었다. 금융과 자본 시장의 개방에 대해서는 국내 기업들의 경영권에 대한 우려 때문에 개방을 신중하게 추진해야 한다는 신중론이 있었으나 "잘 될 것이다." 라는 막연한 기대 하에, 개방 신중론을 주장하는 관료들을 겁박하기까지 하면서 강행한 것이다. 과거 박정희 시절과 같이 월별 혹은 분기별로 경제 동향을 점검하는 체제 같은 것이 가동되었더라면 애당초 이런 사태가 오지도 않았을 것이다.

문제의 핵심은 대량의 단기 자본유입에 따른 대비책을 세우지 못하여 경제 위기에 노출된 것이 IMF사태 촉발의 가장 직접적인 원인이었다. 금융 및 자본시장 개방이 급진전되면서 경상수지 적자에 따른 자본 유입이 급증하고 단기자본의 비중이 급증했는데, 해외 차입이 급증한 이유는 대기업들의 무분별한 외환 차입 때문이었다. 박정희 시절만 해도 한국기업의 기본 이념은 전문화였다. 예를 들면, 쌍용양회[주]의 모체는 금성방직이었는데, 동해에 대단위 시멘트공장을 건설하면서 금성방직을 매각한 것이다. 1970년대 중화학공업 추진 때에도 기업의 자기자본비율을 30% 이상으로 규제했는데, 언제 부터인가 덩치가 큰 기업들은 수지가 맞는다면 아무 업종에나 투자하는 '다각경영(多角經營)' 형태로 나가자 자기자본비율이 10%대로 떨어졌다. 정부도 이를 규제하기 위해 업종전문화 내지 주력업종·업체 제도, 공정거래법상의 각종 유도정책, 혹은 여신관리의 제한조치 등을 하려 하면, 덩치가 커진 재벌들은 저항·태업으로 버티면서, "알아서 할 테니 간섭 말라."는 태도였다. 정부는 무력해졌고 결국 1990년대 들어 정부의 재벌정책은 사실상 방치되었다.

이런 분위기 아래 이익이 나든 말든 대기업 내부의 상호출자·채무상호보증으로 자본을 마련하여 문어발식으로 몸집을 불려나갔다. 그러다 기업 경영이 어려울 땐 종금사[綜合金融會社]를 통해 자금을 조달했는데, 종금사란 1972년도에 어음할인을 위해 설립된 투융사[投資金融會社]의 후신이다. 설립 당시 12개이던 것이 IMF사태 직전에는 30개로 늘어났다. 늘어난 투융사들은 모두 종금사로 개칭되어 국제금융업무까지 하게 되니, 1960~70년대까지 허가 사항이던 외자도입이 종금사의 손안에 들게 되어 재벌들은 은행을 하나씩 소유하게 된 것이다. 대기업들은 공장시설이나 기업운영 자금을 이들 종금사를 통해 조달했는데, 당시만 해도 한국 경제의 신인도가 높아 자본금 2~3천만 달러짜리 종금사가 3~5억 달러를 도입하기도 하니 달러를 얼마든지 빌릴 수 있었다. 은행들은 단기 자금을 빌려다 장기로 대출하기도 하고, 낮은 금리의 달러를 빌려다 높은 이자를 받고 외국에 전대(轉貸)까지 하는 경우도 있었으니, 대표적인 것이 55억 달러를 인도네시아에 전대하여 돈놀이를 한 것 등이다. 이는 매우 우려할 문제였으나 여기에 큰 위험이 도사리고 있다는 사실을 국가 최고 경영자를 비롯하여 어느 누구도 심각하게 생각하여 시정하려 하지 않았다.

1997년이 되자 드디어 경제위기가 찾아왔다. 연초부터 군소 재벌들이 도산하기 시작했는데, 1월에 한보를 시작으로 삼미·진로·대농이 차례로 도산하더니 7월에는 기아자동차가 도산했다. 그 외 다른 재벌들도 언제 터질지 모르는 불안 속에서 하루하루를 힘겹게 버티는 상황이었다. 재벌의 도산과 경기 침체의 영향으로 수많은 중소기업이 연쇄 도산하거나 도산 위기에 처했다. 이 즈음 태국을 비롯한 동남아시아에서 외환위기가 일어나게 되자 외국 금융기관들은 한국 경제에 대한 신뢰를 거두고 한국 금융기관에 대해 대출금 회수, 만기 연장 거부 등 그간의 관례를 벗어난 조치를 취하기 시작했다. 따라서 다수 은행이 부실화하여 80년대 이후에 설립한 동남·동화·대동 은행은 물론, 오랜 역사를 가진 조흥·상업·제일·서울 등 은행들도 사실상 파산 상태에 들어갔으며, 종금사·신용금고·신용협동조합 등의 군소 금융기관도 자본 잠식에 들어가자 금융시장이 마비되기 시작했다.

이같이 금융위기가 급박하게 닥친 현실에서도 경제를 총괄하는 강경식 부총리[제정경제원장관]는 "우리나라는 펀더멘털[fundamental, 기본 경제 조건]이 좋으니 우려할 것이 없다."며, 태평스런 말만 하면서, 여야 극한 대립에 있는 국회에 대해, "금융개혁과 우리 경제의 구조조정을 가로막는 장애물을 제거할 '금융개혁법안'을 통과시켜 주기 바란다."는 가능성 없는 희망사항만 늘어놓았다. 아무리 건강한 사람도 추위가 오기 전에 독감 예방주사를 맞는 등 사전 준비를 충분히 해야 독감을 예방할 수 있는 것이지 건강하다고 방심하면 독감에 걸리게 된다. 당시 정계 상황이 거국적인 여야 협조가 불가능했으니 대통령이 긴급조치라도 발동했어야 하는데 그렇게 하지 않았다. 김영삼은 사태의 심각성도, 대처 방안도 몰랐을는지 모른다. 오죽하면 함께 대통령 후보로 출마했던 정주영이, "김영삼은 〈경제를〉 손에 쥐어주어도 모른다."고 했겠는가.

언론에서 금융위기에 대해 집중 보도하고 외환위기와 정책 부재에 대해 비난하자 '펀더멘털' 타령만 하던 재정경제원장관 강경식을 임창렬로 서둘러 교체했다. 미국과 일본에 요청했던 긴급 차입 요청이 거부되자 11월 22일 IMF에 자금 지원을 요청함으로써 건국 최초로 'IMF의 신탁통치' 시대로 들어서게 되었다. IMF측은 한국이 구제금융을 신청할 것에 대비하여 조사단을 내정하는 등 미리 준비하고 있었기 때문에 한국 정부가 공식적으로 지원을 요청하자 곧바로 6~7명의 전문가를 급파했다. 한국을 지원하는 조건으로는,

① 수입 억제, 외화 반출 규제, 고금리 정책으로 경상수지 흑자를 도모한다.
② 불건전한 금융기관 정리, 재벌과 노동시장 개혁으로 경제구조를 개혁한다.
③ 외국인의 투자에 유리한 환경을 조성하기 위해 자본의 자유화를 촉진한다.

는 것이었다. IMF의 개입으로 우리나라는 한국전쟁 이후 최대의 국난

을 겪으면서 뼈를 깎는 고통을 감내해야만 했다. 한국 경제는 생산저하·기업도산·실업자 양산·물가상승·마이너스 성장이라는 터널 속에서 전 국민은 희생을 감내하며 위기로부터의 탈출을 시도하지 않으면 안 되었다. 김영삼 정권은 출발 시에 96년에 경제협력개발기구[OECD]에 가입하고, 1998년에는 1인당 GNP 1만 4,000달러 달성으로 선진 경제권에 진입한다는 장밋빛 목표를 설정했다. 그런데 OECD 가입에는 성공했으나 1998년도의 GNP는 7,355달러로 1992년도의 7,527달러에도 미치지 못하였으니 결국 5년 간 허송세월을 한 것이고, 국가는 IMF로부터 총 583억 5천만 달러의 구제금융 빚을 지게 되었다.

3. 김대중

3.1. 외환위기 탈출

김대중 정부는 외환위기를 안고 출발하였다. 김대중은 대통령 당선자로서 취임 전에 이미 IMF와의 협약을 준수하고 그 지도에 따를 것을 서약했기 때문에 외환위기를 극복하는 과정에서 IMF와의 협약을 충실히 준수하는 길 밖에 없었지만, 위기 타개책으로 시장주의 개혁에 앞장선 결과 한국 경제를 온전히 열린 시장경제로 바꾸어 놓는 데 큰 기여를 했다. IMF 위기 없이 이전의 수순(手順)이나 방식대로 했더라면 한 번에 포괄적인 개혁을 하지 못했을는지도 모르는데, 그런 면에서 IMF 신탁통치라는 강력한 처방은 한국 경제의 체질을 일시에 개선하여 한국이 세계화 시대에 도약할 수 있는 계기를 마련했다는 점에서 긍정적인 면이라 하겠다. 그렇다면 수십 년이 걸릴 것이라는 비관론을 깨고 3년이라는 단기간에 금융위기를 극복할 수 있었던 바탕은 어디에 있었던가를 살펴보기로 하자.

한국은 IMF를 비롯하여 미국·일본·프랑스·독일 등 유럽 11개국으로부터 총 583.5억 달러의 지원을 받게 되니, 이는 IMF 역사상 최대 규모였다. 한국이 IMF신탁통치라는 난국을 벗어나려면 빚을 빨리 갚아야 하는데, 비싼 이자와 함께 원금을 다 갚으려면 5년이 걸릴지 10년이 걸릴지 가늠이 가지 않아 최장 수십 년은 걸릴 것이라는 비관론도 있었다. 사실 IMF의 구제금융을 받은 많은 나라들이 단시일에 갚은 경우가 드물었고 아르헨티나와 같이 구제금융이 반복되는 나라도 있다. 그러나 연간 1,000억 달러를 수출하는 무역 대국이 외환위기를 맞았다는 것 자체가 말이 안 되는데, 이는 정부가 그만큼 국가 경영에 방만했다는 것을 말한다. 어떻든 앞에 닥친 난국을 타개하기 위해서는 온 국민이 일치단결하여, 소극적으로는 쓰임새를 줄이고, 적극적으로는 수출을 많이 하여 달러를 벌어들이는 방법밖에 없었다. 그러면 어떻게 3년이라는 단기간에 위기를 극복했는가를 알아보자.

그 첫 사업이 1997년 12월 30일 전국 시·도의 부시장과 부지사들이 모여 회의를 열고 '장롱 속 금 모으기 국민운동'을 추진해 나가기로 한 것이다. 1월 5일부터 주택은행·국민은행 등 5개 금융기관의 전국 지점에서 금을 접수하기 시작하여 4월 말에 농협중앙회가 마감할 때까지 모두 227톤을 모아 약 18억 달러를 마련했다. 18억 달러는 총 외채 583억 달러에 비하면 턱없이 부족한 돈이지만, 이는 마치 구한말[1907년] 대구에서 시작된 '국채보상운동'이 전국에 확산된 것처럼 국민들에게 일체감을 갖게 해서 외환위기를 조기 졸업할 수 있는 용기와 자신감을 심어 주었다는 점에서 큰 의미가 있다. 이 금 모으기 운동은 세계 역사상 초유의 일이므로 외국 언론들의 주목을 받았다.

다음은 외국 자본에 한국 기업을 매도한 것이다. 한국이 외환위기를 겪자 일확천금의 기회를 노리고 있던 외국의 투기 자본들이 달려드는 것은 당연한 현상이다. 게다가 한국은 경제개발 성공으로 외환위기를 벗어나기만 한다면 전망이 밝은 견실한 기업들이 많았다. 외국 투기 자본들은 기업체를 인수하여 직접 경영하기보다는 한국 경제가 되살아났을 때 되팔아 이익을 챙기려는 것이 주목적이었다. 외국 자본들에 의해 많은 기업들이 헐값에 팔려나가자 일부에서는 알짜배기 기업이 외국인의 수중으로 넘어가는 것에 불평을 하기도 했는데, 이 방면에 달통한 기업 사냥꾼들이 전망 없는 부실기업을 무엇 하러 사겠는가. 그들에게 판을 깔아준 우리가 잘못이지 투기 자본을 비난할 것은 없다. 부실자산 투자 전문 회사인 론스타[Lone Star]에 매각된 외환은행 문제는 오래도록 시끄러웠다.

셋째, 가장 중요한 것이 수입을 억제하고 수출을 늘리는 일이다. 1997년부터 99년까지 3년 동안의 경제지표를 보면 1997년에 1,361억 달러를 수출했는데도 수입액이 1,446억 달러나 되어 무역수지는 마이너스 85억 달러였다. 그러던 것이 이듬해인 1998년에는 무역수지가 390억 달러, 이듬해에는 239억 달러 흑자를 보아 2년간 무역수지 629억 달러, 경상수지 655억 달러 흑자라는 이변을 보여 이로 말미암아 외화 보유고도 1997년도의 88.7억 달러에서 1999년 말에는 740억 달러로 늘어나 숫자상으로는 2년 만에 외채를 모두 갚고도 여유가 있게 되었다. 이는 전 국민이 필사적으로 절약하여 수입을 줄이고 달러를 벌어들이기 위해 수출에 온 힘을 쏟은 결과이다. 이런 과정에서 IMF는 한국 경제를 재평가하게 되었고 규제도 점차 완화되었다. 환율 또한 1997년 말 1달러 당 1,695원이던 것이 1999년 말에는 1,145원으로 하락하여 경제가 안정을 되찾고 정상화되었다. 2년 만에 사실상 외환위기 사태가 해소된 것이다.

한국은 비싼 수업료를 지불하고, '돈을 아껴 쓰고 많이 벌면' IMF사태 같은 외환위기를 미연에 방지할 수 있으며, 불행히 IMF사태를 맞았다고 해도 조기에 벗어날 수 있다는 글로벌 경제시대에 살아남는 교훈을 얻은 것이다. 그 과정에서 우리 국민들은 금 모으기, 기업 방매, 소비 절약, 수출 증대 등으로 피나는 노력을 기울였는데, 그 가운데서 가장 큰 비중을 차지한 것은 수출 증대였고, 수출품의 70~80%를 차지한 것은 중화학공업 제품이었는데 이러한 수출 기조는 그 후에도 지속되었다. 전두환 정권 시절에 중복투자·과잉투자로 비난 받은 중화학공업이 한국 경제 발전의 원동력임이 증명되었다.

김영삼 정권은 '세계화 전략'이란 명제를 한국 경제의 나아갈 방향으로 제시했는데, 지향점은 옳았지만 개방에 대한 대비책에 소홀하여 IMF사태를 맞았다. 뒤이은 김대중 정권은 IMF와의 협약을 충실히 준수하여, 위기 이전의 수순이나 방식과는 달리 한 번에 포괄적인 개혁을 이룰 수 있었다. 이 때문에 부분적인 문제점은 있었지만 한국 경제가 세계 시장에 순조롭게 안착할 수 있었고 이것이 선진국 도약의 바탕이 되었다.

3.2. 김대중의 정치

김대중은 1961년 강원도에서 보궐선거로 국회의원 당선, 정치인으로 입

신했으나 5.16군사혁명으로 국회의원 당선증도 받지 못한 채 정계 진출의
꿈이 좌절되었다. 1963년 전라도에서 재선, 그 후 야당인 민주당 대변인이
되어 능란한 언변으로 명 대변인의 명성을 얻어 스타 정치인으로서의 입지
를 굳혔다. 제7대 대통령 선거에서 40대 기수론의 바람이 불 때 김영삼을
제치고 대통령 후보가 되어 비록 낙선은 했으나 대통령 선거 기간에 선풍
을 일으킨 결과 호남 지역의 맹주가 되니, 정계 진출 10여 년 만에 일약 야
당의 거물 정치인으로 도약했다. 외국 체재 중에 10월 유신을 맞아 해외에
서 반체제 활동을 하던 중 일본 도쿄의 한 호텔에서 한국 중앙정보부 요원
에 납치되어 한국으로 압송된 이야기는 앞에서 언급하였다.

　김대중은 매우 신중한 스타일이었는데, 이는 어쩌면 그의 인생 역정에서
체득한 습성일 수도 있었다. 독재정권 하에서 목숨을 잃을 수도 있는 탄압
을 겪었을 뿐만 아니라, 공작정치의 희생양이 되기도 했다. 어떤 개인 비밀
도 정보당국에 하나둘씩 흘러나갔다. 그러다 보니 무슨 일을 하든지 신중
하게 하는 것이 체질화 되었다. 위기를 급격하게 돌파하거나 어려운 국면
을 극적으로 전환하기보다는 돌다리도 두드리고 건너는 스타일의 정치인
이 되었다. 호남의 맹주가 된 뒤 공천헌금으로 확보한 풍부한 정치자금으
로 유력 인사들을 포섭하고 주요 운동권 학생들의 길흉사까지 챙기면서
유대를 강화하여 지지 세력의 외연을 넓혀 많은 반체제 인사들을 우군으
로 만들 수 있었다. 이렇게 수혈된 이들이 이른바 '386세대'들로서 노무현
정권 이후 한국 정치권의 진보좌파의 주류가 된 사람들이다.

　1987년 대통령선거에서 후보 단일화에 실패하여 3위로 낙선한 뒤, 한
때 민주화를 좌절시킨 장본인으로 지목 받던 김대중은 1992년 12월의 제
14대 대통령 선거에서도 낙선하자 정계은퇴를 선언하기도 했으나 영국에

체류하다 귀국하여 정계 복귀를 선언한 뒤 15대 대통령 선거에 출마했다. 당시 여당의 자체 분열과 IMF사태라는 경제위기가 도래했을 때 DJP[김대중·김종필] 연합전선을 구축함으로써 꿈에 그리던 대통령이 될 수 있었다. 그는 야당 당수로서 시대적 과제였던 노동·금융 등 사회·경제적 제도 개혁에 협조하지 않아 IMF사태 초래에 일말의 책임도 있으나 상대 정파의 위기를 자신의 호기로 이용하는 것은 이기적인 인간사회에서 흔히 있는 일로 비난할 것이 못 된다. 대통령이 되어서는 IMF사태를 원만히 수습하는 데 기여했다는 평가를 받고 있으나 앞에서 언급함 바와 같이 IMF의 신탁 통치 하에서 대통령의 역할은 제한적일 수밖에 없었다.

김대중은 포용력이 있는 인물로서 적극적인 화합 정책으로 내치나 외교에 있어서 많은 성과를 거두었다. 특히 능력 있고 필요한 인재라면 피아를 가리지 않고, 과거 여당의 중진이었던 인사도 중용하여 화합의 모습을 보였다. 그의 두드러진 정치적 성과를 든다면 대북 관계 개선, 일본과의 우호 증진, IT산업 육성, 대중문화 개방 등을 들 수 있는데, 모두 미래지향적인 정책들이다.

첫째가 대북 화해정책이다. 꽉 막힌 남북 관계의 물꼬를 트기 위해 직접 북한을 방문하고, 빈사상태에 빠진 북한에 경제적 지원을 하기도 하면서 북한을 변화시키려 했다. 세상에서 이를 '햇볕정책'이라고 하는데, 햇볕정책은 경색된 남북 관계를 풀어보려는 하나의 방안으로 한번 시도해볼 만한 정책이기는 했지만, 세습 독재체제라는 한계에 부딪혀 아무런 긍정적인 효과도 기대할 수 없었다. 결과적으로 빈사상태에 처한 세습 독재정권을 연명시켜 주었을 뿐 아니라 핵개발 재원이 되어 대한민국의 우환이 되는 등 김정일 독재 체제를 공고히 하는 데 이용되었다. 따라서 햇볕정책은 북한 주민의 삶이나 한반도의 통일 분위기 조성에는 도움이 되지 못했고, 결과적으로 햇볕정책은 성공하지 못한 실험적 대북 정책이었다. 대북 화해 분위기는 남한 주사파들에게 좋은 활동 공간을 제공하여 그 세가 급속도로 확장되었고 이들은 대북 관계 개선을 정파 이익에 이용하고 있다.

다음은 일본과의 관계 개선과 대중문화 개방이다. 김대중은 1998년 10월 8일 일본 도쿄를 방문하여 한·일간의 오래된 역사적 갈등을 극복하고 미래 지향적으로 화해 협력의 장을 구축하기 위해 일본의 오부치 게이조 총리와 함께 21세기의 새로운 한·일 '공동성명'을 발표했다. 과거 1973년 8월, 김대중이 일본 도쿄에서 한국 중앙정보부 요원에 의해 한국으로 압송된 일이 있었기 때문에 일본 측에서는 이러한 과거사로 인해 매우 신경을 썼으나 김대중은 전혀 괘념치 않고, 도리어 과거 망명시절과 수감 시의 도움에 감사하다는 말을 하여 일본을 안심시켰다, 당시 한·일 관계는 직전 대통령 김영삼의 조선총독부 건물 철거와 "일본의 버르장머리를 고쳐 놓겠다."고 한 발언에 대한 반발로 일본이 한국 투자자금을 회수함으로써 금융위기를 부채질 하는 등 한·일관계가 극도로 악화되었을 때인데, 김대중은 한국 대통령으로서 통 크게 대일 관계를 개선했다.

특히 "과거 일본이 한국 등 아시아각국에 큰 희생과 고통을 주었으나 경제 대국이 됨으로써 아시아인들에게 무한한 가능성과 희망을 주었다."는 말까지 하며 일본을 추겨 세웠고, 한국에서는 '일본 천황(天皇)'을 일왕(日王)이라 부르던 관례를 깨고, 호칭은 상대 국민이 원하는 대로 불러주는 것이 예의라며 '천황폐하'로 불렀으며, 식민지 시대 자기를 가르친 일인 교사를 만나서는 자신을 창씨 개명한 이름으로 소개하는 등 우호 분위기를 조성했다. 그리고 한·일 안보협의와 국방위·자위대 간의 핫라인 신설, 한국 해군과 일본 해상자위대의 공동 해난구조훈련을 하도록 한 것은 양국 간 관계를 더욱 긴밀하게 만든 것이다. 이렇게 다져진 한일 관계가 문재인 정권에 와서 극도로 악화된 것은 아이러니가 아닐 수 없다. 적어도 김대중은 인기만을 생각하는 정치인들처럼 반일감정을 정치에 이용하지 않았는데 지금 그 후계자라고 자처하는 정치인들이 배워야 할 점이다.

다음은, 미래학자 앨빈 토플러가 말한, "앞으로 지식·정보 시대가 도래할 것"이라는 예언에 충실하여 IT산업 육성에 주력한 것이다. 물론 이는 김영삼 정권 시기 정보통신부의 설치로 비롯된 것이지만 김대중은 그 산업 기반을 확충함으로써 한국을 명실상부한 IT산업의 선도국가로 올려놓은 것이다. IT산업이란 하드웨어·소프트웨어·통신기술을 종합적으로 활용하는 정보기술산업을 말하는데. 작게는 자동화·전산화·시스템화를 위한 것이며, 크게는 지식정보의 기반을 조성하여 창조적 지식정보사회를 구축함으로써 국민행복 실현에 이바지하고 나아가 문화 선진국으로 도약하는 것을 목표로 삼는다. 그러기 위해서는 초고속 통신망이 설치되어야 하는데, 이러한 광대역통신망을 전국에 설치함으로써 한국이 정보통신에 있어서 세계 제1의 선도국이 되어, 한국을 방문하는 세계인들의 칭찬을 받고 있다. 이 또한 김대중의 공로이고 대한민국 선진국 도약의 기반이 된 것이다.

끝으로 대중문화 개방은 일본문화의 범람을 우려하여 대다수 국민이 반대했으나 결과는 그 반대가 되었고, 도리어 k-pop 등 한국 대중문화가 해외로 뻗어가는 계기를 마련했다. 김대중은 대외정책에서 한·일 관계를 중요하게 여겼고, 한·미동맹을 중요시하여 반미 운동을 용납하지 않았다. 그는 민주화운동 시절부터 운동권이나 시민사회에 '3비(非)'를 주문했는데

3비란, 폭력 투쟁에 반대하는 비폭력, 공산주의를 용인하지 않는 비용공, 그리고 반미는 안 된다는 비반미였다. 다음 노무현 정권도 처음에는 같은 궤적 위에서 출발했으나 점차 변질되어 갔다.

4. 노무현

김대중의 뒤를 이은 노무현은 입지전적인 인물이다. 상고(商高)를 나와 사법고시에 합격하고 판사와 변호사, 국회의원을 거쳐 대통령이 되었는데, 이렇게 되기까지는 재능과 노력은 물론 꼭 성공해 보겠다는 오기와 저돌적인 승부욕이 한 몫을 했다. 상고를 나와 사법 고시를 파다 보니 자연 폭넓은 인문학 소양을 쌓을 기회가 없었는데, 인권 변호사 활동을 하면서 386세대 운동권의 교재이던 반체제 이념서들을 탐독한 나머지 한국현대사에 대해 편협하고 부정적인 역사관을 가지게 되었다. 그 결과 대통령이 된 뒤 3.1절 기념식에서 "해방 이후의 대한민국 역사는 정의가 패배하고 기회주의가 득세한 역사였다."고 단정함으로써 이것이 진보좌파들의 한국현대사 인식으로 고착되었다.

그리고 대통령 재직 시에 북한이 서해의 북방한계선[NLL]의 철폐를 요구하자 북한에 환심을 사려고, "일방적으로 아무렇게나 그어놓은 경계선"이라는 무책임한 발언까지 하게 되니, 국민들은, "이것이 대한민국 대통령의 입에서 나올 소리인가?"하는 의아심을 갖게 하였다. 북방한계선은 아무렇게나 임의로 그어진 것이 아니었다. 휴전회담을 할 때, 38도선을 휴전선으로 하자는 북측의 제안에 대해, 유엔군 측은 대신 휴전 당시의 전선을 휴전선으로 한다는 대안을 내놓아 이를 관철시켰으므로 휴전이 성립되기까지 양측은 섬 하나, 고지(高地) 하나를 더 차지하기 위해 혈투를 벌인 결과가 북방한계선이다. 그 결과 동부 전선은 한국군의 피나는 혈투로 38선보다 70~80리를 북상했으며, 연평도 등 서해 도서는 유엔군의 해군과 제공권 덕택에 우리 영토가 된 것이다.

그리고 "보수는 무조건 나쁜 것"이라고 단정했는데, 이 또한 부족한 인문학 소양에서 나온 실언이었다. 즉, 진보가 세상 변화와 신사조에 대한 열린 자세라면 보수는 옛것을 지키자는 것이니, 얼핏 보면 보수를 수구로 인식하여 부정적으로 보기 쉽다. 그러나 보수란 나쁜 것이 아니라, 인류 역사가 이룩해 놓은 업적과 전통을 함부로 훼손하면 이를 쉽게 회복시킬 수 없기 때문에 종래의 것을 지키자는 것이 보수이고, 현실에 불만을 품고 개혁적으로 나아가자는 것이 진보이다. 그러나 개혁한답시고 무턱대고 고치고 바꾸다 보면 교각살우(矯角殺牛)의 폐단도 생기게 되므로 개혁은 신중히 해야 한다. 그래서 이문열 작가가, "보수란 먼저 간 사람들의 수고를 잊지 않는 것"이라 했는데, 이 한 마디는 보수에 대한 명쾌한 정의이다. 보수가 나쁜 것이라면 어떻게 영국의 대표적 정당이 보수당이겠는가? 보수와 진보는 우열이 있는 것이 아니라 등가치한 개념으로 시대가 흐르면서 바뀔 수도 있었으니, 처음에는 미국의 공화당이 진보였고, 민주당은 보수였으나 지금은 그 반대가 되었다. 지금 진보라고 자처하는 민주당도 그 뿌리인 한민당은 원조 보수였다. 이런 인식으로 노무현은 민주당을 탈당하여 그 지지 세력들과 열린우리당을 창당하기까지 했는데, 이들이 1987년 민주화 운동의 주역들로서 이른바 '386세대'들이고, 오늘날 한국 정치계에서 진보좌파의 주류가 되니, 노무현의 한국현대사 인식은 이들의 교조(敎

條)처럼 되었다.

노무현은 이와 같이 자기 생각을 좌충우돌 거침없이 드러내다가 적을 많이 만들어 한때 탄핵 위기에 몰리기도 했다. 그러나 본성은 올곧고 순수했으며 작은 이익에 함몰되어 말과 행동을 달리 하거나 치사하지 않은 통이 큰 정치인이었다. 특히 자신이 어렵게 생장했기 때문에 대통령 후보일 때, 스스로 약자의 보호자임을 자처하면서, "내가 대통령이 되면 국민을 위해 돈을 쓰겠다. 가난하고 힘없는 사람에게 희망을 주고 싶다."라 공언하고 대통령이 된 뒤에는 실제로 약자를 보호하고 기득권 세력의 권위주의 타파에 앞장서 한국의 권위주의를 허무는 데 큰 공헌을 했다. 하지만, 그 영향으로 현 정치권은 그 정도가 지나쳐 권위주의뿐만 아니라 국가나 정부의 '권위'까지 무너뜨려 사회적 혼란을 야기하고 있다.

그리고 대외 정치에서는 국익을 우선하여 평소에, "좀 반미면 어떠냐?"는 등 돌출 발언을 공공연히 하면서도 집권 후반기로 갈수록 한·미동맹의 중요성을 인식하여, 당시 반미 성향의 여당이 반대하던 한·미 FTA 체결과 이라크 파병 문제 등을 관철했고, 평택 미군기지 결정, 주한 미군의 전략적 유연성 수용 등 과감하게 한·미 현안들을 해결했다. 그리고 주민과 환경단체들이 극렬하게 반대하던 제주 강정해군기지를 건설하는 등 한국 대통령으로서 해야 할 직무에는 충실했다. 노무현은 "좌회전 깜빡이 켜고 우회전한다."는 비아냥을 들으면서도 화물연대의 무리한 요구를 받아들이지 않고 자유시장주의 원칙을 지켰다.

5. 이명박

　이명박은 현대건설 신화와 청계천 건설로 대통령이 된 사람이다. 국가 경영을 기업 경영 하듯이 한다는 비판을 들었고, 그 형[이상득]이 염치와 체면이 없어 끝까지 정계에 남아 있다가 자신은 망신을 당하고 동생의 대통령직 수행에 걸림돌이 되어 함께 욕을 먹었다. 그러나 이명박 정권은 2009년 세계 금융위기를 만났을 때 OECD 국가 중 가장 선방했고, 미국 대통령 부시와의 친분 관계를 배경으로 G20에 가입하여 한국의 위상을 선진국 반열에 올려놓았으며, 노무현 정권 기간에 흔들리던 한·미동맹을 복원하는 성과를 거두었다.

　국가 백년대계인 4대강 치수사업도 큰 공적이다. 이명박은 처음 4대강 사업과 동시에 운하를 건설한다는 국토개조 정책을 발표했는데, 산악이 많아 고저가 심한 한국 지형에서의 운하 건설은 비현실적인 구상이었고, 또 3면이 바다인 한반도에서는 더욱 실용성이 없는 정책이었다. 그렇다고 4대강 사업까지 뭉뚱그려 부정적으로 평가해서는 안 된다. 반대 정파에서는 지식·정보화 시대에 전근대 산업의 전형인 토목사업, 즉 4대강 사업은 국력만 낭비하는 시대착오적 정책이라며 이명박 정부의 대표적인 실정으로 비난했는데, 토목사업은 집이나 도로 같은 인간 생활의 기반 시설이므로 아무리 지식·정보화시대라 하더라도 이것 없이는 인류가 생존해 나갈 수 없다.

　또 강물은 자연 상태로 흐르도록 그대로 두어야 하는데 4대강 사업은 준설을 하고 보를 막아 물의 흐름을 인위적으로 바꾸었으니 자연을 파괴했다는 것이다. 이런 말은 인구가 희소했던 원시시대에서나 가능한 논리이지 인구가 조밀한 현대에서는 일고의 가치도 없는 순진한 주장이며, "물은 낮은 곳으로 흐른다."는 원리도 모르는 한심한 생각이다. 물은 모든 생명의 근원이지만, 그것이 넘치거나 부족하면 재앙이 된다. 4대강 사업은 물길을 터서 홍수를 예방하고 물을 가두어 두었다가 가뭄에 대비하자는 치수(治水) 사업이다. 그래서 고대 중국에서는 황하(黃河) 치수에 성공하면 임금이 되었고, 여기서 정치(政治)의 치(治)도 '물다스릴 治자'에서 차용했다.

4대강 사업 전, 영산강과 낙동강 하류는 하상(河床)이 주변 농지보다 높아 큰물이 지면 주변 농경지가 침수되기 일쑤였고, 가물 때는 농업용수도 고갈되었다. 그런데 4대강 준설 후에는 태풍이 빈번하게 남부 지방을 강타하고 기후변화로 전에 없던 호우가 수시로 오지만 두 강 하류가 넘치는 재해를 당하지 않았으니, 이는 오로지 강을 준설하여 물길을 텄기 때문이다. 또 보를 막아 농업용수도 부족함이 없는데, 녹조가 생긴다고 호들갑들이다. 그러나 농작물은 녹조 있는 물이라고 사양하지 않는다. 이 4대강 사업은 4대강 지류 정비까지 완료해야 한국의 치수 사업이 완성되는 것인데, 후임 대통령들은 전혀 관심을 두지 않았고, 특히 문재인은 일부 보를 허무는 바람에 2022~3년 호남 지역은 가뭄에 물 부족을 겪었다. 더욱 어이없는 일은, 인도차이나 반도 여러 나라 사람들이 메콩강의 홍수로 우기 때마다 피해를 당하므로 우리의 4대강 사업 노하우를 배우기 위해 자문을 구했는데, 이른바 환경단체 회원들이 동남아시아에까지 날아가 "4대강 사업은 실패한 사업으로 배울 것이 없다."며 반대 운동을 폈다. 아무리 정파적이라고는 하지만 이래서는 안 된다.

끝으로 2010년에 이루어진 아랍 에미리트[UAE] 아부다비에 바라카 원자력 발전소 건설 수주를 꼽을 수 있다. 이 발주는 외국 기업에 거의 넘어간 것을 대통령이 직접 뛰어 수주한 것으로 아랍 지역 최초의 원자력 발전소를 순수한 한국기술로 건설함으로써 20조원이란 막대한 수출 효과를 얻었을 뿐 아니라 중동에 한국 원자력 발전소 건설의 교두보를 마련했으며, 한국의 원자력 발전소 설계 기술을 세계에 과시하는 쾌거가 되었다. 이 실적이 객관적 평가의 바탕이 되어 2019년에는 미국 원자력위원회[NRC]로부터 원자력발전소 설계 인증을 회득했는데, 이는 웨스팅하우스·제너럴 일렉트릭에 이은 세 번째이다.

그리고 녹색 성장(綠色成長; green growth)을 주요 정책과제로 채택했는데, 녹색성장이란 지난 수백 년 동안 전통적인 산업화와 경제개발 정책에서 발생한 환경 파괴와 자원 낭비를 최대한 줄이고 친환경적으로 자원과 기술을 이용하자는 것이 요지이다. 즉 온실가스의 배출과 환경 파괴를 줄임으로써 대기권을 정화시키면서 동시에 경제성장을 이룩하자는 것이다. 이명박은 녹색성장을 주요 정책 과제로 '저탄소녹색성장기본법'까지 만들어 추진했으나, 후임 대통령들이 팽개쳐 버린 결과, 정책 계승은 불구하고 지금은 사람들의 기억 속에서 사라졌다. 그러나 근년 간의 급변하는 기후 변화를 보면 시의적절한, 계승·발전시켜야 할 정책 과제이다.

6. 박근혜

박근혜는 대통령을 하지 말았어야 했다. 박근혜는 육(陸) 여사 사후 퍼스터레이디 노릇을 하면서 정치를 어깨너머로 익혀 유신체제의 권위주의만 배웠지 정치가 무엇인지, 참모들을 어떻게 활용하는지도 몰랐다. 말하자면 권위주의 단점만 배웠던 것이다. 박정희 대통령은 사람을 함부로 버리지 않았는데 박근혜는 직언을 하여 자기 심기를 건드린 사람은 공로가 있건, 능력이 있건, 어떤 장점도 고려하지 않고 내쳤다. 특히 마음속에 오기가 가득 차 자기의 대통령 자리를 이명박이 먼저 차지했다는 생각에서 이명박의 주요 정책들은 박근혜 시기에는 거론조차 어려운 금기어가 되었다. 그리고 한 번이라도 자신의 심기를 건드린 인물은 권위에 도전했다고 생각해서 용서가 없었다. 자신이 실의에 차 있을 때 정계로 입문시켜 준 강재섭과는 등을 돌렸고, 측근에서 충성을 다한 김무성·유승민·이혜훈도 내쳤다.

칭찬은 고래도 춤추게 한다는 말이 있듯이 누구나 칭찬 받기를 좋아한다. 그러나 권력자의 주변에는 아첨꾼이 들끓게 마련이라 훌륭한 지도자는 충언은 받아들이되 아첨꾼은 멀리했다. 그런데 박근혜는, "저 여기 있어요." 하거나 "어쩌면 그렇게 피부가 고우세요." 하는 등 대놓고 아첨하는 부류들만 옆에 두고 정치를 했으니, 필요한 시기에 직언을 하여 대통령 직임을 올바르게 인도해줄 사람이 없었다. 최순실[최서원]의 말만 믿고 재단을 만든다며 강제로 재벌들로부터 수백억을 거두는 일이 얼마나 불법이고 위험한 일인지도 몰랐다. 많은 사람들이 최순실을 박근혜의 정치를 그르친 요녀로 지목하는데, 나는 그렇게 심했다고 생각하지 않는다. 최순실은 평범한 인간보다 조금 더 욕심이 많고 조금 더 교활했을 뿐이다. 최고 권력자인 대통령이 자신을 전폭적으로 신임한다고 생각할 때, 이를 이용하여 자신의 이익을 챙기지 않을 성인군자가 몇이나 되겠는가? 이는 전적으로 공사(公私)를 구분하지 못한 박근혜의 책임이지 최순실의 잘못만은 아니다.

　그리고 20대 총선은 당선 가능성 위주의 공천만 제대로 했더라면 결코 민주당이 제1당이 될 수 없는 구도였다. 당선 가능성은 고려하지 않고 이 한구를 앞세워 그 동안 자기 비위를 거스른 자는 쫓아내고 이른바 친박 내지는 진박만 공천하는 칼춤을 추도록 했으니 총선 패배는 예정된 것이었고 그 분위기가 탄핵으로까지 연장되었다. 아버지의 인기로 대통령이 되기는 했으나 대통령 자질도 못되면서 오기와 아집만 부리다가 스스로는 물론 한국 보수를 몰락의 길로 몰아넣었다. 결국 박근혜는 세월호 사건을 계기로 민노총 등을 앞세운 야당의 선동으로 정신을 못 차리던 와중에 최순실에게 속아 재벌들에게서 명분 없는 돈을 강징했다가 1년 임기를 남겨두고 탄핵되어 쫓겨났는데 이는 자업자득이었다. 요즈음 정치인들을 보면, 인기만 좀 있으면 자신의 능력이나 깜냥도 모르면서 국정 경험도 쌓지 않고 큰 자리만 탐이 나서 너도 나도 대통령 하겠다고 아우성들인데, 대통령 자리가 아무나 할 수 있는 그리 만만한 직임이 아니다. 국가를 경영할 경륜과 철학이 있어야 한다.

7. 문재인

　대통령이 되기 전, 문재인의 인상은 온후하고 소통도 잘 될 것 같은 호감형이었고, 특히 대통령 취임사는 감동적이었다. 그러나 대통령 이 된 뒤에 한 말과 행위를 보면, 소통은 자기들끼리의 소통이요, 온화함도 겉으로는 부드러운 듯하지만 속에는 칼날을 품고 있는 이른바 구밀복검(口蜜腹劍)

의 전형인 듯 보인다. 이는 공자가 말한, "아첨하기 위해 말과 얼굴 표정을 꾸미는 사람 치고 어진 사람은 드물다."는 말을 생각나게 하는 인물이라 하겠다. 걸핏하면 "외국에 나가 보면 한국의 위상이 대단하다는 것을 실감한다."고 실토하면서도 이전 정권, 즉 선배들이 이룩한 공업(功業)을 적폐로 몰기에 여념이 없었다. 근래 한국의 위상이 급격히 상승했는데, 이는 전 정권과 국민들이 피땀 흘려 이룩한 자유민주주의 국가 건설과 산업화의 성공이 바탕이 되었다는 사실을 누구도 부인하지 못한다. 그런데도 문재인은 과거 정권의 잘못을 들추어내기에만 급급했다.

예를 들면, 제주 4.3 사건 등 대한민국 건국을 방해하거나 정부 전복을 기도한 사건, 북한 정권에 협력한 독립 운동가 등을 끄집어내어 역사를 바로잡겠다고 수선을 떨었는데, 인간의 심리란 "강한 자를 누르고 약한 자를 돕고자 하는" 경향이 있게 마련이다. 따라서 피해 입은 사람들은 선(善)으로, 그 반대편은 악으로 보게 되니, 당시 정부 당국자에 대한 국민들의 인식이 부정적으로 흐를 것은 너무도 당연하다. 누가 무어라 해도 4.3사건은 김일성의 지령을 받은 제주 남로당의 김달삼이 주동이 되어 5.10선거를 방해하여 남한에 독립 정부가 못 들어서게 방해하자 이를 진압하는 과정에서 양민의 희생이 발생했다. 그런데 문재인은 그 추모제에 가서 "좋은 세상을 만들려다 희생된 사람들"이라는 헌사(獻辭)를 했으니, 희생자들이 좋은 세상 만들려던 주역이 되었다. 문재인은 어느 나라 사람이며 어느 나라 대통령인가?

희생자들 중에는 아무것도 모르고 주위에 휩쓸려 희생된 사람도 있지만, 오늘날 우리가 누리고 있는 자유와 풍요는 저절로 굴러온 것이 아니라 그러한 역사적 결과 위에서 얻어진 것이다. 수 천 년 유사 이래, 역사의 수

레바퀴 아래서 이유도, 영문도 모르고 스러져간 사람들이 무수히 많다. 한국 현대사의 그늘진 면은 역사가에 의해 밝혀져야 하겠지만, 북에는 그 원인 제공자의 세습 정권이 우리를 위협하고 있는 현실에서는 시기상조이고, 또 대통령이 선동할 일은 더욱 아니다.

문재인 정권은 '평등·공정·정의'를 입에 달고 있었는데 행태는 딴판이었다. 인사 문제만 보더라도 자격·능력 불구하고 오직 캠코드[캠프 출신과 코드 맞는 사람]만을 기준 삼아 가당찮은 인물들이 장관 자리를 꿰찼고, 공공기관의 낙하산 인사를 전 정권의 적폐라고 몰아붙이더니, 자신들은 능력불구·체면불구 낙하산을 떨어뜨려 한자리씩 주었으며, 태양광 시설 등 각종 이권을 자기 정파 사람들에게 챙겨 주느라 여념이 없었다. 또 자기네 우호 세력인 시민단체들에게 퍼부은 세금은 얼마인가. 이는 이른바 "늦게 배운 도둑이 날 새는 줄 모른다."는 격언처럼 구적폐는 신적폐에 명함을 못 내밀 지경이라, 공자가 말한, '뒤에 나온 사람이 두렵다.[後生可畏]'라는 경구가 적실하다 하겠다.

임명직은 정권을 잡은 쪽의 논공행상이니 자기를 위해 애쓴 사람을 챙기는 것은 인정이지만 여기에도 국가 이익이라는 큰 원칙은 지켜야 된다. 그 자리가 국정을 다루는 장관직일 때는 더욱 그렇다. 외교에는 국제 간 이해관계가 첨예하게 대립하기 때문에 다년간 그 방면에 종사한 사람이라야 국제 간 이해가 얽힌 문제를 잘 풀어나갈 수 있다. 그 때문에 구소련의 미코얀(Micoyan)은 십 수 년 동안 계속 외무장관으로 있었다. 정권이 바뀌면 장관 교체는 불가피하지만 최적임자를 엄선해 임명해야 한다. 코드가 맞는다고 일개 통역관 출신을 외교부 장관에 임명하고, 주요국 대사 선임에는 영어와 해당국 언어의 구사(驅使) 여부가 우선인데도 문재인 정권에서는 이런 것까지 무시됐다. 또 국가 백년대계를 책임지는 교육부 장관은 경험과 경륜이 탁월한 노성한 사람도 수행하기 힘들기 때문에 위상을 부총리로 만들었다. 그런데 관련 국회 상임위에서 몇 년 동안 활동했다는 이유로 새파란 애송이 여자를 막중한 자리에 앉혔으니 인사의 기준은 오직 코드일뿐이다.

이러한 인사 행태는 2019년 9월의 법무장관 임명에서 그 절정을 이루었다. 파렴치한 위선자 조국을 무리하게 법무장관에 임명하면서 "의혹만으로 임명하지 않는다면 나쁜 선례가 될 것"이라는 가증스런 명언을 남겼다. 이 때문에 두 달 동안 국내 여론을 들끓게 하였다. 그리고 공수처 설치 명분을, 검찰 개혁의 지상과제인 것처럼 되뇌면서 공수처를 설치했는데, 이는 검찰 위에 또 다른 검찰 기구를 설치한 것으로 헌법에도 위배되는 검찰 업무의 중복이다. 대통령이 사법권까지 틀어쥐고 좌파 권력을 영속시키겠다는 발상이었을 뿐이다. 검찰 개혁은 현 제도의 개선에서 찾아야지 옥상옥을 만드는 것은 소뿔을 바루려다 소를 죽이는 교각살우와 같은 짓이다. 예상했던 대로 초대 공수처장 임기 3년 동안 실적은 전무하고 570여 억 원의 국고만 낭비했는데 이에 대해 반성하는 사람이 하나도 없다.

조국 사태를 계기로 '평등·공정·정의(正義)'라는 단어는 문재인의 자의적(恣意的) 정의(定義)에 의해 그 개념마저 바뀌고, 일부 양심을 버린 지식인들까지 부화뇌동하니, 국민들의 가치관마저 혼돈을 일으키고 있다. 이런 이중적 인격체에서 어떻게 국민을 통합하고 한국의 먼 미래를 내다보는 원대한 정치 경륜이 나올 수 있었겠는가? 이렇게 온 국민을 둘로 갈라놓고서도 자신의 잘못을 사과하기보다는 언론과 정치권에 그 책임을 전가했다. 자신의 잘못을 인정하는 데는 인색하면서 자기와 관계없는 과거 역사 사실에 대해서는 대통령의 이름으로 피해자 후손들에게 잘도 사과를 했는데, 이는 진심어린 사과라기보다는 그 당시 위정자들의 잘못을 부각시켜 은연 중 자신은 이전 대통령들과 다름을 과시하는 격이니 어떻게 보면 매우 교활한 것이다. 또 국가 경제 상황이 나락으로 떨어지고 있는데도 '좋아지고 있다.'고 노상 유체이탈의 화법을 사용한 것이나, 정파의 이익을 앞세우고는 '국민을 위한 것'이라고 호도함으로써 그 이중적 면모를 확인시켜주었다.

문재인의 언행 불일치를 열거하자면 한이 없겠으나 여기에서 빈번한 그 이중적 행태를 일일이 거론할 겨를이 없으니, 선거 공약 이행 과정에서의 큰 정책적인 과오와 입에 달고 있던 '일제잔재 청산'에 대해서만 논하기로 하자.

7.1. 교주고슬의 선거 공약

민주주의 체제 하에서 선거는 필요악이다. 정권의 승패가 투표에 의해 결정되니 표가 되겠다 싶은 것은, 그 실현성이나 국가 이익과는 상관없이 선거 공약으로 내세우는 것을, 현 정치제도 하에서 크게 나무랄 수도 없다. 또 국민에게 솔깃한 공약을 선점하여 선거에서 승기를 잡는 것도 정치가의 책략이다. 그러나 5년 임기의 대통령이 에너지 정책, 교육 정책 등 국가 백년대계 정책들을 들었다 놓았다 하는 것은 여간 심각한 문제가 아니므로 정권을 맡아 국가를 경영하는 입장에서는 그 시행에 신중해야 한다. 따라서 비록 득표에 재미를 본 공약이라 하더라도 국가 장래에 도움이 되지 않으리라 예상된다면 국민들에게 양해를 구하고 공약(公約)이 공약(空約)

이 되더라도 이를 과감하게 버리는 결단력이 있어야 하는데, 문재인은 마치 거문고 기둥을 아교로 고정시켜 놓고 거문고를 탄다는 교주고슬 식으로 한 번 내세운 공약은 요지부동이었다.

과거 무리한 공약 시행으로 국가에 막대한 손실을 끼친 대표적인 사례가 노무현의 행정수도 건설이다. 수도 이전이 헌법 위배라는 판결이 나왔을 때, 노무현이 오기를 거두고 못 이기는 체, 충청 도민에게 사과하고 포기했더라면 수십 수백조 원의 세금이 낭비되지 않았고 앞으로 계속될 세금 낭비와 국정의 비효율도 줄일 수 있었을 것이다. 행정수도 건설이 당장의 인구 지방 분산에는 얼마간 효과가 있었다고는 하지만 그동안 투입된 재원과 현재 누수 되고 있는 국가 재정, 미래에 발생할 낭비와 국정의 비효율을 비교한다면 어느 쪽의 비중이 더 큰가? 그리고 통일이 된 후에 행정수도 세종시는 어디에 쓸 것인가? 인구는 점점 줄어드는 상황에서는 더욱 그렇다.

과거 주사파 운동권이었던 사람은 문재인에 대해 "관념적 과격성을 가지고 있다."고 비평했다. 실제 운동권의 삶을 살지 않았으면서 책만 읽고 운동권인 체하는 사람들은 행동이 아닌 머리로 하는 과격파라는 것이다. 생각의 한 쪽을 닫아버린 이들은 사람들을 깜짝 놀라게 하는 결정과 행위를 아무렇지도 않게 감행한다고 한다. 그 때문인지 문재인의 집권 후 행보는 상식으로는 이해가 안 갈 정도로 무모하고 일방적이었다.

자사고·특목고의 폐지를 교육 개혁이라며 추진했는데, 특목고의 설립 목적은 다방면의 재능 있는 학생들에게 수월성(秀越性) 교육을 실시하여 우수한 인재로 양성한다는 취지이다. 수재 한 사람은 국민 몇 천, 몇 만 명을 먹여 살릴 수 있고, 또 수월성 교육은 한국이 국제 경쟁에서 뒤떨어지지 않게 하는 인적 자원 양성이다. 더욱 가증스러운 것은, 많은 진보좌파 인사들이 자기 자식들은 특목고에 진학시킨 이중성이다. 윤석열 정부에 의해 자사고·특목고는 기사회생했으나 문재인 정권에서 개편한 고등학교 한국사의 대한민국사 부분은 "대한민국의 역사는 정의가 패배하고 기회주의가 득세한 역사였다."는 잘못된 역사 서술을 그대로 자라나는 학생들에게 가르치고 있다. 국가 백년대계인 후세 교육을 이념에 따라 이렇게 휘둘러서는 안 된다. 문재인 정권은 즉흥·돌발 정책 뒤집기가 장기였는데, 이들 행태를 일일이 다 거론할 수 없으니 그 대표 공약으로 온갖 부작용이 속출함에도 불구하고 전혀 주저 없이 밀고 나간 탈원전·소득주도성장 등에 대해 살펴보기로 하겠다.

탈원전 정책은 한반도에서 원자력 발전을 포기하겠다는 것인데, 원자력은 현재까지 연구·개발된 대용량 동력 자원 중, 가장 값싼 청정 에너지이다. 속담에, "자라 보고 놀란 가슴 솥뚜껑 보고 놀란다."는 말이 있듯이 2011년 3월, 이웃 일본에서 발생한 후쿠시마 원전 사고가 원전 안전에 대한 의구심을 일깨워주자 민주당은 잽싸게 원전 폐기를 선거공약으로 선점했고 그 득을 본 뒤 줄기차게 이 정책을 강행하였다. 특히 어이없는 것은 문재인은 후쿠시마 원전 사고를 모티브로 제작한 영화를 보고 탈원전 결심을 굳혔다는 것인데, 많은 관중을 끌기 위해 과장해서 만든 영화 한 편보고 국가 동력의 핵심인 원자력 폐기를 결심했다니 이것이 정상인의 사고인가? 전문가에 의하면, 후쿠시마 원전 사고는 지진에다 태평양 해일이 덮친 결과인데, 다행스럽게도 우리나라는 일본열도가 태평양 해일을 막아주고 있어 해일 걱정은 할 필요가 없고, 지금 한국의 원전은 설계 기준이 고도로 안정화되어 지진이 원전 바로 밑에서 발생하지 않는 한 크게 걱정할 게 없다고 한다. 또 우리나라는 지진이 전혀 없는 것은 아니지만 환태평양 화산대와는 떨어져 있어 바로 밑에서 큰 지진이 발생하여 원전이 폭파될 확률은 '몇 백만 분의 1'이라는 것이다. 이는 마치 저수지에서 사람이 익사했다고 그 저수지 둑을 허물려는 것과 같은 어리석음이다.

우리나라가 1958년 원자력 기술을 도입한 이래 박정희정권 하에서 꾸준히 연구·개발한 결과, 61년이 된 2019년에는 미국 원자력규제위원회(NRC)로부터 원자력 발전소 설계 인증을 획득한 최고의 설계·건설 기술이다. 한국에서는 원자력 발전을 폐쇄하면서 건설 기술은 세계로 수출하겠다고 했는데, 저는 독하다고 안 먹는 약을 외국에는 좋다며 팔려고 한다면 어느 외국이 신임할 것이며 그런 비양심의 심보가 어디 있는가? 지금 한국의 산야는 원전 대체 에너지를 개발한다며 수십 년 간 공들여 녹화한 산림이 태양광 잔치로 마구 파헤쳐졌고, 새만금·호수·저수지 등 공수면은 태양광 패널로 뒤덮여 있는데 벌써부터 수해와 공해 등으로 관리에 골머리를 앓고 있다. 우리나라는 위도나 기후 상으로 보아 태양광 발전 효율이 떨어지는 곳이라 태양광이나 풍력으로 원자력을 대체할 수도 없다.

윤석열 정부가 들어선 뒤 탈 원전 정책은 폐기되었으나 그 동안 잘못된 탈 원전 정책으로 발생한 기술적 정체를 비롯한 막대한 손실과 태양광 발전을 하다며 수십 년 동안 애써 조성한 산림을 민둥산으로 만든 환경 파괴는 무엇으로 보상할 것인가? 앞으로 인구가 줄어 산간 지역은 사람이 살지 않는 행정구역이 속출할 것이니 그런 곳을 중심으로 원전 시설을 건설한다면 위험성도 감소되고 미세먼지와 탄소도 발생하지 않는 청정에너지를 확보할 수 있을 것이다. 우리의 원전 안전성 문제는 우리 원전 시설을 걱정하기보다는 황해 연안의 중국 해안선을 따라 줄지어 건설하는 중국 원전에 더 신경을 써야 한다. 중국인들의 희박한 안전 의식과 후진적 원전 설계 기술이 더욱 문제이다.

다음은 소득주도성장인데, 인간이 일하는 목적이 하루하루 살아가기 위한 소득을 얻고자 함이니 소득이 높아져서 싫어할 사람은 아무도 없다. 그러나 그 소득이 하늘에서 떨어지는 것이 아니라 월급 주는 자의 주머니에서 나오는 것이고, 그 임금 기준은 수요와 공급에 의한 시장경제 원리로 결정되는 것이다. 그런데 문재인 정권은 임금 받는 이들의 주머니를 불려 소비를 촉진시킴으로써 경제 활성화를 기한다는 목표에서 무리하게 밀어붙였다. 이는 마치 《맹자》에, "미처 패지 않은 보리 이삭을 뽑아 끝을 가지런히 했다."는 인위적인 조장과 같은 것이다. 가령 우리 사회에 임금 착취가 만연한 상태라면 행정 지도를 통해 이를 시정할 수도 있겠으나 현재 대한민국에서 정상인들 간에 임금을 착취하거나 착취당할 사람은 없다. 최저임금을 강요한다면 인력의 수요는 줄어들 것이 뻔한데, 사업주에게 세금으로 보조한다고 하나 이는 결국 세금 퍼주기이고 이렇게 한들 언 발에 오줌 누기지 얼마나 지속되겠는가? 그래서 영세 자영업자들이 코로나와 겹쳐 속속 문을 닫은 것이다.

이와 비슷한 예가 대학의 강사법 부작용에서 선명하게 드러났다. 이 강사법의 입법 취지는 시간강사들의 처우개선·신분보장·고용안정인데, 대학의 시간강사들은 8개월 강의해서 12개월을 살아야 하니 이들에게 12개월 급료와 각종 보험 혜택도 주며 3년 간 신분을 보장한다는 말은 꿈같은 이야기이다. 그러나 그 재원이 하늘에서 떨어지는가? 근래 계속 학생 수는 줄고 등록금이 동결된 상태에서 대학은 재정 압박을 받아 강좌 수를 줄이는 수밖에 없다. 일례로 대구·경북 지역의 시간강사 수는 1/3이나 감원되었다. 8개월짜리 시간강사마저 할 수 없게 되니 고용안정은커녕 고용참사가 일어나 강좌 축소로 해고 당한 강사들이 항의 농성을 벌이기도 했다.

이런 정책들은 국가 경제 전반에 미칠 영향을 면밀히 검토해서 표 안 나게 점진적으로 시행해도 문제가 드러나게 마련인데 이것을 공약으로 내세워 큰 선심이나 쓰는 듯 정권 홍보용으로 떠벌이며 강행했으니 경제가 침체하는 것은 불을 보듯 뻔한 일이 아닌가? 어떤 법이나 제도를 만들면 예상하지 못하는 문제점이 드러나기 때문에 예로부터 새 법령의 제정에는 항상 신중했다. 그런데 소득주도성장은 처음부터 고용주와 피고용자 간에 이해가 첨예하게 엇갈리는 문제이므로 그 부작용은 시행 전에 이미 예상된 일이었다. 그래서 옛날부터 "월급 주는 사람을 압박해서는 월급 받는 사람을 도울 수 없다."는 명언이 있다.

문재인 정권이 잘 한 일은 세금으로 땜질 하는 것이라 2015년 312조이던 국가 연간 예산이 2020년에는 513조로 늘어난 데서 알 수 있는 바와 같이 세수를 고려하지 않고 펑펑 썼다. 그 대표적인 예가 취임 후 2년 동안 일자리를 늘린다고 50조원을 퍼부었으나 근로 세대의 일자리는 줄어들고 임시 일자리나 65세 이상의 공공 근로자 고용만 늘었을 뿐이다. 그리고 정권에 우호적인 수많은 시민단체들에 국민의 혈세를 마구 뿌렸다. 때문에 국가 재정 건전성은 현기증이 날 정도로 악화되어 재임 5년 동안에 국가 부채가 400조원이 늘어났다. 이를 비판하면, "재화를 곳간에 쌓아두면 썩는다."느니, "국가 채무 비율이 미국이나 일본보다 낮아서 걱정할 게 없다."는 등 궤변을 늘어놓았는데, 빚을 내는 것이 어떻게 곳간에 쌓아놓은 저축인가? 다음 세대에게 빚을 넘겨주는 일일뿐이다. 이러한 궤변이 국회의원이란 사람의 입에서 무책임하게 나오는데, 현실을 몰라서인지 국민을 기만하는 것인지 알 수가 없다. 그리고 국가 채무를 미국·일본과 비교하는데, 우리가 어떻게 기축통화국인 미국과 그에 버금가는 일본과 같은가? 한국이 이만큼 국제 신인도를 유지한 것도 그 동안 국가채무 비율이 낮았기때문이었는데, 공공기관의 부채를 제외하고 국가 부채만 1천 조가 넘게 된지금에는 우려하는 전문가들도 많다.

되돌릴 수 없는 세금 퍼주기 포퓰리즘이 나라를 거덜 내는 데는 그리 긴시간을 요하지 않는다. 자원 부국인 아르헨티나·베네수엘라 등 남미 여러나라를 보라. 아르헨티나는 페론이 집권하기 전에는 한때 남미의 미국이라 칭했고, 베네수엘라는 막대한 석유 매장량을 보유한 나라이다. 그 동안쌓아온 건보기금·고용기금은 구멍 날 상황이며, 국민연금은 정치연금이될 판이니 우리 국가 경제의 건전성이 얼마나 지탱하겠는가?

7.2. 식민 지배와 친일 잔재 청산

식민 지배

20세기 초, 약육강식의 제국주의 침략으로 한반도는 40년 가까이 일본의 식민 지배를 받게 되었다. 이 식민 지배에 대해 한국 역사학계의 기본입장은, 일제시대 일본 자본이 들어와 공장이 건설되고 시장이 확장되어경제성장은 했으나 모든 이윤은 일본이 빼앗아 가서 조선인과는 무관하다는 이른바 수탈론이다. 토지도 빼앗고, 쌀도 빼앗고, 결국에는 사람도 빼앗아 남자는 징용으로 여자는 정신대나 위안부로 빼앗아 갔다는 것이다. 그렇게 수탈이 계속되었다면 경제도 위축되고 인구도 줄어 한반도는 껍데기만 남아야 하는데 실제로는 그렇지 않았다.

서울대 부설 낙성대연구소의 연구 결과에 의하면, 1912년부터 1937년까지 26년 동안, 한반도의 경제 성장은 50% 이상, 인구는 일본·만주 등지로 이주한 자가 급증했는데도 42.2%나 증가하여 짧은 기간에 소득이나 인구가 믿기지 않을 정도로 거의 50% 가까이 증가했으니 이러한 결과를 어떻게 설명할 것인가? 이는 비록 일본 산업자본이 상륙하여 많은 이윤을 남겼으나 거기에 종사한 노동자들은 조선인일 수밖에 없으므로 결과적으로 조선인의 소득이 늘고 인구도 급증한 것이다. 인구가 급증한 이유는 경제 성장 외에 의학·보건 위생 등의 발달로 생활환경이 전반적으로 개선된 것도 한 원인이었다. 즉 살기가 과거보다 나아졌다는 것이다. 물론, 일본의 한반도 지배는 기본적으로 일본을 위한 것이었지 조선인을 위한 것은 아니었다. 그러나 일제는 조선을 자국 영토의 일환으로 영구히 병합하여 지배하려 했다. 심지어 지진 안전지대인 한반도로 수도를 옮기려는 장기적인 구상까지 하였기 때문에 한반도를 자신들의 메이지(明治) 유신 근대화 방식대로 개발했고, 한반도 주민들은 식민지화와 동시에 이른바 근대국가를 처음으로 경험하게 되었다.

　일제가 합병 후 우선적으로 시행한 것은 행정 구역 개편과 토지조사 사업이었다. 조선 시대의 행정 단위인 고을[邑]은 인구나 면적에 일정한 기준이 없이 지역 유력자의 이해관계나 중앙정부에 대한 충성도 등으로 결정되어 경계가 들쭉날쭉하고 크기도 제각각이었다. 이렇던 것을 일제시대에 강제로 통합·개편하여 현재의 시·군 등 기초 단위 행정 구역이 정해진 것이다. 행정구역 변경은 혁명 시기가 아니면 시행하기 어려운 정책이었으므로 조선이 독자적으로 합리적인 행정 단위를 통폐합한다는 것은 거의 불가능했을 것이다. 그 한 예로 경북 영주시의 경우를 보면, 조선시대의 순흥

도호부·풍기군·영천군의 세 고을을 합쳐 오늘의 영주시 한 행정구역으로 만들어졌다. 그리고 근대 시민권의 기초인 사유권 개념·등기제도·재산권의 확립 등도 식민지 시대에 도입된 것들이다.

또 토지조사 사업을 하면서 한국인의 토지를 마구 빼앗아 갔다는 것도 과장된 것이다. 한국 토지 수탈의 주범으로 알려진 동양척식회사에 귀속된 토지는 역둔토 등 국가 소유의 농토였지 개인 소유의 토지가 아니었다. 일제는 조선을 자국 영토의 일환으로 영구 지배를 획책했기 때문에 철로와 도로 등 국가 인프라 시설의 확충에도 열성이어서 해방될 때까지 아시아에서 철로와 도로망의 밀도가 일본 다음으로 높은 곳이 한반도였다.

임진왜란 이후 식민지배까지 우리는 일본에 당하기만 했기 때문에 우리의 불운을 일제의 식민 지배 탓으로만 돌려, 일본을 객관적 대상으로 바라보지 못하고 거의 생리화된 주관적 증오심을 가지고 바라본 면이 없지 않다. 일본이 6. 25의 전쟁 특수로 부흥했듯이 우리의 산업화도 선진화된 이웃 일본의 도움으로 순조롭게 추진될 수 있었다. 만약 일본이 가까이 있지 않았다면 산업화 과정에 난관이 많았을 것이다. 첫째, 서양의 과학이나 학술 용어는 일본이 가장 먼저 한자 용어로 번역하여 사용했기 때문에 우리와 중국은 서양 문물을 받아들이는 데 많은 덕을 보았고 혼란이 없었다. 둘째, 한·일 국교 정상화 이후 일본 자본 도입과 기술 전수로 많은 도움을 받았다. 셋째, 일본이 망하면서 두고 간 막대한 공사(公私) 재산은 신생 대한민국에 큰 재원이 되었다.

미군정은 일본의 공사 재산을 압수하여 관리하다가 대한민국 정부가 수립되자 한국에 넘겨주었는데, 남한의 경우 23억 달러에 달하는 거액이었다. 이들 중 공공재는 국영으로 하고, 나머지는 연고권자에게 헐값에 불하되었는데, 대기업들이 대부분 이를 기반으로 사업을 일으켰다. 현재의 두산·한화·동양시멘트·LG·한진·SK그룹·벽산·동국제강 등 대기업은 물론, 미도파·신세계 백화점, 대한조선공사·한국주택공사·한국전력·대한통운 등의 기간 사업과 각종 보험 회사·은행 등 일일이 열거할 수조차 없다. 당시 한국인의 대기업으로는 호남 지주였던 김성수·김연수 집안의 경성방직과 삼양사, 박흥식의 화신상회 등이 고작이었고, 대부분 '○○상회'라고 하는 구멍가게 수준을 넘지 못하였다.

일본은 2~3백 년 전부터 서양 문물을 섭취한데다가 그들 특유의 장인 정신이 결합되어 2019년까지 물리학 등 과학 분야에서만 24명의 노벨상 수상자를 배출하였다. 이 저력으로 특히 소재 산업의 강국이 되었고, 이를 활용하여 한국은 산업화 과정에서 많은 덕을 보았으며, 현재도 우리 산업이 필요로 하는 상당 부분 소재가 일본산이다. 대표적인 삼성전자도 세계적 기업이 된 것은 일본에서 처음 기술을 도입하여 최고 양질의 일본 소재를 가져다 최고 수준의 반도체와 스마트폰을 만든 결과이다.

1919년 대법원의 강제징용 보상금 판결 문제로 촉발된 한·일 간 경제 협조가 심각한 위기에 이르러 일본이 중요 소재를 공급하지 않아 한국에서는 제품을 생산할 수 없었다. 이에 대해 당시 중기부 장관은, "중소기업이 기술을 개발해도 대기업들이 그 제품을 사 주지 않고 수입하는 쪽을 택해 이런 문제가 발생했다."고 했다. 그러나 이러한 말은 글로벌 분업 체계를 이해하지 못하는 무식의 고백이기도 하다. 모든 글로벌 기업들이 전 세계를 상대로 최적의 품질과 성능인 소재와 부품을 가져다 최고의 상품을 생산하는데 이것이 바로 국제 분업이다. 서로 비교 우위의 품목을 생산·교환함으로써 생산성을 극대화하는 시스템이다. 소재 생산에서 완제품까지 모든 공정을 다 갖춘 기업이나 나라는 없다.

국제 관계에서는 영원한 적도 우방도 없다. 지난 수백 년 동안 견원 간이 던 독일과 프랑스는 화해했고, 백 수십 년 간 독일과 러시아의 분할 지배를 받은 폴란드는 구원(舊怨)을 씻고 세 나라가 함께 유럽 연합 회원국으로서 한 국가처럼 지낸다. 혹자는 독일은 철저한 반성을 한 반면, 일본은 반성을 하지 않았다고 하는데, 독일이 2차 대전 때 유대인에게 저지른 죄업과 일본이 우리 민족에게 저지른 죄과는 분명 차등이 있다. 우리나라의 반일주의자들은 "일본은 사과하지 않았다."며 계속 반일 감정을 부추기지만, 그 또한 사실이 아니다. 독일만큼은 안 했지만 일본의 정치인들도 여러 차례 사과를 했다.

1995년 무라야마 도미이치(村山富市) 수상은 담화에서 "식민지 지배와 침략으로 다대한 손해와 고통을 주었던 것에 통절하게 반성한다." 했고, 다수의 일본 지식인들이 이에 공감을 표시했다. 2015년 8월 12일 서울 서대문형무소를 찾은 하토야마 유키오(鳩山由紀夫) 전 총리는 한 시간 가까이 머물며 신발을 벗고 큰절을 올리며 11차례 고개를 숙였다. 그는 "사과는 피해자가 그만 됐다고 할 때까지 해야 한다."라고까지 말했다. 과거 식민 지배란 과오 때문에 일본의 양식 있는 지식인들은 한국에 대해 부채의식을 가지고 있었고, 우리는 상대적으로 도덕적 우위에 있었다. 그러나 일본의 모든 행위를 과거 식민 지배와 연결 지워 시도 때도 없이 문제 삼게된다면 이 도덕적 우위마저 상실하게 될 것이다.

예를 들어 일본의 개헌 문제가 나오면 한국 언론들은 비판 기사를 쏟아내는데, 헌법 개정은 자국 국민들의 의사로 결정할 문제이지 제3국이 왈가왈부할 것이 아니다. 우리 국민들은 과거 일본의 호전성을 문제 삼으나 시대 상황과 우리의 국력이 과거와는 다르다. 우리가 국력을 길러 그러한 역사를 되풀이하지 않도록 노력하는 것이 중요하지 일본 국민들의 의사 결정에까지 시비를 거는 것은 외교 관례에도 어긋나는 행태이다.

그리고 욱일기를 단 일본 군함이 한반도에 입항만 하면 한국 언론들이 큰 뉴스거리로 여기고 정치권에서는 이를 정쟁의 호재로 삼는데, 욱일기는 일본의 군기로서 2차 대전 때 연합군과 싸우면서 욱일승천의 기세로 승리하겠다는 의미로 일장기에 햇살을 그려 넣은 것이다. 따라서 한반도의 우리 국민들보다는 전쟁터에서 욱일기와 싸우며 한이 맺힌 나라는 미국과 중화민국[현재의 타이완]이었으나 이들은 지금 와서 이런 문제를 따지지 않는다.

또 일본 수상이 야스쿠니 신사를 참배하면 한국 언론에서 대서특필하고 외교부에서는 유감을 표시하는데, 이것은 상식에 맞지 않는 월권이다. 야스쿠니 신사는 역대 일본을 위해 죽은 사람들의 위패를 안치한 곳으로 우리나라 현충원과 같은 곳이다. 수상이 자기 나라 국립묘지에 참배하는 것을 제3국이 왜 시비를 거는가? 이유는 2차 대전 전범의 위폐가 봉안되었다는 것이나 야스쿠니 신사는 일단 입사(入祀)된 신위는 옮길 수 없다는 원칙이니 우리가 전범의 위폐를 옮기라고 할 수도 없다.

독도 문제만 해도 그렇다. 독도는 역사적으로 울릉도에 소속된 우리 영토로서 도쿠가와 막부가 이를 확인해준 기록도 있다. 그런데 일제는 1905년 을사조약을 맺어 한국을 침탈하는 과정에서 강제로 우리 외교권을 박탈한 뒤, 독도를 시마네 현[島根縣]에 소속시켜 저희들 영토로 만들었으니, 한국으로서는 자존심이 걸린 역사 문제이다. 일본은 대국 중 육지 대비 가장 넓은 해양을 점유한 나라이니 독도는 저들에게는 대수롭지 않은 것이나 포기하기에는 아까운 일종의 계륵과 같은 존재인데, 자국 영토라고 고집하는 이유는 저들도 표를 의식한 정치적인 문제 때문이다. 그러나 독도를 우리가 실질적으로 지배하고 있는 현 상황에서 일본도 어쩌지 못한다. 따라서 조용히 지키고 있으면 될 것을, 정치인들이 정략적인 의도에서 반일 감정을 촉발시키려고 독도를 방문한다, 독도 방어 훈련을 한다. 등등의 의도적 행동을 함으로써 일본을 자극해 최근에는 일본 교과서에까지 등재함으로써 다음 세대에까지 양국 관계를 부정적으로 교육하고 있다.

또 근래에는 후쿠시마 원전의 오염수 방류 문제로 시끄러웠는데, 이것도 우리가 옆에 있어 직접 피해를 본다고 야단들이나 세계 공인 기구인 IAEA의 관리·감독 하에 방류가 진행되고, 오염수의 직접적인 일차 피해자는 일본 국민이 될 터인데, 자기네 국민에게 피해가 가는데도 이를 방류하지 않을 수 없는 불가피한 문제를, 이웃나라인 우리가 결사반대하는 것은 과민반응이다. 실제로 후쿠시마 바다에 오염수를 방류할 경우 그 오염수는 구로시오(黑潮) 해류를 따라 북태평양을 건너 캐나다·켈리포니아 해안을 지나 적도를 따라 다시 태평양을 건너 동지나해를 거쳐 북상하여 다시 일본 앞바다로 흐르고 그 지류 일부가 우리나라 해역에 닿게 될 것이니 4~5년 동안 광대한 태평양 바다를 지나면서 희석된 오염도가 과연 얼마나 위험할 것인가. 일본 해역에서 잡히는 수산물 수입은 과학적 검증을 하고 그 결과 위험하다면 우리가 수입하지 않으면 된다.

이제 우리는 21세기 지구촌 무한 경쟁시대의 틀 속에서 한·일 관계를 생각하지 않으면 안 된다. 과거에만 얽매여서는 한 발자국도 나아갈 수 없다. 현재는 과거의 산물이고, 미래는 현재의 연장이기 때문에 "역사를 잊으면 오늘의 나를 모르고, 역사에 묶이면 내일을 잃는다."는 경구를 교훈 삼아 과거를 잊지 않되 미래를 여는 슬기가 요구된다.

친일 잔재(親日殘滓) 청산

20세기 말까지만 해도 이른바 먹물이 들었다는 한국의 식자층들은, "이 승만 대통령이 해방 후 친일파를 척결하지 않아 대한민국에 정의가 말살 되었다."는 말을 입에 달고 살았다. 즉, 북한은 식민지 청산을 아주 잘 했는데 남한은 그렇지 못해서 정통성에 문제가 있다는 것이다. 그러나 이는 지극히 피상적인 평가로 사실과 다른 면이 있을 뿐만 아니라 어찌 보면 그 반대이다. 남한은 일제가 태평양전쟁 시기에 구축한 전시 경제 체제[計劃經濟]를 허물고 자유시장 경제 체제를 건설한 반면, 북한은 전시 경제 체제를 계승하여 사회주의 경제 체제를 건설했고, 급기야 김일성 수령 체제를 만들었으니 북한이야말로 일제 잔재 척결은 고사하고 일본의 전시 경제 체제와 천황 체제를 충실히 계승한 것이라 하겠다.

북한이 식민지 청산을 잘 했다는 말은, 북한 정권이 토지 개혁을 하면서 친일파와 부호들의 토지를 빼앗고 이리저리 이주시키자 피해를 입은 사람들은 공산주의가 싫어 대부분 월남하니 북한에는 친일파가 저절로 정리되어 척결할 친일파가 없었다. 그러나 수력 발전소나 중화학 공장의 핵심 기술자들은 친일파는 물론, 일본인들까지도 강제로 억류하여 근무케 했는데 그 수가 2,158명이나 되었다고 기록은 전한다. 기타 자신들에게 우호적인 친일 인사는 포용하여 활용하였고, 북한에서는 친일파 척결 관련법도 제정하지 않았다. 반면, 남한에서는 반민족자처벌 특별법을 만들어 느슨하게 친일파를 척결하려다 그것마저 흐지부지 되었는데, 사실 이 문제는 철저하게 처리할 수도 없는 문제였다. 이 특별법은 소급법이고 단심제였기 때문에, 처음부터 자유민주주의 법치국가의 기본권 정신에 위배되는 것이었다.

문재인 정권은 '친일잔재 척결'을 구호로 내걸고 세몰이를 했다. 그렇다면 이른바 '친일잔재'란 구체적으로 어떤 것인가? 친일파가 아직까지 살아 있을 리는 없고, 《친일인명사전》에 수록된 친일파 자손을 처벌하자는 것인지, 일본식 용어를 우리말에서 제거하자는 것인지, 일본식 여자 이름인 춘자(春子)·영자(英子)·순자(順子) 등 자자(子字)가 들어간 이름을 바꾸자는 것인지 갈피를 잡을 수 없으나, 아마도 '반민족적인 것' '친일적인 것' '순결한 민족을 오염시킨 무언가 더럽고 지저분한 것'을 깨끗이 청소하고 씻어내면 우리 민족은 다시 순결해진다는 환상을 가지고 있는 듯하다.

대한민국은 35년간의 식민지 시대에서 물려받은 인적·제도적 유산으로 이룩한 나라이다. 해방 직후의 극렬한 반일 감정 덕분에 문자·언어상에서의 노골적인 일본식 상투어는 많이 제거되었지만, 우리의 언어·관습·기록 등 각 분야에 걸쳐 일제 문화가 스며들지 않은 곳이 없다. 따라서 친일 잔재를 청산한다는 말은 한국의 국가와 사회 몸체를 청산한다는 것을 뜻한다. 그러므로 친일 잔재 청산이란 관념이나 환상 속에서만 가능하지, 실제로 하려고 하면 일제와의 상호 작용 속에서 형성된 자기 자신을 없애는 것 외에는 방법이 없다. 그런데 해방된 지 두 세대도 더 지난 지금 와서 척결을 한다니, 무엇을 어떻게 척결하자는 것인지, 이는 필요하지도, 가능하지도 않은 것으로 분란만 가중시킬 뿐이다.

유사한 일은 2차 대전에서 독일 패망 후의 프랑스에서도 있었다. 프랑스에서는 2차 대전 중 수년 동안의 독일 부역자들 처리로 노벨 문학 수상자들인 까뮈(A. Camus)와 모리악(F. Mauriac)이 심하게 대립했는데, 까뮈는 결국 뒷날, "관용으로 화합을 주장한 모리악이 옳았다."고 승복했다. 짧은 기간에 있었던 문제를 사건 직후에 처리하는 것도 이러했거든 하물며 35년 계속된 문제를 70년이 지난 뒤에 척결하겠다니 이게 가능이나 한 일인가?

일제 35년 동안 수천만 명의 조선인들이 식민지에서 태어나 일본제국의 '신민'으로 살았다. 이 기간은 한 세대에 해당한다. 모든 인간의 삶은 그때나 지금이나 별로 다를 것이 없었다. 좀 더 나은 환경, 좀 더 좋은 삶의 여건 등을 향해 움직이고, 그 욕망으로 역사를 만든다. 일제하에서 민족 독립운동에 직접 종사한 사람은 의지가 남다른 극소수였다. 우리가 독립 유공자를 기리는 것도 어려운 여건에서 자신과 가족을 희생하면서 독립운동에 헌신한 공로를 잊을 수 없기 때문이다. 그러나 대다수의 사람들은 인간의 본능에 따라 자기가 처한 사회에서 좀 더 나은 삶을 추구했던 것이다. 이 본능을 따르다 보니 친일도 하게 되었다. 당시 국내에서 친일을 하지 않고 사회활동을 하기는 불가능했다.

대표적인 사례로 조선어학회를 보자. 우리는 일제 말기 조선어 말살 정책에 항거한 1942년의 '조선어학회 사건'에 대한 기억으로 조선어학회를 항일의 상징으로 생각하는데 이는 조선어 말살 정책이 본격화된 일제말기의 이야기이고, 1933년에 만든 '한글맞춤법 통일안'에 근거한 한글을 보급하는 과정에서는 조선총독부의 도움을 많이 받았다. 이제까지의 한글 표기는 '대한성서공회'에서 발간한, 이른바 '소리 나는 대로 읽고 쓰는 한글' 즉 '성경식 한글'이 지배하고 있었다. 이들의 반발로 한글의 구성 원리에 따라 표기한, 한글학자들이 만든, '한글맞춤법 통일안 한글표기법'은 보급할 길이 없었는데, 총독부의 지원을 받고, 일부 신문들이 이에 호응함으로써 오늘날의 한글이 대중에게 보급·정착된 것이다. 만약 한글학회가 반일만 했다면 총독부의 협조로 한글 보급이 가능했겠는가?

중국에서 돌아온 임시정부 내무장관 신익희가 총독부 조선인 관료들을 불러 모아 행정연구회를 만들고 그가 행한 연설을 보면, "왜놈 잡이 하겠다고 천방지축 돌아다닌 사람들, 그러니까 나부터도 행정에 대한 능력이나 수완이라고는 터럭 끝만치도 없는 게 사실입니다. 비록 여러 분은 일제의 폭정 아래서 자신의 명맥과 가족의 안위를 위해 조금 친절을 왜인에게 표시했다 하더라도 해방된 조국에 헌신·노력하여 건국의 기초와 공로를 세움으로써……."라고 했는데, 지금 다시 읽어도 친일파 시비를 앞세워 대한민국을 비판하는 이들을 꾸짖는 준엄한 사자후가 아닐 수 없다.

이상과 같은 신익희의 연설을 들은 이른바 골수 친일파들은 그 말에 이끌려 용기를 얻고 국가 건설에 동참했다. 행정연구회 회원이라면 친일파의 전형이라 할 수 있는데, 이런 사람들이 중심이 되어 대한민국이란 나라가 만들어졌고, 국가 조직이 굴러갈 수 있었다. 친일 청산이란 단 하나의 잣대로 재단하면 대한민국 헌법도 청산 대상이다. 우리 헌법 초안은 조선총독부 친일 관료 출신 인사들로 이루어진 행정연구회와 친일인명사전에 올라 있는 전 고려대 총장 유진오 박사의 작품이기 때문이다. 애국가도 친일인명사전에 들어 있는 안익태가 작곡했으니 바꾸어야 한다고 선동하는 얼빠진 사람들이 있다.

지난날에도 친일 잔재 척결 문제로 불필요한 에너지를 많이 낭비했다. 1996년 3월에는 '국민학교'의 '국민(國民)'이란 용어가 '황국신민(皇國臣民)'의 약자에서 따온 것이라 하여 '초등학교'로 개칭하느라 불필요한 시간 낭비와 행정 소모비용이 수십억이나 들었는데, 국민이란 더없이 좋은 용어를, '대한민국 국민'의 '국민'으로 해석해서 안 될 것이 무엇인가? 또 하나의 웃지 못 할 희극은 2000년대 초, 남북의 역사학자들이 모여 한국의 영문 이니셜 K를 C로 바꾸어야 한다고 결의했다. 원래 Corea였는데, 일본 제국주의자들이 J(Japan)보다 뒤로 가도록 K로 바꾸었으니 바로잡아야 한다는 것이었다. 이런 식으로 친일 잔재를 인위적·자의적으로 만들어 낸다면 한도 끝도 없는 도로(徒勞)이며 낭비일 뿐이다.

독립 유공자들은 국가에서 포상을 하기 때문에 드러났지만, 친일파의 후손들은 모두 쉬쉬하므로 후손인 자신들도 선대의 친일 행위를 모르는 경우가 많다. 노무현 정부 시절 국무총리를 지낸 모 인사는 아버지가 일제 시대에 충청남도 청양군의 면장을 지냈으니 친일파였고, 문재인의 부친은 흥남시 농업계장을 했으니 친일파였다는 비판이 있자 모두 일제시대가 아니고 해방 후였다고 해명을 했다. 일제시대냐 해방 후였느냐는 문제가 중요한 것이 아니다. 해방이 된 뒤 면장 직위가 하늘에서 떨어진 것이 아니라 면서기 중에서 선발되는 것이므로 연령이나 경력 등이 부족하여 일제시대에는 면장이 되지 못하고 해방 후에 되었을 뿐이며, 흥남시 농업계장도 마찬가지다. 여기에서 재임 시기가 해방 전이냐 후냐를 따질 것이 없다. 일제시대에 호구지책으로, 또는 누구나 부러워하는 관리가 되고 싶어서, 유력자의 추천을 받아 면서기·군서기가 되었다가 해방 후에 면장과 계장으로 승진했을 뿐이다. 따라서 친일파 논란은 이와 같이 무의미하고 부질없는 짓이다.

부산일보를 창간한 부산의 대표적 친일 자산가로 자유당 시절까지 승승장구한 김지태가 부일장학금을 설립하여 부산 지역 청소년들이 많은 혜택을 입었는데 노무현도 그 수혜자 중 한 사람이었다. 훗날 김지태의 후손이 재산 문제로 소송을 할 때 노무현 변호사에게 변호를 의뢰했고, 노무현의 친구인 문재인이 그쪽 변호사로 선임되어 결국 승소하여 성공 보수를 받았다고 한다. 반대 정파에서 이 사실을 거론하자 문재인은 "성공 보수로 받은 돈은 공익 재단에 기부했다."고 해명했다. 기부 영수증을 공개하지 않는 이상, 기부가 사실인지 또 그 일부 얼마를 기부했는지는 모르겠으나 노무현이 부일장학금 수혜자이고, 문재인은 그 친구이니 친구의 부탁으로 사건을 수임했고, 또 승소하여 성공 보수를 받은 것은 인간 관계상 나무랄 데 없는 지극히 정상적인 행위인 것이다. 문재인은 그 비판에 대해, '성공 보수를 공익재단에 기부한 것'으로 자신의 행위를 정당화시켰다. 문재인이 애당초 친일파의 소송 대리인이 된 것은 인간관계에 의한 것이지 성공 보수금을 공익 재단에 기부할 목적으로 사건을 수임한 것은 아니었을 것이다. 변호사는 살인자의 변호도 맡는데 누구든 친일파 후손의 변호를 못 맡을 이유가 없다. 문제는 '친일파 척결'을 구호로 외치면서 말과 행동을 달리했다는 이중성이고, 친일파 척결이란 것이 그만큼 어려운 문제라는 것을 말해 주는 사례라 하겠다. 그런데 2009년도에 출간된《친일인명사전》에는 동양척식회사 출신이며 그 배경으로 부를 축적한 김지태의 이름은 빠졌다.

결론적으로 다시 한 번 말한다면, 과거사 청산이나 일제잔재 척결 구호는 실현 가능성이나 실효성도 없을 뿐만 아니라 선진화된 한국 사회에 도움이 되지 않고 오히려 치유하기 힘든 분열과 대립의 상처만 남기게 된다. 지금처럼 70여년이 지난 문제를 가지고 친일과 항일로 편 가르기를 하는 것 자체가 국가의 미래와 사회의 발전을 위해 아무 도움도 되지 못한다.

언필칭 '포용 국가'이고 '국민의 나라'이며, '사람이 먼저'라 하지 않았던가. 하지만 정작 현실은 정반대다. '평등·공정·정의'를 입에 달고 살면서 자신만이 진리인 위선적 권력일수록, 또한 자신만 정의로운 체하는 오만한 권력일수록, 포용이 아니라 국민을 분열시키는데, 이들은 정파와 이념의 노예가 되었기 때문이다.

그러면 문재인 정권은 왜 '친일잔재 척결'·'반일 문제' 등을 유별나게 강조한 것일까? 그것이 그들의 정파 이익에 도움이 되는 정치 구호였기 때문이다. 사실 이 문제에 공개적으로 반론을 제기하면 한국에서 설 자리가 없어진다. 때문에 문재인 정권은 이로 인해 안보·외교·경제 문제에까지 심대한 부정적인 영향을 미치는 데도 전혀 괘념치 않았다. 지소미아[韓日情報保護協定] 파기를 시도한 것도 같은 이유이다.

문재인 정권에 들어와 선인(先人)들의 지혜를 모아서 해결해 놓은 많은 문제들이 다시 논란이 되어 한·일 외교에 부정적으로 작용했다. 노무현 정부에서 징용 문제는 청구권 협정에 포함됐다고 결론을 냈다. 그것이 문재인 정권에서 다시 무효화됐다. 2015년 정말 어렵게 위안부 문제에 합의했다. 물론 여기에 당사자들에 대한 설득이 미흡하다는 불만이 있지만 이것 역시 무효화됐다. 당시 일본에도 위안부 합의를 위험하다고 반대하는 사람들이 있었지만 아슬아슬하게 타결한 문제이다.

종군 위안부의 구성원에 대해, 일본은 돈을 벌기 위한 접대부들이라는 것이고, 한국의 입장은 대부분 강제로 끌려간 소녀들이라는 데서 합의점을 찾기 어려웠던 것이다. 위안부들의 증언은 한결같이 강제로 끌려갔다지만, 연구에 의하면 그 숫자는 그리 많지 않았다는 것이다. 이상과 같이 온갖 난관을 극복하고 어렵게 합의를 본 문제들이 판도라 상자처럼 다시 열린 것이다. 행정부는 국가의 안전보장 문제와 외교 관계에 위험 가능성이 있을 때는 이를 사법부에 요청할 수 있는 권한을 가지고 있는데, 전 정권에서 사법부 판결이 외교 문제로 비화되는 것을 막으려다가 '사법농단'이란 적폐로 몰렸다.

7.3. 문재인 정권의 교훈

앞에서 문재인 정권 5년간의 정치를 대강 살펴보았다. 문재인은 전임 박근혜와 같이 대통령을 하지 말았어야 할 사람이었다. 첫째 노무현 대통령 재임 시에 스스로 '정치에 맞지 않는 사람'이라고 자평(自評)했다고 하니, 본인의 능력이나 적성을 자기 자신보다 더 잘 알 수 있는 사람은 아무도 없다. 스스로 정치인의 자질이 부족하고 적성에 맞지 않는 걸 알았다면 아무리 주변에서 권유하더라도 대통령 후보로 나서지 말았어야 했다. 4.3사건 희생자들에게, "좋은 세상을 만들려다 희생된 사람들"이라는 말로 헌사한 것을 보면, 문재인은 대한민국 국민으로서 역사의식이 없는 사람이다. 비록 무고하게 희생된 이들이 있다고 하더라도 대한민국을 전복시키려던 세력에 의해 발생한 4.3사건 희생자들에게 어떻게 그런 말을 할 수 있는가. 그리고 세월호 희생자들 방명록에 '고맙다.'라고 썼는데, 세월호 침몰이 자신에게 대통령이란 자리를 가져다주어 더없이 고마웠을지라도 젊은 죽음의 영령들 앞에서 어찌 '고맙다.'는 속마음을 드러낼 수 있는가? 이를 보면, 문재인은 기본 역사의식이나 최소한의 예의염치도 없는 기본이 안 된 사람이다.

부족한 자질로 어쩌다 대통령이 되었으면 심기일전하여 인간 누구에게나 있는 상식과 양심을 지키면서 대통령 직을 수행했더라면 국가를 이렇게 후진시키지는 않았을 것이다. 떠밀려 올라간 자리에서 자기 생각 없이 좌파 운동권들의 달콤하고 그럴듯한 소리에 휘둘려 대북·대중 정책 등에만 매달리다가 한국의 안보를 위태롭게 하고 결과적으로 상대로부터 멸시만 당했다. 그리고 국내정치는 표만 의식하여 소득주도 성장 등 포퓰리즘에 올인하다 보니, 5년 임기 중에 국가 부채가 400조원 이상 늘어나 공공기관의 부채를 제외한 순 국가 부채만 천문학적 숫자인 1,000조원이 넘어 그간 신인도가 높던 한국의 위상이 흔들리고 있다. 감사원 감사 결과에 의하면, 통계 숫자를 조작하여 국가 부채를 조정했다고 하니, 당시 경제의 실상은 어떠했고 실제 국가 부채는 얼마나 늘어난 것인가? 국가 부채 급증에는 코로나 영향도 있었지만, 인기를 얻기 위한 방만한 국가 경영과 이를 호도하기 위한 통계 조작으로 한국 경제는 회복할 수 없는 나락에 빠져 그 후유증은 윤석열 정권까지 계속되었다. 대표적인 것이 국민이 낸 세금을 제 호주머니 돈인양 우호 세력들에 마구 뿌리고 취업률을 높이려고 임시 일자리를 만든 결과 국가 재정을 병들게 하고 미래 세대에게 빚더미를 안겼다. 때문에 그 여파는 수년 동안 한국 경제에 어두운 그림자를 드리우고 있다.

문재인은, 2018년 평양에서 열린 남북 정상회담 때, 북한 발전상을 높이 평가하여 "김정은 위원장과 북녘 동포들이 어떤 나라를 만들어 나가고자 하는지 가슴 뜨겁게 보았다. 어려운 시절에도 민족의 자존심을 지키며 끝끝내 스스로 일어서고자 하는 불굴의 용기를 보았다."고 연설했는데, 비록 상대의 환심을 사기 위한 아첨의 말이기는 하지만, 상대방의 환심을 사기 위해 말과 얼굴색을 꾸미는 행태는 공자도 경계하였다.[巧言令色 鮮矣仁]"

세습 독재체제를 유지하기 위해 2천 5백만 동포를 질곡 속에 가둬놓고, 고난의 행군 시기에는 주민 300만을 굶어죽게 한 사실은 온 세상이 다 아는데, 이런 독재자 앞에서 대한민국 대통령이 공언할 말인가. 또 "민족의 자존심을 지켰다."며 추켜세웠으니, 이는 저들의 "남한은 미국의 식민지"라는 거짓구호를 대한민국 대통령이 확인해 준 꼴이니 이것은 인간의 보편적 가치관이나 역사의식이 있는 사람의 발언이 아니다.

그리고 퇴임 막바지에는 셀프 복지 예산을 대폭 증액하는 낯 뜨거운 짓거리도 거침없이 했고, 문재인 대통령 부부는 청와대를 떠나면서 관저의 집기와 가전제품은 물론 접시 수저 등 식기까지 다 가져갔다고 한다. 이러한 공사를 구분 못하는 행태는 퇴임 후에까지 계속되어 해마다 고가의 카렌다를 만들어 지지자들에게 팔아 수익을 올리고 있는데, 살림살이가 궁해서는 아닐 테고, 수익금을 '공익재단'에 기부하기 위해서인지 모르지만, 어떻든 체면이나 예의염치가 전혀 없는 짓거리다. 은퇴 후 자서전을 출판했는데, 자서전은 솔직해야 독자들의 공감을 얻을 수 있고, 외교란 격에 맞아야 하는데도 인도 지방 행사에 어울리지 않게 마누라를 보내놓고는 "한국 최초의 영부인 외교"로 미화함으로써 때늦은 갈등만 부추겼다. 이는 '영부인 외교'가 아니라, 막대한 예산을 불법 전용하여 관광 마니아인 마누라의 버킷리스트(bucket list, 평생 소원)인 인도 타지마할 관광을 시켜준 것이다.

문재인은 스스로 높은 윤리 의식을 지켰다고 자부했다. 임기 중엔 경제·안보·부동산 정책이 잘 되고 있다고 자화자찬하여 임기 말엔 "치적을 평가받아야 한다."고 했고, 퇴임 땐 "정직하고 단단하게 소신껏 일했다"고도 했다. 이에 측근들은 한술 더 떠, "국민들이 〈문재인에게〉 고맙다고 해야 한다."고 낯 뜨거운 소리까지 한다. 문재인은 재임 중에 큰 사욕을 부리지 않았는지 모르지만 5년간 나라 경제는 망가지고, 안보는 위태로워졌으며, 온갖 내로남불과 파렴치가 판을 쳤다. 취임 때 국민에게 약속한 30가지 중 제대로 지킨 것은 "한 번도 경험해 보지 못한 나라를 만든 것"뿐이었다. 지금 한국의 정치 상황은 이대로 가다가는 또 언제 나락으로 떨어질지 모를 위기에 처해 있다. 필자가 문재인의 실정을 재삼 거론하는 것은 적폐 청산을 하자는 것이 아니라 바로 직전의 일들이기 때문에 그 원인과 결과를 정확히 진단하여 한국 정치에서 이런 일이 더 이상 되풀이되지 않도록 교훈으로 삼자는 것이다.

재임 중 정책에 대해 나중에 법적 책임을 묻기 어렵다는 점을 악용해 일단 정권만 잡으면 국가 경륜이 없는 대통령들은 나라의 미래가 어떻게 되든 당장의 인기와 권력 강화, 주관적 이념의 구현을 위해 온갖 수단을 다 동원하려는 욕심에 휘말리기 쉽다. 5년 만에 국가 재정을 거덜 낸 문 정권이 대표적이다. 이제 그 실태를 정확히 조사해 역사 기록으로 남기고 후대에 가르치게 된다면, 역사의 법정에서 영원히 심판받는다는 교훈만으로도 후임 대통령들이 5년 임기 동안에 나라의 기틀을 깰 엄두를 내지 못하게 될 것이다. 그러나 문재인 정권을 단순히 비판하기만 하여 그 비판이 주관적 주장의 영역에만 머문다면 언젠가 다시 진보좌파가 등장하여 문재인 시대가 요순시대에 버금가게 도색될 것이다. 문재인 재임 기간인 2021년에 선진국이 되었으나 여기에 문재인이 기여한 공로는 숟가락 하나 얹은 것도 없고, 오직 천문학적인 400조라는 국가 부체만 늘려 미래 세대에게 빚만 떠 안겼을 뿐이다. 문재인은 박근혜를 적폐로 몰아세우고 대통령 자리를 꿰어 찼는데, 박근혜는 무능하기는 했으나 정직했다. 그러나 문재인은 유능하지도, 솔직하지도, 정직하지도 않았다.

　과거에, "보수는 썩어도 유능한 맛, 진보는 미숙해도 깨끗한 맛"이라는 말이 유행했었다. 인간은 이기적인 동물이니 어찌 보수는 태어날 때부터 탐욕스럽지만 유능하고, 진보라고 특별히 청렴하겠는가. 한국의 보수는 오래도록 집권하다보니 일처리에는 익숙하나 그 과정에서 부패하게 되었고, 진보는 집권을 못 해 능력을 기르거나 부패할 기회가 없었을 뿐인데, 진보가 보수를 공격하는 최선의 무기로 보수의 부패와 자신들의 청렴을 내세웠으므로 그런 말이 유행하게 되었다. 그러나 진보가 10여 년을 집권하면서 진보라고 자처하는 586 세력도 기득권층으로 굳어져 지금은 서로 뒤바뀌어 버린 것이다. 그리하여 이제는 자칭 진보라면서 "진보라고 꼭 청렴할 필요가 없다."는 말까지 하고 있다. '청렴'은 국가 공복의 제일의 덕목이므로 공인으로서는 이런 말을 공언해서는 안 된다.

　최근 문재인 정부 5년간 정부 부처는 물론이고 산하 기관과 조합, 사회단체 등에서 얼마나 많은 좌파 인사들이 국민 세금을 어떻게 누렸는지, 문화계·학계의 좌파 인사와 단체에 지원금이 어떻게 지급돼 좌파 생태계를 강화시켰는지, 태양광 사업은 어떻게 좌파 비즈니스의 숙주처럼 되었는지, 이른바 공영 언론들에서 어떤 완장질이 행해졌는지, 그 진상이 밝혀져야 한다. 진보 좌파는 문재인 정권의 민주당을 거치며 정치적 지지 기반에 특혜를 몰아주는 일까지 벌이며 악성 진화로 일관하였다. 한술 더 떠 민주화운동공로자에게 독립운동가에 맞먹는 대우를 하자는 관련법까지 만들 작정이다. 엄혹한 시대에서의 민주화운동은 대단한 용기였지만, 순수한 애국심에서 출발한 독립운동과는 근본적으로 다르다.

　오늘의 선진 대한민국이 되기까지에는, 대한민국의 건국과 산업화·민주화 성취 등에 수많은 국민들의 피땀이 스며있는 것이지 민주화 운동권들만의 전매특허가 아니다. 이제 와서 모든 국민들이, 한국을 선진국으로 만든 공로에 대한 지분을 찾겠다고 주장한다면 국가가 어떻게 되겠는가? 어렵게 성취한 선진 대한민국의 미래가 걱정이다. 민주화 운동권들은 돈을 벌어 본 경험은 없고, 그 동안 피땀 흘려 성취한 넉넉해진 국가 재정을 쓰는 데만 익숙한 사람들이라 걸핏하면 정부기구를 신설하려 하는 등 국가 예산을 쓰는 데 주저함이 없다. 공공기관이나 공무원 증원은 한 번 증설되면 세금 먹는 하마가 되어 폐지하거나 줄이기가 매우 어렵다. 2021년에 무리하게 설치한 공수처가 좋은 본보기이다.

인간은 대부분 앞에 나서기를 좋아하는 명예욕이 있는데, 민주화 운동을 한 사람들은 그러한 성향이 더욱 두드러져 차분하게 학문이나 연구를 할 성향이 아니어서 정치를 하지 않으면 십중팔구 브로크 등의 업무가 적성인데, 이들은 이미 진보 정권 하에서 충분한 보상을 받았다. 민주화 운동 출신들과 그 아류가 주축인 현재 민주당은 다수당이 된 기회를 틈타 체면 불구 자신들의 이해가 걸린 문제는 모두 입법이나 특검으로 해결하려 든다. 독립운동가의 아들이었던 필자의 한 친구는 아버지의 독립유공자 포상을 신청하려 하자 모친이, "나라를 찾기 위해 한 일이지 포상 받기 위해서 했느냐?"며 반대하여 중단했다가 모친 타계 후에 포상금을 신청해 받는 것을 보았다. 이런 것이 바로 예의염치이고 체면이다.

현재의 경제난도 전임 정부와 분리해서 볼 수 없다. 개방 경제 사회에서 국내 경제 정책은 정책은 수단이 제한돼 있다. 국회 다수 의석을 점하고 있는 민주당이 국가부채 이자율 등 복합적 경제 불안정기에 정책 수단은 나몰라라 하면서, 노동자 등의 환심을 사기 위해 퍼주기식 포퓰리즘 법안을 양산했는데 주도적인 역할을 한 책임소재는 밝혀져야 한다. 문 정권이 사회안전망을 구축한다며 돈 뿌리며 성장정책을 편 결과가 엄청난 국가부담으로 돌아왔다. 책임 전가 차원이 아니라 문제의 뿌리를 정확히 파악하기 위해서 그것을 객관적으로 분석해야 한다. 예를 들어 소득주도성장은 누가 어떻게 입안해서 실행됐는지, 경제적 평등도와 국가경쟁력에 어떤 영향을 미쳤는지, 객관적인 지표로 평가해야 한다. 최저임금 급속 인상 결정과정에 누가 입김을 넣었는지, 그 결과 자영업자들은 어떤 변화를 겪었는지, 최저임금 수혜자들의 일자리는 결과적으로 어떻게 변화했는지 등이 밝혀져야 한다.

임대차 3법에 대해, 윤희숙 의원은 "좌파이념에 치우친 법으로 전세시장을 교란시키면 아파트 전세 매물이 사라지고 의도하지 않은 부작용이 나타난다."고 분명히 경고했다. 그러나 이를 강행한 결과가 빌라 갭투자이고 대규모 전세사기라는 새로운 사회문제로 나타났다. 그런데 이 임대차 3법을 주도했던 민주당은 반성은커녕 부동산정책이 성공했다고 큰소리치면서 피해자들에게 국민 세금으로 보상해 주어야 한다고 했다. 2023년도 후반기에 와서는 자신들의 정책이 잘못 되었었다고 시인했으나 이미 엎질러진 물이었다. 외교·안보 분야는 더욱 심각하여 문재인 정권은 한·일 관계를 지속적으로 무너뜨렸다. 대북 관계에서 정의용은 국가안보실장 재직 시인 2018년 3월 평양을 다녀온 뒤 "김정은이 핵 포기 의사를 밝혔다."고 했는데, 그 이후의 결과는 반대였다. 정의용이 들은 말이 정확히 무엇인지 진실이 밝혀져야 한다.

그리고 원자력 발전 폐기로 원자력 생태계가 무너지고, 4대강 보를 허물면 농업용수 부족은 3척 동자라도 알 수 있는데 이런 터무니없는 일이 어떻게 발생했는지 국민들은 알 길이 없다. 이를 알아야 할 이유는 이런 어리석은 일을 되풀이하는 우를 범하지 않게 하기 위해서이다. 죽창가(竹槍歌)는 문재인 정권 친일 잔재 척결 구호의 저질적인 반일 레이스의 끝판 왕이라 할 만하다. 그들이 무모해서도 아니었고, 본질적으로 일본을 노리는 것도 아니다. 민족감정의 고리인 한·일 관계를 건드려 동북아 안보를 지탱하는 한·미·일 삼각 축을 흔들려는 것이다. 그들에게 반일은 반미의 소극적 표현이자 친북·친중의 적극적 표현이다. 그리하여 결국은 정파의 이익을 챙기자는 것이다.

제**8**장

한반도의 미래

1. 국민이 공감하는 현대사 정립

　역사를 편찬하는 목적은 선인들이 살아 온 자취를 정확히 기록하여 후대에 남김으로써 그것을 교훈삼아 보다 나은 미래를 살아가는 데 도움이 되고자 함이다. 그래서 동양에서는 역사서를, "시대를 관통해서 비춰주는 거울"이란 뜻에서 통감(通鑑)이라 부르며 중요시하였다. 역사가 후대의 거울이 되고 국민 의식을 통합하는 구심체 역할을 하려면, 사실에 입각한 기록이고 내용이 국민 대다수에게 공감을 주는 것이어야 한다. 그런데 지금 한국에는 저자와 판본이 다른 복수의 현대사가 진영 입장에 따라 적대적으로 기술하여 상대는 허구요 자신은 진실하다는 주장을 하고 있어 한국현대사가 국민 의식을 통합하기보다는 대립·분열시키기고 있다. 기왕의 공식적인 한국현대사에 대한 인식은, "고난과 역경을 딛고 건국하여 공산 침략으로부터 나라를 지켰고, 유례없는 경제성장으로 근대화를 이루어냈다."는 것이다. 이에 반해, 민주화운동권의 현대사는 건국과 산업화를 부정하여, "분단 획책 세력에 의해 한반도가 분단되었으며, 이승만의 독재, 4.19 민주혁명의 성과를 짓밟은 5.16 군부 쿠데타 세력의 권위주의 치하에서 숱한 고난을 겪으며 민주화를 이룩했다."며, 민주화 이전은 부정적으로 보고 민주화만이 긍정적인 현대사로 설명한다.

　이러한 상황이므로 우리에게는 국민 모두가 공감하는 대한민국사가 없다. 공유하는 대한민국사가 없으므로 청소년들의 애국심도 희박하다. 우리나라 국민들의 단결심과 애국심은 IMF사태 때의 금 모으기와 서산 바다에 유조선의 원유가 유출되어 해안을 뒤덮었을 때 전국에서 몰려든 자원봉사자들이 단기간에 해안을 정화시키는 것을 보고 세계인들이 한국인들의 애국심과 단결심에 감탄했다. 사회학자들은 이런 현상을, '나'라는 개인보다 '우리'라는 공동체를 중요시한다는 의미에서 '공동체중심주의'라고 부른다.

그런데 그 후 20여 년이 지난 현 대한민국의 상황은 이와 판이하다. 진정한 애국심은 국가가 전쟁에 돌입하여 존폐 위기에 처했을 때 발휘되는데, 한국이 외침을 받았을 때 젊은이들이 일치단결하여 적을 격퇴할 준비가 되어 있는지는 의문이다. 2011년 한국청소년미래리더연합이란 단체가 전국 400여 개 중·고등학생 2,500명을 상대로 설문조사를 한 적이 있다. "한국에서 전쟁이 난다면 어떻게 하겠는가?"라는 질문에, "참전한다."는 대답은 12%도 안 되는 296명이었고, "해외로 도피한다."는 대답이 892명이나 되었다. 그 외 "국내에 남는다."가 328명, "잘 모르겠다." 등이 496명으로 집계되었다고 한다. 전쟁이 나면 해외로 도피하겠다는 학생이, 죽음을 무릅쓰고 참전하여 국가를 지키겠다는 학생보다 세 배나 많은 것은 청소년들의 조국에 대한 애국심의 현주소를 말해 주는 것이다. 이렇게 된 배경은 건국과 산업화를 부정적으로 보는 한국현대사와 전교조가 중심이 된 이른바 진보좌파 성향의 교사들이, "대한민국의 역사는 정의가 패배하고 기회주의가 득세한 역사였다."라는 한국현대사 인식을 교조(敎條)로 삼아 학생들을 잘못 교육한 영향이 크다.

자료가 영성한 고대사에 있어서는 자료의 해석에 따라 학자들의 이설이 있을 수 있으나, 각종 자료가 홍수처럼 넘쳐나고, 지난 70여 년간의 성과가 눈앞에 펼쳐져 있으며, 직접 경험한 사람들이 아직 살아 있는데도 한국현대사의 기술이 어째서 이렇게 판이하게 되었을까? 이는 한 주제나 동일 사실에 대해서도 정파에 따라 자신들의 입지를 정당화하려고 해석을 달리하기 때문이다.

민족민주운동권 나름의 역사 인식이 확산된 것은 민주화운동의 고양기인 1980년대 중반의 5공 치하였다. 암울했던 군부 독재 시절, 반공 이데올로기에 식상(食傷)했던 운동권학생들은, 민심 회유책으로 느슨해진 자유 분위기를 틈타 출간된 좌파 이념서들을 탐독하면서 공산주의에 대한 호기심이 발동하였다. 그리고 "남의 밥에 콩은 더 굵어 보인다."는 속설대로 북한의 김일성 정권이 대한민국의 군부 파쇼보다 낫지 않겠느냐는 막연한 기대를 갖게 되었다. 그러다 1987년 6월의 6.29선언으로 집권 권위주의 세력과 민주화세력이 협상을 통해 세계사에 유래가 없는 평화적 민주화를 꽃피워 민주정권이 들어서게 되자 대다수 운동권은 기존 정치권에 흡수되어 일부는 집권세력과 보수 연합을 이루어 정권에 참여할 수 있었다. 이로써 반체제 운동권의 투쟁 목표는 사라졌고, 곧 이어 1990년대를 전후하여 동구 공산권과 소련이 붕괴되고 북한의 참상이 만천하에 알려지면서 운동권의 공산주의에 대한 막연했던 향수와 기대가 허물어져 이념상의 혼돈이 일어났다.

김영삼은 기존 집권 세력과의 차별화를 통해 자신들의 정당성을 강조하려는 의도에서 이른바 '역사 바로 세우기'란 구호를 내걸었고, 뒤를 이은 김대중은 '제2의 건국'을 외치며 이전 정권과의 차별화를 시도했다. 사실 그간 대한민국의 역사는 다소 굴곡은 있었지만 올바른 방향으로 발전해 왔다. 대한민국이 자유민주주의를 기본 이념으로 건국되고, 공산 침략을 막아낸 바탕 위에서 산업화에 성공하여 민주화를 성취했으니, 대한민국사는 김영삼의 구호처럼 바로 세워야 할 삐뚤어진 역사도 아니었고, 김대중의 주장대로 제2의 건국을 부르짖을 상황도 아니었다. 그럼에도 양김이 이런 구호를 내세운 것은, 전 정권을 폄훼함으로써 자신들의 존재감을 과시하기 위함이었지 기왕의 모든 것을 부정하려는 의도는 없었다. 무엇보다 양김의 태생이 보수 정당인 한민당에 뿌리를 두었다는 점이다. 김대중 정권에는 반체제 인사와 운동권 세력이 다수 참여하고 있었지만 이들 운동권 세력의 발언권은 아직 제도권 정치에서 미미했기 때문에 역사 논쟁은 더 이상 확산되지 않았다.

그러다 2003년 노무현이 대통령에 당선됨과 동시에 급진 정파인 민족민중 세력[NL派]이 대거 의회정치 공간에 진출하여 정권의 주류를 형성하자 상황이 달라졌다. 권력을 장악한 이들은 대다수 국민들의 기대와는 달리 집권 기간 내내 상대 당파나 기득권층, 기술 관료들과 소통하고 협조를 끌어내어 화합의 정치를 하려는 노력보다는 햇볕정책으로 대북관이 해이해진 틈을 타서 민족주의 이념을 내세우며 지난 대한민국 역사를 부정적으로 보게 되자 대립과 갈등이 증폭되었다. 때문에 노무현에 대한 탄핵 발의까지 나왔다.

이러한 배경 하에서 한국현대사에 대한 역사 논쟁은 본격화되어 집권층은 민주화 이전의 한국사를 전면적으로 부정했다. 따라서 건국의 주역인 이승만과 산업화를 성공시킨 박정희를 권위주의 독재자라며 폄훼했다. 즉 건국 이후 민주화 이전까지의 집권 세력들은 정통성을 갖지 못해 한국의 보수 세력에게는 역사적 정당성이 있을 수 없으며, 결과적으로 대한민국은 정통성이 없는 국가라는 것이다. 이들은 공산주의의 몰락과 독재에 신음하는 북한 주민의 참상을 목도했으면서도 기존 관념을 버리지 못한 것은, 일단 한번 입력된 인식을 바꾸기가 어려운데다 이제까지의 주장을 바꾸려니 자존심의 문제이기도 했고, 그리되면 자신들의 입지가 흔들리고 보수 공격의 구실이 사라지기 때문이었다.

일찍이 노무현이 3.1절 기념사에서, "대한민국의 역사는 정의가 패배하고 기회주의가 득세한 역사였다."로 갈파(喝破)했고, 훗날 또, "보수는 무조건 나쁜 것"으로 정의했는데, 이러한 단정이 진보 진영 한국현대사 인식의 교조(敎條)처럼 고착되었다. 이들의 논리에 의하면, "건국 과정은 흠이 없어야 하고, 정치는 처음부터 교과서적 민족적 민주정치였어야 하는데 그렇지 못했다."는 것이다. 그리고 이러한 한국현대사 인식은 전교조를 통해 자라나는 학생들에게 계속 주입되었다. 그 후 보수 정권이 들어섰으나 균형 있는 한국현대사를 학생들에게 보급할 기회가 없었다. 특히 박근혜 정부를 몰아낸 문재인 정권이 이전 정권을 적폐로 매도하게 되자 한국현대사 인식의 편향은 더욱 심화되었다. 전 세계 공산주의는 몰락하여 몇몇 변종 공산주의만이 명맥을 유지하고, 대한민국과 치열하게 경쟁하던 북한의 참상이 3만 4천여 명 탈북자들의 증언으로 한국 국민들에게 상식이 된 지금까지, 극도로 혼란스럽던 해방직후처럼 이렇게 좌경화된 역사 인식을 갖고 있다는 것은 시대착오적이며 아주 잘못된, 한국의 미래에도 바람직스럽지 않은 현상이다.

일반 국민들을 대상으로 지난 10명의 대통령[윤보선과 최규하는 제외]에 대한 여론조사에서는 언제나 박정희 대통령이 50% 이상의 지지를 받아 압도적인 1위이다. 대다수의 국민들은 박정희가 비록 쿠데타를 일으켰지만 산업화를 성공시킴으로써 국민들의 먹고 사는 문제를 해결하고 선진국 도약의 토대를 마련한 공로를 인정한 것이다. 그런데 5.16군사혁명 기념식에는 현역 국회의원을 거의 볼 수 없는데 반해, 5.18민주화운동 기념식에는 여야 국회의원들이 다투어 몰려가 얼굴을 내밀기에 바쁘다. 그리고 5.16을 공개적으로 칭찬하는 정치인은 여야를 불문하고 한 사람도 없다. 미래 학자 엘빈 토플러가, "민주화는 산업화 성공 이후에야 가능하다."고 지적했듯이 일차적 민생 문제인 의·식·주에 여유가 생기자 민주화 의식을 각성하기 시작했고, 급기야 부마사태·5.18광주민주화운동·6.10민주항쟁을 거쳐 6.29선언으로 한국의 민주주의가 꽃을 피운 것이다. 대한민국은 단기간에 산업화와 민주화를 차례로 성취한 유일한 국가이다.

산업화·민주화를 이룬 덕택에 2021년에는 선진국으로 공인 받게 되니 한국 국민들의 자긍심은 한껏 고양되었다. 그런데 일부 민주운동권 세력들은 선진국으로의 도약이 민주화의 결과라며 5.18민주화운동을 헌법 전문(前文)에 넣자고까지 한다. 헌법 전문은 그 동안 헌법이 바뀔 때마다 수난을 겪었는데, 헌법 전문이란 정파를 초월하여 역사의 획을 긋는 대표적 사실만을 기록하되, 국가의 정체성을 간결·명료하게 축약한 내용이라야지 정권이 바뀔 때마다 정파 입맛에 따라 지난 사실들을 잡다하게 이것저것 넣는 게 아니다. 따라서 그 수용에 대해서도 국민적 공감대가 형성된 뒤에 수록 여부를 심사숙고하여 결정하는 것이 헌법 전문의 취지에도 부합하고 권위도 서게 되는 것이다. 따라서 헌법 전문 개정은 섣부른 개정보다는 국론이 통일되기를 기다리는 것이 바람직하다.

어느 시기, 어떤 지도자건 빛과 그림자가 있게 마련이지만 한국현대사는 크게 보아 지난 70여 년 동안 긍정적인 방향으로 발전해 왔기 때문에 선진국이 된 것이다. 따라서 한국 현대사에서 어느 한 시기를 부정하면 현재의 선진 대한민국을 설명할 길이 없게 된다. 해방 이후의 남북 경쟁은 이미 결판이 났는데도 한국의 진보좌파들은, 북한은 친일파 척결을 잘 했는데 남한은 실패했다고도 하고, 또 한국의 정통성까지 부정하는데, 사실과도 배치된 이런 역사 인식을 고수하는 것은 한국 국민으로서 자신의 존립 근거를 부정하는 모순된 생각으로 가능하지도 않고 사실과도 다른 주장이다. 따라서 이러한 현대사 논쟁은 한국의 미래에 전혀 도움이 되지 않는 대한민국의 발전을 가로막는 장애일 뿐이다.

6.29선언으로 평화적인 민주화를 이룩한 화해정신을 바탕으로, 지금까지 대한민국이 이루어 놓은 실적이 어느 일방만의 노력에서가 아닌, 전 국민적 에너지가 결집한 결과물이라는 인식 하에, 상대를 배격할 것이 아니라 포용하는 자세로, 현세는 물론 미래에도 모든 국민이 공감할 수 있는 현대사를 정립해야 한다. 어느 개인이나 정권도 진선진미한 것만 있을 수 없고 공과가 있게 마련이다. 중국의 예를 보면, 마오쩌둥은 중국 공산정권을 수립한 일등공로자였지만, 종신 집권하면서 자신의 권위를 공고히 하기 위해 중국 혁명정신을 재건한다는 명분하에 대약진운동과 문화대혁명 동안 수 백, 수 천 만 명이 희생되었다. 특히 문화대혁명 과정에서 홍위병의 난동으로 벌어진, 중국의 전통문화 유적지와 유물, 그 중에서도 중국인들이 자랑하는 전통 가치인 유교 문화유산에 대한 파괴는 심각했다. 이렇게 역사의 흐름을 역류시키고 중국을 혼란상태로 몰아넣은 그 수뇌는 마오쩌둥이었지만, 지금까지 중국의 기본 화폐인 100위안 지폐에는 그의 얼굴이 들어 있고, 천안문에도 변함없이 그 초상이 걸려 있다.

2. 위기의 대한민국

2.1. 한국의 정치·사회적 위기

자유당 때 부흥부 장관을 역임하고 10.26 직전에 부총리로 있던 신현확의 회고담에 의하면, 1950년대 초, 미국을 방문했을 때 호텔에서 밖을 내다보니 무인 신문가판대에서 사람들이 돈을 수금함에 넣고 신문을 가져가는 것이 보였다. 너무 신기해서 저녁때까지 기다렸다가 수금하러 온 가판대 주인에게 물었다. "이렇게 해도 계산이 맞느냐?"고 하자, 주인은 "뭐 그런 것을 다 묻느냐?"는 표정이었다. 이를 보고, "아! 지상천국이 따로 없구나. 미국이야말로 지상천국이다."라며 감탄했다고 한다. 그 즈음 미국에 유학했던 이원순 전 국사편찬위원장도 저녁에 대학 교정 잔디밭에서 놀다가 가방을 그냥 두고 들어가 잤는데, 이튿날 아침에 교정에 나가 보니 가방은 물론 내용물이 그대로 있더라는 말을 했다.

적어도 1950년대의 미국은, 아직 흑인에 대한 인종차별은 있었다고 하더라도 한 마디로 '지상천국' 그 자체였다. 그러나 불과 70여 년이 지난 현재의 미국은 밤에 여자 홀로 외출할 수도 없고, 거리에서 소지품을 날치기 당하기 일쑤이며, 거리나 학교 등 공공장소에서 시도 때도 없이 총기 난사 사건이 빈발하는 나라가 되었다. 이렇게 된 배경에는 여러 가지 원인이 있겠지만, 가장 큰 원인은 경제가 풍요로워지자 미국 건국 당시의 가치관이었던 청교도주의(Puritanism)의 도덕관이 많이 쇠퇴해진데다 2차 대전 후 '아메리칸 드림'을 꿈꾸며 세계 각지에서 다민족이 몰려들어 국민 구성이 복잡해진 때문이다.

한국은 2021년에 선진국으로 공인 받았다. 소득도 증가하고 문화 수준도 향상되어 한국을 찾는 외국인들은 한국의 발전상과 모범적인 시민의식에 한결같이 칭탄을 금치 못한다. 대중교통 이용 중 분실했던 지갑이 고스란히 주인에게 되돌아오거나, 사람들이 많이 모인 장소에서 개인 소지품을 놓아두고 볼일을 보느라 돌아다녀도 그대로 있는 것을 보고 외국인들은 감탄한다. 이러한 한국의 안전한 치안 상태, 편리한 대중교통, 속도 빠른 인터넷과 무선 통신, 뛰어난 시민의식과 공중도덕, 세계인이 부러워하는 의료제도, 타인을 배려하는 정(情) 문화, 전통과 현대가 공존하는 서울의 관광 명소 등등 외국인들은 칭찬 일색이다. 특히 한국 거주 외국인들은 한국 생활의 편의함에 하나같이 감탄한다. 2024년 6월 초순에는 48개 국 아프리카 정상들이 한꺼번에 몰려 와 한·아프리카 정상회담을 개최했다. 이처럼 잿더미에서 선진국으로 도약한 한국의 발전상은 세계인들에게 경이의 대상이다. 때문에 미국의 샘 리처드 교수는, "한국인들처럼 자부심과 희망을 가지고 반응하는 국민은 어느 나라에서도 본 적이 없다. 이는 한국에 대단한 희소식이다. 국민 개개인이 국가와 연대감이 그만큼 깊고 끈끈하다는 걸 의미하기 때문이다. 그리고 한강의 기적을 21세기로 소환하려는 의욕이 여전히 강렬함을 보여주는 것이다."라고 극찬했다.

그러나 여야 정치인들의 끊임없는 정쟁이나 2023년도 중반 이후 한국 사회에서 벌어지고 있는 각종 현상들을 보면, 이러한 외국인들의 칭찬을 받기가 민망하다. 전국 각지에서 때와 장소를 가리지 않고 '이유 없는 살상'이 횡행하고 있으니 총포만 등장하지 않았을 뿐 미국의 사회상과 크게 다를 것이 없다. 마약 또한 급속도로 퍼지고 있는 것을 보면, 한국이 치안강국·마약 청정국이란 명예는 이제 옛날이야기가 되었다. 정치인에 대한

테러도 심심찮게 일어난다. 이러한 현상을 목도하면서 이제 막 선진국의 문턱에 들어선 한국 국민으로서 자긍심보다는 한국이 앞으로 어떻게 변해 갈지 우려가 앞선다. 현금의 한국은 치안뿐만 아니라 정치·사회적 갈등이 증폭되고 있다는 것이 더 심각한 문제이다.

한국 사회가 이렇게 급변한 데는 여러 가지 요인이 있겠으나 산업화라는 한 가지 목표에 매진하느라 우리의 좋은 전통인, '나'보다 '우리'라는 '공동체'를 중시하는 '공동체중심주의'에서 형성된 예의염치를 계승하지 못하고 너도나도 앞만 보고 자기 이익만을 추구하다 보니 상대에 대한 배려가 없어졌기 때문이다. 특히 그 중에서도 민주화 이후 보수와 진보좌파 정치권이 서로 상대방의 공적을 인정하지 않고 자기들만의 정통성을 주장하면서 정쟁만을 일삼는 바람에 국민들이 이에 영향 받은 바가 가장 크다. 교사의 영향은 한 학급, 한 학교에 국한되지만, 정치인의 일거수일투족은 언론을 통해 전 국민에게 공개되므로 그 영향력은 전국적이다.

정치에 대한 온갖 이론이 있지만, 정치 본연의 역할은, "상식과 신뢰를 바탕으로 정파 간의 갈등을 조정하고 타협을 이끌어내 사회를 통합함으로써 국민들이 편안하게 생업에 종사할 수 있게 하는 것"이다. 그런데, 현금의 한국 정치권은 사회 통합은커녕 같은 정파 내에도 상식과 신뢰가 통하지 않아 어떤 다른 분야보다도 증오와 대립으로 갈등이 증폭되어 생산적 정치를 향한 합의와 타협이 이루어지지 않고 있다. 이 영향으로 정견을 달리하는 개인 혹은 집단 간의 증오와 갈등이 인터넷과 무선통신의 발달에 편승하여 사회 전반에 넘쳐나고 있다.

정치권과 연결된 사회는 익명을 방패로 무책임한 발언이 마치 사이비 종교 집단에 빠진 것과 비슷하다. 말도 안 되는 이유와 논리를 내세우면서 자신들의 입장을 합리화하려 한다. 자기들이 그어 놓은 세상 안에 갇힌 한국 사회에서 언어의 객관성과 신뢰성은 붕괴 직전이다. 그러므로 옳고 그름을 토론하고 사실과 거짓을 판별하는 공론 영역이 마비 상태다. 진영과 정파에 따라 흑이 백으로, 백이 흑으로 순식간에 표변하지만 보수·진보 어느 쪽도 부끄러워하지 않는다. 마치 사이비 종교의 교주가 못된 짓을 해서 감옥에 가거나 죽더라도 계속 추앙하듯, 기준은 객관적인 선악의 가치관이 아니라 내편이냐 네 편이냐이다. 여기에 정치·경제적인 이득이나 인간관계라도 얽히면 더욱 맹렬해진다.

일단 가짜 뉴스나 괴담을 만들어 유포하면 진실이 밝혀지더라도 잘못된 정보를 수정하기보다 기존 생각을 그대로 믿는 사람들이 훨씬 많다는 것이 문제이고, 그것이 진영 논리와 결부된 것일 때는 진위와는 전혀 상관이 없다는 점이다. 성숙한 사회라면 자기 진영의 주장과 다를지라도 전문가 공동체가 합의한 객관적 검증 결과는 인정하는 게 과학적 태도요 양심적인 행동이다. 하지만 한국의 정치인들은 걸핏하면 '국민'을 앞세워 명명백백한 사실도 유린하곤 한다. 과학과 민주주의의 위대함은 다른 생각을 경청하고 나의 오류를 인정하는 개방성에서 나온다. 그러나 진영논리에 빠진 사람들은 좀처럼 아집에서 헤어 나오지 않으려 한다. 갈등의 양상은 흡사 의사내전(擬似內戰) 상태이다. 한국은 2000년대를 전후하여 '환경 파괴'와 '국민 건강'을 앞세운 괴담으로 막대한 사회적·경제적 비용을 치렀다. 피해액이 수조원에 이른다는 추정도 있다. 몇 가지 예를 들어 보자.

경부고속철도 건설 시 천성산 터널(원효터널) 공사에 대해, 환경 단체들이 천성산 습지가 파괴되어 도롱뇽 서식지가 사라진다며 반대 투쟁을 하고, 한 여승이 여러 날 단식투쟁을 하는 바람에 반대 열기가 더욱 고조되어

6개월간 공사가 지연됨으로써 145억 원의 손실이 발생했다. 그러나 터널이 개통된 지 20여 년이 지난 지금까지 습지도 도롱뇽도 건재하다. 또 제주 강정해군기지 건설 때는 환경 단체와 이들의 부추김에 놀아난 주민들의 반대로 공사가 지연되면서 건설사 피해가 275억 원이 발생하여 정부가 이를 국민 세금으로 보전해 주었다. 경제적 손실만이 아니라 눈에 보이지 않는 지역 민심의 반목과 갈등, 국론의 분열을 비롯한 사회적 손실은 또 얼마나 될 것인가?

그리고 2008년 미국산 소고기가 광우병을 전파한다면서 수입 반대 시위로 이른바 '광우병 파동'이 일어났을 때, 유모차를 앞세운 시위대가 광화문 거리를 누볐고, "뼈 송송 구멍 탁"이라는 선동 구호까지 유행했으며, 한 여배우는 "청산가리를 먹을지언정 미국 산 소고기는 못 먹겠다."는 극언까지 했다. 그 후 우리나라 국민 모두가 미국산 소고기를 먹어 2023년에는 미국산 소고기의 최대 수입국이 되었으나 광우병에 걸린 사람이 없고, 전세계의 광우병 환자도 몇 백 명에 불과하다. 한국경제연구원은 이 미국산 소고기 파동으로 발생한 피해가 최대 3조 7,000억 원에 이른다고 추산했다. 그런데 2024년 총선에는 광우병 선동에 앞장섰던 인사들이 무슨 일이 있었느냐는 듯, 국회의원을 하겠다며 입후보하는 판이니 반성은커녕 최소한의 체면이나 양심도 없다.

또 국내 최대 참외 생산지인 경북 성주에서는 북한의 고고도 미사일을 방어하기 위해 사드를 설치하려 하자 전자파가 발생한다는 괴담으로 사드 건설은 몇 년 동안 지연됐고, 한때 성주 참외는 연 매출이 10% 가량 줄기도 했다. 설사 전자파의 위험이 다소 예상되더라도 우선해야 할 것은 국가 안보인데, 이런 고려는 전혀 않고 과학적 근거도 없는 전자파 괴담으로 사드 설치 완료가 4~5년 늦춰졌다. 그러나 2023년에 발표된 최종 영향평가는 사드의 전자파가 무해하다는 연구 결과로 결판이 났다.

이런 문제에 정권이 개입될 때는 그 피해가 더욱 심각한데, 그 대표적인 것 중의 하나가 4대강 사업이다. 물은 생명의 원천이기 때문에 부족하거나 넘치면 재앙이 된다. 4대강 사업은 강바닥을 준설하여 홍수 때 물이 둑으로 넘쳐 주변이 침수되는 수해를 막고, 보를 막아 저수해 두었다가 가물 때의 용수 부족에 대비하자는 치수 사업이다. 앞서도 언급했지만, 중국 고대에는 황하 치수에 성공하면 임금이 되었기 때문에 정치(政治)의 치자(治; 물 다스릴 치)가 여기에서 유래하였다. 문재인 정부는 환경운동가들의 "보에 물이 고이면 녹조가 생긴다."는 주장에 놀아나, 막대한 국가 예산을 들여 보를 파괴한 결과, 그 지역 농민들이 농업용수 부족으로 가뭄에 얼마나 큰 고통을 겪었는가? 날씨가 더우면 고인 물에 녹조가 생기는 것은 자연현상이고, 농작물은 녹조 있는 물이라고 사양하지 않는다.

이상의 사례에서 볼 수 있는 바와 같이 우리 사회는 상식이나 과학적 검정을 무시한 괴담과 근거 없는 선전 선동으로 사회적 갈등이 야기되어 국력 낭비와 국민 혈세가 줄줄 새는 막대한 경제적 손실을 입었다. 이러한 사실들을 교훈으로 삼아 같은 실수를 되풀이 하지 않는 것이 역사를 배우는 이유인데, 이에 대해 책임지는 사람이 없을 뿐만 아니라 반성하는 사람도 없다. 광우병 공포를 확산시켰거나 사드 전자파가 위험하다고 부르짖었던 정치인들과 시민 단체 인사들 어느 누구도 이러한 결과에 사과 하나 없이 여전히 큰 소리를 치며 정치판을 기웃거리고 있다. 이들의 당초 투쟁 의도는 과학적 합리성에 근거한 것이 아니라 환경 문제를 사회문제화 하여 정치적 이득을 얻기 위함이었다. 따라서 과거 사실을 교훈으로 삼기는커녕 새로운 문제가 터지면 정파의 이해와 결부되어 더욱 증폭되고 있다.

2023년 여름에는 IAEA[국제원자력 기구] 감시·감독 하에 실시된 일본 후쿠시마원전 오염 처리수 방류 문제로 한국이 시끄러웠다. 일본은 국토 대비 가장 넓은 바다를 소유하고 있는 세계 최대의 해양 국가이므로 바닷물 오염에는 어느 나라보다 민감하다. 그러나 오염 처리수의 방류가 불가피했기 때문에 IAEA의 감시 하에 처리수를 방류하게 되었으니, 일단 안정성은 믿어도 되고, 피해가 있다면 일차 대상은 자국 국민일 터인데 이웃인 우리나라 정치인들이 선동에 앞장섰다. 이는 우리 민족의 밑바탕에 깔려 있는 반일 민족감정을 부추겨 정파적 이득을 보려는 정치권의 사욕 때문이다.

일본 동해에 배출된 오염수는 구로시오 해류를 타고 북태평양의 캐나다·캘리포니아 해안을 거쳐 적도 북쪽을 따라 태평양을 건너 출발 해역까지 도달하는 데는 4~5년이 걸리며, 이때 본류는 다시 일본열도 동쪽으로 북상하고 지류 일부가 대한 해협을 거쳐 동해로 진입하게 된다. 비록 오염이 되었다고 해도 5년여 기간에 그 넓은 태평양을 일순하는 사이 많이 희석되었을 터이니 유해 성분이 얼마나 남아 있겠는가? 오염수 영향이 생기더라도 그것은 5년 후의 일인데, 5년 전부터 수산업계는 정치권의 오염수 선동으로 타격을 받았다. 일본 수산물이 오염되었다면 우리가 수입하지 않으면 된다.

더욱 기가 막힌 것은 2023년 8월, 제1야당이, '활동가'로 자처하는 10여 세의 초등학생들을 공개 석상에 내세워 후쿠시마 오염수 방류를 반대한다며 대통령을 비난하는 발언까지 하도록 했는데, 이들 어린이들이 무슨 판단력이 있기에 이들을 앞장세우는가? 선거권을 18세 이상으로 제한한 것은 무엇 때문인가? 정파적 이익을 위해서라면 아동 교육에 미칠 부정적인 영향쯤은 아랑곳하지 않고 모든 수단과 방법을 동원하는 한국 정치권의 행태에 할 말을 잊을 뿐이다. 국가 미래에 대한 고려는 없이 정파 이익만 눈에 보이기 때문이다.

진영 논리에 매몰된 것은 현실 세계에서만이 아니다. 다큐 영화는 자기 편을 미화하는 데 그치지 않고 상대방을 악마화 하는 데도 사실을 조작한다. 대표적인 것으로 '친일인명사전'을 만든 민족문제연구소가 이승만·박정희 두 전직 대통령을 공격하려 2012년 말에 제작한 '백년전쟁'이 있다. 여기에서 이승만 전 대통령을 악질 친일파, 부도덕한 플레이보이로 깎아내렸다. 반일의 화신(化身)인 이승만을 친일파라고 하는 것은 상식 이하의 역사 왜곡이다. 또 박정희 전 대통령에게 독사 같은 자라며 '스네이크(Snake) 박'이라고 원색적으로 비난하면서 경제성장의 공조차 부정해 역사 왜곡 논란을 빚었다. 다큐멘트리는 영어 단어 의미 그대로 '실제 사실'이 생명인데 이렇게 정파의 목적에 따라 허구를 조작하여 사실인양 왜곡하고 있다. 그런데 문제는 이런 조작된 다큐멘트리를 본 많은 사람들이 실제 역사 사실보다 영화 제작자의 조작 의도에 속아 넘어 간다는 데 심각성이 있다.

내로남불의 생명력은 끈덕지다. 나에겐 관대하고 상대엔 엄격한 이중적 행태가 끊이지 않는다. 똑같은 퍼주기 공약도 내가 하면 '따뜻한 정치'인데 상대가 하면 '포퓰리즘'이다. 개헌 주장도 우리가 하면 '구국의 결단'이지만 상대편이 하면 '국면 전환용 음모'가 된다. 국민의힘과 민주당은 서로를 내로남불당이라고 비난하는 게 자연스러운 일상이 되었다.

남의 잘못을 공개적으로 타박하는 사람은 침묵하는 사람에 비해 더 도덕적으로 인식된다. 이런 행위가 되풀이되면 정의로운 인격자로 각인되고 집권자의 눈에 들면 장관이 되는 등 출세까지 한다. 그런데 정작 그 사람이 똑같은 잘못을 저지르게 되면 애초 비판 행위는 거짓 신호가 된다. 거짓 신호는 분노와 불안의 감정 샘을 동시에 자극해 비난의 강도를 높이게 되는데, 기대치가 높으면 실망의 골도 그만큼 더 깊게 다가오는 법이다. 때문에 이런 인물에게는 이제까지의 지지를 접고 비판으로 돌아서는 게 일반인의 정서요 상식이다. 그러나 이런 현상도 예의염치와 양심·상식이 통하던 옛날 정치권의 이야기다. 과거 정치인들은, 스스로 고고한 체 하던 당사자가 자신의 부정적인 마각(馬脚)이 세상에 드러나게 되면 지지자들도 등을 돌렸기 때문에 부끄러워하는 시늉이라도 했고, 공직자가 기소만 돼도 근신하는 게 관례였다.

그러나 요즘에는 가치 기준이 정파에 따라 달라져 미구에 징역형을 받을 사람까지 당을 만들고 선거에 뛰어든다. 이러한 행태가 비판의 대상이 되기보다는 오히려 지지자 결집의 매개체 역할을 한다. 또 당사자도 자신의 잘못에 대해 부끄러워하거나 반성하기는커녕 어떤 잘못에 대해서도 사과나 반성보다는 핑계대기에만 급급하다. 이런 사람에 대한 지지자들의 평가 기준은 상식이나 양심이 아니라, 내편이냐 네 편이냐이다. 이것은 정치인 개인만이 아니라 정치집단인 공당도 마찬가지여서 어제 한 주장과 오늘 한 말이 다르고, 당헌·당규나 선거 출마 자격 기준도 그때그때 편의대로 고치면서 부끄러운 줄을 모른다. 더욱이 당헌이란 당권자의 편의에 따라 함부로 고칠 수 없는 당의 헌법이다. 현금의 한국의 정치권과 사회는 이렇게 가치관이 전도되고 양심과 상식이 무너진 혼돈 상태이다.

한국 정치·사회상이 이렇게까지 타락하게 된 것은 언제부터인가? 현재

상황은 보수와 진보가 별로 다를 것이 없지만 이른바 386세대라는 민주화운동권이 정치의 주도권을 잡은 노무현 정권 이후에 더욱 심해졌다. 이들은 1980년대의 반독재투쟁 국면에서 정치에 입문하여 정치의 혁명화에 심취했다. 체제 전복 가능성이 목전에 도달한듯하여 혁명도 멀지 않았다고 생각했으나 1987년의 6.29 선언으로 평화로운 분위기 아래서 민주화가 이루어졌다. 세계사에도 유례가 없는 1987년 대타협의 민주화 성취는 기본적으로 시민적 결의의 결과물로서 운동권만의 전유물도 아니다. 민주화세력은 의회민주주의가 복원되자 이제까지 자신들이 적으로 생각하던 권위주의 정권의 구성원들을 청소하지 못한 채 권력을 앞에 두고 이들과 마주 대하여 힘겹게 경합하지 않으면 안 되는 처지가 되었다. 게다가 1990년대 들어 동구 공산권의 몰락과 북한의 참상이 알려지자 이제까지 이들이 믿고 있던 평등을 금과옥조로 삼는 공산주의 이념에 대한 멘붕 현상이 일어났다.

이제 운동권들에게 남은 것이라곤 옛날 민주화운동 시절의 기억을 자찬하는 도덕적 자부심과 오만뿐이다. 그러나 민주화를 성취한 대한민국에 있어서 우선해야 할 일은, 도덕적 자부심과 오만이 아니라 현재의 정치적 과제를 어떻게 미래지향적으로 풀어나가느냐가 중요하므로 적과도 마주 앉는 도량과 의지가 필요하다. 그러려면 우선 이제까지 가졌던 망상의 오류에서 탈각하는 것이 급선무이다. 이들에게 민주화운동 시절의 헌신성이란 신화를 제외하면 남는 것이 없는데, 이미 종언을 고한 민족민주운동 시절의 신념에 매몰되어 시대착오적인 반미자주화를 주장하고 있다. 이들은 아직까지도 민주화된 선진 한국의 현실을 인정하거나 수용할 수 없어 바뀐 정세에 적응하지 못하고 "좋은 목적을 위해서는 어떤 수단방법도 정당화 된다."는 관행적인 운동권 시절 사고와 행동을 반복한다.

노무현 정권 이후 의회정치의 주류로 등장한 운동권은 노무현이 갈파한, "지난 대한민국의 역사는 정의가 패배하고 기회주의가 득세한 역사였다."라는 한국현대사 인식과 "보수는 무조건 나쁜 것"이라는, 보수에 대한 그릇된 정의를 교조로 삼아, 기존의 한국현대사를 부정하고, "진보는 선, 보수는 악"이라는 프레임에 갇혀 있다. 민주화 운동권들은 자신들만이 선(善)인양 점령군처럼 행세하기 시작했다. 그러나 20여 년 가까이 지나는 동안, 지금까지 트레이드마크처럼 달고 다니던 도덕성마저 팽개치고 각종 카르텔을 형성하여 이익을 챙기는 기득권 집단으로 변모했다.

진보좌파들은 권위주의 체제의 산업화 시기, 외자 도입을 통한 수출 전략으로 경제개발 정책을 추진할 때는 자립경제가 아니라 외국 자본에 지배되는 종속경제의 길로 가고 있다고 비판하다가 산업화가 성공하여 선진국으로 도약하자, 이제 와서는 산업화에는 성공했으나 한국 경제는 재벌이 지배하는 경제체제로 부가 편중되어 불평등이 심화되었다고 산업화 성공을 인정하기보다는 빈부격차를 내세워 폄훼하기에 바쁘다. 이들은 자신과 각 가정의 살림살이 형편이 과거보다 나아진 상황은 고려하지 않고, 부자들이 대물림으로 호의호식하는 것과 자신을 횡적으로 비교하여 불평등하다는 것인데, 상속이 합법적으로 이루어졌다면 자유경제 체제에서 이런 문제에 대해 불평등을 운위해서는 안 된다.

평등이란 기회의 균등이고 인격의 평등이지 결과적 평등을 주장하는 것은 실패한 이데올로기인 공산주의 구호일 뿐이다. 한국사회에서 잘 살고 못 사는 것은 자신의 능력과 노력 여하에 달린 것이지 사회가 불평등해서가 아니다. 한국은 재능과 능력에 따라 얼마든지 신분을 상승시킬 수 있는 열린사회이기 때문에, 상고 출신이 대통령이 되고, 국무총리도 될 수 있었던 것 아닌가. 서울대 명예교수인 서양사학자 박지향은, "한국이 불평등한 사회인 줄 알았는데 직접 서양에 가서 공부하며 비교해 보았더니 한국이 비교적 평등한 사회더라."고 실토한 바 있다.

요즈음 젊은이들이 학업을 마쳐도 마음에 맞는 직장을 구할 수 없다고 불만들인데, 마음에 드는 직장을 구하는 것은 어느 때나 어려운 문제였다. 좋은 직장이란 한정되어 있고 취업은 각자의 재능과 노력의 결과에 따라 좌우되기 때문에 탈락하는 자가 있게 마련이다. 취업 탈락자들은 자신의 능력을 탓하기보다 불평등한 사회라며 불만을 토로한다. 고졸의 70~80%가 대학에 진학하여 대학 졸업자가 홍수처럼 쏟아져 나오는 학력 인플레 현실에서 어찌 그들 모두를 만족시킬 수 있는 직장이 기다리고 있겠는가? 이로 인해 실업자는 넘쳐나는데, 현재 한국은 외국인 노동자 100여 만 명이 없으면 사회 기반이 지탱할 수 없어 제조업이나 농사일 등 힘든 분야는 일손이 부족해서 구인난에 몸살을 앓고 있을 뿐 아니라 조선소 등 대기업마저 조업을 중단해야 할 형편이다.

모순은 이것뿐만이 아니다. 무너진 교권으로 인한 공교육의 황폐화, 지나치게 낮은 출생률에 의한 급속한 고령화, '금쪽같은 내 새끼'만 아는 삐뚤어진 가정교육으로 인한 인성교육의 부재 등은 한국의 미래에 먹구름을 드리우고 있다. 이렇게 사회가 불안정하고 미래가 불투명한데도 비전을 제시해야 할 정치권은 국민의 삶과 유리된 채, 지성과 합리를 밀어내고 사회를 양극단으로 치닫게 하는 광풍 정치를 일삼으며 개인이나 정파의 정치 생명 연장만을 노린 포퓰리즘, 위선과 비리, 무선 통신망을 통해 증오와 혐오를 퍼 날라 편 가르기에 여념이 없다. 이러한 정치권에 자정 능력을 기대하기는 어렵다.

　오늘날 한국에서는 자유와 번영을 일군 위대한 국민정신이 뒤집히고 있다. 도전과 자립의 기풍 대신 국가 의존증이 뿌리를 틀었다. 세금에 얹혀사는 세력이 큰소리치고, 세금을 많이 내는 사람이 죄인 취급당하기 일쑤다. 큰 사고가 나면 뭐든지 국가와 사회 탓이고, 온갖 명목의 정부 지원을 당연시 한다. 정부와 직접 관련이 없는 세월호·헬로윈 참사 같은 것이 터지기만 하면 야당 정치권은 유가족을 부추기고 정부를 공격하여 정치적 이득을 챙기려 하는데, 이런 정치 세력이 있는 한 명실상부한 선진국이 되기는 어렵다. 2003년(?) 10월 3일, 경북 상주시가 공설운동장에서 개최한 자전거경기대회에서 시민 십 수 명이 압사하는 사고가 일어났을 때 일부 유족이 장례를 거부하며 책임소재를 따지자며 문제를 일으키려 하자, 시 주관 행사였는데도 지역 원로들이 나서서, "시체를 앞에 두고 그래서는 안 된다."며 장례를 원만히 치루고 더 이상 문제 삼지 않는 것을 보고, 서울 친구들이 '양반 고장'이라며 칭찬하는 말을 들었다. 이것이 바로 예의염치이다.

　그런데 현재의 우리 정치·사회상이 어찌하여 이 지경에까지 이르렀는가. 잘 먹고 잘 살기만 한다고 선진국이 되는 게 아니다. 국민들의 의식수준이 높아져야 한다. 표만 바라보는 정치인들은 태생적으로 선동적이다. 정치권이나 정치인들이 각성하여 모범 보이기를 기다리는 것은 그야말로 나무에 올라가 물고기를 잡으려는 것과 같을 뿐이다. 한국의 정치·사회상을 개혁하기 위해서는 주권자인 국민 각자가 양심과 상식을 가지고, 선거를 통해 예의염치가 없는 정치인을 퇴출시키는 길 밖에 없다.

2.2. 위기를 어떻게 극복할 것인가

예의염치와 상식·양심을 회복하자

2021년 한국은 선진국이 되기는 했으나 정치권은 정쟁으로 영일이 없고, 사회 각계각층은 불평불만으로 팽배해 있으며, 자살률도 OECD 국가들 중에서 최고라고 한다. 분명 과거보다 살기가 나아졌는데 왜 그럴까? 이에 대한 원인으로 압축성장 과정에서 민주시민 의식과 인성은 기르지 못하고 이익 추구에만 직진한 천민자본주의가 심화된 때문이라고 말하는 사람도 있다. 인간이 이익을 추구하는 것은 본능이니 이를 나무랄 것은 없다. 자연계의 모든 생명체는 생존경쟁에서 살아남기 위해 이기적일 수밖에 없으나 이기적인 인간사회가 난장판이 되지 않고 질서가 유지되는 것은 상대를 의식하는 체면이 있기 때문인데 체면은 원만한 인간관계의 필수요건인 예의염치에 바탕을 두고 있다.

우리 한민족은 조선시대 5백여 년간 국시였던 유학의 영향 때문에 특히 체면을 중시하였다. 조선이 망하고 이민족의 지배를 받게 되자 유학은 망국의 주범으로 낙인 찍혀 장단점을 불문하고 모두 매도되는 상황에서 예의염치 또한 허례허식이라 하여 버려야 할 폐습으로 비판 받았지만, 예의염치 즉 체면을 부정적으로 볼 것이 아니다. 이는 '공동체중심주의'에서 형성된 습관인데, 공동체중심주의란 '나'보다 '우리' 즉 공동체를 우선시한다는 사회학 용어이다. 외동이도, '우리 아버지, 우리 어머니'라 하지, '나의 아빠, 나의 엄마'라고 하지 않는다. 우리가 세계인들로부터 질서를 잘 지키고 시민의식이 높다는 칭찬을 듣는 것도 이런 관습에서 영향 받은 바가 크다. 조선시대 선비들은 예의염치가 몸에 배어 있어 인간관계에서 선후배 간의 갈등도 적었고, 후배는 선배의 경험을 존중했기 때문에, "인(人)은 노(老)로 쓴다.[늙은이의 경험 重視]"는 말까지 생겼다. 그러나 예의염치가 없어진 현대에는 재능만 앞세우다 보니 사회 전반에 재승박덕한 인물이 판을 치고, 선배가 간섭하면 '꼰대'라며 비하한다. 이는 우리의 좋은 전통인 예의염치와 체면이 실종되었기 때문이다.

예의염치는 원래 인간사회의 기본 도리를 의미하는 네 글자인 예(禮; 예절)·의(義; 옳음·의리)·염(廉; 청렴·검소)·치(恥; 수치)의 합성어로서 국가를 지탱하는 네 가지 근본이란 뜻에서 사유(四維)라고도 한다. 이 말은 원래《관자(管子)》에서 나왔는데,《관자》는 관포지교(管鮑之交; 管夷吾와 鮑叔牙의 親交로 友情의 대명사로 일컫는다.)로 유명한 관이오 즉 관중(管仲)의 저술이다. 관중은 공자도 그 역량을 높이 평가한 인물로서 제환공(齊桓公; 小白)을 패자(覇者; 諸侯의 우두머리)로 만든 춘추시대 걸출한 정치가였다. 당시 제 나라에서는 사냥과 음행(淫行)을 일삼으며 정사를 돌보지 않던 양공(襄公)이 피살되고, 공손(公孫) 무지(無知)가 공위(公位; 제후국 임금)에 올랐으나 그 역시 한 달 만에 피살되자, 양공의 서자로 거(莒)에 피신했던 공자(公子) 소백(小白)과 노(魯) 나라로 피신했던 공자 규(糾)가 서로 임금 자리[公位]에 오르려고 다툴 때 포숙아는 소백을 모시고, 관중은 규를 모시고 있었다. 관중과 포숙아는 동문수학하던 벗이었으나 이들은 각기 자기 주군(主君)을 옹립하려고 치열하게 경쟁했다, 한번은 관중이 소백을 향해 활을 쏘았으나 화살이 소백의 혁대 고리에 맞아 소백이 가까스로 죽음을 면했으니 관중은 소백에게 원수였다. 결국 소백이 먼저 입국하여 즉위하니 이가 제환공이다.

포숙아는 패자가 되려면 관중이 없으면 안 된다고 제환공을 간곡하게 설득하자 제환공은 관중이 원수지만 우선 불러 그의 정치 경륜을 들어보려고 물었다. "앞으로 나라를 다스리고 기강을 바로잡으려면 장차 무엇을 먼저 해야겠소?" 이때, 관중이 서두에 꺼낸 말이 예의염치였다. "예의염치는 국가의 네 가지 근본입니다. 이 네 가지 근본이 뚜렷하지 못하면 나라는 망합니다. 오늘날 주공께서 국가의 기강을 세우려고 하실진대 반드시 이 네 가지 근본부터 펴고 백성을 부린다면 기강은 저절로 서고 국가 위세는 자연히 떨치게 될 것입니다."라고 대답했다. 결국 제환공은 원수인 관중을 재상에 임명하여 중요 고비마다 자문을 구했고, 그 결과 제환공은 춘추시대 최초의 패자가 되었다.

관중이 예의염치를 특히 강조한 이유는, 주(周) 나라가 견융(犬戎)의 난을 피해 동도(東都; 洛邑)로 천도한[B.C. 770] 이후, 즉 춘추시대에는 열국들끼리 상쟁을 일삼아도 천자(天子; 周王)의 권위가 미약하고 불안정한 상태라 이를 조정할 능력이 없었다. 이에 유력한 제후가 주 왕실의 권위를 등에 업고 열국 위에 군림하여 질서를 잡아나가니 이를 패자라 하는데, 패자가 되려면 예의염치로 국가 기강을 바로잡고 백성을 교화하여 정치가 바로 서면 열국(列國)이 본받아 국가나 사회의 질서가 바로 선다는 논리였다. 이후 예의염치는 유학이 성립되면서 지배층의 수신 덕목이 되었고, 유교가 조선 5백년의 국시가 되자 조선 사회 지도층인 선비의 행동 규범이 되었다. 뒤에 예의[예의는 예절바르고 의리 있는 절조]와 염치[청렴하고 깨끗하여 부끄러움을 아는 마음] 두 낱말로 나뉘어져 인격이 평등해진 현대에 와서는 모든 사람들이 지켜야 할 바람직한 행위 규범으로 자리 잡게 되었다.

인간은 누구나 명예를 좋아하지만 특히 정치인들은 그 속성상 명예를 유별나게 좋아한다. 명예는 표와 직결되는 것이므로 과거 정치인들은 속셈이 어떠했을는지 모르겠으나 표면으로는 예의염치를 중히 여겨 언행에는 금도(襟度)와 품위가 있었다. 적어도 김대중 정권까지는 그랬다. '내로남불'이란 말의 유포자로 널리 알려진 박희태나 그 맞상대였던 박상천이 여야 대변인으로 있으면서 정곡을 찌르는 비평으로 상대 당을 공격했지만 품위를 지켜 비교육적이거나 천박한 용어는 자제했으므로 서로 증오심을 불러일으키지도 않아 정치인은 물론 일반인들이 본받을 점이 많았다.

아무리 갈등이 심하고 독재와 야합의 역사가 있었어도 대한민국은 자유민주주의와 시장경제, 법치주의·삼권분립이라는 토대 위에 정의·공정에 대한 믿음이 뭉쳐져 굴러가던 공동체였다. 따라서 대한민국 헌정사는 양심과 정의가 승리한다는 믿음을 배반하지 않는 방향으로 흘러왔다. 험난해도 옳은 길을 택하면 보상을 받았고 탐욕은 불이익으로 돌아왔으니 사필귀정이 통하는 사회였던 것이다. 예를 들어 노무현은 지역감정에 도전하려고 현실적 불이익을 무릅쓰고 바보처럼 행동한 결과 결국 보상을 받았고, 친박 공천 사욕은 박근혜를 징벌했다. 과거에는 노골적인 사당화 공천을 하면 국민이 이를 응징했는데, 2024년 총선은 그렇지 않았다. 이런 정치 행태가 한국 사회와 청소년의 가치관에 미칠 부정적 학습영향을 생각하면 두렵기까지 하다. 이는 노무현 정권 이후 운동권들이 정계 주류가 되고부터 정치권과 사회에 예의염치가 사라지기 시작하여 문재인 정권을 거치면서 더욱 심화된 결과이다. 정치란 설득과 타협인데 상대를 설득하기보다는 자기주장만 내세우고 제 편만 비호하는 뻔뻔스러운 정치 문화가 만연하여 막말 인플레가 극도에 달하였고 여기에 팬덤화 된 지지자들이 가세하여 체면이란 말은 아예 사치에 불과해졌기 때문이다.

최근, 학생들에게 직업에 대한 신뢰도 조사를 했더니, 요즘 학교교육이 무너졌다고는 하지만 그래도 가장 신뢰도가 높은 직군은 교사였고 최하위가 정치인이라고 한다. 그래서 지금 '정치'라는 용어는 협잡 내지는 부조리와 통하는 말이 되었다. 본래 국회의원은 특권을 누리고 휘두르는 자리가 아니라 나라를 위해 헌신하고 희생하는 자리였다. 국회의원 직분에 충실하려면 고단하고 고생스러운 자리이지 결코 좋은 자리가 될 수 없다. 그런데 옛날부터 이런 고행의 국회의원을 하려고 가산을 탕진하는 사람이 부지기수였고, 심지어는 정치를 하다가 몰락한 재벌까지 있었는데도 기를 쓰고 하려고 한 이유는 국회의원이 누리는 명예와 특권 때문이다. 과거, 재선을 한 국회의원이 다시 한 번 더하려고 안달하는 것을 보고 필자가, "국회의원 두 번 했으면 영예를 누릴 만큼 누렸는데 뭘 또 더 하려고 그러느냐?"라고 했더니 대답이, "국회의원보다 더 좋은 직업은 없어, 장관급의 대우를 받으면서 책임은 없지, 한번 해보면 마치 마약과 같아 스스로 그만둘 수가 없어 미련을 못 버린다."고 대답했다. 적성에 안 맞아 초선에서 그만 두는 사람도 더러 있기는 하지만 이런 사람은 극히 드물다. 따라서 의원들의 최대 관심사는 이런 특권을 누리기 위해 다시 공천을 받아 당선되는 것이다. 이것이 한국 정치가 죽기 살기로 싸우는 이유 중 하나요, 권력줄 세우기와 극단적 대결 정치도 여기에서 나온다. 그 결과 최근엔 정치 양극화와 극렬 팬덤 현상으로 이어지고 있다.

과거 국회의원들은 자기 주머니 돈으로 정치를 했지만, 민주화 이후에는 산업화 덕택에 정당보조금이 국고에서 나간다. 의원들이 매년 받는 세비와 수당도 1억 5000만원이 넘는데 물가 상승을 반영하여 이것도 매년 인상한다. 의원 1인당 보좌진이 9명이나 되는데 이에 비해 대다수 선진국은 2~5명이다. 선거 때는 이들 보좌진이 선거운동원이 되니 선거운동원을 국민 세금으로 먹여 살리는 셈이다. 한국 국회의원 수당은 OECD 국가 중 세 번째로 높은 반면, 국정 기여도는 뒤에서 둘째라고 한다. 국회의원의 대표적인 특권은 '불체포 특권'인데, 이는 과거 독재정권 시절, 집권자가 반대 정파의 국회의원을 불법 구금한 일이 있어 이를 방지하기 위해 만든 법이다. 그런데 민주화된 선진 대한민국에서는 범법한 국회의원들의 보신 특권이 되었다. 이외 면책 특권 등 각종 혜택이 186가지에 달한다고 한다.

임기 중에 죽은 국회의원이 염라대왕 앞에 가서, 자기를 너무 일찍 데려왔다고 특권과 특혜를 줄줄이 나열하며 억울해 하자, 염라대왕은, "그런데도 한국이란 나라가 망하지 않는 것이 이상하다. 내가 한국 국회의원을 한번 해보아야겠다."라고 했다는 농담도 있다. 빈번히 일어나는 의원들의 각종 갑질 사고도 이런 특권을 당연시하는 풍조 때문이다. 대의정치의 기본 취지는 국민 의사를 국정에 반영하고 정부를 감독하여 국민 부담을 경감시키자는 것이므로 국민에게 부담이 되는 예산안의 증액은 원칙적으로 불가하다. 그런데 원수처럼 싸우다가도 자기들 이권이나 밥그릇을 챙길 때는 언제 그랬냐는 듯 의기가 투합한다.

민주화 이후 국회의원에 대한 특혜가 파격적으로 된 것은 자기들만이 가진 입법권을 자신들의 사적 이익을 위해 마구 휘두른 결과이다. "늦게 배운 도둑이 날 새는 줄 모른다."는 말이 있듯 운동권 출신들의 몰염치는 더욱 심각하다. 국회의원은 부정선거로 당선되었어도 대법원의 확정판결이 나오기 전까지는 임기를 다 채우며, 이미 받은 세비는 반납이라는 것이 없다. 65세가 되면 죽을 때까지 월 120만원의 연금도 받는다. 산업화 덕택으로 넉넉해진 국가 재정이 국민을 위해서나 보다 나은 국가 미래를 설계

하는 데 쓰이기보다는 입법 특권을 가진 국회의원들의 사익을 챙기는 데 홍청망청 쓰인다.

한국의 정치 개혁은, 국회의원 수와 각종 특혜를 줄이는 일부터 시작, 불체포 특권 등 각종 특권 포기를 비롯하여 금고형 이상 확정 시 재판 기간 세비 반납 등의 제도 개선부터 먼저 해야 하는데, 우리가 그 동안 정치인들의 행태를 보아왔듯이, 국회의원 스스로 개혁하기를 기대하는 것은 불가능하다. 따라서 세금을 절약하여 지출을 줄일 방도를 강구하고, 당리당략을 떠나 민생이나 국가 미래에 도움이 될 법령을 제정하며, 국민의 대표라는 프라이드를 지키기 위해 사익보다는 명예를 중히 여기는 정치인의 출현은 기대난망이다.

정치권의 개혁 없이는 국고는 탕갈되고 선진 대한민국의 미래는 암담하다. 그렇다면 이를 개선할 방안은 무엇일까? 자정 능력이 없는 정치권을 개혁하는 일은 국민들의 몫이다. 따라서 정치권 개혁에는 주권자인 국민이 나서야 한다. 팬덤화 된 맹목적 지지자들에게서 정치 개혁을 기대할 수는 없으니 이해관계가 없는 중도파가 선거권을 엄중히 행사해야 한다. 양심과 상식을 바탕으로 객관적인 입장에서 보면 잘못된 정치인의 행태는 그 판별이 어렵지 않으므로 선택에 고민할 필요가 없다. 애국심이란 다른 것이 아니다. 말로만이 아니라 양심과 상식의 판단에 따라 국민 주권 행사인 선거를 통해 양심적이고 훌륭한 정치인과 지도자를 선출하는 것이 가장 소박하면서도 기본적인 애국이다.

예를 들면, 여야의 위치가 바뀌었다고 그 동안 주장하던 정책을 바꾸는 정당, 포퓰리즘으로 국가 재정은 고려하지 않고 표만 생각하여 부담을 다음 세대에 떠넘기는 정당, 이런 정당에게 표를 주어서는 안 된다. 인격적으로 수신제가에 큰 결함이 있는 정치인, 한 입으로 두 가지 말을 하는 이중인격의 정치인, 막말과 저질 행동 및 증오에 찬 언행을 일삼는 정치인, 언행일치는 어려운 일이라지만 때와 장소에 따라 언행이 수시로 바뀌는 정치인, 자파의 지지 결집을 위해 물불을 가리지 않는 사람도 있는데, 이런 정치인은 염치가 없어 일단 당선되면 못하는 짓이 없기 때문에 우선적으로 도태시켜야 할 대상이다. 법률 위반으로 일단 기소되어 구린내가 나는 정치인, 정략에 따라 탈당과 입당을 수시로 하는 정치인, 선거 때는 국회의원 특권을 내려놓겠다고 공언했다가도 자신이 체포될 위기에 처하면 언제 그런 말을 했느냐는 듯 말을 바꾸는 정치인, 그 동안의 거짓 정황이 녹취되어 더 이상 증명이 필요 없는데도 조작이라며 잡아떼는 정치인, 이런 정치인들은 정당이 재신임을 하여 공천을 한다고 하더라도 국민들이 투표로 퇴출시켜 정치권을 정화해야 한다.

선거제도란 민주정치의 기본 룰이므로 공정성이 생명이라 여야합의가 원칙이다. 그러나 다수당이 자기들 입맛대로 선거제도를 마구 바꾸는 바람에 원칙이 무너졌다. 특히 비례대표제를 보면 더욱 가관이다. 취지는 전문성과 직능 대표성 등을 보완하기 위해 전문 분야의 인재를 발굴하여 정책에 다양성을 기하고, 사회적 약자를 국정에 참여시켜 사회정의를 실현한다는 명분에서 출발한 것이다. 그런데 지금은 정치권 뜻대로 조삼모사로 변형되다가 위성정당이란 것이 등장하면서 유권자가 이해하기도 어려운 연동형·준연동형·병립형이란 용어가 난립하는 야바위판이 되었다. 이로 인해 비례대표 후보자들은 대법원의 확정판결을 기다리는 예비 범죄피의자들까지 당을 만들어 국민들에게 선택을 강요하는 판이니, 이는 마치 종업원이 주인보고 불량식품을 먹으라고 강요하는 것과 같은 기만이요 폭거다. 비례대표는 민주주의의 근간인 선거제도를 왜곡시켰으니 폐지하는 것이 원칙이고, 존속시키려면 반드시 전 국민이 동의할 수 있는 합리적인 제도로 개정해야 한다.

인물 평가는 어려운 것이지만, 정치인들은 사람들의 주목 받기를 좋아하여 언론의 주목을 받을 수 있는 일이라면 언제 어디서나 나서기 때문에 국민들은 언론 보도를 통해 정치인들의 자질을 평가할 기회가 수없이 많다. 그 좋은 예가 러시아의 우크라이나 침공에 따른 정치인들의 대응이다. 이 전쟁은 우리와 직접적인 관련이 없는 수만 리 밖 타국에서 일어난 사건이었지만, 6.25 때 유엔군의 도움으로 대한민국이 존속하고 현재의 번영을 누리고 있으니 한국 국민으로서는 예사로 보아 넘길 문제가 아니다. 따라서 이 전쟁에 대한 정치인들의 언동을 통해 그 자질을 엿볼 수 있다. 러시아로서는 과거 소비에트연방의 일개 지방 구역 격이었던 우크라이나가 서방 진영에 합류하려 하니 눈의 가시처럼 미웠을 것이다. 그렇더라도 이 문제는 우크라이나 국민들이 결정할 문제이니 평화적으로 해결했어야지 힘만 믿고 타국을 침략한 것은, 약육강식이 횡횡하던 19세기 이전에나 있던 일로 21세기의 문명사회에서는 절대로 용납해서는 안 되는 일이다.

이 사건에 대해 가장 먼저 이를 언급한 사람은 민주당 대통령 후보였다. 상대 후보가 정치 초년생임을 비판하기 위해 "우크라이나 대통령 젤렌스키가 정치 경험이 없는 일개 연극배우 출신이 대통령이 되어 국가를 전란 속으로 몰아넣었다."고 비평했다. 그러나 그러한 젤렌스키는 국민을 결속시키고 서방의 원조를 얻어 군사강국 소련에 영웅적인 저항을 했다. 또 국무총리를 역임한 야당 원로라는 사람은 "우크라이나는 우리와 상관없으니 도울 필요가 없다."고 했다. 그러나 이 말은, 오늘의 우리를 있게 한

6.25 참전국들의 도움을 망각한 것이다. 그리고 당시 궁지에 몰렸던 젊은 여당 대표는 뜬금없이 우크라이나로 날아가 젤렌스키와 사진 한 장 찍고 돌아왔는데 방문 목적이 무엇인지 모르겠다. 이상 세 사람의 언행을 통해 이들 정치인들의 수준과 자질을 엿볼 수 있다.

자원도, 자본도, 기술도, 없던 한국이 선진국으로 도약하여 세계 제일의 조선업을 비롯한 제조업의 강국일 뿐만 아니라, 배터리·바이오·반도체 등 차세대 3대 산업에 대량 생산이 가능한 유일한 나라인데다 방위산업, 한류로 대표되는 소프트파워도 막강한 경제·문화 선진국이 되었다. 한국이 발전한 것은 그 동안 자유민주주의 체제의 바탕 위에 산업화를 성공시켰고, 그 토대 위에 민주화를 달성하여 효율적인 나라를 만들었기 때문이다. 거기에는 지도자의 리더십, 혁신으로 무장한 도전적 기업인, 미래를 내다보는 관료, 매의 눈으로 감시한 언론, 성공을 위해 열심히 일한 근로자의 피와 땀이 응집되어 있다. 그러나 현 한국 정치판을 보면, 앞으로도 한국의 미래가 순조롭게 발전하리라는 보장은 없다.

지금은 국제 정세 또한 대전환기이다. 미·중 간의 패권 경쟁, 자유주의 진영 대 전체주의 진영[러시아·중국·북한] 간의 대립, 판도는 많이 달라졌으나 신 냉전 체제를 구축해 가고 있으며, 우리는 다시 그 대결의 제일선에 서게 되었다. 하지만 우리가 현실을 직시하고 정신만 차린다면 크게 걱정할 것이 없다. 우리가 선진국으로 도약했고, 또 전체주의 진영이 러시아의 우크라이나 전쟁을 계기로 일시적으로 결합했지만 옛날 공산권의 결속과는 상황이 다르다. 무엇보다 중요한 것은 공산주의는 실패한 이념이라는 것이다. 따라서 우리가 어떻게 슬기롭게 대응하느냐에 따라 한반도의 평화적 통일도 기대할 수 있다.

북한은 비록 미사일과 핵무기를 보유하고 있다지만 전쟁을 치를 능력이 없는 집단이다. 그리고 21세기 대명천지에 세습 체제라는 기괴한 정권이 존속한다는 것 자체가 역사를 거스르는 것이니, 북한 김가네 정권은 미구에 소멸될 운명에 놓여 있는 시한부 정권이다. 그 시기가 언제인지 모르겠으나 이를 앞당기기 위해 노력하고, 통일을 대비해서 대한민국의 역량을 비축해야 한다. 이번에도 외세에 의해 한반도가 요리되도록 내버려두는 것은 선진 대한민국의 자존심이 허락하지 않을 뿐만 아니라 제2의 6.25를 부르는 것이다. 정쟁만을 일삼는 한국의 정치 현실을 볼 때, 그리고 북한에 빌붙어 권력을 유지하려는 정파가 있는 한 평화적 남북통일이 가능하겠느냐고 의문을 품을 수도 있겠으나 그것은 오로지 우리 국민이 역량 있는 지도자를 선택하여 어떤 방향으로 통일을 준비하느냐에 달렸다.

그렇다면 어떤 정치 지도자를 선출해야 하는지 바람직한 정치지도자 상에 대해 살펴보기로 하자. 앞에서 정치인의 자질에 대해 잠깐 언급했으나 국가 운명을 결정할 정치지도자나 대통령의 자질은 또 다르다. 첫째, 국가 지도자가 성인군자일 수는 없지만 일반인 평균 이상의 인격 소유자여야 한다. 왜냐하면 많은 국민들이 그 행위를 보고 따라 하기 때문이다. 둘째, 선공후사의 신념으로 당장의 이익보다 국민과 국가에 장기적인 이익이 무엇인지에 대한 비전을 가진 사람이어야 한다. 눈앞의 표만 생각하여 포퓰리즘을 남발하는 지도자는 안 된다. 셋째, 능력 있는 인재를 알아보는 안목과 포용력이 있어야 한다. 대통령 주변에는 다양한 인재가 모이게 마련인데 그 선별은 대통령의 몫이기 때문이다.

지도자가 모범을 보이면 선한 사람들이 많아져서 선한 가치와 질서가 확립되어 악한 자가 발붙일 공간이 없게 된다. 이런 세상이 우리가 지향해야 할 미래이다. 우리 민족은 예의염치를 중시하는 문화 전통을 가지고 있다. 또 성리학의 명분론 영향 때문인지 정의(正義)에 대한 관심이 유별나다. 미 하버드대학 교수 마이클 샌델(M. J. Sandel)이 지은《정의란 무엇인가》라는 책은, 3억이 넘는 미국에서는 고작 10여만 부가 팔렸는데 반해, 인구 5천만의 우리나라에서는 그 번역본이 1백 30만부가 팔렸다고 하니, 우리 국민들의 정의에 대한 갈구는 상상을 초월한다고 하겠다. 샌델의 저서에 한국의 많은 독자들이 공감하는 것은 어째서일까? 정의는 우리의 전통인 공동체중심주의나 예의염치와 상관성이 많다. 샌델은 정의(正義)를, '해야 할 올바른 일'이라고 정의(定義)하고, 공리주의(功利主義)나 자유주의 등의 철학적 관념을 정의로운 공동체주의와 결합하려 했으니, 정의는 인류 공동체가 지향해야 할 바람직한 가치인 것만은 분명하다 하겠다. 우리 민족에게 내재한 정의심이 행동으로 발현된다면 정의로운 정치와 사회의 도래를 기대할 수 있을 것이다.

교육의 정상화

요즈음 학교에서는 학생이 선생님을 폭행하는 일도 있고, 학생 개인에게 문제가 생기면 학부모가 담당 교사를 괴롭혀 그 모멸감으로 교사가 자살하는 사태가 빈번히 일어나고 있다. 학교 교육이 이렇게 황폐해진 원인은 산업화 과정에서 일어난 급격한 사회 변화에 교육이 그에 따른 대응을 하지 못한 때문이다. 앞에서도 언급했지만, 유교를 국시로 삼던 조선이 외세의 침입으로 국권을 상실하자 대한민국 건국 후에는 유교적인 전통도 폐기되어야 할 대상으로 지목되어 모든 과거 전통을 버리는 것이 근대화라고 착각했다. 그러나 전통이나 관습이란 어느 국가, 어느 민족이든 수백 수천 년 동안 살아오면서 중요하고 필요하다고 생각한 것만을 온축(蘊蓄)한 엑기스이기 때문에 버릴 것보다는 보존해야 할 가치가 더 많다. 우리나라에는 과거 유교 문화의 전통에 따라, 스승의 은혜를 높이 평가하여 "스승은 임금이나 부모와 동일한 존재이다.[君師父一體]"라는 말이 있을 정도로 스승의 권위와 존경심은 대단했다. 이런 분위기에서 생장한 필자 같은 사람에게는 현재 한국 교육 현장에서 일어나는 일들이 도저히 상상이 되지 않는다. 어쩌다 교권이 이렇게 추락했을까. 이러고서 미래를 책임질 후세 교육이 제대로 이루어질 수 있을까 하는 우려를 금할 수 없다.

대한민국이 건국되고 교육입국의 기치 아래 의무교육을 실시한 것이 우리나라 발전의 원동력이 되었다. 필자가 중등 교육을 받은 50년대까지만 해도 선생님의 지시는 부모님 말씀 이상으로 존중되어 반드시 실행해야 한다고 생각할 정도로 선생님은 권위와 존경의 대상이었다. 교사의 급료도 일반 공무원보다 많아 시골에서는 선생님이 가난한 아동들을 경제적으로 돕는 일도 있었다. 그러다 5.16 이후 산업화의 진전으로 도시의 여유 있는 학부모들이 자기 자식 잘 보살펴 달라는 의미에서 촌지(寸志; 돈 봉투)를 전달하기 시작하고부터 교사의 권위는 차츰 마모되어 갔고, 촌지 문제가 일상화되자 교육계가 점차 타락해졌다. 그러나 이때까지만 해도 교사의 권위는 건재했었는데, 전국교원노동조합의 승인을 둘러싸고 교원 단체가 정권과 씨름하면서 교권의 위상은 급격히 추락했다.

당초 교원노조는 4.19혁명 이후의 자유분위기를 틈타 온 세상이 백가쟁명(百家爭鳴)이던 시기에 태동했으나 5.16군사혁명으로 된서리를 맞아 중단되었다가 80년대 중반 이후 반체제 민주화운동의 본격화와 더불어 교원노조가 그 일익을 담당하면서 두각을 나타내게 되었다. 이제까지 "스승의 그림자도 밟지 않는다."고 할 정도로 존경의 대상이었던 한국의 교사들이 자기들의 권익을 찾겠다며 '노동자'가 되겠다고 스스로를 비하하는데, 교권이 실추되지 않는다면 이상한 일이다. 그래서 옛말에도 "스스로를 높여야 다른 사람이 높여 준다."는 말이 있다. 교사 자신들이 스스로 노동자로 비하하는 상황에서 어느 누가 교사를 존경하겠는가? 교사들이 자신들의 권익을 강화하겠다고 결성한 교원노조는 결국 교사 자신들의 권위를 깎아먹는 자업자득의 결과를 가져왔다.

교사는 이제까지 한국 사회에서 특별한 대접을 받던 존재였으므로 교원노조가 국가의 승인을 얻기는 쉽지 않았다. 김영삼 정권 시기에 '교사협의회'라는 이름으로 준 노동조합 대우를 받다가 김대중 정권에 와서 정식 노조 자격을 얻게 되었다. 민주화 이후 10여 년 만에 노조 승인이라는 목표는 달성했으나 결과적으로 교원 스스로의 권위를 실추시켰다. 뿐만 아니라 교원노조가, "대한민국의 역사는 정의가 패배하고 기회주의가 득세했다."며 대한민국사를 왜곡한 진보좌파의 역사인식을 교조(敎條)로 삼아 학생들을 지도했기 때문에 국적 없는 대한민국 국민을 양산하여 국론을 분열시키고 갈등을 조장하는 데 큰 역할을 했으니, 이는 교권의 실추와 더불어 교원노조 활동의 부정적인 측면이다. 반면, 공공연하던 촌지와 훈육을 빙자한 체벌이 사라진 것은 긍정적인 면이라 하겠다. 또 전교조의 탄생과 더불어 아동기본법·학생조례·아동학대방지법 등등의 법률이 제정되어 학생들의 권익만 강조하다 보니, 더욱 교권이 무너져 미래의 건전한 국민을 양성할 교육의 장(場)인 학교가 황폐화되어 교육 기능이 마비되었다.

과거의 주입식 교육 방법이나 훈육 위주의 학교 교육이 문제가 있기는 했지만, 그런 교육을 받고 자란 학생들이 건전한 대한민국 국민으로 성장하여 오늘의 선진 한국을 만드는 역군이 되었으니 그간의 교육은 다소 부족한 구석이 있었다손 치더라도 매우 성공적인 교육이었다. 따라서 이러한 기존 교육방식을 민주화 시대에 맞게 조금 개선하면 될 것을, 교육을 마치 상품 경제같이 생각하여 학생을 소비자, 교사를 공급자로 설정하고 '소비자는 왕'이라는 인식 하에 학생의 권익만을 앞세우다 보니. 교권이 들어설 자리를 잃게 되었다. 교사의 설명을 열심히 들어도 교과 내용을 완전히 이해하기가 힘든 법인데, 학생들이 수업시간에 스마트폰을 켜 놓고 딴짓을 한다면 교육의 1차 목표인 지식 전달이나마 제대로 되겠는가? 학생들이 이렇게 딴 짓을 하는데도 교사가 제지하지 못하는 상황에서 어떻게 수업이 정상적으로 진행될 수 있겠는가?

학생의 일탈에 대해 교사가 한 마디 훈계만 하면 학생의 반발은 물론 학부모까지 가세하여 "금쪽같은 내 새끼 기 죽인다."며 교사를 공격하고 괴롭혀서 교사가 자살하는 사태까지 발생한다. 이렇게 교권이 무너진 상태에서 2023년 여름 후쿠시마원전 오염수 처리 문제로 온 나라가 시끄러울 때, 정치권마저 정파의 이익을 위해 아무것도 모르는 10여 세의 아동들을 반대 운동에 앞세워 대통령을 비판하게까지 했다. 시비나 사리의 분별도 모르는 초등학생들을 앞장세워 어릴 때부터 정파를 갈라 증오심을 부추겼으니 교육이 제대로 될 리가 없다. 이런 어린이가 자라서 무엇이 되겠는가?

그렇다면 대한민국의 교육을 정상화시킬 방안은 무엇인가. 첫째는 교권의 확립을 위해 공교육을 정상화 시키는 것인데 그 첩경은 우선 교권을 바로 세우는 일이다. 이미 결성된 전교조를 해체할 수는 없지만 이념 투쟁에만 몰두하는 전교조가 대오각성 환골탈퇴 해야 한다. 교사의 권위가 서게 되면, 우선 학교 교육의 일차 목표인 지식 전수의 효율화를 기할 수 있다. 하찮은 정보도 출처의 신임도와 권위를 따지는데, 교사의 권위가 없다면 지식 전달이나마 제대로 될 수 있겠는가? 요즈음 많은 문제가 되고 있는 학생들 간의 폭력 사건도 교권이 확고하다면 학교 자체 내에서 해결이 가능하다. 이름뿐인 교사의 권위로 학폭 문제를 해결하려고 나서 봐야 해결될 리도 없고, 자칫하다가는 사건에 휘말려 고약한 학부모를 만나면 곤욕만 겪게 될 터인데 어느 교사가 적극적으로 해결하려 하겠는가?

다음은 학부모의 대오각성이다. 요즈음 빈번하게 일어나는 교사 자살 사건도 학부모의 개입으로 발생한 것들이 대부분이니 학부모들이 각성하고 심기일전하여 교사들의 학생 지도에 간섭하지 않는 것이다. 지금은 자녀를 한둘만 가진 가정이 대부분이라 자식 사랑이 유별나기는 하지만, '금쪽같은 내 새끼'에 대한 부모의 사랑은 교육과 분리해야 한다. 부모라면 누구나 자식을 왕자로 키우고 싶겠지만, 왕자나 공주로 떠받들려 자란 아이는 사회적응이 어려운 사람으로 성장할 가능성이 높다. 혼자 잘난 척하며 자랐지만 사회는 가정과 다르다. 이런 아이는 자기 자신을 스스로 돌보는 독립된 인격체로 성장하지 못하여 스트레스 회복력이 낮으며, 충동적이고 책임감이 부족하다. 따라서 자립심도 사회성도 결여된 성인이 될 수밖에 없다. 아무리 자기 자식이 사랑스럽더라도 교육만은 자식이 장성하여 사회활동을 잘 할 수 있는 인격체로 성장시키는 것을 목표로 삼아야 한다.

제대로 된 가정교육은 없고 사회가 다원화 되다보니 좀 특이한 행동을 하는 아이들도 있다. 이런 아이들을 그대로 두면 수업 분위기가 흐트러져 다른 학생들이 피해를 보게 되기 때문에 교사가 이를 바로잡으려다가 학부모로부터 아동학대로 오해를 받는 경우가 많다. 이런 아이는 가정교육으로 바로잡을 수 없다면 의사의 도움을 받아서라도 일찍 고쳐 주어야지 선생님 탓을 해서는 안 된다. 사회에 나와 문제를 일으키는 사람들의 대부분은 가정교육에 문제가 있었다.

이 문제 해결이 어려운 것 같지만 한 번 더 생각해 보면 해결 방법은 아주 간단하다. 자식이 학교에서 문제를 일으켰을 때 역성들지 말고 학교나 교사의 처분에 맡기는 것이다. 누구에게나 '금쪽같은 내 새끼'의 일방적인 설명만 들으면 처음에는 다소 억울하게도 생각되겠지만 선생님이 무슨 억하심정으로 그 학생만을 차별하겠는가? 단언컨대 선생님의 그런 학생에 대한 지도는 그 학생이 상식에 어긋나는 행동을 했기 때문에 바르게 지도하려는 교육 목적에서였지 차별 감정이 있거나 미워서가 아닐 것이다.

선생님에게 대드는 학생도 있다는데, 이런 행동에 대해 선생님을 탓해서는 안 된다. 어느 부모도 자식의 인성이 선생님에게 대드는 인간으로 성장하기를 바라는 이는 없을 것이다. 왜 이렇게 되었는가를, 선생님을 탓하기보다 가정교육을 반성해볼 일이다. 학생이 학교 교육을 받는 시간은 학기 동안에 기껏해야 하루 중 7~8 시간에 불과하다. 모두들 인성을 강조하는데, 인성은 하늘에서 떨어지는 것이 아니라 학교와 사회, 가정교육의 영향이고 그 중에도 부모의 언행에서 영향 받음이 가장 많다. 자식 하나만 낳아 왕자나 공주로 키우는 것보다는 형제자매가 있으면 함께 자라는 과정에서 인성이 도야(陶冶)된다. 자녀 교육에 관심 있는 독자라면, 중등교육 수준에 가정형편이 넉넉하지 못한 미국 흑인 해리스 부부가 9남매를 자애와 훈육으로 양육하여 명문대 석·박사로 훌륭하게 키워 건전한 미국 시민으로 성장시킨 실기인 《인성교육의 기적》[래리. 해리스 著, 강혜정 옮김]을 권하고 싶다.

또 한 가지 가정교육에서 유의할 점은 자녀의 장래 진로를 적성이나 재능에 따라 결정하도록 부모가 조언해 주는 것이다. 요즈음 분위기는 대학 진학이 인생의 목표인양 되다 보니 여러 가지 부작용이 파생되었다. 특히 의사의 수입이 좋아서 그런지 성적이 우수하면 적성이나 인성을 따지지 않고 의과대학에 진학하려고 재수·삼수가 보통이다. 인성이 부족한 의사라면 돈 버는 기계지 사람의 건강과 목숨을 다루는 진정한 의사라 할 수 없다. 필자가 20여 년 전 서울에서 살 때 치과에 갔더니 어금니 몇 개를 빼고 임플란트를 하라고 권하는 것을, 다른 치과에 다니며 때우고 보철하여 아직까지 본 치아로 생활한다.

의사들이 수익 좋은 쪽으로만 편중되어, 붕괴 상태에 이른 필수 의료·지방 의료 분야의 인력난을 해결하려고 2024년에 정부가 선진국 대비 부족한 의사 숫자를 늘리려고 의과대 입학생을 증원하려 하자 의사 단체들이 진료를 거부하면서 길거리에 나와 "한국의 의료는 미래가 없다."며 증원을 반대했다. 현 한국의 의료보험제도는 세계인들이 부러워하는 의료체계이고 의사들의 급료는 타 직종에 비교하여 월등하게 높다. OECD 기준에 맞게 의사 수를 늘린다고 하더라도 한국인들의 의료 수요가 높기 때문에 의사들의 수입이 줄 이유가 없다. 정부가 무슨 심술로 의사들의 밥그릇을 줄이려 하겠는가. 필수 의료·지방 의료에 의사가 부족하여 선진국 의사 비율에 맞추어 증원하려는 것이다. 또 세계가 부러워하는 한국 의료제도에 대해 "한국의 의료는 미래가 없다."는 말은 무슨 뜻인가?

옛날부터 의사는 인간의 생명과 관계된 직업이라 교사와 함께 '선생님'으로 호칭되어 존경을 받는 사회 지도층이다. 인간은 누구나 이기적이지만, 지도층은 공익에 관련된 일일 때는 체면을 차렸다. 이것이 예의염치이고 지도층이 갖추어야 할 덕목이다. 지도층은 사회의 표상이 되므로 일반인보다 더 도덕적이어야 하고 사익보다는 공익을 우선해야 한다. 의술(醫術)을 인술(仁術)이라고 하듯 의사는 지식과 기술도 중요하지만 인성을 중시한다. 그래서 독일에서는 의사 시험에 적성검사를 병행한다고 한다. 의사시험뿐 아니라 공무원 선발 시에도 사명감·청렴도·봉사정신·국가관 등을 테스트하는 시험제도를 도입한다면 한국의 미래는 더 밝아질 것이다.

학생의 진로에 관해서, 옛날에는 부모님들이 자녀의 대학 진학에 조언할 형편이 못 되었으니 자식들이 알아서 스스로 진로를 결정했으나 지금 부모들은 대부분 그럴 지식과 안목, 판단력이 있으니 인생 선배로서 자식의 장래를 선도할 필요가 있다. '수시입학제도'가 생긴 이래 대학입시가 다원화 되었다. 이는 고등학생 시절에 공부에만 몰두하다보면 인성 교육에 문제가 있다고 생각하여 공부 외에 봉사활동 등 다양한 경험을 통해 인성을 도야한다는 취지에서 출발한 선진국의 대학입시 제도를 도입한 것이다. 많은 학부모들은 이에 대한 지식이나 정보가 없으므로 이를 활용할 줄도 모르는 반면, 정보에 밝은 학부모는 수시입시를 이용하여 성적이 미달되는 학생도 이른바 스펙을 만들어 원하는 대학에 입학시킬 수가 있다. 그래서 자녀를 상위권 대학에 입학시키기 위해서는, "할아버지의 경제력, 어머니의 정보력, 아버지의 무관심, 이 세 박자가 맞아야 한다."는 말이 유행하기까지 했다.

학과 공부에도 시간이 부족한 학생이 봉사활동을 하기가 쉽지 않으니, 극성스러운 학부모들이 별도의 스펙을 만들려고 인맥을 동원하여 서류를 허위로 만들어 주는 경우가 많아 "수시 입시는 복마전"이라는 말까지 유행했다. 실제로 어떤 장관 자녀의 부정 입시가 큰 사회문제로 부각되어 입시제도에 대한 국민의 불신을 야기하기도 했다. 허위 스펙을 만드는 과정에서 학생들은 이미 고등학교도 졸업하기 전에, 요령과 편법을 먼저 배우게 되니 결과적으로 인성을 도야할 목적으로 도입한 수시입학 제도가 인성을 그르치는 제도가 된 것이다. 이런 학생이 성인이 되면 자기 이익을 위해 탈법과 불법도 거리낌 없이 저지르게 될 터이니 자녀교육 입장에서 어느 것이 더 중요한가.

그리고 대학졸업을 인생의 목표로 삼아서는 안 된다. 지능이 부족하거나 적성에 맞지 않는 대학졸업장은 많은 시간과 비용을 들이고도 고등실업자가 되는 길을 열어줄 뿐, 자녀의 튼튼한 미래를 보장해 주지 못한다. 지금 4년제 대학 졸업자 중에는 기술계 전문대학으로 유턴하는 경우도 있는데, 이 얼마나 시간과 노력, 돈을 낭비하는 짓인가? 지금 한국은 너도 나도 대학 진학에 올인한 결과 실업자는 넘쳐나는데 농촌과 제조업 등에는 외국 노동자가 없으면 기초 산업이 스톱될 형편이고, 대기업 산하의 제조업도 정상 가동이 어려운 지경이다. 4년 동안 돈과 시간을 낭비하지 말고, 적성에 맞는 쪽으로 진학을 한다면 취업준비생으로 허송세월 하는 일 없이, 쉽게 직업을 얻어 생활이 일찍 안정될 것이고, 평생토록 직업에 대한 만족감 속에서 정년을 맞을 것이다.

미래의 한국이 정체되지 않고 발전해 나가려면 사회 전반의 전문성과 효율성을 끌어올려야 한다. 그러기 위해서는 공교육의 정상화가 우선이겠지만, 부모와 자식 간에 자녀의 진로에 대한 진지한 대화를 통해 대학진학 지상주의에서 벗어나야 한다. 선진 열강의 엘리트들과 경쟁하여 한국을 더욱 발전시키기 위해서는 그들만큼의 지식수준·전문성·도덕성·안목을 갖춘 인재가 배출되어야 하겠지만 모든 사람이 엘리트가 될 수는 없으니, 학력에만 치중하여 대학 진학에 목 맬 것이 아니라 꿈은 크게 가지되 재능·적성을 고려하여 먼저 내 진로는 어디로 할 것인가를 스스로에게 물어 "내가 어떤 방면으로 진출하면 한평생 후회 없는 삶을 살아갈 수 있을까?"를 생각해서 진로를 정하는 것이 현명한 방법이다. 막연한 꿈일랑 조용히 내려놓고 자신의 가치를 어떻게 키워 나갈지 고민하는 게 맞다.

과거 산업개발시대에는 국민 모두가 합심하여 열심히 노력하면 어느 정도 목표를 달성할 수 있었기에 한국이 선진국으로 도약했다. 그러나 미래의 대한민국은 그때와는 다르다. 앞에서도 언급했듯이 우리 고등학교 졸업생의 대학 진학률은 70~80%인데, 유럽에서 후진국이었던 독일이 선진화된 대학교육을 통해 유럽 제일의 공업국으로 성장했지만, 현재 독일 고등학생들의 대학진학률은 40%에 불과하다.

3. 한반도의 미래

1960년대 초, 필자의 학부 재학 시절, 평안도 출신으로 서양사를 가르치던 김성식 교수는 가끔 말씀하기를, "내 평생에는 남북통일을 보지 못하지만, 자네들은 볼 걸세." 하였다. 그러나 그 후 60여 년이 지났는데도 통일의 징후는 보이지 않는다. 내 나이 이미 80대 후반이니 생전에 통일을 기대하기는 글렀다. 문재인은 지난 2019년 8.15 경축사에서 25년 후의 통일을 전망했는데, 북한의 김가네 세습 체제가 존속하는 한 우리가 바란다고 통일이 저절로 굴러오지는 않을 것이다. 요즈음에는 남북이 이대로 갈라져 살면 되지 천문학적인 비용이 들 통일을 꼭 할 필요가 있느냐며 반문하는 사람들도 있는데, 이는 당장의 안일만을 생각하는 너무 단순한 논리이다.

수천 년 동안, 단일 민족으로 통일 국가를 형성하여 역사와 문화를 함께 만들어 온 우리가, 자신들의 의지와는 무관하게 순전히 강대국의 의도대로 분단되어 동족상잔의 비극을 겪으면서 무수한 인명 피해와 이산가족을 만들었고 재산 손실은 이루 헤아릴 수도 없다. 지난 70여 년 동안 남과 북은 살아남기 위해 몸부림친 결과 남쪽은 선진국으로 도약한 반면, 북쪽은 국민 3백 만을 굶겨 죽이고, 뇌물과 상호 감시가 아니면 지탱할 수 없는 기괴한 독재국가로 전락하여 지금 2천 5백 만 동포가 독재의 질곡에서 허덕이고 있다. 따라서 이들을 구출하는 것은 동포라는 혈연관계뿐만 아니라 인류애의 견지에서도 외면할 수 없는 일이다. 그리고 이러한 대치 현상이 이대로 계속된다면 남과 북의 막대한 국가 에너지는 휴전선에서 기약 없이 사라질 것이며, 제2의 6.25가 될 동족상잔의 비극이 언제 또 일어날지 모른다. 이 점을 생각한다면 남북통일의 비용은 잠시 지불하면 되는, 그야말로 조족지혈(鳥足之血)에 불과하고, 한반도가 평화롭게 통일된다면 한국의 미래 발전상은 상상을 초월할 것이다. 따라서 한반도 통일은 선택이 아니라 당위이며 필수이다.

북한 정권은 국가 형태는 갖추고 있지만 더 이상 지속할 수 없는, 미구에 망하지 않으면 안 될 시한부 정권이다. 제 정권이 장구하지 않으리라는 것을 알고 김정은이 권력을 양보한다면 그나마 동정이라도 받겠으나 북한은 세습 체제라는 첫 단추가 잘못 끼워진 독재 정권인데다 김정은은 일찍부터 권력의 단맛에 취해 있기 때문에 절대 그럴 수가 없다. 역사상 어떤 독재자도 역사의 순리를 따라 스스로 권력을 내려놓은 일은 없었다. 그렇다고 김정은이 스스로 망할 날만을 기다릴 수도 없는 일이다. 2천 5백만 동포가 독재의 질곡에서 신음하는 것을 구경만 하고 있는 것은 동족으로서의 도리가 아니기 때문이다. 우리의 사명은 하루빨리 북한 김가네 세습 체제를 종식시켜 2천 5백만 동포들을 구출하는 일이다.

많은 사람들은 김일성의 가장 큰 죄과를 6. 25사변이란 동족상잔의 비극을 일으켜 수많은 사람을 죽게 만든 것이라 하나 나는 그렇게 보지 않는다. 미군이 남한에서 철수했고, 미국이 한반도를 극동 방위선에서 제외시킨 상황에서, 월등히 우세한 군사력을 보유하고 있던 김일성으로서는 소련과 중공의 전폭적인 지원까지 약속 받았으니, 남한 점령이란 손바닥 뒤집기보다도 쉽다고 생각했을 것이다. 이러한 절호의 기회를 놓칠 바보가 어디 있겠는가? 예로부터 난세에 서로 나라를 차지하려고 싸운 영웅들이 다툼[逐鹿]은 비난 받지 않았다. 또 "파괴는 건설의 어머니"라는 말도 있듯이, 6.25의 파괴와 북한의 위협이 한국의 재건과 산업화, 방위산업 발전에 기여한 측면도 없지 않다. 옛말에, "하늘은 아무런 쓸모없는 물건을 생산하지 않는다.[天不生無用之物]"는 말이 있는데, 김일성도 이 점에 있어서는 한민족 역사에 어느 정도의 효용성은 있었다고 하겠다.

따라서 김일성의 가장 큰 죄악은 6. 25 침략이 아니라 그 기도가 실패한 뒤에도 북한 국민 먹여 살릴 생각보다는 간첩을 남파한다, 무장 공비를 침투시킨다, 테러를 일삼는다, 땅굴을 판다, 미사일을 쏘아댄다, 핵을 개발한다, 등등 불철주야 남한 정복 야욕을 이루기 위해 우세한 경제력을 거덜 냈고, 그 때문에 고난의 행군 시기에는 3백 만을 굶겨 죽였으며, 그 독재체제를 연명시키기 위해 권력을 자식에게 세습한 죄과이다. 이는 6.25 남침과는 비교할 수 없는 큰 죄악이다. 만약 고난의 행군 시기에 개방 정책을 폈더라면 동구의 공산권처럼 북한 체제도 무너지고, 수백만의 북한 주민이 굶어죽는 참사는 면했을 것이며, 한반도 통일은 그만큼 앞당겨졌을 것이다. 세습체제 유지를 위해 이를 거부한 것이 김일성의 천인공노할 죄과이다. 북한의 세습체제는 공산주의도 아니며 21세기 문명세계에서 과거의 왕조정치를 되풀이한 반역사적 폭거이다. 비록 장기집권은 했지만, 어떤 공산독재자들도 권력을 자식에게 세습한 사례는 없었다. 북한 세습제는 그들이 떠받드는 공산주의 이념과도 정면으로 배치될뿐더러 이 세상 어디에도 없는 기괴한 체제로 한반도 통일을 가로막고 있는 장애이다. 세습제만 아니었다면 한반도 통일은 벌써 이루어졌을 것이다.

그런데 우리는 불행하게도 이런 세습 체제라는, 기괴한 김가네 독재 정권을 머리에 이고서 한반도 통일이란 역사적 과업을 성취하지 않으면 안 되는 운명에 놓여 있다. 북한의 국호는 조선민주주의인민공화국으로 저들은 입만 열면 '우리 공화국'인데, 민주주의는 어디에 있으며, 3대 세습 체제를 공화국이라고 하니 이런 거짓말이 어디에 있는가? 그리고 언필칭 평등을 앞세우는데, 김일성 일가에 대한 충성도가 최고의 가치관이고, 김가네 정권에 대한 충성도에 따라 혈통과 신분이 철저히 구별되는 이런 불평등한 계급사회는 지구상 어디에도 없다. 민주사회의 기본권인 언론·출판·집회·결사의 자유는 물론, 거주·이전의 자유, 심지어 지방 사람은 수도인 평양에 거주하거나 출입할 자유도 없는 형편에서 어떻게 평등을 운위하는가? 국민을 굶기면서 핵과 미사일을 개발했는데 그 목적은 오직 "당과 위대한 수령의 결사 옹위"로 체제 수호를 위한 것이다.

현실이 이렇다고 하더라도 우리는 동족으로서 북한과의 관계를 소홀히

할 수 없는 막중한 책임을 안고 있다. 북한 정권에 대한 친북은 허용될 수 없지만, 우리는 동족이기 때문에 동포애에 따르는 북한 주민에 대한 '친북 정신'은 지켜 순수한 인도주의적 지원은 해야 하는데, 그 동안 햇볕정책에 의한 대북 지원은 빈사상태에 빠졌던 김가네 정권을 연명시키고 우리를 위협하는 핵개발의 재원이 되었을 뿐이다. 북한 동포에 대한 완벽하고도 근본적인 지원은 이들을 세습 독재정권으로부터 해방시키는 것이다. 일사불란한 북한의 군사 퍼레이드나 집단 체조 광경, 미사일과 핵을 보면 그 체제가 물샐 틈 없이 견고해 보이지만, 견고하다는 것은 매우 피상적인 관찰에서 비롯된 생각이다. 북한은 견고한 체제가 아니라 겉만 번지레한 지극히 비효율적이고 허약한 체제이다. 이런 체제는 단단한 흙벽돌이 습기가 스며들면 허물어지듯 자유사상이 전파되는 순간 무너지게 되어 있다. 따라서 급선무는 북한 주민들이 실상과 자유사상을 깨닫도록 하는 것이다.

북한 경제의 명줄이던 배급제는 진작 붕괴되었고, 국민들은 장마당 경제로 근근이 연명하고 있으며, 당과 기관은 국민들에게서 갈취한 뇌물로 지탱한다. 해외 파견 노동자들에게서 임금을 착취하고, 재외공관에서는 외교관 특권을 이용하여 밀수나 마약 밀매, 그 외 온갖 불법과 탈법으로 달러를 벌어 대사관을 유지하고 김씨 일가에 통치자금으로 상납하는, 이런 짓거리는 정상국가라면 상상도 할 수 없는 파렴치한 행태이다. 체제 유지를 위해 이중삼중의 감시로 인력과 국력을 낭비하고 있으나 무선 통신의 발달로 정보가 국경이란 장벽을 허물어뜨린 21세기에 이러한 감시·감독 체제가 과연 얼마나 오래 가겠는가? 김정은의 처지는 마치 곰 뒷다리를 잡고 있는 형국으로, 놓으면 제가 잡아먹힐 테고 잡고 있으려니 힘이 들어

죽을 지경이다.

소련과 동구권 국가들은 주민들이 기아에 직면하자 공산당 체제 붕괴 위험을 감수하면서 개방했는데, 북한은 체제를 고수하기 위해 수백만을 굶겨 죽였다. 권력 유지를 위해 터무니없이 많은 희생을 치른 것이다. 이를 두고 견고한 체제라 한다면 피상적일 뿐만 아니라 매우 비도덕적인 견해이다. 또 탈북자들의 말을 들어보면, 그 동안 속아서 살았다고 한다. 북한에서는 6.25가 북침이며, 김일성 일가는 조국해방의 영웅이라고 가르친다. 북한은 개방되면 김일성 중심의 거짓 북한현대사의 마각(馬脚)이 드러나 체제의 뿌리가 흔들리기 때문에 폐쇄적인 체제를 고수하지 않을 수 없다. 그리하여 결과적으로 현대 사회에서는 존속할 수 없는 기괴한 집단을 만든 것이다. 그러나 이런 체제가 얼마나 가겠는가?

과거 민주당 정부에서 일한, 북한과 접촉한 한 고위 인사의 발언에, "친분이 있는 북한 고위층 인사가 '북이 통일하면 내가 선생을 구해줄 터이니 남에서 통일하면 선생이 나를 구해 주시오' 하더라. 나는 그 말을 듣고 북한 체제가 오래 가지 못하겠구나 하는 생각을 했다."라고 술회했다. 이 말은 저간의 북한 사정을 짐작하게 하는 대목으로, 호의호식하고 있는 북한 지도층의 심중이 이러할진대 일반 국민들의 속마음이 어떠할는지는 불문가지(不問可知)이다. 종합편성TV에서 방영되는 탈북자들의 이야기인 '이제 만나러 갑니다.'와 탈북자들의 유투브를 보면, 물론 방송이란 들뜬 분위기에서 다소 과장된 면이 있기는 하겠지만, 북한이란 사회는 이성을 가진 인간이 살 곳이 못 된다는 것을 알 수 있다.

문재인 정권은 "아무리 나쁜 평화도 전쟁보다는 낫다."며 곧 망할 이런 김정은 체제와 협력하여 한반도에 평화를 구축하고 통일을 앞당기자고 했는데, 정은이 3대 세습 체제에 기대어 평화와 통일을 운위하는 것은 그야말로 "나무에 올라가 물고기를 잡으려는 것[緣木求魚]"과 같은 허상일 뿐이다. 그런데 이 정책을 비판하면 문재인은 "그러면 전쟁하란 말이냐? 대안이 무엇이냐?"고 되물었다. 대안은, 세습 김정은 체제를 연명시키기 위해 안달하지 않는 것이다. 그 동안 문재인의 대북 화해 정책은 결국, 북한이 오매불망 그리던 대미 교섭 창구를 일시적이나마 열게 해 주고, 그 동안 소원했던 북중 관계를 재결합시킨 것, 전단 살포 금지와 대북 방송 폐지로 북한 주민들에게 자유사상을 일깨워주던 전파 통로마저 차단한 것 외에는 아무 것도 없다. 이것들을 가지고 한반도 평화에 기여했다고 거짓 선전을 하는데, 이런 구걸 평화는 일시적인 미봉책에 불과할 뿐이다.

비록 북한이 핵과 미사일을 가지고 있다지만 북한의 현 상황은 전쟁을 치를 형편이 되지 못하고, 무력을 사용하는 순간, 우리도 피해는 보겠지만 정은이 체제 자체가 지구상에서 사라질 터인데, 정은이가 바보가 아닌 이상, 왜 제 몰락을 자초하겠는가? 문재인 정권이 그 응석을 받아주었기 때문에 저들이 큰소리를 쳤고, 윤석열 정권에 들어와서는 더 이상 도움을 기대할 수 없게 되자, 차마 할 수 없는 온갖 악담을 퍼붓고 있는데, 이는 마치 겁먹은 개가 요란하게 짖듯, 단지 허장성세요 체제 수호용 엄포일 뿐이다. 저들에게 평화 구걸 외교를 펼 게 아니라 저들의 행태에 따라 그때그때 그에 상응한 대처를 하면 된다.

미래학자 앨빈 토플러는, "민주화는 산업화 이후에 가능하다."고 했는데, 이는 반정부 시위라도 할 수 있는 나라의 민주화운동이지, 북한 같이 김가네 체제에 대해 입도 뻥긋 할 수 없는 체제에서는 해당되지 않는다. 탈북자들의 말을 들으면 매 끼니 걱정을 하는 처지에서 민주화가 가당키나

한 말이며, 숨도 제대로 못 쉬는 철통같은 감시체제 하의 북한에서 반정부 활동이 가능한 일이냐고 반문한다. 이 논리대로라면 북한 민생 경제가 나아질 가능성은 제로이니 북한 주민의 해방은 영원히 불가능한 것처럼 보인다. 그러나 한국에 와 있는 3만 4천여 명의 탈북민들을 통해 희망의 싹을 볼 수 있다. 이들은 철통같은 감시 체제 아래서 실낱같은 자유의 냄새를 맡고 목숨을 걸고 탈출한, 무에서 유를 창조한 이들이다.

평화롭게 통일하여 북한 주민을 해방시키는 유일한 길은 북한 주민들에게 자유사상을 불어넣는 것이다. 자유를 맛본 3만 4천여 명의 탈북민들이 이미 대한민국에 와 있으니 이들과 각종 매체를 활용하여, 거짓을 깨닫고 자유의지에 눈뜨는 탈북 의도자를 30만, 300만으로 늘리는 것이다. 대다수의 북한 주민들이 진실을 알고 자유를 인식하게 되어 몽매한 상태에서 깨어나게 된다면 김가네 세습 체제는 서서히 내부에서 무너질 것이고, 그렇게 될 경우 중국 공산정권이 김정은을 구제하고 싶어도 함부로 개입하지 못할 것이다.

따라서 통일의 길은 북한 주민 각자에게 진실을 알리고 자유사상을 주입시켜 그들의 의식을 변화시키는 것보다 더 좋은 방안은 없다. 북한 주민들이 진실을 알고 자유사상으로 무장될 때는 어떤 억압과 감시도 무용지물이 된다. 북한에 진실을 알리고 자유사상을 주입할 수 있는 방안으로는 탈북자들을 다각도로 활용하는 것이다. 탈북민들이야말로 한반도 통일의 귀중한 자산이요 첨병들이다. 또 전단이나 usb 등을 통해 북한주민에게 외부의 진실을 알리고, 세계 인권기구 등을 통한 국제 여론에 호소하는 것도 통일을 앞당기는 길이다.

그런데 문재인 정권에서는 탈북민들은 애물덩어리로 만들었다. 김정은 정권과 잘 지내면서 자신들의 정파 이익을 챙기려는 문재인 정권으로서는 이들에게 호의를 베풀었다가는 김정은의 심기를 불편하게 할까 두려워한 것은 당연했다. 중국이 탈북민들을 강제 납북시키는 데도 수수방관이었고, 심지어 김정은의 환심을 사기 위해 탈북민을 북으로 압송하는 반인도적인 행위도 서슴없이 했다. 2020년 탈북민 모녀가 아사했는데도 "과거 탈북민들이라 신상 파악이 안 됐다."고 하여 책임을 전 정부에 떠넘겼다. 탈북민의 아사 보도는 우리 모두를 부끄럽게 했다. 탈북민들은 전단지[삐라]를 보고, 대북 방송을 듣고 자유사상에 눈이 틔어 자유가 그리워 죽음을 무릅쓰고 탈북, 수천·수만리 고난의 행군 끝에 자유 대한의 품에 안긴 이들이다.

대한민국 정부와 국민은 김정은 정권과 북한 주민을 동격으로 생각하면 안 된다. 그리고 국민들은 탈북민을 한마음으로 맞아 포용해야 한다. 첫째, 정부는 모든 외교 수단을 동원하여 탈북민들이 무사히 한국에 입국할 수 있도록 도와야 한다. 중국은 탈북민들을 발견하는 족족 체포하여 수용소에 가두어두었다가 지옥과 같은 북한으로 되돌려 보내면 북한은 이들을 반역자들이라며 노동교화소에 수용하는데, 탈북민은 타국의 난민과도 다르다. 이들은 자유를 찾아 동족 국가로 이주하려는 일종의 이주민이다. 따라서 이를 제3국이 저지·방해하는 것은 반인륜적인 행위이고 국제법을 위반하는 것이다. 한국 정부는 단연코 세계 여론에 호소하여 중국의 이런 불법적인 행태를 중지하도록 해야 한다.

다음은 입국한 탈북민들에게 생업을 주어 안착시키는 일이다. 지금도 하나원 교육 등을 통해 잘 하고 있지만 관민이 더욱 협심해야 한다. 관에서는 한 사람도 누락되는 이가 없도록 철저히 파악하여 장기적·정책적으로 지도할 필요가 있으며, 국민들은 이들에게 소외감이 생기지 않도록 포용해야 한다. 그리고 탈북민들은 남한에서 특수한 대우 받기를 기대해서도 안 된다. 한국 사회는 노력과 능력에 따른 경쟁 사회이기 때문에, 탈북민들에게만 어떤 특혜를 준다면 불평 여론도 생길 수 있다. 한국은 지금 100여 만 명의 외국 노동자에 의해 일부 사회 기반이 지탱되고 있는데, 이들 외국인들은 북한보다는 나은 생존환경에서 생장한 사람들인데도 돈벌이를 위해 한국에 오지 못해 안달이다. 탈북민들은 여러 가지 조건에서 한국 사회에 적응하기가 외국 이주민들에 비하면 월등하게 낫다. 그리고 한국은, 재능이 있는 젊은이들이라면 각종 장학금을 통해 최고 수준의 교육도 받을 수 있는 길이 열려 있어 자유와 생활 안정을 누리며 얼마든지 신분 상승이 가능한 사회 체제이다.

한반도의 통일에는 중국이 변수가 될 수 있다. 때문에 통일에 대해 동아시아 국제 정치를 연구하는 학자들은 한반도가 통일을 하려면 중국의 심기를 거스르지 말아야 한다고 이구동성으로 이야기한다. 실제로 박근혜나 문재인 정부는 중국의 환심을 사려고 갖은 공을 들이고 저자세 외교를 펼쳤으나 사드 배치에서 볼 수 있었던 바와 같이, 중화제국을 꿈꾸는 시진핑(習近平) 체제 하에서는 한반도 통일에 선의를 기대할 수 없다.

앞에서도 언급했듯이 한반도 분단은 다른 나라에서 흔히 볼 수 있는 민족이나 종교적 갈등으로 빚어진 내란 상태에서 갈라진 것이 아니라, 수천 년 동안 단일민족 국가로 존속해 오다가 2차 대전 말기에 우리 의사와는 전혀 무관하게 강대국의 입맛에 따라 순전히 타율적으로 분단되었으니, 이는 마치 한 몸뚱이의 허리가 타력에 의해 둘로 갈라진 격이다. 급기야 냉전 시대의 이념 투쟁에 희생되어 한 몸의 아래·위 부분이 죽기 살기로 싸위 지금은 불공대천의 원수가 되었다. 이 잘라진 아래·위 반쪽 몸통들은 지난 70년간 살아남기 위해 몸부림친 결과, 중공이 지원했던 북쪽은 세습제와 전체주의 경제체제를 고수하면서 허황된 남한 적화 정책만을 펴다가 세계 최빈국이 되었고, 남쪽은 미국의 안보 우산 아래 자유주의 경제체제 하에서 '잘 살아보세'라는 목표로 매진한 결과 세계 10위 권 경제 대국에다 이제는 선진국으로 도약했다.

6.25 때 절호의 한반도 통일 기회를 무산시킨 장본(張本) 국가인 중공이 자국 이익을 위해 또 다시 한반도 통일에 간섭하려 한다면 이는 철면피한 행위이며 국제 신의에도 어긋난다. 만약 중국이 그러한 행태를 하려 한다면 이 실상을 전 세계 여론에 호소하여 국제적 관심을 환기시키고, 한·미 상호방위조약을 더욱 굳건히 하여 무력으로라도 단연코 배격해야 한다. 중국이 한반도 문제에 틈입할 구실을 주지 않기 위해서는 김정은이 중공의 개입을 요청하기 전에 북한 주민들의 내부 민심 이반이 선행되어야 한다. 북한은 체제상 내부 봉기가 불가능하다고 하나 김가네 세습정권이 영속할 수는 없다. 그 실증은 수많은 탈북민들의 행렬로 이미 드러난 바라 김가네 정권은 망하지 않으면 안 될 운명에 놓여 있다. 그 시기는 대다수 북한 주민들이 자유사상을 자각하는 날이다. 그러기 위해 전단·방송 그리고 3만 4천 명의 탈북민을 다각도로 활용하여 북한에 자유의지를 불어 넣어야 한다. 이번에도 주인공인 우리 한민족의 의사와는 무관하게 외세가 한반도의 미래를 요리되도록 내버려 두어서는 안 된다.

중국이 개방 정책 이후 현재까지 욱일승천의 기세로 뻗어가고 있지만 이 기세가 장구하게 계속될는지는 미지수이다. 2020년도 이후 이미 그 징후가 보인다. 단언할 수는 없지만, 21세기가 다 가기 전에 중국도 구 소련과 같은 운명에 도달하게 되는지 모른다. 인위적인 전체주의 경제는 어느 시기가 되면 침체하기 마련이고, 절대 권력은 반드시 부패하게 되어 있다. 또 경제가 어느 정도 발달하여 사람들의 의식주 생활에 여유가 생기게 되면, 부패한 독재 권력에 대한 저항과 다양한 욕구가 분출하여 정치적 자유를 요구하게 되고, 소수민족들도 독립을 바라게 되는 것은 자연스런 현상이고 역사의 순리이다.

지금 중국은 대다수의 한족과 56개 소수 민족으로 구성된 다민족이 한족 중심 공산당의 중앙 통제 하에서 일사불란하게 통치되고 있는 국가이다. 그러나 동서로는 동경 70도에서 130도 선에 걸치고, 기후 상으로는 북쪽의 아한대에서 남쪽의 아열대에 걸친 거대한 다민족 국가가, 공산당 일당의 중앙집권체제라는 독재체제에 의해 장구하게 통치된다는 것은 자연환경이나 인문·사회학적으로 보아 지극히 비합리적이다. 중국은 여러 소국으로 분할된 소련의 전철을 밟지 않고 공산 체제의 영구화를 위해 신장·티베트·내몽고 등지에 한족을 이주시키고, 우수한 다수 인재를 공산당원으로 포섭하며, 공산당 일당 독재를 더욱 강화함과 동시에 소수 민족들의 독립 운동을 무자비하게 탄압하면서 공산 정권의 영구화를 꾀하고 있지만, 이러한 체제는 역사 발전에 역행하는 것이기 때문에 장구할 수 없다. 각 소수 민족이 고유한 문화와 전통을 유지·발전시키며 평화롭게 살아가는 것이 인류 사회의 희망이다.

지금 흔히들 중국 민족을 한족으로 통칭하는데 그것도 역사적 사실에 근거한 단일 민족 개념으로 보면 순수하지 못하다. 한족의 기원은 고대 중국 황하 중류 지방에서 농경생활을 하며 황하문명을 발전시킨 종족들이 점차 주변을 통합하고 확장하여 중국의 대표 민족이 된 것이다. 기원 전

2세기에 진시황이 분열되어 있던 여러 나라를 통합하여 종족과 언어. 문자의 일차 통일을 이루었고, 이를 계승한 한(漢) 나라가 수백 년 동안 통일 국가를 유지하는 과정에서 한(漢)·한족(漢族)이 중국을 대표하는 호칭으로 정립되었다.

명(明) 나라 말기 이자성의 내란을 틈타 중국을 차지한 만주족의 청나라는 3백만 인구로 3억의 중국을 250여 년 동안 통치하면서 만주·티베트·내몽고 등 주변 이민족들을 정복하여 영토를 명 나라 때보다 배 이상 확장시켰는데, 이것이 현재의 중공 영역이다. 그러나 지금은 중국 대륙을 호령했던 만주족도 만주어도 한족에 동화돼 버렸다. 쑨원과 마오쩌둥도 일찍이, 중국은 연방 국가가 되어야 한다고 갈파한 바 있듯이, 현 중공 정권의 통치하에 있는 종족과 언어가 다른 소수민족들이 독립하든지, 그것이 불가능하다면 자치령이 되는 것이 순리이다. 중국공산당 정권은 소수민족의 독립을 한사코 반대하지만, 앞으로 중국 경제가 성장하면 성장할수록 국민은 공산 독재에 대해 저항할 것이고, 각 소수 민족들 또한 독립을 추구할 것이니 앞으로의 중국 국내정세도 유동적일 수 있다. 따라서 제 코가 석 자인 중국으로서는 언어·역사·인종적으로 전혀 계통이 다른 우리 한민족의 미래 운명에, 또다시 과거 6.25 때와 같이 간여한다는 것은 주제 넘는 짓이고 국제법에도 어긋나는 행태이다.

한국의 선진국 도약에는 중국의 개혁·개방에 따른 대중 무역의 급성장이 큰 몫을 한 건 사실이다. 그러나 현재는 중국과의 기술 격차가 점차 좁혀지고 있는 상황이라 전과 같은 대중 무역 메리트는 점차 감소할 것이다. 또 중국은 전체주의 국가로서 사드 설치 때에 본 바와 같이 정치·외교 문제가 경제 활동에 심대한 영향을 미치기도 하고, 앞으로도 중국이 고도성장을 계속하리라는 보장도 없다. 따라서 중국이 최대 교역국의 지위 유지 전망도 불투명하다. 이러한 상황에서 지나친 중국 무역의존도는 미래의 한반도 통일에도 바람직한 일이 아니다. 따라서 앞으로 한국의 대외전략은 인도와 인도네시아 등 동남아시아로 확장하고 서구 제국과의 유대를 공고히 하는 것이 필수이다. 미래의 세계 질서는 역시 유럽·미국과 같은 자유민주주의 경제·정치적 체제로 변화·발전할 수밖에 없다. 일본이 미국과 손잡는 이유도 그 때문이고, 우리도 여기서 이탈하게 된다면 미래가 없다.

참고문헌

강명세(2010);《다시 보는 한국 민주화 운동의 기원, 과정, 그리고 제도》(선인)

고승철·이완배(2013);《김재익 평전》(미래)

구본호(1991);《한국경제의 역사적 조명》(한국개발연구원)

김영명(1999);《고쳐 쓴 한국 현대사》(을유문화사)

김영호(2008);《대한민국 건국 60년의 재인식》(기파랑)

김일영(2010);《건국과 부국-이승만·박정희 시대의 재조명》(기파랑)

노영기 외(2004);《1960년대 한국의 근대화와 지식인》(선인)

문정인·김세중 편(2004);《1950년대 한국사의 재조명》(선인)

박정희(1963);《국가와 혁명과 나》(향문사)

박지향 외(2006);《해방전후사의 재인식》Ⅰ·Ⅱ(책세상)

박태균(2007);《원형과 변용-한국 경제개발계획의의 기원》(서울대 출판부)

송건호 외 편(1989);《해방전후사의 인식》Ⅰ~Ⅵ(한길사)

안병직 편(2011);《한국 민주주의의 기원과 미래》(시대정신)

양우진(2016);《다시 읽는 한국 현대사》(생각의 힘)

오원철(2006);《박정희는 어떻게 경제강국 만들었나》(동서문화사)

오인환(2013);《이승만의 삶과 국가》(나남)

오인환(2023);《박정희의 시간들》(나남)

이영훈(2013);《대한민국 역사》(기파랑)

이완범(2006);《박정희와 한강의 기적-1차 5개년계획과 무역입국》(선인)

최배근(2007);《역사적 분석으로 본 한국경제의 새로운 길》(박영사)

최창집·임현집 편(1997);《한국사회와 민주주의-한국민주화 10년의 평가와
    반성》(나남)